国家民委2005年度重点科研资助项目(项目编号:05ZY06)

中国少数民族地区旅游公共管理研究

张　瑛　著

中央民族大学出版社

图书在版编目(CIP)数据

中国少数民族地区旅游公共管理研究/张瑛著.—北京:中央民族大学出版社,2008.4

ISBN 978-7-81108-494-8

Ⅰ.中… Ⅱ.张… Ⅲ.少数民族—民族地区—旅游业—公共管理—研究—中国 Ⅳ.F592.7

中国版本图书馆 CIP 数据核字(2008)第 043080 号

中国少数民族地区旅游公共管理研究

作　　者　张　瑛
责任编辑　吴宝良
封面设计　布拉格
出 版 者　中央民族大学出版社
　　　　　北京市海淀区中关村南大街 27 号　邮编:100081
　　　　　电话:68472815(发行部)　传真:68932751(发行部)
　　　　　　　　68932218(总编室)　　　　68932447(办公室)
发 行 者　全国各地新华书店
印 刷 者　北京宏伟双华印刷有限公司
开　　本　880×1230(毫米)　1/32　印张:14.75
字　　数　370 千字
印　　数　1000 册
版　　次　2008 年 4 月第 1 版　2008 年 4 月第 1 次印刷
书　　号　ISBN 978-7-81108-494-8
定　　价　38.00 元

目 录

序

20 多年来，我国民族地区的旅游发展取得很大的成绩，积累了丰富经验，但是，还有一些问题需要解决。随着当今世界经济的全球化、信息化、知识化，以及中国经济体制和政治体制的改革步伐的加快，旅游管理体制也要与时俱进，实施公共管理，中国旅游业迫切需要最新的公共管理理念和模式以适应现实的需要。

近年来，我国在旅游理论和实践研究方面都取得了较大进展，但是，从公共管理的角度对旅游业进行研究的论著不多，尤其是未见有从公共管理的角度对少数民族地区旅游进行深入、系统研究的专著。而本书作者根据当前形势的需要，从学科交叉的崭新视角，以完善少数民族地方自治制度、发展民族地方经济、实现民族地区现代化为目的，寻找建立与发展少数民族地区旅游业实施公共管理的依据。作者运用当代国内外公共管理的理论，在赴云南丽江、大理等地实地考察和调查研究的基础上，理论联系实际，总结了云南省大理、丽江等地实施旅游公共管理的经验，在反映民族地区旅游行政管理和企业改革最新成果的基础上，研究少数民族地区旅游公共管理的问题，探索少数民族地区旅游业公共管理的科学规律。本书系统而全面地研究了转型时期，民族地区旅游公共管理途径，创造性地提出了我国民族地区旅游由“政府主导”战略向“政府引导”战略转型应具备的五个基本条件，分析了民族地区旅游发展的不平衡性，并提出要根据民族地区的旅游发展水平因地制宜地选择旅游发展战略的观点，认为“十一五”期间云南大理州、丽江市已具备了由“政府主导”战略向“政府引导”战略转换的条件，应及时转换，以加快旅游业发展。而在一些旅游发展相对滞后的民族地区，仍应继续实施“政府主导”发展战略。本书还有一些其它的创新内容，例如，在理顺“政企关系”的措施中增加了“和谐”的内容等等。

国家民委2005年度重点科研资助项目（项目编号：05ZY06）《中国少数民族地区旅游公共管理研究》是旅游公共管理理论与实践相结合的研究成果。该书研究视角新颖，所提出的战略转换等一些观点，在理论上有新的创见，在实践上有切实可行的实践指导意义。可为民族地区实现以旅游业脱贫致富，加快全面建设小康社会的步伐提供一种积极而稳妥的发展对策。

尽管本书由于时间和经费所限，还存在调查面不够广，调查深度有待加强等问题，但对于年青人，我们总是要扶持、鼓励。总的来说，我认为该书还是一本有特色，有创新，有阅读价值的好书。

2008年2月

摘　要

本书在综述国内外公共管理研究现状以及对云南省大理白族自治州、丽江市等民族地区进行实地考察的基础上，从学科交叉角度研究少数民族地区旅游公共管理的问题，探索少数民族地区旅游业公共管理的科学规律。

本书共分三个部分：第一编主要介绍公共管理以及民族地方政府公共管理的基本理论。第二编探索民族地区旅游业实现公共管理途径。提出构建服务型旅游行政管理，进行行政体制改革，深化民族地方政府与旅游市场、企业关系，理顺民族地方政府与社会中介组织关系，改革、完善中央与地方关系，加快电子政务建设，实施旅游业可持续发展，搞好人力资源开发与管理等措施。以讨论旅游业发展战略为重点，探讨民族地区民族旅游业发展战略选择“政府主导型”的必要性和现实意义，并在实地考察的基础上，提出由“政府主导型”向“政府引导型”战略转换的条件。提出根据民族地区旅游业发展的不平衡性，旅游业发展相对滞后的民族地区，仍然应实施“政府主导型”的发展战略，而条件成熟地区，可以逐步向“政府引导型”转变。该编以讨论旅游业发展战略为重点。

第三编讨论民族地区非政府组织的公共管理。在分析了我国非政府组织的现状的基础上，找出存在问题与提出改革措施。第三编最后论述了党和政府为发展民族地区旅游业所制定的特殊政策，以及为缩小民族地区旅游业发展与汉族地区旅游业发展差距所采取的措施。

本书提出战略转换的观点，在理论上有新的创见，在实践上可为民族地区实现以旅游业脱贫致富，加快全面建设小康社会的步伐提供一种积极而稳妥的发展对策。同时，为民族地区合理开发民族旅游资源，实现旅游开发规模效益，培育民族旅游优势产业，使民族旅游业走上可持续发展道路提供决策借鉴。

Abstract

Based on domestic and international literature review and field work in Dali and Lijiang in Yunnan Province, P. R. China, a research from interdisciplinary perspective is done on public management of tourism industry in minority regions. The purpose of this research is searching for scientific regular pattern of public management of tourism industry in minority regions in China.

The book is divided into three parts. The first part is mainly an introduction of basic theories on public management and public management about national autonomy government. The second part is an exploration of approach on how to realize public management of tourism industry in minority regions. The writer suggests the following measures: building a service - oriented tourism administration, carrying on administrative system reform, deepening the relationship between national autonomy government and tourism market and enterprises, straightening out the national social intermediary organizations and the local government, reforming and improving the relationship between central government and local governments, speeding up e - government construction, enforcing tourism sustainable development, improving human resources development and management.

Focusing on investigation of tourism development strategies, the book puts forward the necessity and practical significance of " government - dominating" strategy in minority regions. Based on field work, the strategic transformation conditions from " government - dominating" to "government guiding" are presented in this book. The book also put forward that "government – dorminating" strategy should still be implemented now in relatively backward tourism development minority regions while "government guiding" strategy can be gradually applied in minority regions which have been in the stage of ripeness of tourism development.

The third part mainly discussed public management of non – governmental organizations in minority regions and special policies for tourism industry development in minority regions made by the Chinese government. Measures of reform are suggested based on analyzing present situation of non – governmental organizations in China.

The viewpoints presented in the book have some brand – new ideas which will benefit to both theory and practice. These viewpoints can also be references to the tourism development in minority regions in China.

绪　言

世界旅游组织（WTO：Word Tourism Organization）1992 年的一份报告表明，旅游业已成为世界第一大产业。而且，国际旅游的重心东移，将产生世界旅游的“亚太世纪”，这为我国旅游业发展创造了良机。

我国旅游业自 1978 年正式作为一个产业列入国民经济体系后发展迅速。旅游业已经成为我国在相当长一段时间内刺激和拉动内需的重要产业。1998 年 12 月召开的中央经济工作会议上，确定把信息业、房地产业、旅游业作为新的经济增长点。我国旅游业实现了从“旅游资源大国”到“亚洲旅游大国”的历史性跨越。我国旅游业外汇收入在国际上的排名由 1978 年的第 41 位跃升为 1997 年第 8 位。2005 年中国已经超过意大利在世界十大旅游目的地中名列第 4 位。据世界旅游组织预测，2020 年中国将成为世界第一大旅游输入国和第四大旅游输出国。民族地区拥有丰富的自然旅游资源和人文旅游资源，旅游业是民族地区的优势产业，它推动基础设施的开发建设及其他相关产业的发展，是民族地区特色经济、生态经济和绿色经济的最佳结合点，在我国旅游业实现向世界旅游强国目标迈进的新飞跃的过程中将发挥重要作用。西部大开发战略的实施以及 1999 年西北五省区旅游局长工作会议上提出的“西部大开发，旅游应先行”策略，促进了民族地区旅游业的发展。

我国旅游业的发展在实践中积累了丰富的经验，理论研究方面也有了较大进展，但是，根据笔者对《旅游学刊》和国家旅游局出版物《旅游调研》的统计，近几年发表的论文主要以旅游资源开发、旅游规划、地方旅游市场为研究对象（80.9%），而从旅游公共管理的角度进行深入而系统的研究者较少。地理学界对旅游的研究也主要体现在旅游资源与区域开发方面，此方面的论文约占三分之二。

转轨期间旅游管理体制要改革，要实施公共管理。近年来，已经有一些与旅游公共管理有关的论著发表，但数量不多，尤其未见有深入而系统研究少数民族地区旅游业的公共管理论著。以2006年《旅游管理》杂志为例，在该杂志该年度发表的148篇论文中，论述旅游业公共管理的文章仅有19篇，而这19篇论文中尚无一篇提到少数民族旅游业公共管理的内容。

一、中国旅游公共管理研究现状

（一）旅游管理体制改革的研究

主要探讨我国旅游管理体制改革的内容与方式，提出创新思路。

1. 对政府旅游管理职能的研究

转轨时期我国旅游管理体制要改革，政府职能要转变，要建立新型的政企关系，政府要从“无所不能”转向“有限领域”，从公共服务的“缺位”转向“到位”。有学者对我国旅游管理体制改革的内容与方式进行了探讨，比如郑向敏、朱四海的《论市、县政府在旅游行政管理中的“位”与“为”》①、吕月英等《WTO背景下的政府职能转换》②、詹国彬《从管理型政府到服务型政府》③。

① 郑向敏、朱四海：《论市、县政府在旅游行政管理中的“位”与“为”》，载《旅游学刊》2003年第5期。

② 吕月英等：《WTO背景下的政府职能转变》，载《生产力研究》2004年第4期。

③ 詹国彬：《从管理型政府到服务型政府》，载《江西社会科学》2003年第6期。

2. 国有企业资产的改革

论述国有企业改革，在政企分离的前提下，还要做到政资分离。论述政资分离的含义、措施，要合理地把政府国有资产所有权与经营权分离，或是说把政府国有资产所有者与社会经济管理职能分离，让企业脱离所有者代表的控制。其措施通过改组、兼并、租赁等形式进行。吴建华、郑洪义的《我国旅游资源经营权转让模式构建》①，王凯、谭华云的《凤凰城旅游景区转让后的效应评价》② 等对此方面进行了相关研究。

3. 旅游企业集团化的研究

近几年，我国旅游业快速发展，在市场和政府的推动下，旅游业开始出现集团化经营。国外饭店集团和饭店管理公司迅速扩张，带动了国内饭店集团形成，旅行社出现联合趋势，跨行业的综合性集团及行业区域性协作的旅游集团也日趋壮大。国内学者开始对旅游企业集团进行研究分析，对旅游企业集团形成的因素、形成的必要性及发展的一般进程、如何构建、构建的形式进行细致的分解和设计。比如张梦的《旅游产业集群化发展的制约因素分析——以大九寨国际旅游区为例》③、徐首青的《论饭店集团化的发展及趋势》④ 等。

(二) 旅游发展战略研究

对在转轨时期由计划经济向市场经济转型的战略方面，不同

① 吴建华、郑洪义：《我国旅游资源经营权转让模式构建》，载《旅游管理》2006 年第 2 期。

② 王凯、谭华云：《凤凰城旅游景区转让后的效应评价》，载《 旅游管理》2006 年第 1 期。

③ 张梦：《旅游产业集群化发展的制约因素分析——以大九寨国际旅游区为例》，载《旅游学刊》2006 第 5 期。

④ 徐首青：《论饭店集团化的发展及趋势》，载《重庆工商大学学报》（西部论坛）2005 年第 4 期。

学者提出了不同的观点，大致分为“政府主导型”和“市场主导型”两类。有学者提出其间有过渡阶段，即“政府引导型”，例如，钟海生《旅游业的两种发展观和政策导向》①、匡林的《旅游业政府主导型发展战略研究》② 等论著。此外，还有一些学者论述了国家旅游局“九五”期间在全国倡导实施“政府主导”战略的意义及所取得的成绩，提出“政府主导”战略是在以市场为主配置资源的基础上，充分发挥政府的主导作用。例如，邓祝仁的《“东亚模式”和政府主导型旅游发展战略》③，李菊霞、林翔的《我国旅游业政府主导型发展战略辨析》④。

（三）循环经济理论在我国旅游发展研究中的运用

美国经济学家 K. 波尔丁提出的循环经济理论，要求把经济活动按照自然生态系统的模式，组织一个“资源——产品——再生资源”的物质反复循环的流程，这个理论的要求与以旅游资源为依托的我国旅游业的发展模式一致。由于旅游业的发展要求旅游资源能够循环利用，因此，保护旅游资源是旅游业发展的关键所在。近年来我国旅游业贯彻执行的可持续发展战略，其基本思想符合循环经济的理论模式。可以说，旅游业是发展循环经济的最佳载体。循环经济是当今世界经济发展的趋势。在旅游业内建立和推行循环经济模式，是科学发展我国旅游业，促进旅游业可持续发展的重要途径。循环经济的理论思想非常切合旅游的实践属性和发展要求。在旅游业内积极有效地发展循环经济，综合体现了科学发展我国旅游业，促进旅游业可持续发展的战略方针，

① 钟海生：《旅游业的两种发展观和政策导向》，载《旅游学刊》1999 年第 1 期。

② 匡林：《旅游业政府主导型发展战略研究》，中国旅游出版社，2001 年版。

③ 邓祝仁：《“东亚模式”和政府主导型旅游发展战略》，载《学术论坛》2003 年第 3 期。

④ 李菊霞、林翔：《我国旅游业政府主导型发展战略辨析》，载《社会科学家》2000 年第 6 期。

也是旅游业实现公共管理的措施之一，具有重要意义。近年来，我国学者对旅游业可持续发展进行研究的文章较多，以2006年《旅游管理》杂志为例，有何智能的《试论循环经济与旅游业发展》[①]、杨桂华的《生态旅游可持续发展四维目标模式探析》[②]、郭山的《WTO旅游业的相关条款及我国旅游景区的可持续发展建设》[③]。

（四）旅游人才培养和人力资源管理研究

21世纪对旅游人才提出了新要求。面对目前旅游市场对高素质人才的要求以及人才严重短缺的尴尬，旅游人才培养成为目前急需解决的问题。潘雅芳在《全球化与我国旅游管理人才培养战略研究》[④]中，提出了旅游管理人才培养的战略步骤、战略规划、人才层次与合理定位、学校教育与职业发展规划相结合，明确培养目标、重视素质教育等。

近年来，有学者针对高等教育的人才培养方式和存在的问题，提出要突破传统、探索新路。例如，何建伟的《旅游产业化国际化背景下高素质人才培养创新探索——兼谈暨南大学深圳旅游学院的教育改革与发展》[⑤]，王培英的《试论我国高校导游人才培养存在的问题及对策》[⑥]，张建业、朱水根的《论饭店管理

① 何智能：《试论循环经济与旅游业发展》，载《旅游管理》2006年第4期。

② 杨桂华：《生态旅游可持续发展四维目标模式探析》，载《旅游管理》2006年第1期。

③ 郭山：《WTO旅游业的相关条款及我国旅游景区的可持续发展建设》，载《云南民族学院学报》（哲学社会科学版）2003年第1期。

④ 潘雅芳：《全球化与我国管理人才培养战略研究》，载《技术经济与管理研究》2005年第5期。

⑤ 何建伟：《旅游产业化国际化背景下高素质人才培养创新探索——兼谈暨南大学深圳旅游学院的教育改革与发展》，载《社会科学家》2006年第1期。

⑥ 王培英：《试论我国高校导游人才培养存在的问题及对策》，载《北京城市学院学报》2006年第1期。

人才培养的新模式——双轨制——定向式组合模式》①，叶全良的《基于职业经理人目标的旅游管理人才培养模式创新研究》②等等。在旅行社人才培养方面，有学者对提高旅行社员工素质等方面进行了研究，如曹流在广东、湖北两省进行调研的基础上总结提出合格的导游员应具备六方面的素质。在旅行社员工的培训和人才的开发与管理研究方面，韦夏婵分析了入世后旅行社应对这场人才竞争应采取的对策。

在人力资源管理方面，有学者对旅行社的绩效评价及人力资源现状与开发进行了研究，如宋耘等对旅行社的绩效评价进行了探析，并指出绩效评价中常见的错误；孙静对哈尔滨的旅行社人力资源状况进行了分析研究。

据上所述，当前国内人才培养和人力资源研究对求才、用才、留才等内容研究比较欠缺。

二、中国少数民族旅游公共管理研究现状

（一）民族地方政府在旅游开发中的管理职能

学者们提出民族地方政府在西部旅游开发中要正确定位，分析探讨民族地方政府作为与不作为的领域。按市场原则组织旅游开发，政府的职能模式是有限的，其实现方式多样，有行政职能、宏观调控职能、经济职能、公共服务职能等。比如陈肖静的《西部旅游开发中的政府管理职能研究》③。

（二）民族地区旅游业实施“政府主导型”发展战略

---

① 张建业、朱水根：《论饭店管理人才培养的新模式——双轨制——定向式组合模式》，载《桂林旅游高等专科学校学报》2005 年第 5 期。

② 叶全良：《基于职业经理人目标的旅游管理人才培养模式创新研究》，载《区域经济管理》2006 年第 12 期。

③ 陈肖静：《西部旅游开发中的政府管理职能研究》，载《经济问题》2006 年第 3 期。

学者们论述了在市场经济条件下，在民族地区旅游业实施政府主导型战略的原因与政策导向和实施内容。比如李树民、陈实的《论西部旅游业实施政府主导型战略的宏观分析》①。

（三）民族地区旅游人力资源研究

民族地区旅游资源丰富，在西部大开发和加入 WTO 后融入国际舞台竞争的背景下，为发展民族地区旅游经济，学者们探讨了民族地区如何构建旅游人才保障体系，分析民族地区旅游资源优势，旅游产业发展存在的屏障，并提出构建人才保障体系的思路及方式，比如吕白羽、麻学锋的《论民族地区旅游人才保障体系的构建》② 和张河清、霍生平的《民族地区旅游人力资源协调管理实证研究——以张家界、湘西自治州、怀化为例》③ 等等。

（四）民族地区旅游业的可持续发展

分析和论述民族地区旅游业可持续发展战略观及其实施的研究相对较多。比如余小军的《少数民族地区旅游业的可持续发展战略论——以广西盘阳河流域为例》④、李湘的《贫困民族地区旅游业的可持续发展》⑤。

从以上对少数民族旅游公共管理的研究状况分析可以看出，目前我国对民族地区旅游公共管理的论述相对缺乏，深入系统的研究更是有待加强。为此，有必要提出系统、全面的实施旅游公

---

① 李树民、陈实：《论西部旅游业实施政府主导型战略的宏观分析》，载《人文杂志》2002 年第 3 期。

② 吕白羽、麻学锋：《论民族地区旅游人才保障体系的构建》，载《湖南商学院学报》2005 年第 3 期、《市场论坛》2005 年第 5 期。

③ 张河清、霍生平：《民族地区旅游人力资源协调管理实证研究——以张家界、湘西自治州、怀化为例》，载《市场论坛》2005 年第 5 期。

④ 余小军：《少数民族地区旅游业的可持续发展战略论——以广西盘阳河流域为例》，载《桂林旅游高等专科学校学报》2001 年第 3 期。

⑤ 李湘：《贫困民族地区旅游业的可持续发展》，载《经济与社会发展》2006 年第 8 期。

共管理的途径，促进民族地区旅游业的发展，完善民族区域自治制度，以适应国内外形势发展的需要。为此，笔者以少数民族地区旅游业发展较好的云南为典型案例，在实地考察的基础上，对少数民族地区旅游公共管理进行比较系统的研究。其研究目的和意义如下：

1. 研究目的

(1) 完善民族区域自治制度

发展旅游业是加快民族地区经济发展的重要途径。我国是一个统一的多民族国家，除汉族外，还有55个少数民族。民族地区经济的发展是中国经济发展的重要组成部分，少数民族地区的利益是中华民族利益的一部分。党和政府制定了加快少数民族和民族地区发展和各民族共同繁荣的政策。

2007年3月9日，国家主席胡锦涛在参加第十届全国人大五次会议广西代表团审议时强调，“民族工作始终是关系党和国家工作全局的一项重大工作，民族和谐始终是社会和谐的重要组成部分……要进一步加强民族团结进步的教育，坚定不移地贯彻执行党的民族政策，加快民族地区经济社会发展，重点扶持人口较少民族经济社会发展，不断巩固和发展平等、团结、互助、和谐的社会主义民族关系。”胡锦涛主席的讲话，指出了发展民族地区旅游业，加快民族地区社会经济发展，对不断巩固和发展平等、团结、互助、和谐的社会主义民族关系有着重要的历史意义和现实意义。

江泽民同志在1999年中央民族工作会议上的讲话指出：“加快少数民族和民族地区的发展，是我国社会主义事业的本质要求在民族工作上的体现，也是党的民族政策的基本出发点和归宿。”这个指示指出了加快少数民族和民族地区的发展，搞好民族地区经济的重要性。

1992年中央民族工作会议明确指出：“现阶段我国的民族问

题，比较集中地表现在少数民族和民族地区迫切要求加快经济文化发展。”因此，民族地区要以经济建设为中心，加快民族地区经济建设的步伐。继 1992 年中央明确提出旅游业是第三产业中的重点产业之后，1998 年中央经济工作会议又提出将旅游业作为国民经济新的增长点的决策。

我国旅游业于 1978 年正式作为一个产业列入国民经济体系后，在改革开放中迅速发展壮大，民族地区旅游业的发展也取得了很大的进步。民族地区旅游业的总体增长速度，已高于全国平均水平。2000 年全国旅游外汇收入增长速度超过 40% 的 6 个省区全部在民族地区，而且多数初步建立了政府主导、企业运作、社会参与的旅游经济运行机制和多元化投资格局。在充分肯定成绩的同时，应该看到民族地区旅游业的发展，还存在一些需要解决的问题。

2001—2002 年初，全国政协民族宗教委员会赴云南、广西及四川省调研报告中指出：“近年来民族地区旅游业开发有重大进展，但目前总体发展水平比较低，总量还不大，还存在不协调或不平衡”。调查报告还指出：“要解决民族地区旅游业发展中存在的问题，要靠改革，要加快推进民族地区地方政府转型。”我们应遵循市场经济规律，积极推进旅游管理体制改革。改革是旅游业发展的唯一出路，改革才能适应和促进民族地区旅游业的发展。旅游业系统体制改革属公共管理范畴，实现旅游公共管理，旅游业才能迅速发展，才能搞好民族地区经济，民族区域自治制度才能得以完善。探讨实施少数民族地区旅游公共管理的途径是完善民族区域自治制度的需要。

（2）实施西部大开发战略的需要

西部大开发在某种意义上说就是西部民族地区的大开发。西部大开发是加快发展民族地区经济、解决我国民族问题的根本途径。西部地区具有旅游资源优势，旅游业是民族地区优势产业，发展旅游业关系到民族地区经济的发展。民族地区旅游业的发展虽然已取得很大成绩，但是与东部地区相比仍相对滞后。目前民族各地区旅游外汇收入和有效开发利用的旅游资源程度都很低，产生的直接原因有产业与机制不配套，领导方式具体措施仍未摆脱计划经济思路，旅游业体制改革相对滞后，多头管理，政企不分等问题。旅游企业内部组织结构间，旅游业六大要素之间，旅游业与其他产业间等关系都有待理顺。民族地区这些问题，实质上是旅游业体制改革的滞后。改革旅游业体制是实现旅游公共管理，促使民族地区的旅游业成为西部大开发的新兴强力支柱产业，在实现我国成为世界旅游强国目标的迈进中发挥重要作用。

江泽民同志在1992年中国共产党第十四次全国代表大会上的报告中指出："我国经济体制改革的目标是建立社会主义市场经济体制。"这个指示给民族地区经济体制改革指明了方向。社会主义计划经济向社会主义市场经济转型，旅游业的管理模式要改变，在实施西部大开发中必须揭示和探研加快民族地区经济发展途径以及实施旅游公共管理对策。西部大开发战略的提出促进了民族地区旅游公共管理的研究。

（3）适应经济全球化、区域经济一体化的需要

经济的全球化、信息化、知识化要求社会主义公共管理现代化、科学化、专业化，需要建立一个办事高效、运转协调、行为规范的适应社会主义市场经济需要的公共管理体系，以适应国内外形势发展的需要。新世纪我国处于由社会主义计划经济向社会主义市场经济转型时期，加快推进政府转型成为必然。政府转型的目标是构建"以人为本"的公共服务型行政管理制度，即要实现公共管理。

现代公共管理的研究于20世纪初在西方兴起。我国从20世纪80年代开始恢复和重建公共管理的研究。当今民族地方政府学习、吸收和应用当代公共管理的科学理论和方法来管理旅游业

十分重要。我国加入 WTO 以后，旅游企业被推上国际竞争舞台。然而当前民族地区旅游业发展中还存在许多与 WTO 规则相悖，不利于参加国际竞争的因素。创新观念，用先进的公共管理理论思想和方法管理民族地区的旅游业，才能使民族地区旅游也在激烈的竞争中处于不败之地。

2. 研究意义

(1) 继承发展公共管理研究成果

少数民族旅游公共管理是我国公共管理的一部分。建立和发展中国少数民族旅游公共管理体制，有助于我们继承人类在社会管理领域的优秀成果，真正做到与国际接轨并发展公共管理理论。

探研少数民族旅游公共管理，对学习和借鉴西方最新发展的公共管理理论及治理理论，继承其研究成果并与国际接轨，以及结合中国实际，创建具有中国特色的公共管理理论，以丰富和发展西方公共管理的理论有重要意义。

"公共管理的概念首先出现在西方文明国家"①。西方公共管理的实践与发展大体经历了两个阶段：第一阶段是在 20 世纪 70 年代末 80 年代初发展起来的新公共管理理论，它是在公共行政理论进一步扩展中形成的。其操作模式是将公共服务民营化和私有化以及引进企业管理许多做法，在政府管理中引入市场机制，推行顾客为导向和改善服务为特征的改革。新公共管理，特别强调公共价值和公共利益的管理活动。新公共管理促进了西方国家经济与社会的发展。

进入 20 世纪 90 年代中期以后，西方公共管理进入了治理改

① 一般以美国学者威尔逊 1887 年发表在《政治学季刊》上的《行政学研究》一文为公共管理的开山之作，见 Wilson Woodrow (June, 1887) "The Study of Administration".

革阶段，即公共管理改革的第二阶段，此时提出治理的理论。治理的主要思想是提出公共管理的主体由政府外延到 NGO 等其他各类公共组织（公民社团、志愿团体、非营利组织、公有企业、私人集团、社区互助组织、居民自治组织、各种社会运动甚至私人机构中的“公共部分”）。公共管理主体已多元化，不再只是政府一家的格局，而强调政府与社会之间的互动。根据市场原则管理，政府治理的模式是：实现“善治”，或是说构建公共服务型政府，其主要特征“不再是监督，而是合同包工；不再是中央集权，而是权力分散；不再是由国家负责分配，而是国家只负责管理；不再是行政部门的管理，而是根据市场原则管理；不再是国家的指导，而是国家和私营部门合作”①。即政府与各种非政府组织之间已不是领导和被领导关系，必须通过面对面的合作方式，以互动的行为，实现“共和”，从而建立有秩序的民主。

少数民族旅游公共管理是我国的公共管理的一部分，对此方面课题的研究无疑是对上述理论的良好继承。新公共管理和治理理论所要求出现的格局，正是中国公共管理所创造着的格局。但并非所有理论都是“五湖四海而皆准的真理”，我们所研究的公共管理理论是结合中国实际的理论，是探研与我国经济发展相适应的公共管理发展模式，用唯物主义的理论指导公共管理活动，是对西方的公共管理理论的丰富、发展和充实。

（2）总结民族地区地方政府和旅游行政部门改革的经验

我国公共管理研究始于 20 世纪 80 年代，当时提出“公共行政管理”，并在一段时间内学术界的主流将“公共行政管理”视为“政府管理”的代称，“公共行政管理”在社会学科中成为充满生机和活力的独立学科。由于国内外形势的发展变化，“公共

---

① ［瑞士］F. 梅里安：《治理问题与现代福利国家》，载《国际社会科学》（中文版）1999 年第 2 期。

行政管理”进一步发展形成“公共管理”理论。1997 年国务院学位委员会与教育部进行学科大调整，设立了公共管理一级学科。21 世纪从“政府管理”便跨越到“公共管理”，这是由于当代市场经济国家公共管理的理论与实践已发生了深刻的变化，我国社会主义市场经济体制的不断完善以及加入 WTO 促进了中国公共管理的发展和形成。夏书章在《现代公共管理概论》中说：“我国的公共管理既是理论、学科，又是一种管理方式，乃是一种管理活动。”为此，研究少数民族旅游公共管理活动，也是研究旅游公共管理的理论，也是公共管理学科之一。研究少数民族旅游公共管理体制，有助于进一步认识和克服旧的旅游行政管理体制的弊端，即改革开放前的高度集权、全能政府的弊端。研究和建立公共管理体制的目的，是要总结民族地方政府和旅游行政管理部门在转轨时期如何处理好与市场、与企业的关系。对社会管理领域的改革经验进行科学总结，以正确定位民族地方政府的行政职能、宏观调控职能、经济职能、公共服务职能，以便为民族地方政府、旅游行政管理部门的职能定位提出科学依据，有助于自觉地、正确地走上公共管理的道路。

三、本书特点

本书是以马克思主义经济学与民族理论为指导，以国内外学者公共管理理论创新思想为基础，以民族地区旅游业发展的实际为切入点，探讨了在民族地区构建服务型政府、服务型旅游行政管理的模式及实现旅游公共管理的途径。

探讨少数民族旅游公共管理，是当前国内形势发展需要，目前尚未见系统研究少数民族公共管理的论著。本研究从旅游学和公共管理学交叉的视角，在实地考察的基础上，对少数民族公共管理进行研究，并力求整体、系统和全面。

作者深入实际，到云南省大理白族自治州和丽江市进行调研，提出了我国民族地区旅游业由“政府主导”战略向“政府引导”战略转换应具备的5个基本条件，并认为应该根据不同地区的旅游发展状况因地制宜地选择旅游发展战略。

我国民族地区旅游业由“政府主导”战略向“政府引导”战略转换应具备的5个基本条件是：1. 旅游基础设施建设具备良好基础；2. 旅游产业体系趋于完整；3. 市场经济体制框架基本确立；4. 旅游业管理方式从依靠行政手段向依法治旅转换；5. 旅游市场逐步规范。

作者在实地考察的基础上，认为云南省大理白族自治州、丽江市已具备了战略转换的条件，提出在“十一五”期间，云南大理白族自治州、丽江市旅游业应实施“政府引导”发展战略，以加快旅游业的发展，而如西藏等一些旅游业发展相对较慢，仍处于发展初期阶段的地区“十一五”期间仍应实施“政府主导”战略。

此外，作者还提出，理顺民族地区“政企关系”应增加体现2006年10月在北京召开的中共十六届六中全会提出的构建和谐社会目标任务精神的新内容，以生态环境的改善为根本和切入点，走生态经济协调、持续推进的道路。民族地区旅游业的发展要合理开发旅游资源，保证人与自然环境和社会环境的和谐。

第一编　公共管理的基本理论及民族地区旅游公共管理

公共管理是以政府为核心的公共部门，运用管理学、政治学、经济学、法学、社会学、系统科学等多学科理论与方法，对国家和公共组织进行有效治理的管理活动，是研究政府组织管理活动规律的科学体系。

我国是统一的多民族国家，具有几千年历史，在政府的管理以及民族区域自治的管理方面有着丰富的经验，管理科学的诞生对管理学的发展发挥了重大的作用。随着科学技术的进步，社会的发展和社会与经济活动的日趋复杂，管理科学不断地适应变化了的环境，以解决产生的新问题。

现代公共管理的研究（包括公共行政和教育）于20世纪初在西方兴起，迄今已有上百年的历史。我国自20世纪80年代开始公共管理（包括公共行政和教育）的研究以来，随着进入转轨时期，社会主义市场经济体制的不断完善以及加入WTO，政府公共管理的性质、范围、内容和方式都有了较大的改变，管理科学理论也有了新的发展，为此，必须立足于当代国内外变化着的公共管理现实，尤其是转轨时期对我国公共管理的现实进行研究。民族地区公共管理是我国公共管理的重要组成部分，民族地区和全国其他地区一样，都要提高公共管理的水平及公共服务质量，更好地为市场经济条件下以及加入WTO背景下的公共管理实践服务。本编主要对公共管理的基本理论以及民族地方政府对旅游公共管理进行探讨。

第一章　公共管理及相关概念

第一节　公共管理的含义和特性

一、公共管理的一般含义和特性

管理是集体活动的产物，从原始人集体狩猎活动到当代各种组织群体的运作，无论是微观的企业、公司、行政机关，还是宏观经济活动，都与管理休戚相关。

从管理思想的萌芽到当今系统的管理科学的形成，经历了漫长的历史发展阶段。

在资本主义早期，企业逐步成为社会的重要组织形式。人们关注的管理实质是企业的管理，其本质是以最少的人力和物力追求最大的利润，而研究效率是实现这个目标的自然需要。西方学者把管理看成围绕实现目标提高效率的过程。泰勒提出科学管理，以提高企业的管理效率。

我国多数管理学著作对管理的定义是，“管理是通过计划、组织、控制、激励和领导等环节来协调人力、物力和财力资源，以期更好地达成组织目标的过程。”① 即管理是管理者或管理机构在一定范围内，通过计划、组织、控制、激励、领导等工作，

① 徐国华：《管理学》，清华大学出版社，1997 年版，第 3 页。

对能量和物质（包括人力、财力、物力）进行合理配置和有效使用，以实现预定目标的过程。管理的本质是协调。

胡德认为："公共管理即'国家的艺术'，能够松散地被定义为如何设计和管理公共服务的问题，以及政府行政部门的细微工作。"① 这里所说的"国家艺术"的行为主体，除政府外还包括其他公共组织以及公众。

根据胡德理论，对公共管理的定义可以理解为公共管理的对象是国家和社会的公共事务。公共管理就是对公共事务的有效治理。而任何公共事务的背后都体现和反映着一定的公共利益，因此，维护、分配和增进一定共同体的公共利益便成为公共管理的宗旨。

随着科技的进步和生产力的发展，企业管理更加复杂，在20世纪70年代与80年代之际，出现了公共管理的新概念。西方一些国家社会矛盾的复杂化，不可治理性问题的出现，知识经济和技术革命的发展，现代民主进程的发展，使得公共管理成为20世纪后期人们不能回避且高度关注的问题，公共管理新概念在西方国家也成为一个越来越时髦和受欢迎的术语。在我国，随着公民社会自治能力与要求的不断扩展，市场机制的不断成熟与市场力量不断壮大，政府统揽公共事务的"不可治理性"危机的日益加重，全球化和信息化的不断深化，以及公共事务治理主体多元性和治理工具的多样性要求的不断增长，公共管理也应运而生。公共管理的实质是以政府为核心的公共部门（或公共组织），整合社会各种力量，广泛运用政治的、经济的、管理的、法律的方法，强化政府的治理能力，提升政府绩效和公共服务品质，追求有效增加与公平分配社会公共利益和提供公共产品的调

① Hood Christopher (1998), The Art of the State: cultwre Rhetoric and public Management Oxford: (laremant press. P. 3).

控活动，公共管理不以营利为目的。

公共组织中的目标与泰勒科学管理中指出的企业目标不同。泰勒提出的企业管理思想只考虑“效率”因素，而以政府为主体的公共部门（公共组织）的目标则既要在考虑“效率”因素的同时考虑“公平”因素，其深刻内涵和重要意义在于它的公共性、管理本质的服务性和政府与公民社会的合作共治性。公共管理的公共性有二：其一，利益取向公共性。它致力于实现社会整体的公共利益，即所有公民的共同利益，既包括所有公民共同的根本利益和长远利益，也包括每一个个体公民的合法利益，要最大限度地实现和增进公共利益。其二，公共参与性，即公众广泛参与和参加对社会公共事务的管理，公共管理的实施主体不仅是以政府为代表的官方，还包括政府之外的其他公共组织或私人组织以及公民，强调对社会公共事务实施“共同的管理，政府与公民社会的合作共治性。”

公共管理的管理方法和方式，既非统治式，也非政治控制式，而是采用各种方法推进、实现和维护社会公共利益。公共管理的管理本质是服务和协调。服务是为公民提供服务，协调就是协调人与人、人与物以及物与物的矛盾，创造和谐而有效率的组织运行体系和内外环境，以实现组织的目标。在信息社会，应用信息技术是公共管理革新的重要内容。

公共管理是以政府为核心的多元化社会行为主体及其组成的网络化结构，为了最大限度地实现和增进公共利益，广泛运用公私领域提供的各种方法和方式，在公众参与、参加及制约下，对社会公共事务所实施的管理活动。

二、少数民族旅游公共管理概念和特性

少数民族旅游公共管理是以公共利益的不断增进和有效实现为目的，通过政府与公民社会的合作共治及各方面关系的协调，

为公众旅游提供服务的活动。我们可以从西方公共管理的理论以及我国民族地区公共管理的初步实践，来体会少数民族旅游公共管理的涵义。

坚持平等、团结、互助和共同繁荣的原则是党和国家民族政策的根本出发点，“以人为本，富民为本”是民族地区全面建设小康社会的基本宗旨。党的十六大报告指出要贯彻“三个代表”重要思想。实践“三个代表”重要思想，从民族工作的角度讲，就是党和政府要从全国各民族人民特别是少数民族人民的根本利益出发，坚持执政为民，推动社会主义民族关系的发展，坚持与时俱进，坚持党的先进性。在旅游业发展方面，中央政府可以对欠发达的民族地区政策上给予扶持和倾斜，促进民族地区旅游业和民族经济的发展。

民族地区地方政府的职能向着实现“服务于民，执政为民”的管理目标转化，政府对旅游业的管理方式也在不断改进。新中国成立初期（1949—1965），旅游业从没有专门的产业管理机构发展到建立中国旅行游览事业管理局，与国旅总社政企合一，合署办公。“文化大革命”期间，原有体制遭到严重破坏，外交部和国务院是事实上的管理机构。改革开放初期，建立了国家旅游管理总局，并在各省市区成立旅游局。政治工作归地方党委领导，业务上归旅游局领导，并成立了计委、建委、外贸等部门组成的旅游工作领导小组。按照我国现行的管理体制，各级旅游局是各级政府旅游管理的行政机构，实行分级管理。各级旅游局的性质和职能基本相同，但具体工作目标和工作范围却各有侧重，国家旅游总局以制定产业政策为工作重点，省级旅游局主要负责完善市场规则，而市旅游局则以维持市场秩序为主。“六五”的旅游规划之后，经济体制发生改变。从独家经营转变为以国有经济为主导的多种经济并存，主要表现在外联权下放和允许“非旅游部门”办旅游。跨地域、跨行业、跨所有制的多元化经营日渐兴盛；旅游行政管理部门的管理范围从只管旅游局系统转变为实行全行业归口管理，政府从直接参加经营活动向政府实行宏观调控职能转变。

进入公共管理时代以后，政府只是公共管理的核心，政府以外的公共组织与公众一起，构成公共管理的主体。政府以外的公共组织包括国家旅游企业（如国际旅行社、中国旅行社、青年旅行社）、私人旅游部门和公私合营旅游企业。公共管理的本质特征和现实表现形式是公共性和体现公共精神，“公共精神既包括平等也包括参与。”① 目前我国旅游业的经营体制是以国有经济为主导的多种经济形式并存，即国有经济、集体经济、私营经济、联营经济、股份制经济、外商、港、澳、台投资经济等，体现了公众参与和政府与公民合作共治的公共精神。

综上所述，少数民族旅游公共管理可以界定为：少数民族旅游公共管理是以追求公共利益为宗旨，在社会公众参与和监督下，公共管理机构对少数民族旅游公共事务的有效治理活动。

第二节　新公共管理理论

一、新公共管理的定义

20 世纪 70 年代中期以后，英国以及其他经合组织（OECD）国家纷纷掀起了政府改革运动。胡德（Hood）将这些改革运动称作“新公共管理”运动。新公共管理是作为一种正在成长并

① ［美］罗伯特·D. 帕特南著，王列、赖海榕译：《使民主运转起来》，江西人民出版社，2001 年版，第 120 页。

且日益取代旧的公共行政模式而建立的新的公共部门管理模式，即公共部门管理的新模式。新公共管理也称为“公共管理主义”或“管理主义”、“后官僚体制模式”、“以市场为导向的公共行政”。

对新公共管理（管理主义）的内涵，不同学者做出了各种不同的界定。胡德于1991年最早提出“新公共管理”，他将“新公共管理”看作是一种以强调明确的责任制，产生导向和强效评估，以准独立的行政单位为主的分权结构（分散化），采用私人部门管理、技术、工具、引入市场机制以改善竞争为特征的公共部门管理新途径。胡德将新公共管理的要点归纳为七条。其他学者如波立特（C. Pollitt）、瓦尔特（Walter）、基克特（J. M. Kiekrt）、霍姆斯（Hoimes）和尚德（Shand）等对新公共管理的定义与胡德不同。

我国学者陈振明将“新公共管理”的内容归纳为如下八个方面：

1.“让管理者进行管理”（强调职业化管理）；2. 衡量业绩（明确绩效标准与绩效评估）；3. 产出控制（项目预算与战略管理）；4. 顾客至上（提供回应性服务）；5. 分散化（公共服务机构的分散化和小型化）；6. 引入竞争机制；7. 采用私人部门的管理方式；8. 改革管理者与政治家、公众关系。①

尽管新公共管理的名称众多，不同学者给出不同的定义，但不同定义中还是有共同之处。共同之处有：第一，无论这种模式叫什么，都代表着一种与传统公共行政不同的重大变化，更为关注结果的实现和管理者的个人责任。第二，明确表示要摆脱古典官僚制，从而使组织、人事、任期和条件更加灵活。第三，明确

---

① 陈振明：《走向一种“新公共管理”的实践模式——当代西方政府改革趋势透视》，载《厦门大学学报》（哲社版）2002年第2期。

规定了组织和人事目标。这就可以根据绩效指标测量工作任务的完成情况。同样，还可以对计划方式进行更为系统的评估，也可以比以前更为严格地确定政府计划是否实现了其预定目标。第四，高级行政管理人员更有可能带有政治色彩致力于政府工作，而不是无党派或中立的。第五，政府更有可能受到市场的检验，将公共服务的购买者与提供者区分开，即将“掌舵者与划桨者区分开”。政府介入并不一定总是指政府通过官僚手段行事。第六，出现了通过民营化和市场检验、签订合同等方式减少政府职能的趋势。在某种情况下，这是根本性的。一旦发生了从过程向结果转化的重要变革，所有与此相连的连续性步骤就都是必要的。[①]

二、新公共管理理论的主要内容

20 世纪以来西方国家行政管理模式长期运行官僚体制模式，这是传统的行政管理体制模式。然而，在 20 世纪 70 年代石油危机之后，经济衰退，传统的官僚体制行政管理模式暴露了种种问题。同时，由于新技术革命尤其是信息革命，使西方国家从工业社会进入了后工业社会，这就促使了西方政府要改革传统的行政管理体制——官僚式体制，打破长期以来政府对公共信息的垄断。政府应调整与改革其运作方式，要让公民和社会团体参与公共管理活动。经济全球化是当代西方政府公共管理改革的一个推动力，以保持其国际竞争力，顺应经济全球化新形势。在这种时代背景的条件下，提出了新公共管理，虽然对新公共管理的定义有所分歧，给“新公共管理”模式制定的内容亦有所不同，但一般来说，新公共管理论应当主要包括以下内容：

1．注重政府的政策职能与管理职能的分离；2．注重将私营部门的管理方式引入公共部门；3．营造“顾客导向”的行政文

① 李鹏：《新公共管理及应用》，社会科学文献出版社，2004 年版，第 157 页。

化；4．政府应广泛采用分权的方式进行管理；5．公务员不必保持政治中立，高级公务员可参与政策的制定过程并承担相应的责任，以保持政治敏锐性，以主动精神设计公共政策，有效地发挥其社会功能。这一点与传统公共行政不同（传统公共行政强调公务员保持政治中立、不参与党派斗争）。6．政府应放松严格的行政规则，实施明确的绩效目标控制。①

因此，新公共管理与传统公共行政管理之间存在差别，例如，集权形式的权力主义和分权形式的服务主义的区别；单向考虑效率和既重视效率又重视质量，即重视政府活动的产出和结果的区别；是否关注解决公平与效率的矛盾的区别等等。新公共管理模式比传统公共行政模式更容易控制和防止腐败。

与传统公共管理模式相比，新公共管理更为先进，它在许多方面起到了积极的作用，获得一系列的成就，它是政府管理改革的必然产物，反映了人类进入全球化、信息化、市场化与知识经济时代对各国公共管理的必然要求。但是，西方各国真正推行新公共管理的时间只有 20 年左右，有的国家只是刚刚开始，学术界对新公共管理效果的评价褒贬不一，有积极提倡者，有消极批判反对者。对“新公共管理”的批判主要是针对新公共管理的理论基础和新公共管理运动在实践运行中出现的问题。但是学术界中有的学者对新公共运动的态度是在支持和反对两者之间，寻求平衡的态度。

三、新公共管理运动与当代公共管理理念的关系

新公共管理运动是当代公共管理理念的起源。西方公共管理的实践与发展大体经历了两个阶段。

① 李鹏：《新公共管理及应用》，社会科学文献出版社，2004 年版，第 258－262 页。

第一阶段是 20 世纪 80 年代至 90 年代初，称民营化时期，表现为以公共服务的民营化、私有化以及更多的引入企业管理技术，在政府管理中引进竞争与市场机制，提高公共管理水平及公共服务质量为特征的“管理主义”或“新公共管理”（NPM：New Public Management），也称“新公共管理运动”（New Public Management Movement）。

1991 年，在美国召开了第一届全国公共管理研究会议，会议确定了新公共管理研究的重点问题，即创立新的公共管理知识框架。会议标志着作为一门新学科的公共管理学理论构架基本形成。

然而，新公共管理运动或“‘新公共管理’范式从诞生之日起，就遭到诸多批判”。[①] 黑堡学者认为“新公共管理运动”或“新公共管理”理论中注重市场机制，主张小而美的政府，将企业管理方式引进公共部门的做法不应推崇。他们认为资本主义与市场经济虽是追求公共福利的必要条件，但不是充分条件。仅靠市场是不够的，必须依靠政府代表公众整体的利益，掌握公共权威，才能把握社会发展方向，促进公共利益的实现。[②] 除了对新公共运动理论的批判外，在各国实行中遇到出现的问题也使得新公共管理运动理论受到抨击。

研究者对新公共管理运动的批评意见有一定程度的合理性，揭示了新公共管理运动理论的局限性。但是新公共管理运动理论作为当代公共部门管理研究和西方政府改革的指导理论有其合理之处。其理论价值在于：“它针对传统的体制的弊端，把市场激励机制和私营部门的管理手段引入政府的公共服务，改革传统政府官僚体制内部的管理机制和内部驱动力，以达到重新塑造政府

① 李鹏：《新公共管理及应用》，社会科学文献出版社，2004 年版，第 171 页。

② 李鹏：《新公共管理及应用》，社会科学文献出版社，2004 年版，第 172 页。

体制的目的。”①

第二个阶段是20世纪90年代中期以后，西方公共管理进入治理改革阶段。这阶段西方公共行政改革的侧重点转向利用日益普及的网络信息技术来“再造政府”。与此同时，随着志愿团体、慈善组织、社区组织、合作社、民间互助组织等社会自治力量的不断壮大，对公共生活的影响日益重要，在理论界出现了重新反思政府与公民社会关系，从政治、经济、社会、文化价值等诸多领域寻求全面医治现实问题的方案，探索公共事务治理新模式的思潮，而不是像新公共管理运动那样仅仅关注公共部门对市场机制和企业管理技术的引进。②

斯托克对治理理论总结了五点：1. 公共事务治理的主体是一系列来自政府但又不限于政府的社会公共机构和行为者，社会在不同层面具有多个权力中心；2. 政府与社会、公共部门与私人部门之间在解决社会和经济问题的过程中界限与责任是模糊的，存在着公共责任从政府向各种私人部门与公民志愿性团体转移的趋势；3. 涉及集体行为的各个社会行为主体之间存在着权力依赖、交换、谈判、合作的关系；4. 治理机制的运行最终将形成一个自主的网络，该网络在一定范围内有其自治性，同时又以某种方式与政府合作；5. 办好事情的能力并不仅限于政府及政府的发号施令，还存在着其他的途径与方法，政府有责任使用这些新的方法与技术来更好地对公共事务进行控制和引导。③

西方经过新公共管理运动和公共事务的治理改革，基本上奠定了公共管理未来发展的方向，新的公共事务治理模式也有了头绪。

---

① 李鹏：《新公共管理及应用》，社会科学文献出版社，2004年版，第178页。

② 刘熙瑞：《中国公共管理》，中共中央党校出版社，2004年版，第48页。

③ 俞可平：《治理与善治》，社会科学文献出版社，2000年版，第3－4页。

西方新公共管理运动简称为“新公共管理”（NPM），西方公共事务治理新模式称为公共管理。两者的区别和关系如下：

新公共管理：“新公共管理是关于应如何管理公共部门的最新的范式变革的理论。”① 它发轫于英国，最初扩展到美国、澳大利亚、特别是新西兰，而后进一步推向斯堪的纳维亚和欧洲大陆。莱恩认为：“新公共管理作为在全世界涌动的管理革命的一部分，影响了所有的国家，虽然，这样的影响在相当大的程度上有差异。新公共管理的理论包含了从博弈论、法学和经济学所吸取的睿智的思想。”② J. E. 莱恩的这一洞见包含了三层重要的含义：1. 新公共管理运动不是孤立的，它是世界管理革命的一部分；2. 它影响了全世界；3. 它吸收了经济学、法学等学科新锐的鲜活思想。探讨新公共管理与公共管理的关系，可以简捷地从洛兹关于善治实质的论述得其精要。洛兹概括善治的论点、指出善治就是把新公共管理与自由民主的主张结合起来。③

合作共治的公共管理：治理的理念产生于20世纪90年代中期以后，发端于西方发达国家，而后向世界其他地区蔓延，它是一场质疑官僚制有效性的政府改革运动，亦因实践层面的新公共管理运动而兴起。西方国家要寻求政府、社会与市场的平衡，在这过程中，人们认识到全球化、民主化以及分权化的社会发展趋势会极大地改变公共管理的生态环境，加之社会关系日益复杂多变，相互依存的程度不断加深，政府很难总揽社会公共事务，因而产生了与社会其他力量合作，共同治理社会公共事务的需要，合作共治的治理理念也应时而生。治理社会最理想的境界是善治，因为善治能弥补和救治政府治理失灵。善治的主要特征是合

① Jan - Erik Lane. New Public Management, London: Rout Led ge, 2003: 3.

② Jan - Erik Lane. New Public Management, London: Rout Led ge, 2003: 3.

③ R hodes, R. A. W (1999). Understanding Governance: Policy networks, Governance, Reflexivity and Accountability, open University Press, P. 50.

法性、民主性、责任性、回应性、透明性和有效性。当代公共管理所追寻的最佳状态就是善治。而善治的思想就是公共管理思想精粹的主要构成。

因此，新公共管理是公共管理得以兴起的导火索和催化剂，亦是后者思想武器的重要源流。“新公共管理的兴起为当代公共管理的理念和模式的出现开辟了道路。当代公共管理理念的核心思想，是以人为本，以服务为本，政治国家与公民社会充分合作，市场机制与问责机制有机结合，在实行有效社会监督的约束条件下，以兼顾效率和公平的方式实现公共利益的最大化。”①

随着公共管理的改革浪潮在西方各国普遍展开，国家公共管理水平得到了改善，对推进政府职能转换，推动公共组织的变革，防止行政权力的腐败，促进政府组织文化革新等具有实践意义。在理论上一系列的主题创新，也反映了人类进入全球化、信息化、市场化与知识经济时代以后各国公共管理尤其是政府管理的必然要求。与传统公共行政相比，新公共管理获得了一系列的成就，它在许多方面的积极作用得到众多国家的承认。

第三节 行政管理和公共管理

一、行政管理的概念

在我国早期的历史文献中，“行政”是指“管理国家政务”。我国多数学者都把“行政管理”称之为“公共行政”。

我国学者所说的“行政管理”，其内涵基本是指“政府管

① 黄健荣：《公共管理新论》，社会科学文献出版社，2005 年版，第 22 页。

理”。人们把这种认识称为“从政治的观点来解释行政意义”，是较为传统及保守的观点。①

20 世纪 80 年代中期，夏书章在《行政管理学》一书中指出：“我们认为，从社会主义国家的实际情况来看，行政是行使国家权力的管理活动，凡不属国家机关的管理活动，便不属于行政。”“行政不应只局限于国家行政部门的狭义的行政概念，而应将以行使国家权力从事国家管理活动，称为行政。”②

20 世纪 80 年代末，我国学界不少学者如黄达强、刘怡昌、许文惠、欧阳雄飞等将“行政管理”概念界定为：“行政管理是指国家行政机关依法管理国家事务、社会事务的组织活动。”③“具体地讲，行政可以理解为政府管理，行政管理的主体是国家行政组织。”④把“行政管理”视为“政府管理”来理解的观点是主流看法。但少数学者如周世逑用三个同心圆来说明其观点：“……我们所要讲的行政管理指的是中圈，即公共行政管理。”⑤

二、公共管理与公共行政的概念

王乐夫指出：“公共管理，是指对公共事务进行管理的社会活动”。波齐曼强调：“当代公共管理是某种不同于传统公共行政的东西……与公共行政相比，公共管理更广泛，更综合和更少受功能专门化的限制。”⑥公共管理可以说是以政府为核心的公

① 张润书：《行政学》，台北，三民书局，1979 年版。

② 夏书章：《行政管理学》，山西人民出版社，1985 年版。

③ 欧阳雄飞：《行政管理学基础知识》，载《中国行政管理》1985 年第 6 期。

④ 黄达强，许文惠：《行政学课程辅导材料》，载《中国行政管理》1987 年第 11 期。

⑤ 周世逑：《行政管理》，人民出版社，1984 年版。

⑥ Bozeman. B. & Straussman, D. J (1990). Public Management Strategies: Guidelines for Managerial Effectiveness, San Francisco; Jossey - Bass Publishers, P. 214.（转引自黄健荣：《公共管理新论》，社会科学文献出版社，2005 年版，第 1 页。）

共组织以有效促进公共利益最大化为宗旨，运用政治的、法律的、经济的和管理的理论与方式，民主运用公共权力，并以科学的方法依法制定与执行公共政策，管理社会公共事务，提供公共物品和公共服务的活动。这里所说的公共管理与传统公共行政紧密相关，它是对传统公共行政的积极发展，是对公共行政的承继、拓展、深化和超越，是在更深、更广的层面上对公共资源的整合和对公共事务的协调管理。

公共管理的特征是具有公共性，表现在：1. 利益取向公共性。即公共利益是指所有公民的共同利益而不是指向任何一个特定的阶层、阶级或群体的利益，既包括所有公民共同的根本利益和长远利益，也包括每一个体公民的合法利益。政府的存在是受托于全体人民以管理公共事务，应该致力于实现社会整体的公共利益，而不是作为某一个特定阶层或群体实现其意志的工具。公共管理是一种推进社会实现和维护社会公共利益的方式。2. 公共参与性。公共管理的实施主体不仅是以政府为代表的官方，还包括政府之外的其他公共组织或私人组织及公民。公共管理除具有公共特性外，其本质还具有服务性和政府与公民社会合作共治的特征。

“政”是指国家公共事务和社会公共事务，“行”是指推行和管理。从字义上看，行政指的就是管理国家政务。“行政”一词在我国最早出现于2500年前，《左传》中有“行其政事，行其政令”的记载。这里的“行政”跟我们现在“行政”的含义不同，现在的“行政”是指公共行政。戴维·H. 罗森布鲁姆（David H Rosenbloom）认为：“公共行政这一学科历经100多年的演化，各种流派、各种学说、各种范式的发展途径不外乎三种：第一种是从管理的角度入手，将公共行政视为管理的子系统。第二种是突出强调公共行政的政治性。1887年威尔逊的研究就是从政治学入手，将行政看做是政治学的分支。第三种是关注法律，从训政走向宪政，建立法治国家，将公共行政看做是维护、执行法律，保护正义、公平、公正的国家机器运转活动。”①

西方国家公共管理的深刻内涵在于公共性，而“公共行政较之于私营部门，其最大的特点也在于它的‘公共性’。相对于企业以赚钱为第一要务的宗旨，大部分公共部门的运作目的并不是营利，政府的义务是增进社会的公共利益。从道德和常识的角度来看，公共行政必须服务于‘更崇高的目的’，其面临的核心问题在于确保公共行政管理者能够代表并回应民众利益。”②

我国在政治、经济体制方面与西方国家有别，因而中国的公共行政体制与西方国家有着根本的不同。新中国诞生，依当时的历史条件和客观环境，中国政府的行政管理体制受计划经济体制的制约，基本上是高度集中的行政管理体制。这种行政管理体制曾发挥了积极的作用，促进了当时经济建设的发展。20 世纪 80—90 年代，西方公共管理的思潮随着新公共管理运动传到我国，中国也进行了机构改革并提倡公共行政体制。当时有中国学者将公共行政概念定为：“为了公益目的，由享有国家公共权力的机构或人员，在公民广泛参与及制约下，对公共事务所进行的具体管理活动。”③ 此定义特别强调和突出了行政管理的“公共性”因素，明确了行政管理的公益目的及管理范围是在公共事务领域，以及公共事务领域中公众参与管理，公民对公务人员要施行监督，并强调了管理中的公共责任，体现了民主制度的落实。

① ［美］戴维·H. 罗森布鲁姆·罗伯特，S. 克拉夫丘克：《公共行政学：管理、政治和法律的途径》（第 5 版），人民出版社，2002 年版；由陶学荣《公共行政学管理学导论》转引，清华大学出版社，2005 年版，第 4 页。

② 陶学荣：《公共行政学管理学导论》，清华大学出版社，2005 年版，第 3 页。

③ 刘熙瑞：《我国公务员必须树立公共行政新理念》、《我国应明确提出建立公共行政体制》、《发展公共管理体制是我国必然选择》等文，依次发表于《新视野》2000 年第 100 期特刊、《中国机构》2001 年第 4 期、《新视野》2002 年第 3 期。

中国加入 WTO，尤其是进入 21 世纪以后，受国际上公共管理思潮的影响，出现了公共管理模式取代传统公共行政模式的趋势。公共管理和公共行政有所不同，不少学者在这方面有论述。无论是在英文还是在中文中，行政和管理都是近义词而不是同义词，其主要区别在于：“行政是为……服务，管理则是控制或获得结果。”① 为此，公共行政与公共管理二者的含义有所不同。“公共行政是指政府特别是执行机关为公众提供服务的活动……关注的焦点是过程、程序以及将政策转变为实际的行动……而公共管理是公共组织提供公共物品和服务的活动，它主要关注的不是过程、程序和遵照别人的指示办事以及内部取向，而更多的是关注取得结果和对结果的获得负个人责任”。②

“我国学界把‘行政管理’视为‘政府管理’来理解……政府管理与公共管理是两个不同的概念，其标志是管理主体的不同。任何一个社会都存在着大量的公共事务管理活动，这些活动从宏观到微观，都直接涉及社会民众的切身利益。在阶级社会中，政府确实是这些管理活动的核心主体，但谁都无法否认，除政府之外还有许多其他公共组织参与其中。经济增长与社会发展都需要公共管理，但这绝不可能由政府对社会的管理所包办，……政府管理是公共管理的主角，但社会公共事务管理还需要配角。”③ 因而，公共行政管理指的是政府的管理，而公共管理则是指整个社会以政府为核心，整合社会的各种组织力量的公共事务管理。

---

① Owen E. Hughes Public Management and, Administration (Second Edition), St Martin's Press inc. 1998. P5.

② 陈振明：《公共管理原理》，中国人民大学出版社，2003 年版，第 3 页。

③ 吴爱明：《公共管理理论与实践》，山西人民出版社，2004 年版，第 5 页。

三、民族自治地方的行政管理

新中国成立前，少数民族地区多种社会形态的并存构成了中国少数民族行政管理制度的多元模式，即以郡县制为框架的直接政治统治和行政管理，形成郡县制与羁縻制并存的少数民族行政管理制度的二元结构。新中国成立后的民族区域自治，取代了传统的行政管理制度的多元模式，建立了民族区域自治的行政管理制度。改革开放我国进入转型时期以后，民族自治地方行政制度仍需进一步完善和发展。

四、旅游管理和旅游行政管理

（一）旅游管理

旅游是一项综合性的社会经济活动，涉及政治和社会经济各个方面。旅游管理是对旅游活动这一社会经济行为的管理，如对旅游者活动的管理，对旅游服务企业的管理，对旅游资源的管理以及对国家旅游政策的管理等，具有丰富的内涵。

（二）旅游行政管理

旅游行政管理是一个国家和地区的旅游业发展到一定程度所出现的政府对旅游业的管理行为和管理现象，既是一个新的管理领域，又是一个新型的边缘学科。旅游行政管理学主要探索政府部门对国家和地区旅游业发展进行宏观干预、调控和管理的规律和方法，研究在市场经济环境下，政府在旅游业发展中应该扮演的角色、实施的职能、所发挥的作用、对旅游业进行管理所使用的手段、旅游业的发展方向、最终所达到的目标等重要问题的管理。

旅游行政管理与工商企业、事业单位的行政管理有本质的区别，它是国家上层建筑的一个组成部分，是国家公共行政管理大系统中的子系统，是在突出旅游业自身特点和专业特殊性前提下政府行业管理意志和管理模式的具体体现。

我国旅游业发展初期是在计划经济条件下进行，旅游业实施的是公共行政管理也即政府的管理，各级旅游局是各级政府的职能机构，它代表国家管理所辖区域内的各类旅游企业。在旅游系统内各级单位其上下关系是直属单位，在旅游系统内从中央到地方各级旅游管理部门形成条条管理，依靠政府制定的计划、政策法规等强行性行动来推动旅游产业经济的发展。此外，投资体制上只有国家投资的国有企业（国际旅行社、国家旅行社、青年旅行社)。

转型时期我国旅游业的管理逐渐走向公共管理。随着市场经济逐渐成熟，政府也以公共职能为目标向公共服务为中心转型，如代行政府职能的旅游局权力下放，逐步实行政企分开，旅游企业逐渐摆脱原有地区、原有部门的行政干扰，按照市场规律进行管理。在旅游企业资本和旅游公共物品的提供方面，由独家经营向投资主体多元化和合作共治的方式转变。旅游企业经营方式也由单一的国有企业转向国营、公私合营和私营等多种经营方式并存，并组建国际连锁、联合旅行社和饭店等集团公司。并向着国际化和集团化方向发展，形成以政府为核心，整合社会各种力量为社会公众提供旅游公共物品的局面。旅游公共市场管理也广泛存在于政府以外的非政府组织当中，我国旅游体制由行政管理向公共管理推进。

第四节 公共管理与私人管理

一、公共管理与私人管理的概念

“公共管理由‘公共的’和‘管理’两词组成。‘公共的’

与‘私人的’相对……公共的作为与私人相对的概念，表示国家、政府及其他公共组织的职能、活动范围；与多数人的利益相关，有较多的社会公众参与，表示一个众人的事务领域。”① 因此，公共管理是以政府为主体，能使用公共权力和公共资源，在公众参与下，对社会公共事务实施管理，实现社会公共利益的管理活动。而与公共管理相对应的私人管理，则是由私人部门进行管理的私人领域的事务活动，主要由公民个人、家庭和私人拥有的组织组成，使用私人资源从事实现私人利益的活动。

二、公共管理与私人管理的异同点

公共管理与私人管理本质不同，但也有相似之处。公共管理是为公众服务，追求公共利益，而私人管理追求个人利益。然而无论是公共管理还是私人管理都是一种纯手段性的活动，比如，私人部门当中许多行之有效的成功管理方式，如绩效衡量、战略规划、弹性人事制度、顾客导向等都可以为公共部门所采用。两者具有相通性，但是公共管理和私人管理是不同类别的组织和实体，其差异表现在以下 6 个方面：1. 政治权威与经济权威；2. 多元制衡与自主性；3. 公共利益与私人利益；4. 法的支配与意思自治；5. 政府与市场；6. 多元理性与经济理性。

1. 政治权威和经济权威的差异

公共管理有政治权威，私人管理只有市场权威或经济权威。因为公共管理是国家政务的管理，国家是有政治权威的最高权力机关，而私人组织其控制力主要来自市场，只是在市场竞争中起重要作用，只有市场权威。

2. 多元制衡与自主性的差异

国家在民主宪政的框架下，政治权威是分立且互相制约的，

① 陈振明：《公共管理学原理》，中国人民大学出版社，2003 年版，第 4 页。

各种政治力量在相互作用之中，公共管理只有有限的管理自主权。私人部门的管理在私人领域内不用考虑各种关系的制衡，有相对充分的管理自主权。

3. 公共利益和私人利益差异

公共管理将公共利益作为自己行动出发点，目标是为公众服务，而私人管理是以私人营利为目的。

4. 法的支配与意思自治的差异

公共管理所管理的国家活动要受法的支配，而私人管理对其管理的领域可以按自己的意思进行。

公共管理受法的支配，一切组织运作必须在国家法律框架下进行，要依法治国，依法行政。我国是建立了以宪法为核心的社会主义法律体系的国家，管理国家公共事务要依照宪法和法律规定办事，政府在公共事务管理中既要依法治权，保障公民的合法权益，又要依法治官（政府官员），依法约束每一位行政人员的行为。

私人管理是私人领域内的管理，拥有高度的管理裁量权，其内部管理和外部的交易活动完全可按自己的意思进行管理。

5. 政府与市场差异

公共管理是广泛而复杂的政府活动，而私人管理是面对自由竞争的市场经济活动。

政府的管理活动以公共利益为目的，有政治性和服务性。政府为公众服务，所提供的产品是公共产品。而私人管理则是以利润为导向，参与市场竞争，所提供的产品是私人产品。

作为公共管理的公共部门所提供的产品和服务，公民无自主决定权；而私人管理的私人部门所提供的私人产品，消费者可自由选择。公共产品和服务不可分割，私人产品和服务是可以分割的。政府所提供的产品和服务只有一家，缺乏竞争，而私人部门提供的产品和服务参与市场竞争。

6. 多元理性和经济理性差别

公共部门处在社会各种力量作用的中心，具有多元的社会利益和价值，且利益和价值之间往往冲突，“政府对公共事务的管理应考虑各种利益和价值的平衡。因此，政府治理中的理性往往是多元性的。私人部门的管理因其组织属性所定和职能的有限性，管理所涉及的问题少且影响面小，不易形成整体社会作用，其管理多为工具的经济理性考虑，而往往不顾或少顾及其他理性的考虑。”①

公共管理与私人管理有本质的差别，但私人部门也具有公共角色。最早提出私人部门公共角色的理论是亚当斯密和约翰·斯图亚特·密尔。密尔提出了政府通过公共支出供应而由私人承包经营公共工程的问题。允许私人部门参与某些公共事业。②

虽然私人部门对公共事务的参与是以盈利为目的，但同时却扮演了重要的公共角色，发挥了一定的公共责任，在公共事务治理中起到了一定的作用，尤其在西方政府失灵的时候更是如此。

三、公共部门管理与私营部门管理之间的关系

新公共管理源于私营部门，私营部门的变革会对政府管理产生示范效应。私营部门管理的每一次革新都会对公共部门产生或多或少的影响，公共部门管理对私营部门管理的借鉴似乎已经成为一种定势。从整个行政学的发展历程来看，行政学相关理论发展时刻受到私营部门管理理论、方法和技术的影响。无论是科学管理时期、行为科学时期还是系统科学时期，管理理论的产生都

---

① 张成福、党秀云：《公共管理学》，中国人民大学出版社，2001 年版，第 13－16 页。

② J. S. 密尔：《政治经济学原理及其若干对社会哲学的应用》，世界书局，1936 年版，第 883－903 页。

是发源于企业管理。从早期泰勒（F. W. Taylor）强调的科学管理、法约尔（H. Fayol）的计划、组织、指导、协调、控制的“管理五职能说”到梅奥的（C. E. Mayo）的“霍桑实验”重视对人的需求的满足，这些直接从企业管理总结而来的管理理论都对当时公共行政的发展产生了深远的影响。在20世纪的最后20年，竞争的加剧和私营部门管理方式的巨大变革对公共部门的管理产生了极大的影响。

私人部门参与公共事务的实践经验早已存在，但对它的深入认识是在20世纪70年代。这时，以科斯为开端的西方经济学界和公共行政学界，才开始对私人部门在公共事务中的作用及其与政府的关系，重新认识和重新定位，这为20世纪80年代以来西方国家公共服务的市场化改革奠定了理论基础。我国的私人部门在80年代重新恢复并得到发展，20世纪90年代开始涉足公共事务领域，开始成为部分公共事业的投资或运营管理的重要力量。私人部门对公共事务的参与，减轻了社会就业压力，增加了公共服务的人力投入，同时也增加了公共物品和服务的资本投入，有助于解决当前国内企业资金普遍不足的问题，提高公共物品和服务的供给水平，尤其在增加就业和增加居民收入方面贡献很大。

政府是公共管理主体的核心。公共管理的主体除政府外，私人部门是公共管理的重要参与者。政府作为共同体利益的代表者提供公共产品和公共服务，承担着公共事务“多元治理”的角色，在公共管理中起重要作用。现在多倡导政府治理中的公私伙伴关系和责任共担，两者在公共领域与私人领域之间是相连的和互动的。

第二章　公共管理组织

第一节　组织的概念

一、组织的概念

组织是机构的代名词，是由于人类的社会活动而产生。人类社会活动具有社会性，社会需求具有复杂性。人类为了完成某一目标集合在一起，分工合作而组成机构进行管理活动。例如国家这个组织就是由许多不同职能部门组成的机构。

“组织是指一定的社会环境中，人们通过相互交往而形成的具有共同心理意识，并为了实现某一特定目标而按一定的方式联合起来的有机整体。”① 组织在一定的环境中形成，会随着环境的变化而发展，不同时期旅游组织机构不同。新中国成立初期，中国旅游游览事业管理总局和国旅总社作为旅游管理的组织机构，“文化大革命”期间被破坏，由外交部和国务院所代替。改革开放后又设立了国家旅游总局，在各省市设旅游局。旅游机构的形成是以发展旅游事业为宗旨的人们集合在一起，通力合作而形成的旅游组织。同时，组织有一定的目标，有一定的结构行为方式，且随着组织环境的变化而发展。

① 陈振明：《公共管理学原理》，中国人民大学出版社，2003 年版，第 36 页。

“组织应是静态的人的集合组成的机构和动态的组织活动过程的统一。”① 旅游局这个由静态的人组成的机构，与旅游局所制定的发展旅游业的决策、规划以及进行指挥和执行政策规划等动态的管理活动相统一。由于人类活动的社会性，组织是有效的社会管理活动的保证，有效的管理者必须首先是有效的组织者。

二、民族自治地方行政组织

民族区域自治是在国家统一领导下，在各少数民族聚居的地方实行区域自治，并设立自治机关行使自治权。

“民族自治地方的行政组织，是指依法设置在自治地方这种特殊行政区域内，按层级从纵向上划分的各级政府机关及其行政首长，按职能在同一层级上平行设立的行政管理机构，以及为这种机构配备的干部等各种要素构成的有机整体外在具体表现形式的总和。”②

按照《宪法》,《民族区域自治法》和《地方组织法》的规定，民族自治地方的行政组织由自治地方行政领导机关（包括行政首长）、行政管理机构和行政机关的干部等方面构成。

三、旅游行业管理组织机构

随着旅游业的不断发展，国际旅游交流与合作已经成为世界经济一体化过程的重要组成部分和发展国际人文合作的不可缺少的环节。为了加强各个国家和地区之间的旅游合作，促进国际旅游业的发展，一些国际性的旅游组织纷纷成立，在国际上有重要

---

① 金乐琴：《管理科学》（《经济全书》分册），人民出版社，1994 年版，第 44 页。

② 段尔煜：《中国民族自治地方行政管理学》，中央民族学院出版社，1993 年版。

影响的国际旅游组织机构有世界旅游组织（UN World Tourism Organazation – UNWTO）、世界旅行社协会联合会、国际旅馆协会、国际旅游联谊会、国际观光与旅游协会、太平洋亚洲旅游协会等等。

我国旅游管理组织机构，大致经历了三个时期，不同时期有不同的旅游管理组织。1964 年以前国家旅游业刚起步，全国尚无管理旅游业的专门组织机构。1964 年，由国务院领导的中国旅行游览事务管理总局正式成立（与中国国际旅行社总社是一套班子），是新中国第一个负责管理国际国内旅游工作的旅游管理机构。1978 年改革开放，旅行游览事业管理总局恢复后，各省、市、自治区也相继成立了旅行游览事业管理局，分别负责全国和各省、市、自治区的旅游管理工作，但是政企不分。1982 年随着作为全国旅游事业的最高行政管理机构中国国家旅游局的正式成立，全国的国际国内旅游工作由国家旅游局负责统一管辖，政企逐渐分开。同时，各省、市、自治区和不少地、市、县也相继设立了旅游局，初步形成了多级式的旅游行政管理体系。此外，全国还设立了中国旅游协会、中国旅游饭店协会、中国旅游车船协会和中国国内旅游协会 4 个全国性行业组织及 50 多个地方行业组织。

第二节　公共组织

一、公共组织定义和性质

“公共组织即政府、政府机构、政府公司和非营利组织。它们的目的是强调向组织外部的人们提供物品和服务，而不是为内部人谋利。”①

“公共组织定义有广义和狭义的两种。广义的定义：公共组织就是以管理社会公共事务，协调社会公共利益关系为目的组织，它既包括政府组织，也包括第三部门组织。狭义的公共组织指的就是国家机关组织。”②

根据以上定义，中国的公共组织我们可以理解为从事公共事务管理活动并为社会公共利益服务的组织，它包括第一部门的政府部门和第三部门（如公益企业、事业单位、民间公益组织、社会中介组织等机构）。

公共组织还具有自身的“公共属性”，必须以“公共性”为依归。公共管理事关公共利益的分配和公共资源的配置，体现着追求公共价值的民主过程和实现政治目标的政治过程，并涉及公共权力的运用。因此，尽管“公共管理与私有管理在所有不重要的方面是大体类同的，但两者在许多重要的方面却存在着重大差异。公共组织必须突显自己的公共性。”③ 公共组织的公共性，体现在所使用的资源是公共资源，决策过程是公共选择，经过一定的民主程序，在考虑公民需求的同时要考虑政治因素和政治目标的实现，体现公共权力，即体现一定共同体成员公共意志力量的运用等方面都体现了公共组织的公共性的性质。

二、公共组织的构成要素

组织是由人、财、物和信息等要素组成，其构成类型不同学者有不同看法。

---

① ［美］尼古拉斯·亨利著，项龙译：《公共行政与公共事务》，华夏出版社，2002 年版，第 45 页。

② 陈振明：《公共管理学原则》，中国人民大学出版社，2003 年版，第 36 页。

③ ［美］尼古拉斯·亨利著，项龙译：《公共行政与公共事务》，华夏出版社，2002 年版，第 34 页。

国外一些学者曾根据古希腊哲学家亚里士多德“物体四因说”的观点，把组织的构成要素也分为四类：一是物质要素，如人员、物料、经费、房屋及设备等；二是形式要素，如组织中的职责、权力、纪律、指挥、领导、服从、分工、合作等；三是环境要素，如组织形成或成立时的环境与起因，这些要素促成组织的出现；四是目的要素，如组织所要完成的任务，所希望达成的目标以及所遵循的宗旨。

国内一些学者对组织的构成要素也持有几种不同的看法，以狭义的组织构成要素为例，组织要素可以分为以下三种：

第一，实体要素（硬件）和非实体性要素（软件）。实体要素包括机构、人员、设备（物质资料）、资金（货币形式）。非实体要素包括组织目标、权力和职权的权责划分、规章制度、技术（科学技术和政治技术）和信息等。

第二，物质、结构、运营等要素。物质方面构成要素包括人员、经费、物资等。结构方面构成要素包括职务、部门和权力。运营方面的构成要素包括领导、决策和控制（包括监测、协调、督导活动）。

第三，有形要素和无形要素。有形要素包括实现目标所需的实施工作、工作人员、物质条件和权责结构。无形要素包括目标、工作的主动性与积极性、沟通网络与制度以及和谐的人际关系。

我们要理解和把握各种组织要素，不断优化并形成科学合理的组织结构。

三、公共组织的结构

（一）公共组织结构的涵义

结构可以说是各种构成因素的联系方式，任何一种构成因素都具有纵向联系和横向联系两种基本的联系方式。

纵向联系是指在公共组织内部进行纵向划分的等级数。划分层次有高层、中层和基层。高层侧重于决策，基层侧重于执行，中层起承上启下的作用。

横向联系即管理的幅度，如管辖人数和管辖事项的多少。管的人数越多事项就越多，幅度也就越大越复杂。管理幅度是衡量管理工作复杂性的重要标志。

管理层次与管理幅度在一定规模的组织内成反比，如果管理幅度较窄，则要求组织划分为较多的层次；如果管理幅度较宽，则管理层次较少。

为此，如果我们把组织比作躯体的骨架，则组织结构可以被看作骨架的排列形式。这种排列要体现分工的几何图式及其等级而形成一整套职位系统以实现其功能。组织结构是使组织实现其目标的基本管理工具，主要包括组织的规模、管理的层次、管理的幅度三个方面。

（二）公共组织的一般结构形式

组织理论随时代的发展而发展，其理论的发展直接推动了组织结构的选择及组织形式的变化。最早的组织理论是泰勒的科学管理组织理论，该理论主要是与车间或作业层的微观管理相关，而对公共组织分类产生的影响相对间接。随后，行政管理理论、官僚制理论、公共管理理论以及系统与权变理论，对公共组织的形式产生了较大且比较直接的影响。

公共组织理论认为，结构是使组织实现其目标的基本管理工具，结构实际上是可以理解为各种构成组织因素的联系方式。组织结构形式随环境不同而改变，形式多样。随着人们对公共组织认识的不断加深，人们根据不同需要设计出多种组织结构形式，但绝大多数都是在“科层组织”基础上发展起来的，科层组织是现代组织结构的主导形式，其基本形式有以下几种：

1．直线结构

直线结构的特点是单一垂直领导，结构中每一层级的个人或组织只有一个直接领导，不与相邻个人及领导发生任何命令与服从关系。是一种垂直方向的分工形式，也即组织的纵向等级数。例如我国的行政机关分为5个纵向等级关系，有中央政府（国务院）——省、直辖市、自治区政府——市、地区、省辖市、自治州政府——县（县级市、区）政府——乡（镇）政府。最高层为国务院，最低层为乡（镇）政府。中央直接管辖省，省直接管辖市，市直接管辖县，县直接管辖乡（镇），上一级领导下一级，权力从最高层向最低层沿直线分布，而水平上的省与省之间或县与县之间没有领导被领导关系。直线结构是按本身不同的权限排列为地位有别的管理层次，具有信息传递途径单一、传递速度快等优点，但基层自主性较小。

2. 职能结构

职能结构是按照相关部门在水平方向或横向上职能的不同进行分工，先划分为若干部门，再分别对下级部门实施领导的结构。[①] 也即先按专业分工来建立职能结构，然后在每一个职能部门下面进一步划分派生职能。这种结构的特点是每个上级部门有多个服从自己的下级部门，或是说一个上级机关有数个属于自己管理的单位或部门。如我国的经济部委，按职能不同下设计划司、物资司、机械局等机构，有不止一个服从自己的部门。职能结构依靠水平分工领导，每一个部门所管辖的业务不同，分工明确，有助于提高工作的专业化和拓展各层管理事务的范围，适于相对较复杂的管理工作。同时，上级主管部门有精力进行宏观管理。但职能结构存在分工单位无力进行全局协调等问题，分工过细，促使部门主管过多，“政出多门”，使下级部门无所适从。

3. 直线——职能结构

直线——职能结构的组织结构形式是综合直线结构和职能结

① 陈振明：《公共管理学原理》，中国人民大学出版社，2003年版，第51页。

构的特点形成的一种组织形式，是将直线结构和职能结构有机结合起来，该结构形式特点是各级部门之间，既有垂直领导关系，又有水平领导关系。加强了对水平层次领导部门的协调领导，又有助于克服政出多门的问题，同时，每个下级部门在只有一个明确上级领导的基础上，接受其他相关上级部门的指导和监督，有助于决策科学化、民主化。但这种结构的一个潜在缺陷是，垂直领导有可能排斥水平领导，部门之间的关系更加复杂。直线——职能结构图式如下：

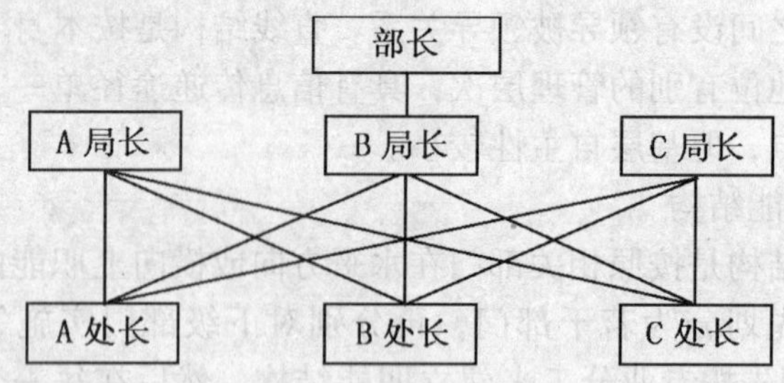

直线——职能结构图式①

注：笔者认为，此图在 A、C 局长与部长之间也应有连线，以示部长同时领导 A、C 局长。

4. 矩阵结构

矩阵结构是以完成某项工作为核心，从有关部门抽调人员组成的临时机构。

矩阵结构是一种混合形式的组织结构。该结构的特点是垂直领导与水平领导并重，是以完成某项工作为核心而组成的工作组。工作组的成员根据任务的需要选定，各有所长。企业中往往同时存在几个工作组，形成新的组织结构——矩阵结构。例如，某省为发展民族文化旅游，建立民族村，设计推出民族节日文化

① 图片资料来源：陈振明：《公共管理学》，2003 年版，第 52 页。

旅游产品的项目活动，当地旅游局主持组织一个临时工作组。该工作组有四个重点项目，生产傣族“泼水节”、彝族“火把节”、瑶族“盘王节”、基诺族“特懋克节”四个不同的旅游产品，分别组成四个项目工作小组，各项目工作小组根据自己的需要组成开发部、技术部、资金部、营销部等专业职能部门，各职能部门的专业人员为完成生产民族节日文化旅游产品而共同努力工作。每一个项目小组设项目经理，各个项目小组综合组成一个项目组，项目组的主管人员称总经理，各项目经理受总经理的垂直领导。每一个项目小组内各职能部门之间互相联系、协作，进行水平领导。矩阵结构组织中垂直领导和水平领导并重。

矩阵结构以项目为单位来进行组织，为各部门的沟通提供渠道，其决策点较集中且有针对性。同时矩阵中项目小组的设立、撤销以及人员的使用比较灵活，有助于管理层对迅速变化的市场需要和技术需求作及时的反应。但是矩阵结构项目主管权力和责任不平衡，责任大于权力。而且对来自不同部门每个项目人员的工作奖惩权力归原部门，如何使这些人员充分发挥潜能有一定的难度。此外，由于这些工作人员同时接受主管部门和项目主管双重指挥，要考虑以整体利益为重协调二者的指挥才能高效率搞好工作。

四、我国政府的组织结构及其调整

（一）我国政府的组织结构

我国政府的组织结构分为纵向结构和横向结构。

纵向结构也称层次结构，它反映行政组织内若干层次中特别是上下层之间的领导与服从关系。我国政府组织的纵向结构又分为宏观上的纵向结构和微观上的纵向结构。宏观上的纵向结构是指各级行政组织的层级关系。我国的行政组织可分为中央行政组织和地方行政组织两大层次。中央政府（国务院）是中央行政组织的第一级层次。中央政府之下为地方政府，依次划分为省、中央直辖市、自治区政府，是中央行政组织的第二级层次。第三级层次包括市（地级市）、省辖市、自治州政府。第四层次为县政府和县级市、自治县政府等。最后一级为乡、镇、自治乡（镇）政府，是第五层次。微观上的纵向结构是指行政组织内部的工作层次关系，如国务院各部委下设的司局级、处级和科级层次，省（自治区、直辖市）人民政府的厅局下设处级、科级等层次。

横向结构又称分部结构，在同级中按职能的不同分成若干部门。我国行政管理部门按职能分，其横向组织结构可分为业务部和辅助部。业务部如国家发展改革委员会内设有产业发展司、投资司、国外资金利用司、地区经济发展司、基础产业发展司、价格司等机构；辅助部门如各级政府内设的负责日常事务保障的机关事务管理局（办公室）等机构。

行政组织结构除了按职能划分外，还有按地区划分、按服务对象划分、按行业与产品类型划分等形式。所谓按地区划分是将一个地区的业务组成一个单位，不同业务的组织按区域分别设立部门，如铁路系统在不同省、市分别设立相应的铁路管理部门。

据服务对象划分，如为知识分子服务而设的知识分子工作处，为妇女服务的妇女联合会、为老干部服务的老干部局、为华侨服务的侨务办公室等。按行业和产品的专业性质不同来划分组织，如针对农业、水利等不同的行业在国务院分别设立农业部、水利部等相应管理专门业务的行政组织。

（二）我国政府政权机关——行政组织体制

我国的政府部门是整个国家的公共管理机构，执行政府公务责任的国家政权机关是行政组织。行政组织的含义在不同时代、不同学者有不同的解释，有广义和狭义之分。社会主义国家广义的行政组织泛指政府部门。

“行政组织是国家行政部门为履行行政职能，实现国家目标所依法建立的具有正式结构、人员配备和运转程序的工作机构。”①它首先包括静态的政府机构实体，即执行政府公务责任的国家政权机关；其次是组织的行为，即政府整个行政管理活动的过程。根据宪法规定，我国的行政组织就是国务院及省（直辖市、自治区）、市（地、自治州）、县（区、县级市）、乡（镇）各级政府及其办事机构。

现代行政组织大都将层级制与职能制有机结合起来，以层级制为基础，在每一层级进行职能分工。我国的行政组织也是实行层级制和职能制结合的双重体制。在层级方面，从中央到地方，分为国务院、省（自治区、直辖市）、市（州、地区）、县（区、县级市）、乡（镇），在职能方面国务院分设若干部、委、局。

我国的行政组织的体制、行政组织结构以及我国政府结构，三个概念涵义相同，其结构的主导形式是科层结构。

旅游行政管理组织是政府行政管理中的有机组成部分，根据法律规定，它有资格代表国家的各级政府行使对旅游行业的管理权力和管理职能。

旅游行业管理的主体是各级旅游局。旅游行政管理组织结构有纵向和横向两种结构。纵向结构分为宏观纵向结构和微观纵向结构两个方面。宏观纵向结构为金字塔型的垂直分工结构，如国家级旅游局下设省（自治区、直辖市）、地级市（州、盟、地区）、县（旗、区、县级市）等层级的旅游局。微观纵向结构指旅游行政管理组织内部各部门的层级分工和上下级关系。每个层级的旅游行政管理组织承担管理本地区旅游业的任务。旅游行政管理组织的横向结构就是处在每个层级上的旅游行政管理组织按照专业和职能的不同分门别类设置若干个部门，各个部门分别完

① 吴爱明：《公共管理理论与实践》，山西人民出版社，2004年版，第155页。

成各自专业的各项事务。比如，各级旅游局都设有规划统计部、政策法规部、市场开发部、行业管理部等不同的业务部门。旅游行政管理组织横向分工结构还可按旅游管理的过程设置部门。比如，可按信息、咨询、决策、执行、协调、反馈和监督等活动程序而设信息统计部、政策研究部、纪检监察部、综合协调部。此外，还可按管理对象设置部门，比如，饭店管理部、旅行社管理部、旅游交通管理部、旅游购物管理部、旅游娱乐管理部、旅游服务质量监控部等。同时，也可将性质相同或相近的旅游业务工作归一个部门管理，例如，国家旅游局将人事、劳资、培训和干部任免几项相同相近的业务统一归由人事劳动教育司管理。

（三）我国民族地区旅游行政管理组织的调整

旅游行政管理组织的主体是各级旅游局、各级旅游局是各级政府施行专业管理的职能机构，是政府行政性的行业主管部门，各级旅游局是政府行政机构的一部分，属政府部门。为此，政府部门的行政改革必然包括旅游行政管理的改革，而旅游行政组织改革的调整是行政改革的一个主要内容。在论述旅游行政管理组织之前，我们先对政府组织结构调整问题作些论述。

政府组织结构调整是行政改革中最为复杂的改革。20 世纪末的 20 多年间，西方资本主义国家普遍地发生了一场轰轰烈烈的政府改革运动。

发达国家尤其是英国实行行政决策权与执行权分离的尝试，为公共行政的发展提供了一种制度模式，有利于推进政府组织结构改革，提高政府决策水平和服务质量，为我国深化行政管理体制改革提供了可资借鉴的经验。

《中华人民共和国国民经济和社会发展第十一个五年规划纲要》指出，“中国政府将按照精简、统一、效能的原则和决策、执行、监督相协调的要求，建立决策科学、权责对等、分工合理、执行顺畅、监督有力的行政管理体制，加快建设服务政府、责任政府、法治政府。”① 在推进政府职能转变方面，“要按照政企分开、政资分开、政事分开以及政府与市场中介组织分开的原则，合理界定政府职责范围，加强各级政府的社会管理和公共服务职能。深化政府机构改革，优化组织结构，减少行政层级，理顺职责分工，提高行政效率，降低行政成本，实现政府职责、机构和编制的科学化、规范化、法定化。合理划分中央与地方及地方各级政府间在经济调节、市场监管、社会管理和公共服务方面的权责。加快推进事业单位分类改革。”② 在健全政府决策机制方面，要“健全科学民主决策机制，完善重大事项集体决策、专家咨询、社会公示和听证以及决策失误责任追究制度。推行政务公开并逐步实现制度化，完善政府新闻发布制度，提高政府工作透明度，保障公民对政府工作的知情权、参与权、表达权和监督权。全面推进依法行政，行政机关及其工作人员要严格按照法定权限和程序履行职责。实行综合执法，加强对行政执法的监督，建立执法责任追究制。推行政府问责制，完善行政赔偿制度。”③

以湖南省华容县为例，华容县政府为促进农村经济的发展，率先进行了农业结构调整，形成了政府主导型的结构调整模式。这种模式农业结构调整要求以市场为导向，以农民为主体，培养农民自主经营意识，充分尊重农民在市场中的主体地位，在结构调整的初期有效地促进了农业经济的发展。在农业结构调整初期，农民综合素质尚不是很高，无法与市场对接，作为农村市场的另一主体——地方政府如何开展农业结构调整，促进农村经济的快速健康发展，是一个迫切而又现实的问题。

笔者结合对民族地区旅游行政管理组织调整的必要性、方向

---

① http：//www. gov. cn/ztzl/2006 -03/16/content_ 228841_ 9. htm.

② http：//www. gov. cn/ztzl/2006 -03/16/content_ 228841_ 9. htm.

③ http：//www. gov. cn/ztzl/2006 -03/16/content_ 228841_ 9. htm.

及其原则，对我国政府行政改革、政府组织结构的调整做以下探讨。

1. 我国政府组织结构调整的必要性

改革开放以前，我国政府组织实行高度中央集权的计划体制、政府间关系在总体上是一种自上而下的高度一体化的等级控制模式。政府间的关系为层级隶属关系。中央高度集权，政府间的横向关系是阻隔多、联系少。等级控制模式以纵向的上下级关系为主，地方政府之间彼此孤立，并不存在真正意义上的横向联系。

传统的旅游行政管理体制的基本模式与各级政府管理体制基本保持一致。其纵向关系是部门性条条管理，横向关系是地域性块块管理，条块分割。虽然等级制度模式出现有其必然性和历史功绩，但是我国政府为适应政治、经济和社会的发展，建国50多年来进行了多次行政体制调整和改革，其中规模较大的有7次。第七次行政体制改革是1998年我国经济体制改革进入重要阶段，社会主义经济发展进入关键时期进行的。通过改革，精简机构编制力度较大，政府组织结构得到了调整优化，机关人员结构明显改善，政府职能转变有所突破、理顺关系取得进展，管理方式和工作作风有了明显改进。在现代市场经济条件下，环境变幻莫测，机遇稍纵即逝。随着科学技术的发展，层级制对环境的呆板、僵化等问题不断出现。社会主义市场经济的进一步深化、信息技术的迅猛发展和民主意识的增强，对政府组织结构提出了新的要求。传统的金字塔模式要逐步向更有弹性、更灵活，适应性强的组织结构扁平化方向发展。扁平化结构形式由决策、管理、执行三层组成，减少或者取消了中间管理层次，加强了信息共享、横向联系、沟通与协作、支持与目标联系，重视权力分散、自我管理和民主管理以及强调人力资源的开发。它能根据环境变化的迅速性和复杂性，采取多元化和个性化相结合。上级政府机构决策后，能够马上把指令付诸实施，同时也可以马上获取市场变化的瞬间信息从而弹性地应对。这不但能使决策科学化、高效化，而且把握了市场变化的脉搏。

2. 民族地区旅游行政管理组织结构发展方向

民族地区旅游行业管理主体组织（旅游局）的组织结构的发展方向由传统的金字塔型层级结构向扁平化方向发展，按照精简、统一、效能的原则改革管理机构，其机构设置上也应逐步向"宽职少机构"的方向发展。

旅游管理组织结构（旅游局）机构改革内容基本要求有以下几条：

（1）裁减、撤并专业经济管理部门。

（2）充实加强综合协调职能部门（宏观调控部）。

（3）建立健全经济调节、监督部门。

民族地区旅游业发展极不平衡，旅游行政管理机构（旅游局）的改革与建设必须因地制宜，民族地方政府可根据本地区的实际设立或撤并一些旅游机构。要严格控制旅游行政管理机构的规模，机构的人员要精干、高效、务实、廉洁。

民族地方旅游行政部门（旅游局），可依据本地实际情况，设立各种类型的管理组织，加强横向联结，使旅游行政组织向宽职能发展。增设的横向组织可有以下几种：

（1）专业管理组织

增设属于旅游业范围的组织。如北京旅游管理局设立的旅行社管理局、饭店管理局、旅游交通局、旅游景点局等管理机构。

（2）设立公共权力制约和监督机制

历史经验证明，权力不受制约和监督必然导致滥用和腐败。为防止滥用权力，要因地制宜据各地情况建立健全依法行使权力的制约机构和监督机制，加大查办违纪违法案件力度。

（3）建立公共服务质量管理体系

将质量管理引入政府管理领域，提高政府服务质量和工作效率。

（4）组建信息产业机构

推行电子政务，建设电子政府，促进政府自身改革和建设，提高政府工作效率。振兴我国的电子产业，以推进国民经济和社会服务信息化，强化互动和服务功能，提高应用水平。

（5）建立和健全环境保护机构

环境保护机构对群众进行宣传教育，增强公众环境保护意识，倡导科学文明旅游，正确处理旅游资源开发与环境保护关系。建立规章及惩罚制度，对破坏旅游资源环境者用法律实行强制干涉和必要的惩罚。此外，还要采取各种工程技术对古城、文物古迹进行修复，做到“整旧如故”。另外，对景区内的道路、宾馆和索道的修建、垃圾处理等基础设施建设问题、游客容量等问题都要贯彻可持续发展的方针，达到人与自然的和谐发展。

（6）建立行政问责制度

建立行政问责制是保证政府依法履行职责的重要措施，也是政府管理创新的有效途径。问责制是要让民族地方政府或旅游行政管理部门在赋予权力的同时明确自己的责任，做到权责一致。问责的内容如行政执法、绩效管理的情况等。对行政部门工作进行内外监督，制定落实法定咨询、罢免的具体程序，创设引咎辞职、责令辞职等易于实施的责任追究制度。

（7）协调部门组织

旅游业的综合性、跨地域性的特点要求建立协调部门协调各方面关系，促进旅游业的协调发展。

（8）建立服务、咨询机构

改革后的政府，要向群众提供优质服务，接受群众的咨询。

3．旅游管理组织设置的原则

旅游行政管理组织在不同的环境有不同的建立原则，改革开放后，民族地区普遍建立了旅游行政管理组织，也建立了不同类型的旅游行政管理机构。

我国的旅游行政管理组织是我国新时期设立的专业化、职能化的行政管理组织，是国家改革开放和政治、经济、科技、文化迅速发展的产物。我国从20世纪90年代开始由计划经济向市场经济体制过渡，民族地方政府的职能也随之开始转变，旅游行政管理的职能也逐渐从传统型转向现代化型。这种转变使民族地区旅游行政管理组织的建立确定了职能目标，并按以下6点原则建立：

第一，精简的原则

按精简原则主要做到以下几点：

（1）组织的规模从膨胀逐渐到缩小。

（2）组织结构要精简，避免繁杂、重叠。

（3）旅游组织机构人员合理配置，并重视人力资源开发。

旅游组织机构人员的配置要因事设位，因位择人，做到科学合理。重视人力资源开发，即重视旅游业的员工，要注重对其的培养，提高素质和质量，尤其要做好培养本土民族旅游人才的机制。

第二，完整统一原则

民族地区各级旅游行政管理组织是一个完整的统一体，每一个行政管理组织都是整体的一部分，各自发挥不同的功能和作用，并互为条件、互相配合，旅游管理组织有统一的领导、统一的指挥，各个旅游管理组织按相同的原则设置，职责与职权统一，互相协调。

第三，效能原则

效能原则，就是提高旅游管理组织办事效率使民族地区自治权有效落实。

第四，依法设立的原则

旅游行政管理组织的设立必须有法律依据，依照国家法定的程序和规范进行组织的新建、调整、撤销、合并等工作。

旅游行政管理组织的设立所依据的法律有：《中华人民共和国宪法》、《中华人民共和国国务院组织法》和《中华人民共和国地方各级人民代表大会和地方各级人民政府组织法》。此外，中央还有一些有关机构改革、体制改革的具体政策和规定。

第五，突出旅游行政管理特点的原则

第六，为纳税人服务原则

为纳税人服务和谋划利益，是作为旅游行政管理组织建立和全部工作的出发点和归宿。

第三章 民族自治地方公共管理基本理论

第一节 对民族区域自治制度的基本认识

一、民族区域自治的概念及实行的依据

(一) 民族区域自治的概念

民族区域自治是中国政府解决中国民族问题的基本政治制度，是中国共产党把马列主义民族理论与中国民族问题的实际情况相结合而采取的一项基本政策，是中国共产党对马克思主义民族理论的重大发展。

毛泽东提出以民族平等、自治和国家统一为原则的解决国内民族问题的主张，它是创立具有中国特色的民族区域自治理论的奠基石。民族区域自治是在国家统一领导下，在宪法规定前提下的特定自主权。它是在中华人民共和国统一国家内，在中国共产党和中央人民政府领导下，在宪法规定的范围内，在各少数民族聚居地方实行区域自治，设立自治机关行使自治权，自主管理区域内各项事务，自己当家做主，充分享受民族自治权利的一种政治制度。“这种民族区域自治，是民族自治与区域自治的正确结合，是经济因素与政治因素的正确结合，不仅使聚居的民族能够享受到自治的权利，而且使杂居的民族也能够享受到自治权利。

从人口多的民族到人口少的民族，从大聚居的民族到小聚居的民族，几乎都成立了相应的自治单位，充分享受民族自治权利，这样的制度是史无前例的创举。”① 民族区域自治保证了在一定聚居区的少数民族当家做主、管理本民族内部地方性事务的权利，保障少数民族的平等地位，保证了各少数民族按照自己的政治、经济和文化的特点发展经济文化事业，促进各民族的团结、共同发展、共同繁荣和祖国的统一。

我国建立了民族区域自治制度的法制，依法保障少数民族自治权的实施，保障少数民族政治上的平等地位和平等权利以及参加国家政治生活的愿望。2001 年全国人大通过的《关于修改〈中华人民共和国民族区域自治法〉》明确规定，“民族区域自治是国家的一项基本国策。”②

（二）实行民族区域自治的依据

在中国，民族区域自治首先是中国共产党处理国内民族关系的基本政策。民族区域自治政策，是国家为保障国内少数民族的政治权利而赋予其在聚居范围内实行自治、自主管理本民族内部事务权利的政策。列宁说过：“一个民主国家必须承认各地区的自治权，特别是居民的民族成分复杂的地区和专区的自治权……一个民族成分复杂的大国只有通过地区的自治才能实现真正民主的集中制。”③

中国共产党在领导各民族人民争取民族解放，实现民族独立的过程中，逐步形成了民族区域自治的政治主张，并将其在解放区逐步付诸实施。新中国成立后，中国共产党就将民族区域自治

① 国家民族事务委员会政策研究室编：《中国共产党主要领导人论民族问题》，民族出版社，1994 年版，第 173 页。

② 国务院新闻办公室 2005 年 2 月 28 日发表的白皮书《中国的民族区域自治》。

③ 《列宁全集》第 25 卷，人民出版社，1988 年版，第 73 页。

的政治主张变成了国家的基本民族政策。这一政策的基本内容是：在国家的统一领导下，各少数民族聚居的地方依照国家的行政区划实行区域自治，设立自治机关，行使自治权。各个民族自治区域同时也是国家一级行政区域，自治机关同时也是国家的一级地方权力机关和行政机关。同时，自治机关除了拥有一般地方权力机关和行政的权力外，还拥有由宪法和法律所赋予的自治权。

中国民族区域自治是对马克思主义民族理论的重大发展。中国民族区域自治是解决中国民族问题的基本政治制度。中国共产党之所以选择民族区域自治制度作为解决我国民族问题的基本政策和基本制度，其依据是：

1. 各民族分布的特点呈交错杂居状态

我国的少数民族人口少，而分布广，长期以来汉族人口占多数。据2000年全国第五次人口普查，占国土面积64%的55个少数民族的人口，只占全国总人口数的8.41%[①]。从全国情况看，几乎找不到只有一个民族聚居的县以上行政区域，而是两个以至多个民族交错杂居在一起。形成了“大杂居、小聚居”的民族分布特点。这一特点是历史上各民族迁徙、交往形成的，致使形成任何一个民族都不可能从地理环境、分布空间、经济生活等方面自成体系。尤其我国资源分布、生产力发展程度极不平衡，决定了56个民族要合作，在统一的国家中实行民族区域自治，少数民族与汉族在经济方面相互补充，相互协作，才能实现各民族的共同发展和共同繁荣。

2. 我国自秦汉以来形成统一多民族国家

我国各民族人民自古以来就生活在统一的国家里。2000多年前的秦汉时期，就建立了中央集权的统一的国家。以后虽有分

① 《中国的民族区域自治》白皮书，国务院新闻办公室2005年发表。

有合，但统一占主流，即使在魏、蜀、吴，南北朝等分裂时期以及少数民族入主中原的元朝和清朝，都以自己为中国的正统自居，尤其是元朝以后的700年来我们国家没有发生过分裂。我国56个民族共同缔造了中华民族统一的国家。

3. 总结历史的经验教训

对民族地区的管理采用不同于汉族地区的管理办法，是中国一个重要的历史传统，也是一项重要的民族政策。我们回顾历代封建王朝对少数民族制定的措施，在秦朝对少数民族进行羁縻统治，建立了“属邦”。西汉对少数民族实行“和亲”，并设立都护府、中郎将等，“因其故俗”。唐代则采取和亲、册封方式的同时还设立了大量的羁縻州府。元朝采取“因俗而治”的方式，有的地区沿袭“政教合一”，有的则推行土官制或保持“千户制”。明朝推行土司制度。清朝采取“因俗设官”、“顺俗而治”，有的地区实行盟旗制、伯克制，有的地区如西藏，在清前期仍然实行“政教合一”或沿袭土司制度等各种以政治上保持统一为前提的而不同于汉族地区的管理办法。这对于保持民族地区、边疆地区的稳定，促进民族团结和维护多民族国家的统一，起到了积极的作用。对民族地区管理采取不同于汉族地区的特殊政策是历史的传统，是重要的政策。正如江泽民同志指出的：“我们党处理民族问题的政策和制度，既深刻总结了我国历史上处理民族问题的经验教训，也积极借鉴了世界上一些国家处理民族问题的经验教训，因而具有历史和现实的科学依据。”①

4. 革命运动促进以党为核心的统一战线

近百年来，我国各族人民共同遭受帝国主义、封建主义、官僚资本主义的统治和压迫，各族人民在中国共产党的领导下进行

① 《中国民族工作会议暨国务院第三次全国民族团结进步表彰大会文件集》，人民出版社，1999年版，第2页。

反帝反封建民族解放运动。在共御外敌、争取民族独立和解放的革命斗争中，中国各民族建立了休戚与共的亲密关系，形成了汉族与少数民族之间血肉相连的认同。这就为各族人民合作建立统一国家，以及在少数民族地区实行民族区域自治奠定了政治和社会基础。

二、民族区域自治的成就和经验

（一）民族区域自治的成就

民族区域自治的实行，使各族人民的生活环境明显改善，经济和各项社会事业迅速发展，具体表现在以下几个方面①：

1. 经济快速增长。1994—2003 年国内生产总值（GDP）年均增长速度为 9.87%，高于全国平均水平近 1 个百分点。

2. 人民生活水平显著提高。2003 年民族自治地方农村居民家庭每人平均纯收入 1895 元人民币，比 1994 年增加了 1.31 倍。

3. 基础设施明显改善。2003 年，民族自治地方全社会固定资产投资完成 4734 亿元人民币，比 1994 年增加 32.7 倍。2003 年铁路营运里程 1.51 万公里，比 1952 年增加近 3 倍；公路通车里程 54.78 万公里，比 1952 年增加 20 倍。

4. 传统文化得到保护弘扬。20 世纪 50 年代至 80 年代，完成五种少数民族丛书的编辑出版工作，合计 403 册，达 9000 多万字，共计发行 50 多万册。国家设立专门机构，对少数民族的三大英雄史诗进行收集、整理、翻译、研究工作，拨款支持藏文《大藏经》出版。拨款修缮布达拉宫、哲蚌寺、色拉寺等古迹。建有图书馆 566 个，博物馆 163 个，广播电台 73 座，电视卫星收转系统 25.49 万座。还有少数民族文艺创作队伍不断成长壮

① 中国国务院新闻办公室《中国的民族区域自治》白皮书，2005 年 2 月 28 日发表。

大，民族自治地方建有艺术表演团体513个。

5. 教育水平显著提高。例如，2003年，民族自治地方建有各级各类学校83726所，在校学生2943万人，比1952年增加了5倍。

6. 医疗卫生事业持续进步。例如，2003年有卫生机构15230个，比1952年增加了12倍；医疗机构床位38万张，比1952年增加近66倍。

7. 对外贸易和旅游业迅速发展。2003年，民族自治地方进出口贸易总额完成136亿美元。国内旅游收入563亿元人民币；旅游外汇收入6亿美元。

西藏社会、经济的发展，也是民族区域自治取得的成绩之一。“1965年9月西藏自治区成立后，在中央的特殊关怀和全国人民无私支援下，社会经济迅速发展。2004年生产总值达211.54亿元，比40年前增长18.6倍。进入新世纪的‘十五’前四年，西藏经济平均增长达12.5%。1965年至2004年，农林牧渔业的总产值由2.64亿元增长到62.74亿元，粮食总产量由29.07万吨增长到96万吨，牲畜存栏数由1701万头（只、匹）增加到2509万头（只、匹）。基础设施建设也取得了较大突破，青藏铁路已经于2006年7月开始运营。此外，教育事业迅速发展，人民生活大幅度提高，西藏人均寿命由1959年民主改革时的36岁，增加到目前的65岁，婴儿死亡率由40年前的43%下降到1998年3.7%。”①

（二）民族区域自治的经验

我国民族区域自治实施50年来发挥巨大的作用，许多经验值得总结。

① 《努力建设社会主义新西藏——中共西藏自治区党委书记杨传堂答本报记者问》，载《学习时报》2005年8月8日。

第一，国家集中统一和民族自主平等相结合。

我国民族自治机关是在国家统一领导下的地方政权，必须服从中央政府的统一领导。上级国家机关制定的各项政策和计划，进行国家经济文化建设时，必须充分考虑各民族地区的具体情况和需要，考虑各民族的利益和权利平等。

不论人口多少，经济社会发展程度高低，风俗习惯和宗教信仰异同，我国各民族都是中华民族的一部分，具有同等的地位，在国家和社会生活的一切方面，依法享有相同的权利并履行相同的义务，反对一切形式的民族压迫和民族歧视。《中华人民共和国宪法》规定："中华人民共和国各民族一律平等。国家保障各少数民族的合法权利和利益，维护和发展各民族的平等、团结、互助关系。禁止对任何民族的歧视和压迫。"①

第二，民族自治地方形式灵活多样。

考虑到我国各少数民族的实际情况，我国所建立的民族自治地方形式灵活多样，主要有4种类型②：

（1）以一个少数民族聚居区为主建立的自治地方，如新疆维吾尔自治区、吉林省延边朝鲜族自治州、甘肃省肃南裕固族自治县等。

（2）以两个以上少数民族聚居区联合建立的自治地方，如湖北省恩施土家族苗族自治州、湖南省靖州苗族侗族自治县、云南省双江拉祜族佤族布朗族傣族自治县、广西隆林各族自治县。

（3）在一个大的民族自治地方内，其他人口较小的少数民族可以建立低一级的自治地方。如广西壮族自治区内建有三江侗族、环江毛南族等12个自治县；云南省怒江傈僳族自治州内建

① 《中华人民共和国民族政策法规选编》，中国民航出版社，1997年版。

② 国家民族事务委员会：《中国共产党关于民族问题的基本观点和政策干部读本》，民族出版社，2002年版，第151－152页。

有贡山独龙族怒族自治县和兰坪白族普米族自治县。

（4）一个民族在多处有聚居区的，可建立多个自治地方，即可以在不同的聚居区建立相应的自治地方，如藏族，除建立西藏自治区外，还在云南、四川、青海、甘肃等省建立了10个自治州（其中一个州与蒙古族联合建立）和四川木里、甘肃天祝两个自治县。在推行民族区域自治的同时，为了保障散居少数民族的合法权益，早在1952年，国务院颁布《关于保障一切散居的少数民族成分享有平等权利的规定》。1983年颁布《国务院关于建立民族乡问题的通知》，1992年发布《民族乡行政工作条例》和《城市民族工作条例》，对散居少数民族的政治、经济、文化等方面权益的保护做出详细的规定。中国政府的这些规定，使得有些少数民族因聚居地域小、人口少，不宜建立自治县和设立自治县级机关的少数民族采取设立民族乡的办法。1954年颁布的《中华人民共和国宪法》明确规定，民族自治地方分为自治区、自治州、自治县三级，以民族乡为重要补充形式①。

"截止到1998年底，中国共建立了155个民族自治地方政府，其中自治区5个，自治州30个，自治县（旗）120个，民族乡1256个，全国55个少数民族中有44个民族建立了自治地方政府。实行自治的少数民族人口占少数民族人口总数的75%，民族自治地方行政区域的面积占全国总面积的64%。自治地方的数量和布局，与中国的民族分布和构成基本上相适应。"② 多样化的民族区域自治形式使得聚居和散居的少数民族，都能管理自己本民族的事务并保障各民族平等。

第三，实行区域自治，政治因素和经济因素相结合。

---

① 国家民族事务委员会：《中国共产党关于民族问题的基本观点和政策》，民族出版社，2002年版，第150页。

② 吴仕民：《民族问题概论》，四川人民出版社，1999年版，第386－390页。

经济因素，主要是指民族地区的经济发展基础、自然资源状况等；政治因素，主要是指国家统一，民族平等团结和少数民族自主管理本民族内部事务的权利等，把二者有机结合起来，既能保障少数民族的平等权利，又有利于国家的统一；既有利于发展平等、团结、互助的社会主义的民族关系，又有利于民族地区的经济发展和各民族的发展进步。总之，所谓政治就是国家的统一，社会稳定，不搞分裂，民族的平等、团结、合作。

中国共产党三代领导人都很重视少数民族和民族地区的经济发展。新中国成立初期，周恩来总理就在1957年青岛民族工作会议上强调："应该认识清楚，如果不把我们的祖国建设成为一个现代化的社会主义国家，是不能摆脱贫困落后的状态的。要摆脱这种状态，只有我们50多个民族，大家合作起来，共同发展，把我国建设成为一个强大的社会主义现代化国家。"① 以邓小平为首的第二代领导集体，紧紧把握"发展"这个解决民族问题的核心，强调"实行民族区域自治，不把经济搞上去，那个自治就是空的。"② 江泽民同志也曾经指出："加快少数民族和民族地区的发展，不仅是一个重大的经济问题，也是一个重大的政治问题。"③ 胡锦涛同志突出强调科学发展观，提出"以科学发展观统领经济社会发展全局，加快少数民族和民族地区经济社会发展，为我国社会主义物质文明、政治文明、精神文明与和谐社会建设全面发展作出贡献。"④

中国共产党在维护国家统一，遵循平等、团结的政治原则的

---

① 《周恩来统一战线文选》，人民出版社，1984年版，第375页。

② 《邓小平文选》第一卷，人民出版社，1994年版，第167页。

③ 江泽民：《加强各民族大团结，为建设有中国特色的社会主义携手前进》，载《新时期统一战线文献选编》（续编），中共中央党校出版社，1997年版，第386页。

④ 胡锦涛：《在中央民族工作会议暨国务院第四次全国民族团结进步表彰大会上的讲话》，载《人民日报》2005年5月28日。

同时，紧紧把握发展经济这个重大问题，自实施民族自治制度以来，取得了显著成绩。例如，国家采取各种措施帮助农牧民开展农田基本建设和草原基本建设，采取各种措施发展农村经济，提高农村生产水平。政府通过无偿发放农具、发放生产资金，减免农业税、发放无息或低息贷款等措施，扶持少数民族地区农村经济的发展，取得了显著成就。就以粮食产量来看，1998 年生产粮食 1581 多万吨，比 1952 年增加 43 倍。“1998 年大牲畜总数 2439 多万头，是 1952 年的 7 倍。1998 年农业总产值达 31 多亿元，比 1952 年增长 5 倍。”①

第四，采取措施，处理好民族关系。

正确处理民族关系是使民族区域自治取得成功的经验之一，主要措施有以下三条②：

加快这些地方的发展，为协调好民族关系创造好物质基础。

坚信民族平等、团结的教育，使各个民族都能够友好相处，平等相待。

加强法制建设，使各民族都能够遵守国家的法律，并且依照法律去处理民族事务。

第五，制定特殊政策和措施，扶持民族地区的经济发展。

中央政府制定了一系列特殊政策和措施扶持民族地区的发展。例如在财政政策方面，1955 年设立了“民族地区补助费”，1964 年又设立了“民族地区机动金”，还提高了民族地区财政预备费。到 1998 年底，此三项优惠政策国家对少数民族地区累计补助达 168 亿元③。

---

① 新疆新丝路网，政论专栏，民族政策：发展少数民族地区农牧业经济。

② 国家民委副主任吴仕民介绍《中国民族区域自治》白皮书，2005 年 2 月，北京。

③ 新疆新丝路网，政论专栏，民族政策：对少数民族地区实行优惠的财政政策。

中央政府对人口在10万人以下，人口少且贫困的边远地区少数民族实现减贫目标。从2002年到2004年，中央财政共安排资金1.17亿元，帮助扶持边远地区少数民族摆脱贫困和发展经济。

此外，国家还制定了优惠的贸易政策，宽于汉族的生育政策，尊重和保护少数民族宗教信仰自由和风俗习惯的政策等等。我国少数民族绝大部分在西部地区，2000年到2004年推动了“兴边富民”行动政策，集中各方面力量帮助西部地区实施西部大开发政策。中央财政在推动“兴边富民”行动的政策中一共投入资金2.64亿元，大大加快了民族地区经济的发展。

第六，在民族区域自治地方遵循六项基本原则。

中国民族区域自治遵循和体现了以下六个方面的原则，也是实施民族区域自治之所以取得成功的主要经验之一。一是民主原则；二是平等原则；三是法制原则；四是实事求是原则；五是团结统一的原则；六是发展繁荣的原则。

三、民族区域自治制度的完善和发展

胡锦涛同志在中央民族工作会议上指出：“民族区域自治制度是我国的一项基本政治制度，是发展社会主义民主、建设社会主义政治文明的重要内容。”“民族区域自治，作为党解决我国民族问题的一条基本经验不容置疑，作为我国的一项基本制度不容动摇，作为我国社会主义的一大政治优势不容削弱。”他还强调，为实现现阶段民族工作的主要任务，必须“坚持和完善民族区域自治制度”①。

50年的经验告诉我们，实施民族区域自治，才能保障各民族实现平等、团结、互助、和谐的关系，以实现各民族的共同繁

---

①　胡锦涛：《在中央民族工作会议暨国务院第四次全国民族团结进步表彰大会上的讲话》，载《人民日报》2005年5月28日。

荣和发展。

任何一个制度都有一个形成、发展和不断适应社会发展需要的过程。1952 年，中央人民政府颁布了《中华人民共和国民族区域自治实施纲要》，并在全国范围内积极推行民族区域自治政策。虽然当时出台的纲要只是行政规章性文件，而且在规定民族自治地方行政地位方面尚有不足，但却迈出了法律的第一步。1954 年，将纲要载入了宪法，并完善了民族自治地方行政地位的规定，民族区域自治制度迈向了法制化的进程。1957 年以后，“左”的思想抬头并逐渐在党内占据主导地位，出现诸如反对地方民族主义扩大化、“民族融合风”以致“文化大革命”等各种错误。至十一届三中全会的召开，才重申了被践踏和歪曲的各项民族政策。1982 年恢复了宪法所规定的民族区域自治重要原则，1984 年颁布了《中华人民共和国民族区域自治法》，这是继 1952 年的《民族区域自治实施纲要》之后，在新的历史时期全面实施民族区域自治制度的一部法律，它标志着民族区域自治作为我国政治制度之一，从国家基本法的角度得到了进一步确立和保障。1987 年中共中央和国务院批准的《关于民族工作几个重要问题的报告》提出，新时期民族工作的根本任务是：“以经济建设为中心，全面发展少数民族的政治经济和文化。”1992 年，中央民族工作会议上明确指出：“现阶段，我国的民族问题，比较集中地表现在少数民族地区迫切要求加快经济文化发展。在新的历史时期，搞好民族工作，增强民族团结的核心问题，就是要积极创造条件，加快发展少数民族和民族地区的经济文化等各项事业，促进各民族的共同繁荣。”① 1999 年的中央民族工作会议再次重申了这一观点。至此，可以看出，在民族问题上中国共产党

---

① 原全国人大常委会副委员长铁木尔·达瓦买提：《解决中国民族问题的成功之路》，载《人民日报》2001 年 6 月 29 日。

已牢固地把握了发展经济这个中心环节。

20 世纪 90 年代以来，随着国际形势的变化和国内改革开放的深入，我国由计划经济向市场经济转型。为适应社会主义市场经济体制的要求和实施西部大开发战略需要，2001 年 2 月，全国人大常委会完成了对《中华人民共和国民族区域自治法》的修订。修改对实现少数民族和民族自治地方加快经济文化发展提供了政策保证，同时使我国的民族政策体系在依法治国的发展进程中得到更加严密的法律保障。我国的民族区域自治的基本制度虽已经形成而且规范化，但是民族问题的长期性和复杂性，要求面对不断出现的新情况和新问题，采取新措施解决，使民族区域自治制度不断加以完善。要认真贯彻《民族区域自治法》，尊重和保障少数民族合法权益，中央政府在贯彻《民族区域自治法》的过程中应起统领和推动全局的重大作用。根据这一形势的需要，2005 年 5 月出台了国务院《实施〈民族区域自治法〉若干规定》，《规定》依据《民族区域自治法》，结合民族地区的发展要求，突出了政府对民族自治地方的帮助和扶持的原则，对全面贯彻落实《民族区域自治法》，坚持和完善民族区域自治制度产生重要影响。

实践表明，民族区域自治制度是适合中国国情，具有强大生命力的政治制度，它作为国家一项基本制度将长期存在，并不断发展和完善。

自治机关自治权的完善和充分行使问题，是新时期完善和发展民族区域自治制度的核心问题，自治权的内容和自治权行使机制要适应新形势，随着时代的发展变化而不断地完善。如 2001 年我国修改后的自治法，仍有一些条款比较原则抽象甚至欠缺，还需要随着时代的发展进行修改和补充。行使自治权的主体是民族自治地方的自治机关，即人民代表大会和人民政府。在实际行使自治权的过程中，前者行使立法权，后者主要是行使前者通过的自治条例、单行条例以及制定并实施一些行政规章制度等。现阶段我国经济正值转轨时期，为进一步提高执政能力，政府的职能要重新定位，以完善和发展民族区域自治制度，适应新形势发展的需要。民族自治区和多民族省及分布在各省区的自治州和县构成了民族地区。

第二节　新形势下民族地区地方政府的职能及转变

一、政府职能的定义

对“政府”的定义，一般的分为广义、中义和狭义三种。

广义的政府：泛指一切国家政权机关，如立法机关、行政机关、司法机关以及一切公共机关。

狭义的政府：专指一个国家的中央行政机关和地方行政机关。政府是一个国家或社会的代理机构。

中义的政府：指中央和地方行政机关及其他基于政府性质的公共机构。

本书从公共管理的视角出发，采用中义的政府定义。

从政府的诸定义中不难看出政府与国家的密切相关性。国家只是一个特定地域和族群组合的概念，只有建构、维持和运行一个功能齐备的政府组织，才能有效地表达和执行国家意志，有效地维护国家和社会的利益。随着市场经济的纵深发展，政府与一些具有公共性与服务性的社会公共组织有日益相容的趋势，后者在日渐扩展的程度上直接或间接地履行政府的部分职能。

鉴于政府的社会角色以及公共部门与公民关系的变化，政府职能可以定义为“政府职能指的是根据社会和经济的发展需要而规定的在一定时期内的行为方向、基本任务和职责范围”①。

政府的职能是一个历史性范畴和一个动态的变量，政府职能在性质、内容、手段和工作方向上都将会随着社会的发展而变化。

马克思和恩格斯认为，从大的角度看，政府有政治统治和社会管理职能。经济学家则更多地从经济学的角度阐述政府的职能理论。混合经济学家萨缪尔森从市场失灵的概念出发，把政府职能归纳为“确立法律框架，改善经济效率，促进收入公平以及支持宏观经济稳定四个方面。”②

进入21世纪初的我国，正处于经济转型和社会转型的关键时期。在我国社会主义市场经济体制不断完善和加入世界贸易组织这一新的历史条件下，政府职能应转到宏观调控、社会管理和公共服务，实现建设服务型政府的目标上面来。这是我国政治体制改革的一个重要部分，也是提高公共管理效率和效能的必要和重要的举措。民族地方政府在旅游业管理方式的创新，也是政府职能转变的重要内容。

二、民族地区地方政府职能转变的必要性及意义

1. 民族地方政府职能转变的必要性

政府职能转变是政治体制改革的一个重要部分，也是改善公共管理提高公共管理效率和效能的重要举措。

（1）适应当代国际行政改革潮流的需要

① 黄健荣：《公共管理新论》，科学文献出版社，2005年版，第153页。

② ［美］萨缪尔森·诺德豪斯：《经济学》，北京经济学院出版社，1996年版，第522页。

全球化和信息化是世界科技革命和生产力发展的必然趋势，必将推动公共行政的改革。建立适合全球化要求的管理体制，是世界各国都面临的问题和挑战。在这种全新的时代背景下，民族地区地方政府也要转变职能，将其行政管理职能转到经济调节、市场监管、社会管理和公共服务上来，以实现“更好地治理，更好地服务”。

(2) 适应经济、社会转型的要求

经济基础决定上层建筑，经济和社会的转型要求政府转型。当前形势下，转变政府职能，实现政府转型已经成为经济社会发展的迫切要求。我国社会已经进入社会主义市场经济阶段，确立了全面建设小康社会的发展目标。为此，我国政府的职能也应该从适应计划经济体制的政府，转型到适应市场经济体制的政府，从管制型政府转型为服务型政府，民族地区地方政府的职能也必须相应转变，以避免体制性的障碍造成的城乡差距、地区差距、居民差距以及教育、卫生、文化等社会公共事业发展的滞后。转变政府职能，实现政府转型，是促进社会经济发展的重要举措之一。从人均国内生产总值看，我国在2003年已经达到1000美元，预计2020年将达到3000美元的水平。这表明从现在起到2020年，我国社会进入现代化进程的关键阶段，是经济和社会结构发生深刻变化的重要阶段。在这个阶段里政府将起到决定经济和社会是继续向前发展，还是停滞甚至倒退的重要作用。

(3) 民族地方政府自身制度建设的需要

中共十六大报告指出，发展社会主义民主政治、建设社会主义政治文明，是全面建设小康社会的重要目标。从民族地区全面建设小康社会的角度着眼，要实现这一目标，需要深化政治体制改革，转变政府职能，加强制度建设。这是促进民族地区全面建设小康社会的政治基础。

深化政治体制改革，必须加强民族自治地方政府的自身建设。民族自治地方的自治权是通过民族地方政府行使的，自治地方的各项事务是由民族地方政府进行管理。为此，民族地区地方政府是实施民族区域自治制度的关键一环，它直接关系到能否真正行使自治权的问题。为了发展和完善民族区域自治制度，促进民族地区小康社会的全面建设，必须在政治体制改革中加强民族地方政府自身的建设。

加强民族自治地方政府的自身建设，实质上就是加强自治机关的民族化和民主化问题。民族化是要使民族自治权利得到尊重和发展；民主化，即是坚持保障各族人民参加管理自治地方的各项事业、坚持自治地方法律监督和民主监督、坚持自治机关决策的民主化。

再从 1984 年实施《民族区域自治法》以来的实践看，自治地方政府切实代表各族人民履行依法行政的管理职权，还需要经过长期的艰苦努力，完善民族区域自治制度还任重道远。制度的完善和发展是一个动态的过程，随着中国改革开放的不断深入，对民族区域自治制度的完善和发展将提出更高的要求。民族地方政府的职能要转变，转型期民族地方政府应通过自身的制度建设来提高政府的施政效率，以达到民族地区资源的最优配置。民族地方政府对旅游业既要推动旅游企业的制度创新，又要完成自身的制度创新，既是改革者又是被改革者。目前，在推进民族区域自治制度完善和发展中，还有很多问题要解决。为此，自治机关的职能要转变，自治地方的行政管理体制要改革。民族地方政府必须坚持和完善民族区域自治制度，民族地方政府既是执法主体，又是行政管理主体，民族地方政府必须全面贯彻落实民族区域自治法，必须坚决贯彻执行宪法。

《民族区域自治法》颁布实施于 1984 年，当时我国处于经济体制改革的初期，《民族区域自治法》主要根据计划经济体制制定的。随着我国经济体制改革的不断深入和社会主义市场经济体制的建立，国家经济体制及民族地区经济基础结构都发生了巨大变化。经济体制改革每前进一步，都首先要求行政管理体制改革做出积极反应，才不至于束缚或阻碍生产力的发展。为适应我国社会主义市场经济体制的要求，1988 年、1993 年和 1999 年，全国人民代表大会对 1982 年制定的《中华人民共和国宪法》作了三次修改。《民族区域自治法》是我国基本法中援引宪法序言和条文最多的基本法。宪法的修改要求民族区域自治法必须作相应的修改，以保持与宪法的一致。2001 年全国人大常委会对《民族区域自治法》进行了修订。2005 年 5 月国务院出台的《〈实施民族区域自治法〉若干规定》便是完善民族区域自治制度的重大举措。民族区域自治政府，要转变职能，执行新修订的《民族区域自治法》和国务院出台的《规定》。综上所述，民族地方政府承担着经济体制和政治体制改革双重的职能。民族地方政府自身的政治体制改革和职能的转变，有利于增强自治地方政府活力，克服官僚主义，提高工作效率，有利于完善民族区域自治的制度，充分行使特殊职权，便于调动基层和各族人民积极性。

中央西部大开发政策的制定和实施以及我国加入 WTO，也要求民族区域自治地方政府要搞好自身的制度建设，以加快少数民族和民族地区经济的发展和社会进步。为完善民族区域自治制度，必须全面贯彻落实民族区域自治法，而民族区域自治法要体现加快民族地区经济发展和社会进步，则应随形势发展变化而进行相应的修改。只有这样，才能促进行政管理主体、客体素质的提高和行政生态环境的优化，搞好民族地方政府自身的建设，以适应西部大开发的战略新形势。

加强自治机关的自身建设，在机构改革中，还要确实做到精简机构，合理配置人员，提高地方政府办事效率；在增加民族干部数量的同时，注意提高民族干部的素质，彻底改变部分民族干部长期养成的“等、要、靠”的思想，进一步理顺民族自治地方政企之间的关系，把自治地方政府从“投资者”转变为“投资环境创造者”，使本地区具有良好的市场和社会环境；要建立和完善依法行政的监督体系，使自治机关和行政领导对其决策失误和行政失误承担必要的法律责任。

2. 民族地区地方政府职能转变的重要意义

（1）提高中国共产党的执政能力

在中国共产党领导的多党合作制框架下，党的执政能力与政府行政能力直接相关。党的执政能力集中体现在政府驾驭市场经济的能力和管理社会公共事务的能力上。现阶段政府转型是提高党的执政能力最具实质性的步骤。我国经济社会发展遇到的失衡与挑战，对中国共产党的执政能力提出了新的任务，而完成这一任务，只有政府转型，才能有针对性地解决我国改革和发展全局性的问题，才能提高党的执政能力。

（2）全面落实科学发展观的关键

十六届三中全会明确提出了“坚持以人为本，树立全面、协调、可持续的发展观，促进经济社会和人的全面发展”，强调“按照统筹城乡发展，统筹区域发展，统筹经济社会发展，统筹人与自然和谐发展，统筹国内发展和对外开放的要求，推进改革和发展的科学发展观”。这种科学发展观，是中国共产党对社会主义现代化建设指导思想的新发展，是全面建设小康社会和实现现代化的根本指针，也是贯彻落实“三个代表”重要思想的客观要求。它是以经济建设为中心，坚持经济社会协调发展、区域协调发展、人与自然和谐发展的可持续发展观，克服片面强调GDP 增长，努力实现经济增长方式，从政府主导型向市场主导型转变，将政府的主要经济职能定位于为全社会提供经济性的公共服务。政府转型是实现这一科学发展观的前提和基础。

（3）解决经济社会深层矛盾，形成高效统一整体

延续近半个世纪的民族自治地方行政体制，为少数民族地区

的政治、经济、文化事业的发展做出了巨大的贡献。然而，随着社会主义现代化建设的不断发展和改革开放的进一步深化，其内在弊端日趋暴露，越来越无法适应民族自治地方由传统经济体制向市场经济体制转换的需要。如果不尽快实行包括行政体制在内的政治体制改革，民族自治地方生产发展水平难以提高，市场经济体制难以建立，建设小康社会的宏伟目标也将难以实现。如江泽民同志在中国共产党十四大报告中所指出的，“不在这方面取得实质性进展，改革难以深化，社会主义市场经济难以建立。”

行政体制改革是经济体制改革深入发展和政治体制改革实际启动的共同要求。民族自治地方政府的行政管理体制改革可以通过实现经济体制和政治体制改革的动态平衡，形成不同类别体制改革之间的相互支撑力，实现民族自治地方的整体改革，要坚持综合改革的原则（包括经济、政治、科学文化等体制，还有教育制度、行政管理体制等配套改革），但当前改革的重点，应放在深化机构改革，转变政府职能上。实践证明，机构设置和政府职能状况对于提高民族自治地方生产力发展水平，推动民族自治地区经济文化事业的发展有着十分重要和关键的作用。通过行政改革，民族自治地方行政管理机构的各个层次、各个部门形成互相协调、配合默契、运转高效的统一整体。民族自治地方政府职能转变，可以使民族自治地方政府克服行政管理过程中存在的随意性和长官意志，在观念上解放思想，使行政管理体制改革朝着科学化、法制化和现代化的目标前进，创造出更高更好的行政效能，以适应形势的变化。

第三节　民族地区地方政府职能转型的目标

——建设公共服务型政府

一、建设民族地区地方公共服务型政府的科学内涵

建设公共服务型政府是时代潮流，是当代世界各国政府改革与建设的共同趋势。但世界各国的国情、社会基本政治制度和价值取向各异，对建设公共服务政府的理解和认识也不同。我国是社会主义国家，要建设有中国特色的公共服务型政府，真正体现“服务于民，执政为民”的管理目标。

首先，这种服务型政府是一种以公民为中心的政府，是民主的政府、透明的政府、结果导向的政府。

从政府关系上，与管制型政府模式下的“官本位”、“权力本位”、“政府本位”相对照，这种服务型政府以公民为中心，以“以人为本”为根本宗旨和行为准则，强调“民本位”、“权利本位”和“社会本位”。政府行使的公共权力，就是要为全社会提供基本而有保障的公共产品和有效的公共服务，将服务作为自己的根本使命、义务和责任，不断满足广大群众日益增长的公共利益和公共需求。

当前，我国经济转轨和社会转型对建设公共服务型政府提出了具体的要求：第一，政府以为全社会提供公共产品和公共资源为政府的第一职能。第二，调节市场经济，即政府利用宏观经济政策调整总供给和总需求之间平衡，使短期和中长期兼顾、供求平衡和结构优化兼顾，经济发展与社会发展兼顾。第三，实施有

效的宏观调控职能，纠正市场失灵。第四，全面承担改革成本，不把改革的成本转嫁给市民、农民和企业。

服务型政府公共政策的制定和执行，必须体现社会公众的民主参与和利益；严格实现政务公开，确保公民参与，自觉接受人民群众的监督，建立外部导向和结果导向的社会评价机制。

其次，服务型政府是“以公谋公”的政府。政府行使的公共权力，本质上以追求社会公共利益、解决社会公共问题、提供社会公共服务为宗旨，不得“公权私用”，用于追求官员个人利益、政府部门利益和集团利益。因此，“以公谋公”的政府，一是要建立健全公共权力控制机制，以保障公民和企业的权力。要完善包括立法机关、司法机关、行政机关内部的各项法律、制度及其相关的程序性控制体系，在其他社会组织权利受到政府侵害时有及时的补救机制、补救途径、补救措施，由政府承担相应的政治、法律、行政和伦理等责任。二是要建立有限的政府。政府主要扮演“掌舵”的角色，要规范、限制政府的行政权力，大力发展非政府公共组织，建立政府与社会和谐共治。三是保证政府管理和服务的公平和公正，无特权、无歧视、无偏私，体现人人平等的法治精神和秉公施政的公平政府。

再次，服务型政府是法治的政府。政府依法行政和政府守法。依法行政强调政府任何行为必须有明确的法律依据，不能随意和妄为。必须遵循宪法至上，法律优先。政府违法后要和公民违法一样，能得到及时发现、及时矫正、及时控制，并承担相应的责任。只有政府依法行政，才能有效防止和控制公共权力的异化和滥用，保证政府的公正、廉洁，实现政府服务于民的价值追求。

二、我国传统政府行政管理职能的基本特点

我国传统的政府行政管理职能的模式与高度集权的计划经济

体制相一致，政府包揽一切社会和经济事务，政府干预是资源配置的主要手段，市场很不发达，社会和公民处于从属地位，属于典型的管制型政府职能模式。

中国传统的政府行政管理是以国家对经济实行干预，并运用行政手段为主的管理方式。传统政府职能的基本特征有以下几点：1. 政府的职能定位。2. 政府是公共管理的唯一主体。3. 政府分化为许多职能部门，部门间关系日趋复杂。4. 政府机构不断膨胀；5. 公共管理成本高、效率低。① 这些传统的政府职能管理领域、包括政治领域、经济领域以及社会生活领域各个方面。政府是公共管理的唯一主体，其他社会组织的公共管理职能受到政府的严格控制。政府分为许多职能的部门，政府机构不断膨胀，公共管理成本高、效率低。这种管理体制曾经在新中国成立初期对稳固国家政权，完成社会主义改造起到了积极的作用。但是，随着社会的发展和改革开放步伐的加快，传统行政管理职能越来越不适应经济社会发展的需要，需要转变行政管理职能，加快从管制型向服务型转变。

三、民族地方政府行政管理中存在的问题

我国少数民族地区实行民族区域自治已经取得了卓越成效，但还要进一步完善，因行政管理是一个动态的过程，要不断适应新形势发展，要与时俱进。我国社会政治经济发展已经进入新的历史阶段，社会主义市场经济体制改革正在进一步深化，对民族地方政府的体制提出了新的要求，但是计划经济时代形成的“全能政府”和“管制型政府”的行政管理制度仍有影响，政府职能往往还存在的越位、缺位和错位的现象具体表现如下：

① 刘熙瑞：《中国公共管理》，中共中央党校出版社，2004 年版，第 124 - 125 页。

1. 越位

“当前民族地方政府存在政府权力过大，社会权力过小，政府及其各种人员的权力缺少监督，滥用权力和腐败相当严重，造成了政府职能无限膨胀，政府管了很多不该管、管不了、管不好的事，行政效率极其低下。”①

当前地方政府“越位”的具体内容主要表现在以下5个方面：(1) 政府过多地干涉私人事务，侵犯个人权利，这是在政府与个人关系上的越位。(2) 政府越权干涉企业的经营，一方面是由于政企不分所造成的；另一方面，即使政企是分开的，也存在一些地方政府违法干涉企业经营的行为，这是政府和企业关系上的越位。(3) 政府和市场关系上的越位，表现在政府通过地方法规，行政干预等手段阻碍统一市场的形成，地方保护主义盛行等。(4) 在政府和社会关系上的越位，表现在政府过多地插手本来由第三部门或非政府组织就能干好的事。(5) 在中央政府和地方政府关系上的越位，表现在越权审批，不严格执行中央政策，虚报瞒报等方面。②

2. 缺位

政府管理的缺位主要表现在规范和监督市场秩序的力度不足，法律法规不健全，无法可依、执法不严，甚至有有法不依、违法不究的现象存在，有的地方还有地方保护主义和部门分割的现象发生。

此外，我国行政人员的责任边界比较模糊，所承担的职业责任往往好坏不追究，因政府工作人员做出错误决策所造成的损

---

① 方盛举：《论民族自治地方政府行政理念的创新》，载《中共云南省委党校学报》2004年第5期。

② 刘靖华：《中国政府管理创新——管理卷》，中国社会科学出版社，2004年版，第50－51页。

失，也没有进行责任追究。

3. 错位

"所谓'错位'，就是政府部门之间，职能重叠，存在严重交叉，而往往交叉和重叠的部分都有'实权'或'沾利'的关键所在。所以，在行使各种权力和职能时，往往出现争抢这种能带来经济效益的权力和职能，结果产生职能交叉。"①

由于民族自治地方政府行政管理中的"越位"、"缺位"和"错位"，造成政府职能模糊不清，仍存在以微观经济主体参与市场竞争或者依靠垄断特权与民争利的情况。这种受计划经济体制影响的政府职能与市场经济极不适应，因此要顺应时代要求，由无限政府向有限政府、由管制型政府向服务型政府转变，及时进行政治体制的改革与创新。

四、建设公共服务型民族地区地方政府的途径和措施

党的十六大把行政管理体制改革作为政治体制改革和建设社会主义政治文明的一项重要内容，提出了"进一步转变政府职能，改进管理方式，推行电子政务，提高行政效率，降低行政成本，形成行为规范、运转协调、公正透明、廉洁高效的行政管理体制。"②

民族地方政府职能转型的目标是建设具有中国特色的公共服务型政府。"服务型"政府的最本质特征就是要充分考虑和维护社会公众的权益，提供丰富的公共产品和优良的公共服务。国内不少学者借鉴西方发达国家政府改革和建设的经验，从建设中国特色社会主义的实际出发，在总结我国改革开放以来改革和建设

① 刘靖华：《中国政府管理创新——管理卷》，中国社会科学出版社，2004年版，第54页。

② 中共中央宣传部：《"三个代表"重要学习纲要》，学习出版社，2003年版。

的经验基础上，提出了建设中国特色公共服务型政府的主要途径的措施。

郭锋等提出要处理好三个关系，解决好三个问题和做出七件事：（一）以政府转型为核心，处理好三个关系。1. 坚持全面、协调、可持续发展的科学发展观，处理好以经济建设为中心与经济和社会全面协调发展的关系。2. 坚持党在中国特色社会主义建设事业中的核心领导作用，处理好加强党的执政能力建设与加强政府的行政能力建设的关系。3. 坚持走以善治为价值取向的公共治理之路，处理好政府治理与社会治理的关系。（二）以转变政府职能为重点，解决好政府的职能在一些经济社会管理领域中"退出"、"加强"和"补充"等三个问题。做好行政审批、行政管理体制、事业单位、财政体制、干部人事制度等的改革以及公共安全突发事件应急体制和公共权力监督体制的机制建设。①

陶学荣提出要：1. 树立"以民为本，依法行政"的服务理念。2. 深化政府机构改革和行政审批制度。3. 推进政务公开，实行阳光行政。4. 积极推进电子政务建设。5. 改进绩效考核机制，完善行政问责制度。6. 探索建立公共财政体制和投融资体制。7. 加快培育和发展社会中介组织。②

尹向阳通过昆明市民主政风行风问卷报告分析、归纳总结了昆明市构建服务型政府的七条实践措施，即：（一）树立为人民服务的宗旨观念。（二）坚持以人为本的科学发展观和政绩观。（三）转变政府职能创造良好的发展环境。（四）调整适应市场

① 国家教育行政学院：《建设中国特色公共服务型政府》，中央文献出版社，2005 年版，第 21－30 页。

② 陶学荣：《论公共服务型政府建设途径》，载《甘肃社会科学》2005 年第 3 期。

的服务机构。（五）进一步深化行政体制改革。（六）依法行政。（七）加强公务员的培训。①

广东江门市政府通过实践总结了建设服务型政府的三条措施：（一）以行政审批改革为突破口。（二）围绕服务社会，大力推行电子政务。（三）导入ISO质量管理体系。

综合国内学者对建设服务型政府途径的各种见解，结合地方改革经验，笔者提出了建设民族地区服务型政府的具体设想和措施：

1．理顺中央政府和民族地区地方政府关系

理顺中央政府和民族地区地方政府的关系，就是要改革传统的中央集权制，改变地方政府总是等待和盲目执行中央一切指令的现状，建立中央政府与民族地方政府决策的服务模式。中央政府侧重宏观调控、政策引导、重大事务管理职能；民族地方政府侧重地方市场监管、社会管理和公共服务职能。

2．改革民族地方政府的旅游行业管理的政府行为

按照我国传统的旅游行政管理体制，纵向关系表现为条条管理，横向关系表现为块块管理。旅游业作为综合性的产业部门，其管理范围应从计划经济体制下的系统式条条管理转变为市场经济条件下的社会式块块管理，也即是我们所说的全行业管理。民族地方政府对旅游行业的管理应该是按照市场规律办事，为企业的发展营造良好的经营环境。在市场机制起作用的范围内政府主管部门尽量不去干预，而市场机制不足之处则需要政府主管部门加以补充、引导和控制。管理体制改革沿着“简政、放权、搞活”这一总体思路进行。然而，部分民族地方政府对自身在旅游行业中行政管理职能的认识不清，以致在旅游开发，比如西部大

① 尹向阳：《构建服务型政府的实践与启示》，载《云南行政学院学报》2005年第1期。

开发中产生一些问题，表现在以下几个方面：

（1）部分民族地方政府垄断旅游资源的开发

在西部旅游开发中，有些地方政府仍然沿用计划经济体制的条件下高度集权、首长拍板的指挥模式，主宰旅游资源开发。比如在资源开发的规划、评估上政府全权包办，排斥旅游企业在旅游开发过程中的重要作用，甚至有的资源开发充分考虑不够，影响经济效益，未能取得好的效果。

（2）部分地方政府对旅游市场干涉过多

例如有的民族地方政府对旅游企业的市场准入设置过高的“门槛”，而且严格限制进入旅游市场的企业数量，有些地方政府还投资兴建本地骨干型旅游企业，旅游企业“单打一”。其结果只能束缚当地旅游经济的发展，不适应当今形势的发展。

（3）部分地方政府对旅游企业干涉过多

政企行为界定不清。由于种种原因，长期以来，我国西部地区不少旅游企业一直隶属于地方政府，或政府各个部门，这就使得旅游企业要受到多重领导和多层管理。在旅游企业的微观经营活动中，由于政府或部门干涉过多，企业约束软化，负盈不负亏的现象较为严重。计划经济时代政府包办一切的“主宰者”的形式要改变，政府的职能要构建新型的角色，应在遵循社会主义市场经济规律的前提下，旅游业以市场为主的资源配置方式与以政府为主的宏观调控管理模式相结合的方式发挥民族地方政府的作用。实现这一职能要做好以下几点：

（1）加强宏观调控部门的管理

加强宏观调控部门的管理，即宏观调控部门应进一步转变职能，减少宏观部门的微观管理及具体事务的审批。通过宏观部门的分工协调，完善宏观调控体系，综合运用经济政策和经济杠杆提高宏观调控能力，以充分合理地发挥政府的宏观调控能力，积极引导、规范各旅游市场主体的行为，实现旅游资源的配置达到或接近最优状态。将政府管理这只“有形的手”与市场这只“无形的手”结合起来，依靠政府的宏观调控能力来引导旅游业顺利发展。民族地方政府要将能通过市场手段解决的问题，主动让给市场来完成。只有在民族地区发展旅游业的过程中真正做到“主导”而不“主宰”，“有所为有所不为”，才能在西部旅游开发中发挥应有的作用。

（2）尽量减少专业经济部门

减少专业经济部门即要减少专业经济管理部门，而保留的部门要实现政企彻底分离。

（3）实现“地方为主，分工管理”

要合理划分中央与民族地方在社会公益事业的管理权限，将大部分社会事务“如教育、科技、文化、卫生、体育的管理权下放到地方，由民族地方政府根据法律、法规自主进行管理，中央政府只负责指导和协调。”

（4）加强市场执法，改进市场监管方式

政府管理的重点是建立市场经济的规则和秩序。在执法监督上，应实行“决策与执行分开”，推广综合执法。在行政与司法机构方面，应体现分权原则，实现权力制衡，同时要改革司法制度，实现司法独立。民族地方要加强对旅游业的监督，维持旅游企业竞争的公平性并维持旅游者的合法权益，对旅游业实行法制化管理并要加强对旅游资源的保护，为避免破坏生态环境，要建立健全旅游区环境保护制度。

（5）改革民族地方政府人事制度

实现公务员“政务官与执行（事务）官”分途，建立专业化、高素质的公务员队伍。

（6）完善法规，依法治旅

近年来，各民族地区虽也先后出台了一系列的政策法规，为旅游业的发展提供了必要的法制保障和政策支持。但总体而言，旅游法规建设还不够健全，有些民族地区还比较薄弱。为此，为加快民族地区旅游业的发展，加紧制定各种政策和法规来引导和规范市场行为，尤其是要加紧制定适合本地区情况的，便于实际操作的旅游管理地方法规和旅游管理实施细则。同时，在旅游立法中还要及时调整原有法规中已经不再适用的内容。此外，还要加快设置必需的执法机构（如质检所），健全执法队伍，加大执法力度，真正做到“有法可依”、“有法必依”。

3. 转变经济管理职能

建设服务型政府必须以政府经济管理职能转变为主要内容。转变政府（包括民族地区政府）的经济管理职能，要坚持以经济建设为中心，坚持经济和社会的全面协调发展。

体制改革与社会发展、经济发展与社会发展也是一个互动的过程。政府经济职能的改变，要坚持经济和社会全面协调发展，即经济发展为社会发展提供条件，将加快社会的发展。而社会事业的发展，也将会促进经济的发展。温家宝《在省部级主要领导干部树立和落实科学发展观专题研究班结业式上的讲话》中讲道：“社会发展是经济发展的目的，也为经济发展提供精神动力、智力支持和必要条件。随着人民群众的物质生活水平的日益提高，人民群众对精神文化，健康安全等方面的需求也日益增长，更加要求社会与经济共同发展。如果社会事业发展滞后，经济最终也难以实现持续较快发展。我们必须按照科学发展观的要求，在大力推进经济发展的同时，更加注重加快社会发展”。①

中国共产党十六届三中全会通过的《中共中央关于完善社会市场经济体制若干问题的决定》，第一次提出了“坚持以人为本，树立全面、协调、可持续的发展观，促进经济、社会和人的

---

①　温家宝：《在省部级主要领导干部树立和落实科学发展观专题研究班结业式上的讲话》，2004年2月21日，中央党校网。

全面发展”的科学发展观，标志着中国将进入一个经济社会和人的全面发展的新阶段，也表明了经济和社会要协调发展。

4. 坚持共产党核心领导

我国是具有中国特色的社会主义国家，建设社会主义事业要坚持共产党的核心领导作用。建设公共服务型民族地方政府，实现公共管理，也要坚持共产党的核心领导，中华民族复兴才有方向，社会才有稳定的秩序和环境。在建立和发展中国公共管理体制的过程中，中国共产党能起到基础和保证作用。

在计划经济向市场经济转型时期，加强党执政能力的建设，处理好党执政能力建设与政府的行政能力建设的关系尤为重要。中国共产党的十六届四中全会强调加强党的执政能力建设“要以保证党同人民群众的血肉联系为核心，”这是一项根本任务，这是巩固和维持党的执政基础，使党成为富民强国好的中心，保证了共产党核心领导的资格，以实现长期执政，建设好社会主义。

5. 依法行政

依法行政即政府的行为完全按照法制的轨道运行，政府必须以宪法法定的身份和地位、法定的权力和程序履行职能。政府机关必须从本机关的基本职能和具体业务出发，建立健全服务承诺制、岗位责任制、首问责任制等各项规章制度，以制度来规范和约束机关及其公务员行为，实现政府提供服务的程序化、规范化和效能化。

6. 坚持善治

善治是使公共利益最大化的公共管理过程。其本质特征在于它是政府与公民对公共生活的合作管理。处理好政府治理与社会治理的关系要在政府治理方式上找措施，建立政府与社会的合作伙伴关系，建立多中心的治理结构。强调政府与非政府组织、私人部门进行合作，实现公共管理社会化与市场化。

政府对社会的管理要采用善治，即政府与公民之间进行积极有效的合作，要做好以下两件事：

（1）公共管理社会化和市场化

政府公共管理社会化即政府将部分职能分离出来交还社会，政府的管理由原来是作为社会公共事务管理的单一主体走向管理主体多元化，政府将原来由政府承担的一些公共服务职能（比如，民事、文化、艺术）大量地转移给非政府组织和私人部门，通过合作、协商和伙伴关系，确定共同目标，实现对公共事务的管理和服务。而政府则充当“掌舵人”，更多地从事政策的制定和监督执行。

民族地方政府要处理好政府治理与社会治理的关系，要在实现社会化的同时实现公共服务市场化，即政府将市场经济机制引入公共服务领域中，把原来由政府独立承担的公共服务事宜，按照公共服务的共用性程度的不同，把一部分共用性程度较低的服务交给市场来运作，运用市场机制，通过市场手段和方式（包括公开招标、合同承包等）进行运作。在运作过程中，充分发挥市场机制的积极作用，对参与竞争的公共部门与私营部门本着公私平等的原则开展竞争，使政府（民族地方政府）从以往只关注政策执行投入和过程的情况，转向关注政府执行的结果。政府虽是负责供给公共服务，但是公共服务的提供者、生产者、管理者、经营者多元并存，多元主体之间存在着竞争与合作。

（2）坚持政务公开、扩大公民参与

民主政府以依宪治政和以法行政为框架，以分权框架下的自主治理为基础。

民主政府是政府的决策民主化，主要表现为在传统政治基础上实现政府行政公开化。行政公开是指除涉及国家秘密、商业秘密、个人隐私以外，行政事务应当向公民和社会公开。要构建服务型责任政府，就必须坚持政务公开，要做好以下两方面的工作：一、加强监督，建立健全各种监督机制，包括内部和外部监督机制。内部监督主要是指建立政府系统内部的行政自律机制，即政府凭借自身的行政权力所建立的内部控制机制。一般而言，“包括一般监督与特殊监督、极限监督与质量监督、事前监督与事后监督、法规监督与非法规监督。”① 外部监督主要是指加强和完善人民代表大会的监督，充分发挥政治协商会议，民主党派及各种群众团体的监督，加大舆论监督力度等等。二、扩大公民对政府管理的参与，加强公民的权利意识。政府应该充分尊重公民应有的权利，保障广大公民的知情权，从而具备参与公共事务处理的能力。“公民所观察到的必须是真实的政府治理，而不是企图误导人的政治假象。政府过去所做，现在所做的以及将来所做的，都要诚实地面对公众。”②

民主政府提供特定的激励机制，激励公民适当地参与公共生活，激励民族地方政府官员更好地为公共利益服务，使政府与社会关系协调。

7. 实行民主集中制

民主集中制要求合理划分中央与民族地方政府管理经济社会事务的权限与职责，做到权责一致，既维护中央的统一领导，又更好地发挥地方的积极性。正确处理中央垂直管理部门和民族地方政府的关系，逐步理顺中央和地方在财税、投资、市场监管和社会管理、公共服务等领域的分工与职责。属于全国性和跨省的公共事务和重大事项，比如，外交、国防、货币制造发行、宏观调控等必须由中央负责。与地区经济和社会发展相关的事务和事项，比如，经济结构调整、市政建设等由相关的民族地方政府负责。与国家整体利益相关但需要在民族地方执行的事务事项，如民政、社会保障、计划生育等则由中央制定政策、民族地方负责

① 张成福：《责任政府论》，载《中国人民大学学报》2000 年第 2 期。

② 景云祥：《责任政府及其公务员职责》，载《学习与探索》2004 年第 1 期。

实施。

8. 进一步提高工作效率，降低行政成本

现代社会政府完成指定的工作，要根据经济标准、效率标准、效益标准的高低来衡量，要求高效率地完成工作任务。

“政府管理要考虑行政管理成本的高低，政府的管理涉及成本、投入、产出、效益四个方面。成本是维护人力、物力、设备运转的花费；投入是政府运行和提供公共服务中投入的人力、物力、办公设施等；产出可以是制定出新政策，也可以是执法活动，包括新技术的推广、建设项目的审批，对违法行为的处罚；效益则主要表现为政府引导下经济的发展，社会的进步，人民生活水平的提高。”① 只有高效低耗地进行政府管理，不断提高政府生产力，民族地方政府才能做到真正意义上的对人民负责，才能更好地为人民服务，成为真正的公共服务型的责任政府。

中国特色公共服务型政府除了是以服务行政、责任行政、依法行政外，还是有效行政。

有效行政，即政府行政必须考虑成本——效益。从计划经济下的强制行政走向有效行政的措施首先注意两点：首先要提高政府行政服务的行政效率，即是指旅游行政管理部门和公务人员从事行政活动所得的成果、社会效益同所消耗的人力、物力、财务和时间的比例关系。

提高行政效率，则要控制旅游行政机构的规模，削减财政开支。民族地方政府和旅游行政管理部门要精简机构，简化规章制度，提供便捷的公共服务，引入市场机制，以竞争求质量。引入企业家精神，注重投入与产出、成本与效益。民族地方政府旅游注重行政组织自身的变革与创新，传统的金字塔层级结构向扁平化结构发展，减少层次，避免重复，并用网络手段办公，提高办

① 景云祥：《责任政府及其公务员职责》，载《学习与探索》2004 年第 1 期。

公效率，解决经费等公共消耗的支出。还要实行以绩效评估为基础的激励措施，注重部门的业绩评估。实行按业绩付酬，按效果作预算，以最小的经费资源提供最优质的服务。同时，建立灵活的人事管理制度，实行市场薪金制等。

其次，民族地方政府要注意提高行政服务的社会效益。服务型政府仅仅关注行政效率是不够的，还要关注社会效益问题，即是民族地方政府在管理旅游业的过程中负有主持社会公平，合理分配社会资源的责任。做到公平合理的分配社会旅游行业的资源的方法就是要严格按照法律程序办事，对社会中的违法行为予以法律制裁。在民族地区建立健全旅游投诉处理机制，整顿和规范旅游市场秩序，形成左右联动、各方配合的旅游综合执法管理体系，加大旅游执法工作力度等等。以上种种措施都是降低成本，提高工作效率，实行有效行政、构建服务型民族地方政府的途径和措施之一。

9. 改革行政审批制度

在计划经济条件下，政府审批项目和程序过多过杂，审批周期过长、审批事项法律依据不充分、审批责任不明确，甚至有乱收费、乱罚款现象，这同市场经济要求以及 WTO 规则背道而驰，而且严重阻碍了社会生产力的发展。《行政许可法》要求政府必须规范审批行为，将不符合《行政许可法》，妨碍市场开放和公平竞争以及实际上难以发挥有效作用的行政审批坚决废止或取消。对于非经过政府审批不可的项目，要规范审批程序，减少审批环节，提高审批效率。

10. 改革投融资体制，建立公共财政

政府作为投资主体是计划经济的重要特征，也是市场经济下出现一系列问题的根源。由于投资体制是决定经济体制的核心内容，也是政企不分的根源所在。因此，加快投资体制的改革，区分政府行为和企业行为，把投资主体角色交给市场，是急需解决的问题。改革投融资体制的核心是根据政府的基本职能，是组织公共物品的供给。我国财政资金出现过多地向国有企业、基础领域和竞争性行业投入，而在解决就业、社会保障、义务教育等公共事业方面投入过少。因此，要改革这种投资型财政体制，并通过逐渐调整财政支出结构，加快建立公共服务型财政体制和现代金融制度。政府要逐步从竞争性行业中抽身，把公共资源的力量转到提供公共产品和社会服务上来。要改变对现存国有企业的投资软约束，避免国家直接向竞争性领域进行增量投资，消除金融业的行政垄断，增强金融资源的市场化配置，鼓励和支持民间投资进入各类基础领域。

11. 推进电子政务建设

电子政务指的是电子化政府，这是信息化时代的产物。当今世界已经进入了信息化时代，世界经济的核心因素及能力构成也越来越以信息化的含量为变化指数。我国政府向电子化方向发展，建设电子型政府，将进一步促进政府职能的转变，使政府的施政更加公开化、法治化、科学化和民主化，从而实现资源共享，节省行政的成本，更好地为公共服务。建设电子型政府，可以促进国民经济信息化，培育中国经济的核心竞争力，加速中华民族伟大复兴的历史进程，进一步提高中国政府的全球威信与国际形象，具有重要历史意义和现实意义。

电子政府的主要任务是改变传统的政府机关的办事方式和手段，有效地利用现代信息和通讯技术处理公务和事务。主要表现在以下几个方面：（1）电子公文。政府机关实施公文制作电脑化以及电子公文交换。（2）电子邮寄。即以电子邮寄方式处理政府的会议通知、信息传达、政策宣传、法规颁布和意见调查等。（3）电子采购。在网络安全认证的基础上，政府机关在网络上进行采购、交易支付等电子作业。（4）电子法规、电子规划管理、电子税务、电子人事、电子工商、电子保健、电子公共事业服务以及电子征信、电子高校、电子婚介、电子政府法律和制度保障等等各个方面向电子方向发展，用现代信息和通讯技术处理政府政务。目前我国民族地区在电子政务方面较为滞后，需要积极推动其发展。电子政务将在第十二章专题论述。

第四章 民族地区旅游业的发展及民族地方政府对旅游业的管理职能

发展民族地区旅游业，就是要发展民族地方旅游经济并逐步实现民族地区的现代化。随着国家政治体制改革和经济体制改革的不断深化，民族地方政府的旅游管理职能亦要正确定位，才能适应民族地区旅游业发展的需要。政府的管理职能、服务职能的转变，是旅游业实施公共管理的前提。

第一节 民族地区旅游业发展的必要性及其在经济发展中的作用

一、发展民族地区旅游业的必要性

人类对地球空间表面的开发，总是优先开发条件好的地域，然后再开发条件差或开发难度大的地域。而民族地区旅游业的开发就属于后一种开发类型，这是人类生产、休憩活动空间不断扩展、深化的表现。随着世界旅游业的发展和我国经济建设步伐的加快，我国民族地区的旅游业开发势必加强和深化。发展民族地区旅游业的必要性和意义如下：

1．加快民族地区经济发展的重要举措

旅游业是我国少数民族地区国民经济中新兴的一个综合性行业，与国民经济中其他生产部门一样，都能创造社会经济效益。

发展旅游业能调整国民经济结构，促进少数民族地区经济的繁荣发展。

民族地区，尤其是西部少数民族地区，地域辽阔，地理位置复杂多样，有着丰富的自然旅游资源及人文旅游资源，具备发展旅游业良好的基础和条件。西部旅游资源的特色是民族地区发展旅游业的基础。民族地区旅游资源有以下特点：

（1）民族地区旅游资源系统庞大

民族地区不仅山地、高原、丘陵、盆地、平原五大地貌类型齐全，而且各种旅游地貌发育较为典型。在1982年和1988年国务院公布的两批国家级重点风景名胜区共84处中，民族地区就有38处；1982年和1986年国务院公布的中国历史文化名城共62座，民族地区就占23座。民族地区尚未发现的潜在资源还相当丰富，加上有待列入国家级的风景名胜区，各地方政府公布的省级、地市级风景名胜区，形成了庞大的民族地区旅游资源体系。

（2）民族地区旅游资源品位较高

旅游资源的价值在于特色和魅力，即品位。我国民族地区许多旅游资源为全国、甚至世界所瞩目。称为世界屋脊的青藏高原，连绵的雪山冰峰，其山体的高度、长度为世界其他国家所无与伦比；广西的桂林山水，早以“桂林山水甲天下”而闻名世界；湘西张家界，融国内大小名山特色为一体，大片的森林和各种珍稀动物是我国乃至世界不可多得的森林公园。此外，云南的路南石林、四川的九寨沟、新疆的天鹅湖、内蒙古的阿尔山温泉等，均是著名的佳景胜地。在联合国教科文组织所列的《人与生物圈》自然保护区网中，中国被列入5个保护区，其中长白山、卧龙、武夷山、梵净山四个保护区分布在民族地区。民族地区的不少风景名胜和文物古迹，在国际旅游市场上有较大吸引力。

（3）民族地区自然景观和民俗风情占优势

我国人口稠密的平原地区也有不少山景，但大多或因靠近城市的区位而成名，或因文人墨客的渲染而享誉，而真正以自然美而成景的奇山、险峰、雪原、大瀑、溶洞、古遗生物等，均集萃于民族地区。如西藏的希夏邦马峰、新疆的罗布泊、云南的洱海、贵州的龙宫等，这些自然美景是当前旅游市场开发行情看好的类型之一。如果说民族地区自然旅游资源以奇而绝取胜，人文旅游资源则以古而稀闻名，民族地区不仅有距今久远的古人类遗址、古墓葬和众多的壁画石窟、寺院佛塔，而且还有各民族在发展过程形成的生动活泼、丰富多彩的民风民俗、传统节日、集会活动、民族歌舞、民族服饰等等。少数民族地区的这些人文资源，对于发展旅游业来说是一种优势，不同民族有不同的传统习俗和文化源流，这种个性上的独特性必然构成总体上的多样性，因而从总体上看，我国广袤的少数民族地区客观上可以为旅游者提供多种多样的旅游环境和旅游活动内容。

（4）民族地区旅游资源组合较好

旅游资源在广大民族地区的分布是不平衡的，有些地区相对集中，有的则相当稀少。资源集中的地区不同的名胜区间距较近，景区内资源类型多样，结构紧凑，交相辉映。如桂林以“三山两洞一条江”为中心的重要游览景点就散布于方圆百里之内，这是旅游资源组合较好的表现。许多民族地区也就是垂直地貌密集组合的地域系统，从而层层分割空间，导致多变的景象，使生物和水体景观因地文要素变化而表现出丰富的景层。如云南丽江玉龙雪山——峡谷—民族风情结构等，就是绝妙的资源组合。少数民族地区在不同社会历史阶段遗留下来的文化遗存，组合成了我国民族地区一种“人无我有”的独特旅游资源。

江泽民同志在中国共产党的十五大报告中明确提出：“中西部地区要加快改革开放和开发，发挥资源优势，发展优势产业。”我国民族地区普遍工农业产值不高，商品经济较为落后，产业结构层次较低。目前旅游业已成为能增加民族地区经济收入，改善产业结构，提高人们的现代意识，推动区域经济和社会进步水平的重要支柱产业。

2. 完善民族地方行政管理制度的重要途径

发展经济是不断完善民族区域自治制度的第一目标。邓小平同志早就指出："实行民族区域自治，不把经济搞好，那个自治就是空的。"① 不断发展少数民族和民族地区生产力是坚持和完善民族区域自治制度的首要目标。实行民族区域自治制度的优越性归根到底要体现民族地区地方生产力的更快发展。完善与发展民族地区地方行政管理制度，必须以发展生产力为前提。

目前民族地区地方行政管理体制不完善的根本原因之一，就在于生产力滞后于生产关系的发展程度。这种生产力与生产关系、经济基础与上层建筑存在的反差，不仅是民族自治地区生产力长期发展缓慢的原因，也反映了低下的生产力所构建的经济基础难以支撑包括行政管理制度在内的上层建筑。因而，要大力发展旅游业，从而提高民族地区的生产力，提高民族地区的生活水平，建立以"以人为本，富民为本"为宗旨的、有完善的行政管理制度的政府。

3. 促进第三产业的发展，提供更多就业机会

构建和谐社会，必须正确处理改革、发展、稳定三者的关系。而失业则是威胁社会安定团结的一大症结。旅游业是一个综合性的经济事业，涉及吃、住、行、游、购、娱等各个方面的需求。少数民族地区旅游业的发展，势必刺激宾馆饭店、交通运输、邮电通讯、工艺美术、食品加工、文化娱乐、城镇园林建筑等行业的发展。这些行业的发展，又会带动众多相关企业的发展。第三产业的发展可以增加就业机会。"据 1994 初步统计，云南省有 1000 多家旅游企业，330 多家涉外宾馆饭店，6 所旅游大

① 《邓小平文选》第 1 卷，人民出版社，1994 年版，第 167 页。

专院校，从业人员8万多人。"① "旅游业直接收入每增加1元，饮食、交通等第三产业产值就增加4.3元；旅游业直接收入每增加1美元，利用外资额就相应增加5美元至9美元；"② 以广东省为例，运用1996—2002年广东的GDP年广东的旅游收入进行回归，采用y=a+bx回归模型（y为广东历年的GDP，x为广东历年旅游总收入），并用Excel分析所得到的回归结果方程：y=3165.42+4.44x可以看出，广东每1元的旅游业收入，大约导致广东GDP的增长约为4.44元人民币。旅游业收入对GDP的间接影响是很大的。从以下表格的分析中我们得知，在2002年旅游业总收入对广东经济的直接贡献率达到12.58%，而直接与间接的收入之和就更大，这充分说明旅游业已经是广东GDP构成中的不可或缺的重要部分。

表4-1-1 旅游业对广东经济的直接作用（单位：亿元）

年份	广东GDP	广东旅游收入	占GDP比重(%)	年份	广东GDP	广东旅游收入	占GDP比重(%)
1996	6519.14	762.21	11.69	2000	9662.23	1149.95	11.90
1997	7315.51	812.22	11.10	2001	10647.71	1263.09	11.86
1998	7919.12	873.74	11.03	2002	11674.00	1467.08	12.58
1999	8464.31	961.83	11.36				

资料来源：《广东省统计年鉴1996-2003》。

再以分时度假旅游为例，具有一定水准的分时度假交换系统，将直接拉动国内市场50亿元至70亿元，间接拉动200亿元至300亿元；盘活300万平方米至500万平方米的存量房产，盘活6%—10%的住宅类商品房；并直接创造2万个就业岗位，间接创造10万个就业岗位。旅游业直接就业者每增加1人，社会

① 董进云、魏天顺：《云南旅游业迅速成为支柱产业》，载《经济日报》1995年11月30日。

② http://www.taishantour.com/article.asp?id=1660. 2006年11月7日访问。

间接就业者至少可增加 5 人。旅游业是解决社会就业，转移剩余劳动力的重要渠道。旅游业发展较快的地方，已经成为带动第三产业发展、带动财政收入、壮大贫困地区经济和解决“三农”问题的主要渠道。例如，1992 - 2003 年，四川省旅游总收入增长了 16 倍，远远超过了它的 GDP 增长速度，旅游事业的发展成为带动四川省经济发展的一个重要因素。

“民族地区基本上分布于全国经济、社会发展水平相对较低的省、区、市，面积约 690 万平方千米，占国土总面积的三分之二以上，人口约 3168 万，占全国总人口的 29 % 以上。但经济总量只有全国的 17 %。”① 2006 年是中国乡村旅游主题年，发展民族农村旅游，使许多农民（包括少数民族地区农民）直接成为经营者，增加了经济收入；使很多农产品就地转化为消费品，就地提升了农产品的附加值，使民族地区农民得到更多实惠；农民还通过打零工、办旅馆、摆小摊、开餐馆、加工纪念品等方式领取工资报酬，增加收入；还通过“资源参股、资金入股”等方式参与部分乡村旅游项目经营取得分红来增收。据测算，一个年接待 10 万人次的乡村旅游景点，可以直接和间接安置 300 个农民就业，直接和间接为 1000 个家庭增加收入。

4. 能改善国民经济结构

旅游业的发展必须建立在物质资料生产部门有一定发展水平的基础之上。如果没有一定的物质基础，离开了国民经济有关部门行业的支持和帮助，旅游业就难以支持和发展。同时旅游业的发展又能促进经济部门的发展，促进国民经济结构的调整和改善。民族地区旅游业的发展，将带动交通、通讯、建筑、商贸、城镇基础设施建设、牧业、毛纺工业、民族手工艺术品、食品饮

① http://www.192171.com/Article/JCDJ/XXDJ/200604/6445.html. 2006 年 3 月 27 日访问。

料以及各种土特产品加工业的发展，引发生产方式的变革和产业结构的合理调整。

5. 促进民族地区资源保护

"旅游者追求良好的生态环境与深邃的文化品位的融合，旅游经历追求张扬个性、独特体验、历险刺激、文化感受、豪华与简朴并存、多样化与个性化统一、国际化与民族化统一"。① 发展旅游业，必然要求保护和改善生态环境，加强旅游资源的保护，保证旅游业的可持续发展。旅游业对目的地社区有广泛的影响。规划或者管理不当，将可能造成当地环境的破坏和社会文化的变迁。因此，旅游业的发展又要求对生态环境和文化遗产进行保护，以免使旅游业丧失存在的基础。

以文化旅游为例，在旅游与文化的互动中，利用旅游保护文化已经在国际旅游组织之间取得共识。1980 年通过的《世界旅游组织马尼拉宣言》，强调了自然资源和文化资源对发展旅游的重要性，并且强调为了旅游业的发展和旅游区居民的利益，必须保护这些资源。1982 年《世界旅游组织和联合国环境规划署联合声明》提出旅游保护环境的义务，在旅游和环境问题上，各机构之间应互相协调，认识到"保护、美化和改善人类环境的各个组成部分是协调发展旅游业的最根本的条件之一。同样，合理地管理旅游业能够大大促进对物质环境和文化遗产的保护和开发，也有利于提高生活质量。"② 1997 年 6 月，世界旅游组织、世界旅游理事会与地球理事会联合颁布了《关于旅游业的 21 世纪议程》，"旅游业在保护自然与文化资源中受益，而这些资源正是

① Baez, A. L. and Fernandez, L. "Ecotourism as an Economic Activity: The Case of Tortuguero in Costa Rica". Unpublished paper presented at the First World Congress of Tourism and the Environment, Belize. (1999). 45 - 56.

② ［英］伦纳德·J. 利克里士（Leonard J. Likorish）、卡森·L. 詹金斯（Carson L. Jenkins），程尽能等译：《旅游学通论》，中国旅游出版社，2002 年版，第 98 页。

这个产业的核心，旅游业作为世界上最大的产业，有能力取得环境和社会、经济方面的巨大改善，能为其所在社区与国家的可持续发展做出重大的贡献。”① 旅游业的发展与文化的保护结合，应该协调并互相促进。文化旅游资源本身就是目的地的文化遗产，如果旅游对文化带来损毁，也就直接影响旅游市场，影响当地旅游业的可持续发展；同时，旅游市场的需求带来保护文化遗产的动力。除了从客观上要求保护自然环境外，还要恢复和修葺原有的人文旅游资源，比如，最近中央拨款修葺了西藏的布达拉宫和罗布林卡，维护和恢复了文物古迹。因此，从理论上说，旅游业的发展可以促进民族地区旅游资源保护。

根据国务院办公厅下发的文件，旅游发展要以“保护为主，拯救第一，合理利用，传承发展”为指导方针，以“政府主导，社会参与，明确职责，形成合力，长远规划，逐步实施，点面结合，讲究实效”为工作原则。

二、旅游业在民族经济发展中的作用

旅游业在民族地区经济发展中有以下重要的作用：

（一）促进民族经济的全面发展

旅游业本身具有风险小、投资周期快、效益好等优点。民族地区通过旅游业的开发，所增加的非贸易外汇收入，不仅可以平衡区域收支，为建设积累资金、支持地区经济发展，而且可以促进区域资源的开发和提高人民的物质生活水平，从而有助于文化教育事业的发展，最终达到各民族的共同繁荣。其次，旅游业是一项关联度较高、带动性较强的龙头产业，开发旅游业，可以带动民族地区的交通运输、邮电通讯、对外贸易、城市建设、景观

① 世界旅游组织、世界旅游理事会与地球理事会，张广瑞译：《关于旅游业的21世纪议程》，载《旅游学刊》1998年第2期。

修建、环境保护、医疗卫生、工艺特产、文化娱乐、生活服务、广播宣传等行业迅速发展，从而促进民族地区经济的全面发展。再者，国际客源流向遵循着一定的规律，即旅游者从发达地区流向欠发达地区，从高收入地区流向低收入地区。我国少数民族分布的地区大多数经济还较为落后，开发旅游业可以从来自国际国内经济发达的高收入地区的旅游者身上获取一部分收入，并将这些收入向生产投资和生活消费形态转化，从而通过国民经济各部门的“连锁反应”作用，促进区域经济水平的提高。

在整个“十五”期间，民族地区无论接待海外旅游者人次，还是旅游业营业收入及创汇的年均增长率都在1倍左右，大大高于全国平均水平。以西藏为例，2002年旅游业收入9.877亿元，占全区国内生产总值的5.4%，高于全国的相应比例，与旅游业相关的运输、邮电业和商业在全区国内生产总值中的比重都有显著提高。同年旅游创汇997万美元，为全区出口贸易额的51.7%，高出当年全国相应水平的10倍（数据来源于西藏旅游局）。旅游业的崛起可以带动相关行业，如交通运输业、服务业、商业的发展。“据‘世界旅游组织’调查资料显示，旅游业每直接收入1元，相关行业的收入就增加4.3元，这样就为相关行业的就业和创收带来了良好的契机。”① 大力发展旅游业对民族地区的政治、经济和社会的进步会起到很大的作用。并将在我国区域经济布局中形成独具魅力的旅游经济板块，带动西部乃至全国旅游业的发展。

（二）打破计划经济体制的束缚，促进观念更新

民族地区经济发展相对缓慢，属于我国最不发达的地区之一，计划经济的特征浓厚。西部大开发是国家经济发展的大战

① 王艳：《我国老年旅游市场的开发前景透视》，载《辽宁教育行政学院学报》2004年第7期。

略、大思路，转变观念、加大开放力度是关键和切入点。民族地区经济要起飞，从资源依赖型转向市场导向型，更新观念是前提。旅游业是一种外向型产业，对于吸引外部资金、带动相关产业发展、扩大对外交流和影响的作用十分突出。“旅游消费也是一种典型的信息消费，对传统的观念和生活方式会带来强烈的冲击。”① 发展旅游业，使民族地区逐步摆脱传统意识的禁锢，对立足现实、面向未来、勇于开拓、积极进取具有重要意义。

（三）有利于促进民族地区的产业调整

旅游业是一项综合性强、关联度大的产业，所依托的食、住、行、游、购、娱六大要素，要相互协调配套才能发挥其作用。由于绝大多数民族地区经济发展水平落后，旅游业所依托的基础条件和基础设施也较薄弱，而市场又支配着某些地区的旅游资源非开发不可。于是，这些地区的旅游开发就变成主导产业，促进了与旅游业相关的其他产业的配套发展，使原来聚集程度很小的第三产业及第二产业相对增长，产业结构由低层低效益向中层中效益甚至高层高效益升级。因此，发展民族地区旅游业可以促使民族地区人口直接从第一产业向第三产业转化，从而促进产业结构的调整。

（四）维护和恢复文物古迹

民族地区旅游业的发展，客观上要求要保护自然环境、恢复和修葺原有的人文旅游资源，使其发挥应有的作用。发展旅游业要求旅游环境质量要优于一般环境，这就必然要求旅游区不仅要保护和改善生态环境，大力开发自然旅游资源，建立和开放相应的自然保护区，更要积极发掘、整理和提炼具有民族特色的风俗习惯、历史掌故、神话传说、民间艺术、舞蹈戏曲、音乐美术、

① M. Thea Sinclair, Mike Stable. The Economics of Tourism [J] Rout ledge Publication, London and New York. 1997: 39.

民间技艺、服饰饮食、接待礼仪等民族旅游资源，使这些民族文化的瑰宝得以传承和发展。因而，旅游业的发展对民族地区的社会文化和自然环境，可以起到积极的保护和促进作用。

（五）缩小东西部地区经济差异，保证国家稳定发展

民族地区的发展是一个政治问题、社会问题、民族问题。民族地区人民的物质生活情况、宗教信仰、历史文化保护等在国际舆论界一向都十分敏感，常被别有用心者乘机利用、大肆渲染，极大地影响了民族地区的社会稳定。加快发展旅游业，从而带动相关产业的开发和发展，改善民族地区人民物质文化生活，无疑有助于民族地区的稳定。同时，“利用旅游业对社会、经济、文化的巨大影响，加大开放力度，增加各民族的相互了解和联系，有利于各民族融合和尊重。”[①] 加快发展旅游业，从而带动相关产业的开发和发展，改善民族地区人民物质文化生活，无疑有助于民族地区的稳定。

1997 年世界旅游组织预测，“到 2020 年，中国将成为世界上第一位旅游接待大国和第四位客源输出国”。目前世界旅游重点正在东移，已经形成欧洲、亚太和美洲三足鼎立的世界旅游格局。生态旅游、文化旅游、探险旅游、体验旅游、深度旅游、主题旅游等成为世界旅游发展的新潮流。随着我国经济的发展和国际地位的不断提高，来我国旅游的外国游客逐年增多。2005 年，我国入境旅游人数达 1. 2 亿人次，其中过夜旅游人数达 4681 万人次，国际旅游外汇收入达 293 亿美元，成为世界上发展最快的旅游目的地；国内旅游人数达 12. 12 亿人次，国内旅游收入达 5286 亿元，成为世界上规模最大的市场。民族地区的旅游发展以西藏为例，西藏旅游业发展 20 年来，到 2000 年入境（过夜）游客人次从 1059 人增加到 142279 人次，增长了 134. 3 倍；旅游

① 国家旅游局赴藏考察团：《国家旅游局对西藏旅游业发展的调研报告》，2001 年。

外汇收入从 80 万美元增加到 5166 万美元，增长了 64.5 倍。同期（1980－2002），全国入境（过夜）旅游者从 350 万人次增加到 3680.26 万人次，增加了 10.5 倍，外汇收入从 6.17 亿美元增加到 203.85 亿美元，增加了 33 倍。2004 年一年就有 1.08 亿人次来我国旅游，一直保持着年均 10% 的增长率。

表 4－1－2：1980－2004 年西藏旅游接待人数（万人次）与收入（亿元）和税金（亿元）

年份类型	1980－2000	2001	2002	2003	2004
国内外客	357.64	68.61	86.73	92.86	122.03
入境游客	102.27	12.71	14.22	5.11	9.6
国内游客	255.3	55.89	72.50	87.75	112.4
旅游总收入	27.9	7.50	9.87	10.37	15
外汇收入	2.61	0.46	0.51	0.18	0.366
利润总额	2.56	3.70	5.58	—	—
应交税金	1.35	0.22	0.25	—	—
相当于 GDP%	32.8	5.4	6.2	7.1	9.8

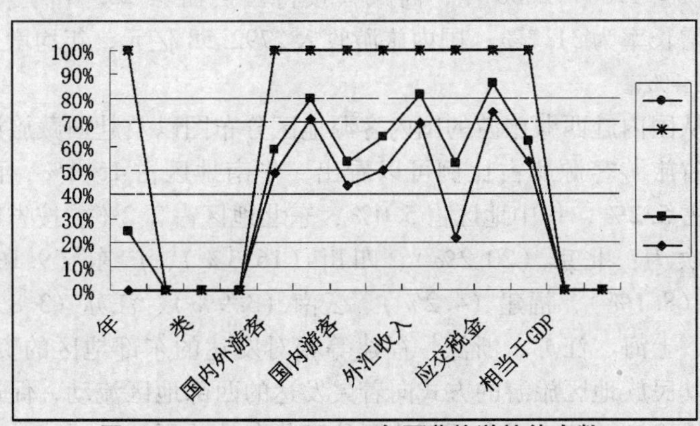

图 4－1－1：1980－2004 年西藏旅游接待人数、收入和税金、外汇收入情况分布：①

① 材料来源：《西藏自治区旅游局内部资料》，王希望整理。

从国内旅游发展状况来看，中国正在从旅游大国走向世界旅游强国，全国有 9.3 亿人次外出旅游，市场发展潜力巨大。从 2005 年的统计数字上看，国内旅游的发展以极高的速度增长（见表4－1－3）。

表4－1－3　2004 年与国内旅游相关数据统计①

内容	数量	同比增长
数量	11.02 亿人次	26.67%
总收入	4710.71 亿元人民币	26.93%
人均花费	427.47 元人民币	7.43%

民族地区对旅游者有着很强的吸引力，自改革开放以来，人民生活水平大幅度提高，尤其东部地区尤为显著。西部大开发战略，加速了西部交通等基础设施建设，大大加强了民族地区旅游可进入性。以西藏为例，根据客源市场调查表明：国内旅游者到西藏旅游或期望到西藏旅游的人占被调查者的 88%，网上调查占 65%。1980－2000 年，西藏共接待国内游客 255.4 万人次，年均增长率为 31.7%；国内旅游收入 2792.58 亿元，年均增长率为 38.4%。

从国内赴西藏旅游的国内客源地区分布图以及赴西藏旅游国内各省旅游客源所占比例可以看出，华南地区占 15.1%，西北地区占 5.2%，华中地区占 5.0%，东北地区占 2.2%。按省市排列依次为：北京（20.2%）、四川（16.3%）、广东（9.1%）、上海（8.1%）、福建（4.2%）、云南（3.9%）、江苏（3.8%）。北京、上海、江苏、浙江、福建等相对发达的东部地区的资金，通过其民族地区旅游的方式向着欠发达的西部地区流动，促进了社会的稳定，缩小了东西部地区贫富分布的差距。

① 邵琪伟等：《中国旅游统计年鉴》，中华人民共和国国家旅游局 2005 年，第 57 页。

图4－1－2　赴西藏旅游国内客源地区分布图

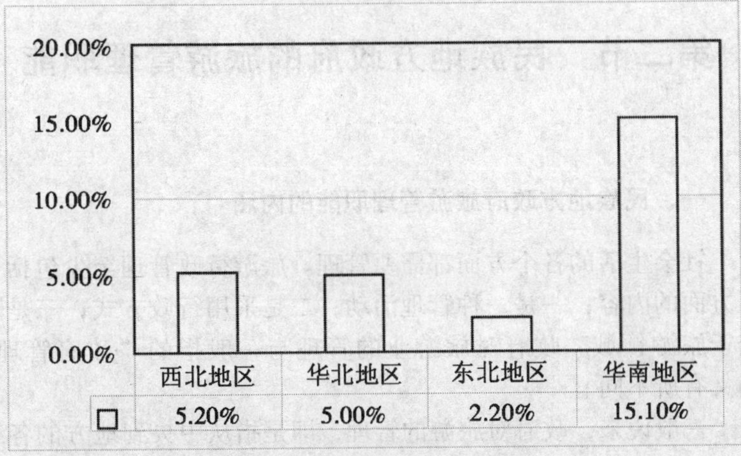

材料来源：西藏自治区旅游局内部资料。

图4－1－3　赴西藏旅游国内各省旅游客源所占比例

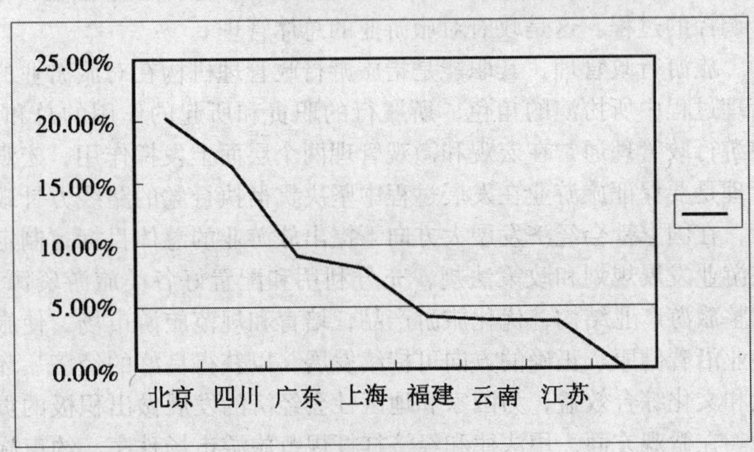

资料来源：西藏自治区旅游局内部资料。

第二节 民族地方政府的旅游管理职能

一、民族地方政府旅游管理职能的内涵

社会生活的各个方面都需要管理。旅游行政管理至少包括了三方面的内容：一是一种管理活动；二是采用行政方式；三是限定于旅游领域。政府对旅游业的管理与一般指的“政府管理”涵义有所不同。

一般说来，政府对旅游的管理，即是指从中央到地方的各级政府（包括民族地方政府），通过其授权的旅游管理职能机构，如旅游局，依据国家有关政策法规，发挥计划、组织监督、协调、服务等的职能，对本国、本地区的旅游业进行总体管理和综合调控的过程。这是政府对旅游业的总体管理。

旅游行政管理，其职能是指旅游行政管理机构在对旅游业的管理过程中所扮演的角色，所履行的职责和所起的作用的总和。旅游行政管理通常在宏观和微观管理两个层面上发挥作用，宏观管理是要保证旅游业在发展过程中坚决贯彻执行党的路线方针政策，在国家社会经济发展大方向下提出旅游业的总体目标，制定旅游业发展规划和政策法规，充分利用和配置好各类旅游资源，调整旅游产业结构，优化旅游产品，培育和规范旅游市场，使旅游业沿着健康、正确的方向可持续发展，以获得良好的经济、环境和文化综合效益，为国家和地区社会经济的发展做出积极的贡献。在微观方面，用法律和经济杠杆规范旅游市场秩序，约束旅游企业行为，保护旅游者的权益，提高旅游企业的经营管理水平和经济效益，改善旅游服务质量，为旅游企业提供良好的经营环

境，为旅游者提供优质的服务。

政府对旅游的管理也是对旅游行业的专业管理。旅游行业的范围是指从事旅游专业服务的部门，如旅行社、旅游宾馆、旅游餐厅、旅游交通企业、旅游商店和旅游参观点等，都是与旅游者直接发生经济关系或是说为旅游者直接提供服务的有关行业和一些相关的行业。这些行业成为旅游行业管理的客体，各级旅游局是各级政府施行旅游行政管理、专业管理职能的机构，旅游局是行政性行业主管部门，各级旅游局是旅游行业管理的主体，旅游企业应服从旅游局的管理。

管理可以看作是一个活动过程，旅游管理是旅游活动的过程，管理的过程是组织的协调活动。20 世纪 70 年代之后，由管理学者们将管理职能概括为计划、组织、领导、控制四大基本职能，之后，又发展监督、协调、激励、沟通、决策、用人、创新等十几项职能。在不同学派的管理学者对管理职能有不同的划分和描述，而且，管理职能随着外部环境和内部条件的变化而变化，具有不断创新的特性。

计划经济体制下的民族地方政府的管理职能已不适应新形势下的要求。在全面建设社会主义市场经济体制的历史条件下，民族地区要转变政府的管理职能，尤其是在西部大开发和加入 WTO 的机遇中，民族地方政府更要改变在旅游业方面的管理职能。要科学界定民族地方政府对旅游业管理职能，这是建设服务型的民族地方政府的前提。

科学界定民族地方政府的职能是政府有效管理社会经济的前提。政府职能是一个复合体，其职能在不同社会、不同历史时期而有不同。

我国已经进入社会主义市场经济体制对经济和社会发展起基础作用的历史发展新阶段。民族地区经济体制进行了改革，原有的计划经济体制转变为市场经济体制。为此，民族地方政府应主要围绕加速提高本地区市场化和改善本地区的投资环境来界定政府的职能。政府职能定位的依据首先是资源配置以市场化的方式进行，或是说把社会资源配置和基础性配置的职能交给市场。市场经济是通过市场竞争和供求变化导致价格变化。市场竞争主体遵循价值规律要求，进行自动调节，不再由政府机构通过计划手段直接配置资源。政府不再干预微观经济，而是以市场手段进行配置资源。这种资源配置方式是当前民族地方政府职能定位的基础。其次，转型期行政管理向公共管理转变，政府的职能由管理型向公共服务型转变，实现以社会服务为主的职能转变，以构建服务型政府。该政府的特点是有限政府、高效政府、法治政府。要以此特点作为现代民族地方政府制定旅游业管理职能的科学依据。在新的历史条件下民族地方政府对旅游业应具有以下管理职能：

（一）规划职能

制定旅游发展规划。旅游发展规划是区域旅游产业或旅游经济发展的规划。其主要内容是确定旅游业在该区域内的产业地位、发展目标、发展阶段、总体形象、资源品位、市场定位、总体布局、主导产品、旅游基础和服务设施建设、发展旅游业的战略措施和保障体系。

旅游发展规划，是民族地区旅游业发展的战略纲领，对该区域下属各地方的旅游开发建设具有规范和指导意义。

我国民族地区分布广泛，各地有其特殊情况。旅游业发展有不平衡性，民族地区各地方政府要根据本地区的经济发展程度、市场经济条件及社会综合功能的发育程度和中央政府的倾斜政策，制定适合本地区特点的发展规划和相应的优惠政策，并将政策落实到实处。

（二）公共服务职能

随着我国政治体制和经济体制改革的深化，民族地方政府的职能也在不断地转变，在原有职能的基础上民族地方政府承担起与市场经济发展相适应的新型职能——服务职能。

现代社会政府的服务职能即是指政府部门几乎要为每个行业、每个企业、每个公众都提供一系列的公共服务。政府的公共服务主要指公共部门履行社会管理职能，为公众提供公共产品和服务，为公众提供优质高效的公共服务是政府的责任，公共服务是政府社会管理职能的主要内容。中共十六届三中全会明确将社会管理界定为政府的主要职能之一，表明社会管理已经逐步上升为具有十分重要的经济意义和政治意义的战略选择。20 世纪 90 年代以来社会管理的理念已从社会控制向社会服务转变，公共服务的主体除政府外还包括非政府的公共部门，而且私人企业也是重要参与者。政府有提供公共服务的责任，但是，政府不是唯一主体。社会管理由政府单独直接管理变为市场、社会中介组织，以及其他社团共同参与社会事务管理，直至社会组织进行自我约束、自我激励和自我管理的发展趋势。

依据我国市场经济和旅游业发展的基本要求，考虑民族地方政府旅游行政管理部门的服务职能，作者认为主要体现在以下几个方面：

1. 为旅游业发展提供必需的公共产品和服务

一些投资回报周期长、投资额大、风险大的旅游产品和服务，旅游企业不愿投资或无力投资的，但又是社会和经济发展所必需的产品和服务项目，比如民航、铁路、公路、能源、通讯、环保、信息咨询、电子网络等基础设施的公共产品和服务都属于政府服务的职能范围。

2. 引进多元化的公共服务职能

多元化的公共服务职能就是将原来民族地方政府承担的相当一部分公共服务职能推向市场，比如，将某些旅游资源交给市场，由市场体系向社会提供服务。建立公共服务市场化机制，政府的职能是：（1）提供公共服务的各种规划，比如，服务标准、服务数量与质量、服务规范和服务收费等。（2）培育、完善和维护公平竞争和富有效率的市场机制。例如：在国有旅游企业改革方面采用股份制改造、出售拍卖、租赁承包以及政策支撑吸引各种资金，如外资和民间资本投向民族地区的旅游业，形成投资主体多元化的新格局。（3）建立和健全旅游业公共服务市场化的法规体系和标准体系。政府确定有超前性、系统性、协调性的旅游行业社会管理和公共服务指标，力图做到细化和量化，同时规范化，实现法律基础上的权利与义务相统一的机制，确保旅游市场有序进行。

总之，民族地方政府的职能不仅为旅游业提供必需的公共产品和服务，还必须将精力集中在公共政策、规划的制定和实施上。

3．完善旅游协会，建立公共服务社会化职能

政府服务功能向旅游行业协会中介组织转移。以旅游行业协会为代表的中介组织的完善程度，是政府职能社会化水平提高的重要标志。民族地方政府应大力扶持旅游协会，并适当放权，充分发挥其有效连接政府和企业的“桥梁”及“纽带”作用。民族地方政府的功能向旅游协会非政府组织转移，逐步退出一部分社会经济管理和服务职能。在此，政府主要发挥制度供给的职能，包括建立和完善旅游行业协会的法律法规，以及设立对旅游行业协会等中介组织进行统一管理和服务的专门机构，建立政府与非政府组织的合作伙伴关系，使政府的职能社会化。

（三）监督职能

监督职能即是指政府对旅游业的组成部门进行监督。监督是旅游行政管理的一个重要过程职能。监督就是旅游行政管理组织对旅游活动过程中的决策、执行和反馈的指导、激励和控制的活动。监督的目的是保证管理决策的正确性、计划执行的有效性和信息反馈的真实性。使上级的决策，经过组织成员的通力合作，

能按计划顺利执行。另外，在计划实施过程中对出现的新情况能及时做出新部署和安排。对旅游管理的监督要依据标准，有定性的指标，也有定量的指标。监督内容是对旅游组织成员工作的态度、内容、方法、成果进行监督，并对组织成员的奖励和惩处也进行监督，看组织成员所受到的奖励是否名副其实，所受到的处分是否实事求是等。

此外，构建旅游管理状况监测机构，开展旅游统计、调研及旅游信息的分析、发布，亦是民族地方政府推动旅游业发展的一项重要职能。

（四）协调职能

旅游经济具有开放性和综合性特征。旅游业发展涉及多方面的工作和多种关系，因此，协调职能是民族地方政府的重要职能。

开放不仅指旅游发展的国际性，也指旅游发展中的区域之间的外向联系性。旅游区域各省区之间应要加强联系与合作。一些旅游线路是跨省区的，例如，连接亚、欧、非三大洲的丝绸古道之路，贯穿陕西西安、经由甘肃敦煌和新疆的吐鲁番、乌鲁木齐等西北各省。又如云贵高原上的旅游线路，途经贵州省的贵阳、安顺，再经云南的昆明—大理—丽江—香格里拉—德钦—香格里拉—昆明等地。跨省区的旅游产品，省区间应加强联系和合作，应由政府出面处理和协调好区域内和区域外的关系，站在和谐、均衡发展的高度，实施各种协调发展政策。

另外，由于旅游业具有综合性特征，政府需行协调职能。旅游业是集食、住、行、游、购、娱为一体的综合性行业，从需求的角度来讲，一个完整的旅游产品应该包括旅游者的住宿、饮食、游览、购物和娱乐等需求的满足。另一方面，旅游业的发展涉及众多部门，这些部门既包括国民经济中的第一产业和第二产业的行业，也包括第三产业的行业。因而，旅游经济是个庞大的系统，要求政府能够担当起行业联系的纽带和桥梁作用，很好地进行协调，这既包括对旅游业六大要素部门的协调，也包括对其他关联产业部门的协调。

此外，民族地方政府在处理安排旅游业发展近期和远期关系上，政府要始终站在宏观的高度，以可持续发展为原则，驾驭旅游业的发展，以期实现人与自然环境和谐协调的关系。

二、民族地方政府在旅游开发与保护中的重要作用

以非物质文化遗产为例，2003 年 10 月联合国教科文组织在第 32 届大会上通过的《保护非物质文化遗产公约》指出，保护非物质文化遗产的主体主要有三种类型：第一类，国家。第二类，国际组织。第三类，比较繁杂，社区或者社群（communities），群体（groups），个人（individuals），非政府组织（non - governmental organizations）。在民族地区旅游开发中，政府与其他保护主体相比具有以下特殊作用：①

法治作用。即政府制定旅游开发的法令法规，设置必要的执法机构，对民族地区旅游经济开发实行法制化管理。政府通过立法、执法，有效地防止民族地区旅游开发中低档次、盲目、急功近利行为以及滥开乱编的破坏行为，从法律层面保证民族地区经济的健康有序发展。

政策引导作用。政府通过制定计划以及财政、金融、税务、价格、工商管理、招商引资等方面的一系列政策措施，引导少数民族旅游开发朝着健康有序的方向发展。同时，采取措施鼓励、资助个人、企业和社会团体广泛吸纳社会各方面力量共同开展民族地区旅游的保护工作。

---

① 张瑛、高云：《少数民族非物质文化遗产保护与旅游行政管理研究——以云南民族歌舞为例》，载《贵州民族研究》2006 年第 4 期。

计划和前瞻作用。政府制定的旅游开发计划是采取政府主导型旅游发展模式的重要表现。而且旅游开发计划被纳入了法制化的轨道。旅游规划是预测与调整旅游系统内的变化，以促进有秩序的开发，从而追求最佳的经济效益、社会效益和环境效益的办法。它能提供原则性依据，确保旅游所涉及的各个要素均衡发展的需要，使旅游业给经济带来的直接和间接利益达到最大化。以韩国为例，根据2003年12月《旅游促进法》修正案的规定，韩国旅游资源开发计划由十年规划期的《旅游业发展基本方案》和五年规划期的地区计划组成。目前，执行的基本方案的规划期是2002—2011年，当前的地区开发计划的规划期是2002—2006年。这些规划涉及旅游发展的7个战略领域，包括：旅游资源的可持续开发、建设知识型旅游管理基础设施、文化资产向旅游资源转型、为提高国际竞争力加强旅游服务设施建设、突出地方主题和地方特色、推动国内旅游、东北亚国家旅游领域的合作。

营造环境作用。民族地区文化遗产传承与旅游的正确开发需要积极对外宣传、发扬光大。政府在承担与此相关的大规模教育、宣传、组织和监督工作方面更具有明显优势。

扶贫作用。缓解和消除贫困，最终实现全国人民的共同富裕，是社会主义的本质要求，是建设有中国特色社会主义伟大事业的一项历史任务，也是民族旅游开发和保护的重任。我国大部分民族地区经济比较贫困，民族旅游对改变民族地区贫困落后的社会经济状况，缩小地区差距，全面建设小康社会，实现社会主义现代化建设第三步战略目标具有重大的经济意义和政治意义。

政府在旅游开发中的特殊作用，决定了政府在民族地区旅游开发与保护中的不可替代性。

第二编　民族地区旅游公共管理的目标及实现途径

党的十六大强调：“发展必须坚持和深化改革。一切妨碍发展的思想观念都要坚决冲破，束缚发展的做法和规定都要坚决改革，影响发展的体制弊端都要坚决革除。”观念的变革和创新是民族地区发展旅游业的首要任务。西部地区是少数民族聚居的地区，应树立发展新观念，“健全政府主导逐渐走向市场主导、企业主体、市场运作、媒体开路、群众参与”的网络发展体系。

随着我国市场经济体制的不断完善，WTO的加入，要实现我国旅游业的可持续发展以及从亚洲旅游大国向世界旅游强国的跨越，要求旅游管理制度进行改革。本编将分十章，第五章指出我国民族地区旅游公共管理的方向，第六章至十四章将分别对创建旅游公共管理途径进行探讨。

第五章　民族地区旅游公共管理的方向是构建服务行政

第一节　旅游公共管理构建服务行政的必要性

一、服务行政和旅游公共管理的基本内涵

（一）服务行政

构建服务型政府的涵义是：政府以公民本位、社会本位为指导理念，以为人民服务为宗旨，向公民、市场和社会提供公共产品和公共服务。公民和社会的需要是政府职能定位的重要依据。政府改革最终实现的目标是：“有限政府、法治政府、民主政府、分权政府。”① 服务型政府是一个“建成为人民服务的政府，职能有限的政府，精干高效有能力的政府，政务公开透明的廉洁的政府，面向市场不断创新的政府，与公民社会合作民主的政府。”②

---

① 袁文平：《西部大开发中地方政府的职能研究》，西南财经大学出版社，2004年版，第78页。

② 王宏伟：《行政制度创新与行政改革》，载《山西财经大学公共管理学院论丛》，中国商业出版社，2004年版，第344页。

服务型的政府行政管理即服务行政。旅游行政管理是政府行政管理的一部分，旅游局是旅游管理主体，是政府部门，政府部门的主要管理手段就是行政手段。旅游行政体制改革，就是在旅游政府部门实行服务型旅游行政管理，在旅游行政部门构建旅游服务型政府。

随着对外开放进程的加快和市场经济体制的不断完善，特别是由于世界贸易组织的加入，我国各级旅游行业管理部门必须从管理旅游经济的微观环节中抽出身来，充分发挥市场在资源配置中的基础作用，把行政管理的职能集中指向宏观调控、社会服务和公共管理。按照十六届三中全会《决定》精神，深化旅游行政体制改革，建立“以人为本”，行为规范，运转协调，廉洁高效的行政管理体制。本着“解放思想，实事求是，与时俱进，锐意进取”的态度，加快推进旅游业的行政体制改革。

（二）旅游公共管理

世界经济的全球化、信息化、市场化以及世界性政府改革的浪潮，推动了我国旅游公共管理的发展和服务型行政的构建。

少数民族旅游公共管理是以公共利益的不断增进和有效实现为目的，通过政府与公民社会的合作共治及各方面关系的协调，为大众提供旅游服务的活动。在市场经济条件下，民族地方政府公共管理，涉及公共权力的行使、公共利益的代表、公共事务的管理、公共服务的提供、公共秩序的维持以及公共责任的承担等多个方面。

行政体制的改革是民族公共服务型政府的重要环节和核心内容之一。构建民族地区服务型旅游行政管理，就是要改革民族地区的旅游行政管理体制，协调好政府与市场、政府与企业以及政府与社会的关系，为民族地区创建良好的公共管理环境条件打基础。“政府制定的公共政策是要以公民需要为导向，为全社会提供公共产品和公共服务；为企业和社会提供信息、咨询服务，并进行监督检查，以使企业和社会获得充分的生产经营自主权和自谋发展权，为培育和健全市场体系服务，进行公平竞争，营造良好经济环境”。① 实现政企分离，政资分离，对国有企业进行改革，形成多元化的经营管理体制，鼓励社会参与旅游经济运行机制等，也是旅游业实现公共管理所体现的内容。调整旅游业所有制结构，使旅游企业真正成为充满活力的法人实体和市场竞争主体，以完善旅游企业的制度，实现旅游业的公共管理。

二、旅游业构建服务型行政管理的重要性

构建服务型行政，或服务型政府，是我国社会主义市场经济体制健康运行的客观要求，是政府管理国际化的外在要求。

随着社会主义市场经济体制的建立和不断完善，我国传统的政府管制模式和管理理念已不能适应时代发展的要求，十六届三中全会通过了《中共中央关于完善社会主义市场经济体制的若干问题的决定》，第一次提出要大力发展混合所有制经济，实现投资主体多元化，使股份制成为公有制的主要实现形式。中国共产党十六大报告中指出，要“进一步转变政府职能，改进管理方式，推进电子政务，降低行政成本，形成行为规范、运转协调、公正透明、廉洁高效的行政管理体制。”我国民族旅游行政体制改革方面虽然已经取得了很大成绩，但是我国现行旅游行政管理制度依然存在政企不分等很多问题。全国政协民族宗教委员会在2001 年和 2002 年赴云南、广西以及四川等省、自治区调查报告中指出：“民族地区旅游业体制改革相对滞后，多头管理、政企不分问题突出。旅游企业内部组织结构间，旅游业六大要素之间，旅游业与其他产业间的关系都有待理顺。”“要解决民族地

① 范重庆：《服务型政府：我国行政改革的目标选择》，载《实事求是》2005 年第 2 期。

区旅游业发展中存在的问题，要靠改革，要加快推进民族自治地区政府的职能转型”，以使上层建筑与经济基础相适应、管制型政府转型为服务型政府。

21 世纪，世界进入经济全球化和信息化的时代，全球化的经济是让一切经济活动，包括经济资源的配置、生产活动的开展、交换行为的实现等，都在全球范围内按经济规律统一考虑，并在较少限制的条件下进行。它体现的是成熟的市场经济原则，是经济在全球范围内获得发展的最好机制，对政府的影响很大。为适应当代国际改革潮流的要求，迫切需要我们构建服务行政或服务型政府。

历史唯物主义的理论告诉我们，经济基础决定上层建筑，经济基础的变革要求上层建筑要作相应的变革。成熟的市场经济基础必须有与之相适应的政府理念、政府组织模式与工作模式。世界经济全球化，是让经济活动，包括经济资源的配置、生产活动的开展、交换行为的实现等在内的一切经济活动，都在全球范围内按照经济规律统一考虑，并在较小限制的条件下进行。它体现的是成熟市场经济的原则，是经济在全球范围内获得发展的最好机制，对政府的影响很大。

经济基础决定上层建筑。成熟的市场经济基础，要求与之相适应的政府理念、政府组织模式与工作模式。当今市场经济体制，多种经济形式的并存，要求建立公共服务型管理体制。政府的职能应从微观管理改为宏观管理，要维护市场经济秩序，创造市场经济大环境，服务于市场，才能使市场经济体制健康运行。实现民族地区旅游公共管理，构建服务型政府和旅游服务行政，是我国民族地区行政改革的重要任务和行政管理模式的目标。

加入世界贸易组织是中国经济融入经济全球化的关键性步骤。世界贸易组织是监督世界贸易和使世界贸易自由化的国际组织。它制定在世界范围内开展公平有序自由竞争的规则，并通过审查、监督机制对违背规则的成员国进行制裁，迫使成员国就范。世贸组织通过各种手段，如组织双边、诸边、多边谈判，进一步降低关税，消除贸易壁垒，逐步取消其他非关税保护措施，为世界提供一个开放、公平、有序的多边贸易体制框架，促使各国经济发展。因此，构建服务行政因素，首先是我们加入 WTO 组织之后，政府管理体制要受世贸组织规则的影响。在世贸规则制约下，成熟市场经济所体现出的政府理念、政府管理体制、政府管理方式和方法都将逐步而又是不可改变地在中国得到落实。其中，最关键的是政企分开、政资分开以及在社会本位基础上科学合理地配置政府职能，使其从根本上转到为社会服务上来。因为在世界贸易自由化的前提下，国际范围内的竞争要求企业具有高度的积极性，而要促进企业的积极性，必须以使企业成为主体性为前提。只有建立服务型的政府，企业才能公平竞争，才能不断增强竞争力和确立主体性，才能与世贸组织规则接轨。而世贸组织体现的其他原则，如市场开放原则、公平竞争原则等，也同样需要政企分开，才能实现社会本位、公民本位、市场本位、企业本位的精神。加入世界贸易组织对我们既是机遇又是挑战，机遇常是潜在的，挑战则是现实的。我们要按照 WTO 规则要求的方向改革我们政府的管理体制，除了要有“对策”外，还应该要有“顺策”，即实现从管制型到服务型，将官本位到民本位，从政府本位到社会本位，从权力本位到权利本位的转变。

第二节　构建民族地区服务型旅游行政管理的基本走向

一、构建民族地区服务型旅游行政管理的有利条件

2001 年 1 月，在国务院第五次全体会议上，朱镕基指出，“政府一定要廉洁、勤政、务实、高效”，这初步表达了服务型政府的基本要求。2003 年，面对非典的挑战，温家宝总理在有关讲话中表明了中国政府面对新时期的各种挑战，建立坦诚、负责政府的决心。胡锦涛总书记也曾指出，要“权为民所用，情为民所系，利为民所谋。”①

我国新一代领导人已经把构建服务型政府放到极为重要的位置上，为我国民族地区构建服务型政府提供了极为有利的因素，而民主制度、法治理念和公民自由也为构建民族地区服务型责任政府提供了客观环境。

首先，从作为民主制度表现形式的人民选举制度看。现在我国人民选举制度正在逐步完善，以村民自治选举为代表的我国基层选举制度的推广，使我国民族地区旅游服务型责任政府的构建提供了坚实的制度性保障。

其次，法治理念的逐步推广，坚持法律至上的原则。改革开放之后，我国先后出台了《国务院组织法》、《行政诉讼法》、《国家赔偿法》、《国家公务员暂行条例》、《突发公共卫生事件应

① 常士訚：《中国政府改革：走向责任政府》，载《中国评论》2003 年第 10 期。

急条例》等等，涉及政府机关部门责任规定的法律、法规和条例。中国共产党十六大报告指出："宪法和法律是党的主张和人民意志相统一的体现，必须严格依法办事，任何组织和个人都不允许有超越宪法和法律的特权。"① 以上种种法规和条例都为构建民族地区旅游服务型政府提供良好的客观环境。

根据全国人大常委会2006年执法检查计划，2006年，全国人大常委会对11部法律的实施情况开展7个方面的执法检查。具体执法检查安排是：检查十届全国人大以来农村土地承包法、土地管理法、农业法执法检查报告以及金融支农和农业政策调研报告所提建议的落实情况；检查节约能源法的实施情况；检查十届全国人大以来固体废物污染环境防治法、水污染防治法执法检查报告所提建议的落实情况；检查专利法的实施情况；检查法官法和检察官法的实施情况；检查民族区域自治法的实施情况；检查归侨侨眷权益保护法的实施情况。2006年民族区域自治法实施22年来，全国人大常委会首次组织执法检查。检查发现，少数民族的民主政治权利得到保障，民族地区经济建设快速发展，生态环境恶化趋势开始得到遏制。

最后，公民拥有自由。政府的权力是拥有自由权利的公民赋予的，公民也拥有充分的自由权利。中国共产党及其政府是人民利益的代表，是维护人民权利的组织。1982年颁布的《中华人民共和国宪法》第27条明文规定："一切国家机关和国家工作人员必须依靠人民的支持，经常保持同人民的密切联系，倾听人民意见和建议，接受人民监督，努力为人民服务。"我国宪法规定的这些条文，也为民族地区旅游服务型政府的构建提供了客观环境。

---

① 王行宇：《我国实现责任政府的理念转变与制度保证》，载《云南社会科学》2004年第1期。

二、构建民族地区旅游服务行政的基本走向

政府的行政管理和旅游行政管理改革的基本走向主要包括六个方面：

（一）管理理念创新

管理理念的创新，即是从理论层面构建服务行政。服务行政的核心内容包括理论、思想观念以及行为准则等方面。民族地区旅游行政管理的改革，关键是要树立在民族地区构建服务行政的理念，进而才能用理念去指导行动。

（二）政治体制改革

政治体制改革直接影响民族地区构建服务行政的进程。要尽快理清党政职能，深化政府与党委、人大与党委、政府与人大、政府与中介组织的关系，加强民主政治，扩大公民对国家政治生活的有序参与，为服务行政提供政治支持。

（三）经济体制改革

民族地区的经济体制改革是构建服务行政的重要内容，主要牵涉到理顺政府内外关系，如深化政府与市场关系，深化政府与企业关系，协调政府与社会关系，以及理顺中央政府和民族地方政府的关系等。

（四）政府自身的改革

政府是国家公共权力的执行者，它的设立由国家的政治制度、经济制度、社会制度所决定。长期以来，“我国政府具有明显的‘管制型’特征：1. 党政不分，甚至党政合一。2. 运用行政手段配置资源，按计划生产、供给、分配社会产品，国有企业数量最多，‘一统天下’，垄断了社会资源。3. 层级建制为中央到地方垂直管理，权力高度集中在中央，中央与地方事权不清，地方和企业缺乏自主权和活力。4. 政府行政缺乏公开规范民主监督，无‘法’可依，有‘法’不依，重管治、轻服务，

对社会公众的切身利益和合法权利重视不够，顾及不多。5. 机构庞大，人员臃肿，职能交叉重叠，管理层次过多，行政成本过重，办事效率低下。”①

通过改革，要深化中央集权与地方分权的关系；深化微观管理与宏观管理的关系；深化决策、执行、监督、信息部门之间的关系。在上述基础上，完成政府职能转换和政府机构人员的精简。

（五）政府机构人员的精简

要实现“大社会、小政府”。邓小平同志说：“精简机构是一场革命。”党的十四大报告尖锐地指出：“党政机构臃肿，层次重叠，许多单位人浮于事，效益低下，脱离群众，障碍企业经营机制的转换，已经到了非改不可的地步。”目标：充满活力、关系顺畅、运转灵活、精简效能的行政管理体制。1998 年，国务院机构改革后组成部门 41 个，直属机构和办事机构 18 个，共计 59 个，比原有的 86 个减少 27 个，为全国机构改革作出了表率。

（六）政府与行政生态环境的动态平衡

政府与行政生态环境之间的关系，要达到良性动态平衡。按生态学的观点，任何行政行为能否取得预期的政策效果，最终都决定于行政行为主体与其社会环境的动态交互作用的性质和方式。

---

① 刘玉浦：《公共管理与和谐社会》，中央编译出版社，2005 年版，第 410 页。

第六章　民族地区旅游行政管理理念的转变与创新

21 世纪，随着世界的政治多极化和经济全球化，国内市场经济不断完善。我国加入 WTO 后面对的机遇和挑战，要求民族地区地方政府转变对旅游业的管理理念，对加快旅游行业管理的体制改革，实现旅游业的公共管理。

第一节　旅游行政管理理念转变与创新的重要性及本质要求

一、管理理念转变与创新的重要性

（一）转变理念、促进改革、发展经济

旅游业行政管理理念的转变与创新是时代发展的必然要求，是从人民群众根本利益出发，构建服务型旅游行政管理的重要举措。随着经济全球化进程的加快，国际竞争更为激烈。我国加入 WTO，处在转型期的中国面对国际竞争，必须提高政府管理的效率和质量，提高政策操作的技能和水平，才能提高政府在国际市场上的竞争力，加快适应服务贸易国际化的发展趋势。旅游业的管理体制也要改革和创新才能适应国际竞争和国内经济转型的需要。

政府管理创新的首要问题是政府管理理念的转变与创新。

"思想解放是社会变革的前提，理论创新是一切创新的先导"，观念创新是制度创新的基础。目前我国旅游行政管理理念的转变刚刚起步，民族地区旅游行政体制改革虽然取得了一定成效，但是有些民族地区旅游行政管理部门管理理念受到传统观念的严重束缚，政企不分、政资不分、无限政府的计划经济行政管理理念依然存在，管理方式上仍是直接管理而不是间接管理。如很多地方进入市场的企业其产品的资格审批和质量验证、生产许可、价格、经营标准、消费者权益等微观管理仍然由旅游局具体操办，企业缺乏自主权，这些做法严重影响了企业的积极性和参与竞争。只有端正施政理念，才能使民族地方政府旅游行政管理的全部活动与行为符合市场经济发展规律。而且，只有通过确定全新的理念，才能促进旅游行政管理部门，从计划经济的管理方式向适应市场经济和世贸规则的管理方式的转变。优化民族地方政府和旅游行政管理部门的业务流程和服务流程，才能促进民族地区旅游经济的发展，促进旅游行政体制和运行机制与国际接轨。

（二）转变管理理念，促进精神文明建设

党的十六大在提出"政治文明"概念后，进而提出推进物质文明、精神文明、政治文明"三个文明"协调发展的思想。物质文明的建设与精神文明建设相辅相成，精神文明有助于人们树立有限政府观、法治政府观、责任政府观、服务政府观、平等、开放等全新理念，有助于民族地方政府和旅游行政管理部门，从计划经济的管理方式向适应市场经济和世贸规则的政府管理方式转变。

二、转变与创新管理理念的本质要求

政府的行政管理理念的转变与创新，包括旅游行政管理理念的转变与创新，本质上要求管理理念符合经济和社会发展规律。

我国旅游行政管理的改革经历了不同的历史发展进程，凡是符合自然规律和社会发展规律的政府的管理理念，都能促进经济和社会协调发展。

我国旅游业的全面管理工作从20世纪80年代起步，20世纪90年代中后期逐步系统和完善，到目前，管理的深度和广度进一步扩展。近20年，我国旅游业由开拓者向规制者演进。随着市场经济体制不断建立与完善，我国加入WTO之后，旅游业管理更多地转向间接引导和宏观调控。但在广大的少数民族地区旅游业起步较晚，有些地方的旅游行政管理仍沿袭旧体制的行政性管理方式和手段。有的民族地方政府介入微观经济领域管理旅游业，其后效往往是：（1）投资失误。微观经济组织千差万别，错综复杂，政府难以掌握其变化，地方政府若对它们的经营活动作出决策，难免产生严重的主观主义和官僚主义，造成大量投资失误，阻碍经济活动按照自身规律运行。（2）微观经济组织缺乏生机活力。我国微观经济组织的基础是企业，企业是生产经营的主体，是市场的主体。民族地方政府若直接干预企业的日常生产经营活动和管理，将会扼杀企业内在的创造性和积极性。而且，政府部门直接管理企业，对上可代表企业投资、争项目，对下可代表政府处理各项事务，如果企业出现问题，往往掩饰矛盾，这样难以对企业进行有效的监督和管理。（3）不利于公平竞争的全国统一市场的形成。民族地方政府部门既管企业，又管区域市场；既是“运动员”，又是“裁判员”，在管理中难免亲疏有别，难以做到公正执法，“行业保护”与“地方保护”之风往往盛行，加大社会主义统一市场形成的难度。（4）政府职能步履维艰。地方政府是地区内社会经济活动的管理者，应面向所辖区域行使社会经济管理职能，如果地方政府直接管理企业，整天陷于具体的微观管理事务中，该管的事反而没有管好，未能对区域宏观经济进行调控，规范和监督区域市场正常运行，政府的职能不到位，就难以公正行使社会经济管理事务，协调各方面的矛盾。政府的角色只有正确定位才能使旅游业沿健康的正确的方向可持续发展。民族地方政府在旅游行政管理所发挥的作用在宏观方面是要贯彻执行党的方针政策，在国家社会经济发展大前提下，提出旅游业发展的总体目标，制定发展规划和政策法规，配置好旅游资源，调整旅游产业结构，优化旅游产品，培育和规范旅游市场。在微观管理方面，政府不直接参与旅游企业的生产经营活动，而用法律和经济杠杆规范旅游市场秩序，约束旅游企业行为，为旅游企业提供良好经营环境，为旅游者提供优质服务。保证了旅游行政管理基本职能的顺利实施。

为此，"发展旅游业要遵循社会发展规律的要求，则要改革旅游行业管理制度，要建立适应我国特殊的旅游发展道路。我国各级旅游行业行政管理部门必须从管理旅游经济微观环节中抽身出来，发挥市场在资源配置中的基础作用，把行政管理的职能集中指向宏观调控、社会服务和公共管理。把一些属于企业自治权内的事情交还企业，把一些政府管不好、管不了的事情交由社会管理。"① 如云南省有的旅游企业自主地将民族服饰和歌舞组成民族旅游产品。2005 年 6 月 5 日，"万宝龙国际艺术赞助大奖"中国区颁奖典礼在北京举行，著名舞蹈家杨丽萍凭自己编导、领舞的《云南印象》成为 2005 年全球 10 位优胜者中的中国内地获奖者。杨丽萍透露："这其实是云南省政府的一个行为，想把云南歌舞扩大成一个产业化的东西"。② 这种发挥行政管理部门的宏观调控作用的举措可以说是我国旅游行政管理制度改革的一个成功尝试。

---

① 孙钢：《WTO 有关知识以及入世对旅游业有关影响》，载《旅游调研》2002 年第 2 期。

② http://www.yn.xinhuanet.com/topic/2005-11/11/content_5565483.htm.

三、管理理念转变与创新遵循的原则

民族地区旅游行政管理机构的施政理念既要不断地创新，又要遵守一定的原则，其转变与创新应遵循原则是：①

（一）科学发展观的原则

科学发展观是促进我国经济社会和谐快速发展，推进中国特色社会主义事业必须长期坚持的指导思想，也是搞好机关党的建设、保证各级领导机关和领导干部正确履行治国理政职责必须长期坚持的指导思想。

旅游行政管理理念创新要遵循科学发展观的原则。党的十六大报告提出科学发展观，强调要坚持以人为本，实现经济社会全面、协调、可持续发展。科学发展观是我们党领导社会主义建设和改革开放实践的科学总结，是推进我国（包括民族地区）全面建设小康社会，加快社会主义现代化建设的根本指导方针，也是解决经济社会发展中突出问题和深层次矛盾的理论武器。

以人为本是科学发展观的核心，也是我们党的宗旨和执政理念。不断提高人民群众的物质文化生活水平，让发展的成果惠及全体人民，体现了马克思主义关于人民群众是社会历史主体的基本观点。党建工作本质上是做人的工作。民族地区旅游行政机构要以科学发展观为指导，增强服务意识，始终坚持尊重人、理解人、关心人，切实把以人为本的原则贯穿于机关党的建设全过程，体现到机关党建工作的各个环节。只有这样，才能不断开创工作新局面。

全面、协调、可持续发展是科学发展观的基本内容，要求各方面持久和承续地全面发展并相互协调适应。科学发展观要求人

---

① 贾凌民：《21 世纪的公共管理：政府管理理念转变与创新》，载《中国行政管理》2004 年第 6 期。

们首先要正确处理速度与结构、质量、效益的关系，不单纯追求GDP增长速度；其次要正确处理经济发展、社会发展和人的全面发展的关系；其三要正确处理经济社会与人口、资源与环境的关系。发展既考虑当前需要，又要考虑将来子孙后代发展的需要；既要遵循经济规律，又要遵循自然规律。要遵循科学发展观的原则，民族地方政府旅游行政管理部门的管理要加快改革步伐，树立服务于社会、服务于民的“以人为本”理念。服务是现代政府基本要求，旅游行业管理要加快电子政务建设、推进市场化、民营化和社会化的改革，旅游业发展中要遵循旅游经济的特性和发展规律来制定旅游管理的活动。政府要纠正全能政府，管理错位、缺位等不科学、不合理等行为，做到政府制度的合理、管理的科学、政策的远瞻、措施的有效性，保障民族地区旅游业向着和谐、协调和可持续发展方向发展。旅游规划的制定要强调科学思维，要融科学性、前瞻性、可操作性和创新性于一体。在旅游经济发展中政府行为要向着和谐方向发展，做到人与人关系中的和谐。建立法治社会，逐步从“人治走向法治”。另外，在人与自然关系的和谐方面，要始终坚持发展生态旅游、绿色旅游的思路和理念，做到旅游资源利用的代际公平，永续发展。

（二）法律原则

市场经济是法制经济，依法治国是我国的基本国策，政府的一切行为和活动都要在法律的范围内进行，要依法行政。民族地区旅游行政管理部门的行为和活动都要在法律的框架内运行，以避免由于权力使用不当给人民和社会带来损害。

（三）公共利益原则

政府属于公共组织，政府行使的是公共权力。为此，民族地方政府旅游业管理理念的转变与创新，应以维护公共利益的原则。“三个代表”的思想，“立党为公、执政为民”的思想是这一原则的集中体现。政府应以国家利益、人民利益为出发点，不能以维护公共利益之名，行谋取私利之实，侵犯公民和其他法人组织、团体的权利，阻碍经济和社会的发展。

（四）全面、协调发展的原则

“全面是指各个方面都要发展，政治、经济、文化、社会等各个方面都要发展；协调，是指各个方面的发展和发展的各个方面都要相互适应；而可持续是指发展必须保持持久性和承续性。”①

（五）程序原则

程序原则是指政府方针政策的出台，一定要经过一定的过程。民族地区旅游的重大决策制定过程的每个环节都要经过以下步骤：1. 经过专家、学者和有经验的实际工作者的调查研究和论证；2. 经过决策班子的集体讨论通过，实行民主集中制；3. 重大决策经人大批准；4. 调查研究听取民意；5. 重大决策经过试点，观其成效。不同地区采取不同办法，防止“一刀切”；6. 要不断采集反馈信息，对效果不好，作用相反的政策要及时调整；7. 除了因国家和社会安全需要保密的决策外，所有决策程序要公开透明。

第二节　构建旅游服务行政要建立的基本理念

构建服务型政府和服务型旅游行政管理要树立以下基本理念：

一、树立服务理念

民族地方政府，作为公共利益的代表，应保证公民权利和自由发展的实现，要按照市场经济要求对社会实行公共管理和提供

① 刘玉浦：《公共管理与和谐社会》，中央编译出版社，2005 年版。

公共服务。公共管理就是政府对公共事务的有效治理，其核心是制定社会政策。社会政策是政府干预社会的主要手段和基本措施，它决定了政府的其他社会管理手段。

政府制定公共政策，要以公民需要为导向，为全社会提供公共产品和公共服务，为企业和社会提供信息、咨询服务，并进行监督检查，以使企业和社会获得充分的生产经营自主权和自谋发展权，为培育和健全市场体系服务，进行公平竞争，营造良好经济环境。西部大开发为民族旅游业的发展提供了黄金机遇，同时也面临许多机遇和挑战，政府应制定一系列相应的政策以保证民族旅游业健康、稳步的发展。20 世纪 90 年代后，政府在管理理念上，已经从社会控制逐渐向社会服务转变，社会管理从主要是经济管理，逐步上升为既有经济意义又有政治意义的战略选择。

目前我国政府对民族地区旅游业的发展制定的一系列照顾政策如下：

（1）对具有开放条件，又具有资源优势的地区，应从政策上逐步允许其对外开放；对一些由国家旅游部门管理的旅游企业，能下放到地方的应尽量下放，使之增加地方收入，增强民族旅游业的自身活力。

（2）对于旅游外汇收入，应实行地方全部留用的政策，并对旅游企业实行减免税收，这是促进民族旅游业发展的一条重要途径。

（3）对于旅游温热点城市的建设，从发展旅游的角度出发，应从政策上放宽建设规模，并尽可能采取多种形式宣传民族地区的特色旅游项目、著名景点和风物特产，使更多的人了解和认识民族地区的旅游业。

（4）国家继续在资金上支持民族地区旅游区的建设。扶持可以采取专项拨款、低息贷款或无息贷款等多种形式。

（5）国家继续大力扶持民族地区的交通、邮电通讯和城市其他基础设施建设。鉴于民族地区“旅长游短”的局面比较明显，有必要先着重把一些旅游温热点的机场建设搞上去，如西藏除了现有的拉萨机场外，有必要在各地旅游温热点建设机场。

树立由公共部门履行社会管理职能，为公众提供公共产品和服务的公共服务的理念问题，是21世纪民族地区公共行政和政府改革的核心理念问题。公共服务的主要主体由政府、第三部门、私人企业构成。政府有提供公共服务的责任，但政府并不是唯一主体。由于目前我国旅游市场中介服务体系还很不完善，目前我国民族地区旅游产业中许多公共性服务仍然由政府来承担，此类公共服务有：

(1) 旅游市场宣传与促销。

(2) 旅游资源规划与开发。

(3) 旅游服务评定与检查。

(4) 旅游人才的培训与考核。

(5) 公共基础设施。

但是，政府公共服务的重点应放在投资战略性的公共基础设施以及提高政府科技服务的公共服务水平上。为提高民族地区公共服务和公共管理的效率，政府官员应该由“统治者”转为服务者。要为企业和社会提供信息、咨询服务，并进行监督检查，使企业和社会获得充分的生产经营自主权和自谋发展权；要为培育和健全市场体系服务、促进公平竞争、营造良好经营环境，还要推进电子政务，建设电子政府，把电子政府作为民族地方政府改善政府公共服务的根本手段。

要发挥好政府公共服务职能，有力促进公共经济的发展，既要借鉴西方国家公共经济体制理论和实践的经验，又要正确分析我国当前的国情，科学界定公共经济活动范围，从而正确界定民族地方政府公共服务的职能，以实现民族地区旅游部门的行政管理向着公共管理的方向发展。

国外发达国家在政府公共服务的职能方面的主要经验有：第一，政府既是公共事务的管理者，又是合作者，协调好政府与社会、市场的关系；第二，由非政府公共组织提供大量公共服务，并让私人部门也参与到公共服务中来；第三，利用市场和社会力量，推行公共服务市场化、社会化，改善政府公共服务。如政府业务合同出租，建立政府部门与私营企业的伙伴关系，公共服务社区化，有选择地实行公共服务使用者付费制度等。同时，把建设电子政府，推进电子政府作为改善政府公共服务的根本手段。

西方国家新公共管理改革中所采用的社会服务市场化与社会化的措施，是在市场发育成熟的情况下，人均 GDP 达到 2850 美元的情况下进行的，第三产业发达，市场化程度高，政府监管力量强大。然而，我国民族地区市场发育不够成熟、第三产业尚不很发达、政府监管能力不够强，必须在政府监管能力提高、增强服务总量的前提下，逐步展开民族地区社会服务市场化。

政府把公共服务推向市场的改革进程中应承担的责任是："第一，政府必须以结果为导向，对市场公共服务实行有效的监管；第二，在具体实施方案前应做好可行性论证工作，减少改革的盲目性；第三，在制度层面强化对政府相关人员的监督和制约，降低和消除廉政风险；第四，必须加强公共服务市场化的法制建设；第五，建立市政公用事业特许经营制度；第六，要在推进公共服务市场化中尽快实现政府职能的转变，各级政府和公共服务主管部门要做到尽快实现政企分开、政资分开、政事分开，防止对"市场化"的简单理解和"一卖了之"的现象，并要认真分析和分别对待各类公共服务行业。①我国在进行公共服务市

① 王郅强：《坚持科学发展观，强化社会管理和公共服务职能——中国行政管理学会2004 年年会暨"政府社会管理和公共服务改革"理论研讨会综述》，载《中国行政管理》2004 年第 10 期。

场化的过程中，曾出现国有资产流失；公共利益受到忽视；引发腐败与私人垄断；公共责任缺失；带来新的社会不稳定，有引发政府管理危机的可能等问题。此外，民族地区有的地方政府在公共服务市场化口号下，将社会公益事业全部推向私营化和市场化，造成有很大一部分公共服务的质量达不到政府和群众的要求的状况。因此，我国民族地区在公共服务市场化的过程中，一方面要注意发动社会力量参与公共服务；另一方面也要注意不能把政府必须承担的社会服务职能盲目市场化，更不能放弃政府的社会服务的责任。

塑造政府服务的各种理念，是建设服务型政府的关键。民族旅游行政管理的改革要求民族地方政府树立公共服务的职能理念，从充当所有者、计划者、直接管理“私人物品”及其生活活动的职能中退出来，加强对“公共物品”的管理，努力提供良好的社会服务，切实由管理理念转到服务理念上来。

二、树立法治观念和守法意识

1997 年，党的十五大确定了依法治国的方略，这是我国从人治转为法治的重大转变。与此相适应，党的十六大提出为适应社会主义市场经济的发展，社会全面进步和加入世贸组织的新形势，要加强立法工作，提高立法质量，到 2010 年形成有中国特色社会主义法律体系。这个法律体系要符合市场经济规律的要求，为巩固社会主义市场经济这个经济基础服务。十六届三中全会进一步提出，要全面推进经济法制建设，着眼于确立制度、规范权责、保障权益、加强经济立法。主要包括：

1. 完善市场主体和中介组织法律制度，使各类市场主体真正具有完全的行为能力和责任能力。

2. 完善产权法律制度，规范和理顺产权关系，保护各类产权权益。

3．完善市场交易法律制度，保障合同自由和交易安全，维护公平竞争。

4．完善预算、税收、金融和投资等法律法规。

5．规范经济调节和市场监管，完善劳动、就业和社会保障等方面的法律法规，切实保护劳动者和公民的合法权益。

6．完善社会领域和可持续发展等方面的法律法规，促进经济发展和社会全面进步。

法治政府的实质是政府行为完全按照法制的轨道运行。如果没有法律的规制、政府的权限就可能随意扩大，偏离正确方向。没有各种制度法规的确立，也就没有市场经济和民族地区旅游的健康发展。民族地区的旅游要依法经营、照章纳税、依法处理企业内部关系，保护员工的合法权益，遵守环保、安全、契约等法规。没有法律的有效调控，就无法保证民族地区旅游的有序运作，民族地区的旅游生态环境和文化资源业也会遭到破坏。

三、树立有限责任政府的理念

责任是指公民和法人按法律应尽的责任。公共管理是一个大系统，政府和非政府机构是公共管理系统中的主体，私人部门和公民也是公共管理系统中的重要参与者，但是政府的“公共管理的主角”地位并没有动摇。按照社会主义市场经济的原则，在系统内任何法人单位和实体既享有一定的权利，也需要承担一定的责任，政府也不例外。

此外，责任和权力是法定的，而不是无限的，大包大揽的无限政府不符合公共管理的目的和要求。政府职责有限是指政府行政管理和旅游行政管理的职能是有限的。与传统管理意义上的无限政府不同，代表政府的旅游局，在既定的能力条件约束下，实现与市场或者社会力量的职能均衡，其职能只限于制定规则和监督实施规则，不再直接经营竞争性物品与服务的生产和供给，而是让市场去生产和供给竞争性物品与服务，实现政府职能市场化。通过行政管理体制改革，并由法律正确界定民族地方政府的责任，恰当分配民族地方政府的各种权力。民族地方政府要处理好政企关系、政事关系、政社关系、政府与市场关系、中央与地方关系，着力做好企业、事业单位、社会、市场做不了，做不好，不愿做的事。同时，一个公正透明、廉洁高效政府构建要求政府的行为要规范，运转要协调。

四、创新政府理念

创新政府理念要求民族地方政府要根据国际国内形势的变化，根据不同时期和具体的国情，以较强的创新精神适应新环境和新实践的挑战，不断地探索政府管理体制运转的新模式与新方法，以保证政府保持持续不断的生机与活力。创新政府理念，首先是学习和借鉴当今世界先进的治理理念与治理模式，将创新精神贯穿于全部工作之中；其次是要转变民族地方政府管理的职能，提高在市场中的宏观调控能力。还要认识旅游业是西部地区普遍优势产业，在发展全国旅游业的同时，要着重发展西部旅游业。对西部地区要树立扶持和倾斜观念，制定各种优惠政策，在开发旅游业中要树立可持续发展的理念。

五、树立“自主和自治”的行政理念

自主和自治权是一种平等权和民主权，而不是恩赐权或特权；自主和自治权是在国家统一领导下，宪法和法律规定前提下的自主权；自主和自治权包括处理本民族和本地方内部事务的权利，它表现在政治、经济、文化和社会生活各个方面。体现实施区域自治的民族的自主管理权，同时也体现着自治地方内其他民族的平等权利。为此，为了高效管理本地方、本民族事务，民族地方政府，应树立“自主和自治”的行政理念，充分行使法律

赋予的自治权，以自主的精神管理本地方、本民族的事务，以促进当地经济和社会的发展。

“目前民族自治地方政府普遍缺乏自主和自治理念，表现在：政策态度不够积极主动，不善于以自治权为工具进行积极的政策创新。”[①] 在制定和实施政策方面，民族地方自治政府往往存在“等（上级政策）、靠（国家帮助）、要（向上级要专项经费支持、要扶贫资金）”的理念，这种情况亟待改变。

六、树立“民主行政”的参与型政府理念

“民主行政”的参与在民族地区旅游方面，就是要增强民族地区公民参与公共管理的主动性和积极性，树立“以人为本”的管理思想。

传统管理理论采取高度集权管理，以封闭和专制行政的观念从事行政管理。我国现在处于转型期，在知识社会、信息社会已经到来的情况下，应该改变管理方式，改变家长制、长官制、一言堂等强制命令方式来管理旅游行业行政管理的公共事务，以开放的行政观念，即适度分权，依靠科学管理和员工参与的方式实施民主行政，以此来促进旅游业的发展，构建服务型旅游行业管理。

七、电子政务管理方式革命

为了适应信息化时代要求，推行电子政务政府，利用现代信息技术和网络环境可以提高办公室工作效率和生产力，精简机构和人员，降低管理成本。

---

① 方盛举：《论民族自治地方政府行政理念的创新》，载《中共云南省委党校学报》2004年第5期。

第七章 进行政治体制改革 完善党的执政能力

自从贯彻执行《中共中央关于经济体制改革的决定》以来，我国的经济体制改革已经取得了明显的成效。随着经济体制改革向广度和深度发展，我国现行的政治体制已经不适应经济和社会发展的要求，政治体制也和经济体制一样，面临着全面改革的问题。事实上，完善社会主义市场经济体制，客观上迫切要求推进政治体制改革。中国共产党十六大郑重提出“建设社会主义政治文明”的命题。它标志着政治体制改革朝着实现社会主义民主政治和政治文明方向大踏步前进，表明政治体制改革最终的落脚点是建立一个高效廉洁民主的政府。

中共十六大四中全会通过了《关于加强党的执政能力的若干决定》，提出了以提高党的执政能力为出发点，要实现经济和社会的协调发展。这阐明了经济体制改革、社会体制改革和政治体制改革是一个互动的过程。其中任何一个方面的改革进程，都要受到其他领域的制约。民族地方政府的改革、职能的转变推动社会体制、政治体制的改革，是提高党执政能力最实质性的步骤。反过来，党执政能力的提高，也将推进政府职能的转变，构建服务型政府、服务型旅游行政管理和实现旅游公共管理。

第一节　民族地区地方政府政治体制改革的必要性

一、民族地区地方政府政治体制改革的含义

民族地区进行政治体制改革的涵义是理顺党政关系，完善党的执政方式。

我国是实行人民民主专政的社会主义国家，广大人民群众是国家的主体。政治体制包括国家的宪法制度、人民代表大会制度、中国共产党领导的多党合作、政治协商制度以及其他各项制度。在这些制度中，人民代表大会制度是我国最根本的政治制度，而我们国家的政党制度在国家政治体制中占有十分重要的位置，甚至是核心主导的地位，政党制度是现代国家政治体制的重要组成部分。我们国家的政党制度是中国共产党领导下多党合作制，是具有中国特色的社会主义政党制度。这个制度是共产党作为执政党，其他 8 个民主党派作为参政党。作为执政党的共产党是该政党制度的核心和基础，共产党作为执政党也是我国整个国家政治体制的重要组成部分。

共产党的执政地位很大程度上是来自于民主革命时期的卓越领导。中国共产党领导了中国人民取得了抗日战争和解放战争的胜利，建立了新中国，也从原来的革命党变成了执政党。革命战争时期，党领导一切，取得了革命的胜利。计划经济时代党延续了战争时期的领导方式，党领导一切，甚至取代政府的工作。党政不分，以党代政，这是新中国成立后很长一段时间党政关系的一大特征。

政府是代表国家行使国家权力，履行国家职责，发挥日常社会管理职能的主体。广义上的政府是通过立法、司法、行政来实现社会公共管理，发挥管理职能。在转轨时期，政府发挥管理职能过程中执政党如何发挥作用，或承担何种角色，能否再延续战争时期的执政方式？为了深刻理解我党政治体制改革的思想，推进政治体制改革的实践，有必要认真总结一下中国共产党十一届三中全会以来政治体制改革的理论与实践。

中国共产党的十一届三中全会指出，要改变同生产力发展不相适应的生产关系和上层建筑。在1980年中央政治局扩大会议上，邓小平同志作了《党和国家领导制度的改革》的讲话，讲话中指出了政治体制改革的必要性，并提出改革的方向和改革的基本内容，在政治体制方面提出了党政分开的问题。中共十二大报告正式使用了“政治体制改革”的概念，指出要按照民主集中制的原则，继续改革和完善国家的政治体制和领导体制。党的十三大报告中指出，“我国是人民民主专政的社会主义国家，基本的政治制度是好的。但是，在具体的领导制度、组织形式和工作方式上，存在着一些重大缺陷，主要表现为权力过分集中，官僚主义严重，封建主义影响远未肃清。进行政治体制改革，就是要兴利除弊，建设有中国特色的社会主义民主政治。”① 邓小平同志指出，“我国所有的改革，最终能不能成功，还是决定于政治体制的改革。”②

我国在计划经济时代的政治体制是高度集权的政治体制，“权力过分集中现象，就是在加强党一元化领导的口号下，不适应当地、不加分析地把一切权力集中于党委。党委的权力又往往

① 《中国共产党第十三次全国代表大会文件汇编》，第35页。

② 邓小平：《改革政治体制增强法制观念》，载《建设有中国特色的社会主义》（增订本），人民出版社，1984年版，第137页。

集中于几个书记，特别是集中于第一书记。凡事都要第一书记挂帅、拍板。党的一元化领导，往往因此而变成了个人领导。全国各级都不同程度地存在这个问题。权力过分集中于个人或少数人手里，多数办事的人无权决定，少数有权的人负担过重，必然造成官僚主义，必然要犯各种错误，必然要损害各级党和政府的民主生活、集体领导、民主集中制、个人分工负责等等。”① 我国政治体制的主要弊病在于权力过分集中于共产党，在党内又过分集中于少数几个甚至一个领导人，形成了个人过分集权的体制。即便在党委领导核心里，也往往缺少平等的讨论和每人一票的表决。这种体制显然是同我们人民群众当家做主的根本政治制度以及民主集中制、集体领导的组织原则很不协调。这种政治体制，非常不利于经济体制改革和社会主义现代化建设。

1987 年，中国共产党的十三大报告中把实现党政分开看做是我国政治体制改革的重要内容。20 世纪 80 年代初，开始了领导机构实行党政分工负责制。党委第一把手一般不兼任省长、自治区主席等政府职务。1982 年制定的党章和宪法，体现了党政分开的原则，突出强调党必须在宪法和法律内活动的问题。然而，20 世纪 80 年代末，党政分开的提法逐渐淡化，民族地区某些地方党政关系也始终没有理顺。党政不分，以党代政的现象仍有存在，这是党在执政方式上的一大弊端，使党陷入到具体的政府事务中，不利于党从执政党的高度高瞻远瞩对国家的发展制定政策，不利于贯彻党总揽全局，协调各方的执政原则，而且无暇考虑党的自身建设，以发展和提高党的执政能力。同时，又会造成各级政府无法主动、独立负责地履行宪法和法律规定的各种社会管理职能，使政府的立法、行政、司法等各项管理能力逐渐衰退甚至形同虚设。党与政府的职责不分。党既是政策的制定者又

① 《邓小平文选》，人民出版社，1993 年版，第 288－289 页。

是政策的执行者，也就谈不上党对政府工作进行科学的领导和有效的监督。

总之，党政不分，以党代政，使党的领导地位和领导能力受到降低和削弱，使政府的管理能力弱化，因而不利于党对政府的领导与监督。为此，理顺党政关系，进行政治体制改革是值得重视的问题。因此，提高党的执政能力建设，是推进政府改革，实现服务型政府、服务旅游行政管理的重要途径之一。

二、政治体制改革的必要性

（一）促进经济体制改革和商品经济发展

根据马克思原理，上层建筑必须与经济基础相适应才能促进生产力的发展。政治体制改革属于上层建筑的范畴，如果与经济基础不相适应则会束缚生产力的发展。通过政治体制改革能消除政治体制中的弊端，为经济体制改革的深入发展扫清道路。对旧的政治体制进行改革，以实现政治民主化，是保证经济体制改革的必要条件，政治体制改革是经济体制改革发展的必然要求。邓小平同志指出，“只搞经济体制改革不搞政治体制改革，经济体制改革也搞不通。因为，首先遇到人的障碍。你提倡放权，他那里收权，你有什么办法。”政治体制改革与经济体制改革要相互依赖、相互配合、互相适应，才能促进生产力发展。

（二）建设社会主义民主政治

中共十一届三中全会以来，我党全面总结了“文化大革命”以及建国30多年来历史的经验教训，深刻认识到除了“左”倾路线的影响之外，政治体制上存在的弊端是几次重大失误的主要“病根”和“温床”。邓小平同志指出：“‘文化大革命’的十年浩劫，这个教训是极其深刻的，不是说个人没有责任，而是说领导制度、组织制度问题更带有根本性、全局性、稳定性和长期性。这种制度问题，关系到党和国家是否改变颜色，必须引起全党的高度重视。”① 邓小平的论述给我们指出了过去发生的各种错误，固然与某些领导人的思想、作风有关，但是组织制度、工作制度的问题更重要。制度由人来制定，没有人就没有制度，但是制度一经形成，却可以规范和制约个人的行为，使之按制度办事。既然制度问题如此重要，那么，为了防止以往严重错误的再现，保障国家的长治久安，就必须改革和完善各种政治制度，从制度方面解决问题，使之由集权政治向民主政治转化。

（三）推动民族地方政府职能的转变，构建服务型政府

服务型政府的建设离不开党的领导，党的执政方式的完善对服务型政府的建设起重要作用。通过政治改革，理顺党和民族地方政府的关系。党不是直接指挥、干预或代替人大、政府等组织的工作，而是通过这些组织的党组织和党员干部来贯彻党的路线方针政策、发挥领导核心作用。党从政府事务中超脱出来，推进了民族地方政府职能转变，促进旅游行政管理的改革，并有能力对民族地方政府进行有效的监督，以促进构建服务型政府。

（四）政治体制改革是我国精神文明建设的需要

精神文明作为上层建筑的一部分，受经济基础上和上层建筑中的政治制度的决定和制约。

精神文明的内容是保证人民民主权利和管理文化事业的权力，增强法制观念，提高人民的道德和科学文化素养，而这些内容的实现，都有待政治体制改革的进行。只有通过政治体制改革，才能推动中国社会封建传统观念和封建文化心理结构的根本改变。政治体制的某些弊端本身就是封建传统文化的遗迹，它与国民的封建传统文化的积淀形成互补，极易滋长专制主义、家长作风、排斥民主、法制观念淡薄等弊端。只有改革政治体制，才

① 邓小平：《党和国家领导制度的改革》，载《三中全会以来重要文献选编》（上），人民出版社，1987 年版，第 485 页。

能加强党对精神文明建设的领导，促进和保证精神文明建设的健康发展。

第二节　深化民族地区旅游政治体制改革的措施

随着经济体制改革的不断深化和经济社会的快速发展，我国政治体制改革也在不断推进，并取得明显成效。但是，一些深层次、前沿性课题依然存在。为此，应根据经济体制改革和经济社会发展新要求，积极稳妥地推进政治体制改革。中共十六大四中全会通过了《关于加强党的执政能力的若干决定》，要在加强党的执政能力建设中深化政治体制改革。为探讨解决民族地区旅游政治体制改革深层次的矛盾和问题，本节首先回顾我国政治体制改革的历程，再讨论在加强党执政能力建设中深化政治体制改革的措施。

一、我国政治体制改革历程

政治体制改革的历程划分有诸多不同的方法。以笔者之见，划分为三个阶段：

（一）提出阶段

十一届三中全会至1980年邓小平发表《党和国家领导制度的改革》，正式提出原有政治体制中存在权力过分集中，特别是“领导者个人高度集中，并缺乏有效的制约和监督的弊端要改革。”以1987年党的十三大召开为标志，提出政治体制改革围绕着党政分开、权力下放、干部人事制度等内容。

（二）调整阶段

调整阶段是指20世纪80年代末至90年代初，即1987年党的十三大至1992年的十四大之间。此阶段政治改革的目标和内容作出重大调整，从原来的只着重解决权力过分集中，特别是由于党内领导者个人高度集权的“总病根”，转为除了提出强调党政分开、权力下放、干部人事制度等政治改革内容之外，还要进一步完善人民代表大会制度，完善共产党的多党合作和政治协商制度，建立和健全民主的科学的决策机制，加强基层民主建设等改革内容。

（三）中共十四大至今的持续推进阶段

1992年党的十四大召开以后，我国政治体制改革进入新的发展阶段。以十五大召开为标志，我国政治体制改革进行“持续推进阶段”。[①] 这个阶段在继续推进政府机构改革、干部人事制度改革、中央和地方财税体制等改革的同时，提出了“依法治国，建立社会主义法治国家”的目标。中共十六大报告确定以人为本的科学发展观和中共十六届四中全会通过的《中共中央关于加强执政能力建设的决定》，进一步做出了“发展党内民主，是政治体制改革和政治文明建设的重要内容”的重要论断。同时郑重提出“建设社会主义政治文明”的命题以及提出“科学执政，民主执政，依法执政”作为理顺政党关系的方向，而且再次强调加强对权力运行的制约和监督。

二、深化民族地区旅游政治体制改革的措施

通过上述对政治体制改革历程的回顾，应当肯定我党政治体制改革取得了很大的进展。在促进政企分开，继续精简机构，加强法制建设推进民主等方面取得了不少新进展。但是，据2003

① 许耀桐：《中国政治体制改革的发展及启示》，见杨海蛟主编：《新中国政治学的回顾与展望》，世界知识出版社，2000年版，第223－228页。

年底在干部中的一项专门调查显示，我国的政治体制改革，相对滞后于经济改革。政治体制改革应随着经济体制改革进入到一个以建立市场经济体制为核心内容的制度创新阶段。

笔者根据中国共产党十五大和十六大的精神，提出民族地区旅游政治体制改革措施如下：

（一）进行社会主义法治建设

我国社会主义市场经济体制改革目标的确立和市场经济快速的发展，为政治体制改革拓展了新道路。市场经济是以市场为基础的法治经济。它要求政府（包括政府化的执政党）退出市场，严守法制，依法管理和服务社会公共事务。党的执政能力也集中体现在政府驾驭市场经济的能力和管理社会公共事务上。中共十五大提出建立法治国家，“依法治国”。江泽民同志指出，“依法治国”，就是广大人民群众在党的领导下，依照《宪法》和法律规定，通过各种途径和形式管理国家事务、管理经济文化事业、管理社会事务。党本身也应当接受宪法和法律的规范，保证国家各项工作都依法进行，这给我们指明民族地区旅游业各项公共事务管理工作也都要依法进行。旅游行业按照社会和市场规则运行，也包括搞好法制建设，维护处理各种经济矛盾所遵循的公平原则。旅游业作为一个新兴的产业部门，毕竟尚有很多不成熟之处，尤其在法制建设上。如何建立健全与社会整体相适应的法制体系，依法治业，依法兴业，宣传普及法律，营造良好旅游法治氛围，是我们必须探讨的问题。旅游经济是法律经济，法制是社会主义市场经济有力的保障，它是维护市场经济秩序的一个主要手段。同时，法制是加强旅游业宏观调控的根本所在。但是，当前民族地区旅游法制建设尚不完善，有些地方尚缺乏强有力的宏观调控机构，在旅游企业和旅游者合法权益受到侵犯时无法追究侵犯者的法律责任。有的地区旅游市场秩序混乱，景区管理机构对旅游景区的投资项目、景区秩序、企业服务质量等管理方面缺乏有效的管理机制，“旅游法”、“饭店法”、“旅游安全法”、“旅游景区景点安全管理法”等与旅游相关的配套政策、法律法规、措施亟待出台。具体措施如下：

1. 尽快形成旅游法制体系

旅游法制体系应包括：（1）需由全国人大常委会批准的旅游法；（2）由国务院批准的国家旅游局颁布的条例、规定；（3）由国家旅游局职权范围内制定颁发的规章、制度、办法；（4）民族地方政府或旅游行政管理部门颁发的地方旅游法规。

我国的“旅游法”从1982年开始起草，虽几易其稿但始终未列入国家的立法计划。在目前旅游法短期尚不能及时出台的情况下，各民族地区旅游行政管理部门可以在自己职权范围内，抓住旅游发展中的几个主要环节，制定出台相应的旅游法规。比如，云南省的《云南省旅游业管理条例》，云南省大理白族自治州对旅行社分支机构、星级饭店、购物商店等制定的《管理暂行办法》以及洱海、苍山保护管理条例等等。河北、四川等一些省份也分别制定了各省的旅游管理条例。

2. 及时调整和更新相关规定和制度

一些民族自治地方的《自治条例》制定于1986年，许多条文带有浓厚的计划经济体制色彩，已不能适应当今社会主义市场经济条件下旅游发展需要。修改并完善《自治条例》和部分法规（包括旅游法规）成为政府依法行政的任务。

3. 我国已是WTO成员国，要尽快掌握其基本规则和协议，遵守WTO规则，是民族地方政府和旅游行政管理部门紧迫任务。

（二）进一步发展社会主义民主政治

中共十六届四中全会作出关于加强党的执政能力建设的决定，提出“建设社会主义政治文明”，标志着政治体制改革朝着实现社会主义民主政治和政治文明方向大踏步前进。在我国由计划经济体制向市场经济体制转变，生产资料占有关系发生历史性巨变的今天，适时提出转变党执政方式、推进政治文明、发展社会主义民主政治，是加速推进政治体制改革，顺应历史潮流的重大举措。

实现社会主义现代化，必须有社会民主的保证。只有建设高度社会主义民主，才能真正实现人民当家做主，参加国家管理，充分发挥广大人民群众的聪明才智。民族地区旅游业发展社会民主政治具体措施如下：

1. 分清党政各自职能，理顺党政关系

理顺民族地区旅游行政管理部门和旅游企业之间的关系。党委在领导经济工作中，主要是把握方向、谋划全局、提出战略、制定政策、推动立法、营造良好环境，但事务性和经常性工作则应由民族地方政府或企业的行政管理部门按照自己的职责权限进行决策和管理。为进一步解决党政不分，党委过分集权的问题，中共十六届四中全会提出要“科学执政、民主执政、依法执政”的执政方式，以理顺党政关系。科学执政即是指党政分工不是简单地实行党政的所谓“分”与“合”，不是把不同性质的权力在党政之间进行简单分割，而是应当按照科学的理论、制度和方法来执政，扩大人民群众对国家和社会事务的参与。党委应支持民族地方政府或旅游行政管理部门的工作，充分发挥民族地方政府的职能。在规范民族地区党政间关系的基础上，建立党委领导、党政职能分开，科学、民主、规范并形成制度化的领导方式和执政方式。

2. 重视政治参与，发挥民间组织作用

中共十六届提出的“政治文明”，体现了民主政治的大方向。而民主政治的推进，往往是公民社会的非政府组织发展的前提，民主政治会给公民社会的发展提供良好的发展空间。各种非政府组织包括旅游协会等中介组织会被民主政治所包容和认同。反之，体现公民社会的非政府组织（如旅游协会）的发展也定会有利于民主政治的进一步完善和发展。公民社会、市场经济和民主政治（政治文明）之间相互作用、相互促进、相辅相成。

公民政治的参与是现代民主政治的核心，也是沟通公民社会与政治国家信息联系的重要途径，同时也会对政治进行监督，推进民主政治的建设，使得许多原来属于包办式政府的管理内容被剥离出来由非政府组织去承担。政府可以更加专注于那些真正重大的公共事务，更加注重于民主政治的完善。笔者提出进一步发展社会主义民主政治的对策如下：

(1) 壮大非政府组织（旅游协会）的力量，全面疏通其参与政府政治生活的途径，充分发挥其在政府与旅游企业间的作用（其具体途径将在以后章节加以论述）。

(2) 基层实行直接民主，人民当家做主

人民当家做主，是中国政治体制的本质要求。实现人民当家做主，公民政治参与，即旅游行业的管理者吸纳行业内的员工参与公共决策。首先该系统内员工中每一个公民都有权参加代表大会的选举。管理者要维护员工合法权益。在基层实行群众自治，保证人民群众依法管理自己的事情。在旅游企事业单位恢复和建立职工代表大会，并组织职工参与旅游业经营管理的改革与事务管理。

（三）改革干部制度，向深入、持久、有效方向发展

民族地区旅游行业干部制度改革（人事制度改革）是我国政治体制改革的重要内容。中共十六届四中全会对我国干部体制存在的弊端给予了相当的关注，并提出了相应的改革要求。干部的选拔应民主、透明、竞争、规范化、制度化，注意对权力的制约与监督。

做好民族地区旅游行业干部体制改革工作的对策如下：

1. 选拔干部民主化

干部的产生应采取民主推荐、民主测评、差额考察、任前公

示、公开选拔、竞争上岗、投票表决，适当扩大差额推荐和差额选择的范围。

2．引入竞争激励机制

公务员的制度要引入竞争和激励机制，使公务员全心全意为人民服务，防治公共权力异化。

3．建立和健全法律、法规、监督机制

公务员管理制度除了民主化、科学化之外，还应使之规范化、制度化，比如，建立考核、培训、晋升、奖惩、待遇等制度。制定干部管理规范、并建立健全监督机制，使旅游行业的干部成为一支稳定的、高素质的队伍。

4．任期制、辞职制、责任追究制

民族地区各级党政干部、旅游行业行政管理干部以及旅游企业的国家干部实行任期制、辞职制和用人失察失误的责任追究制，以调整各种组织的关系，完善干部制度。

第三节　党在政治体制改革中的角色和作用

转轨时期，我国的体制改革有经济体制改革和政治体制改革。改革的要求和结果是建设服务型政府和服务型旅游业的行政管理。党在这一过程中的角色和作用是：

一、“立党为公，执政为民”

“立党为公、执政为民”，是党的根本宗旨的具体体现。人民是党的生命之根、力量之源、胜利之本；全心全意为人民服务，是党的根本宗旨。在改革开放和发展社会主义市场经济的新的历史条件下，能不能坚持“立党为公、执政为民”，是对我们党新的严峻考验。只有坚持以最广大人民的根本利益为最高标准，“立党为公，执政为民”，才能在执政的条件下实践好全心全意为人民服务的根本宗旨，不断经受新的考验，夺取建设中国特色社会主义事业的新的胜利。

“立党为公、执政为民”，是我们党永远立于不败之地的法宝。但从根本上讲，党是人民群众的公仆和代表，必须把手中的权力当作为人民服务的工具，才能赢得人民群众的信赖和拥戴，永远立于不败之地。

胡锦涛总书记在“七一”讲话中指出，“坚持立党为公、执政为民，必须落实到党和国家制定和实施方针政策的工作中去；必须落实到各级领导干部的思想和行动中去；必须落实到关心群众生产生活的工作中去。”讲话深化了我们对“立党为公、执政为民”的认识，从而在实践中有了更加明确而具体的目标和准则。

二、发挥共产党的领导作用

中国共产党作为执政党应发挥全面的领导作用，大力推进政府的职能转变，加快服务型政府的建设，把完善政府的社会管理和公共服务职能当作一项重要的任务来抓，并不意味着直接参与日常的政府管理活动。执政党应从具体的政府活动中摆脱出来，把具体公共服务的工作交由政府去做，从而使党真正从执政党的高度在政治思想和组织的角度发挥领导的作用。

三、发挥党对民族地方政府的监督作用

中国共产党代表广大人民的根本利益，承担着对各级政府的领导职责。党不仅有义务，而且也有能力在建设服务型政府中对政府进行有效的监督。为此，党必须从政府的事务中超脱出来，才能发挥其对政府的领导作用和监督作用。

第八章 深化民族地区政府与旅游市场关系 实现旅游公共管理

构建服务型政府，实现民族地区旅游公共管理，要求大力发展社会主义市场经济，改变传统高度集权的计划经济体制。

传统的计划经济是建立在公有制基础上的，其特点是以国家指令性计划为基本调控手段，以行政组织来干预经济，以公有制为唯一的所有制形式，政府包揽一切社会和经济事务，以政府干预为资源配置的主要手段。这是一种市场经济很不发达、社会和公民处于从属地位的情况下，典型的管制型政府职能模式。这种经济形式在国家经济力量薄弱的情况下，能够集中大量人、财、物力用于建设，为我国建立基本完整的国民经济体系，特别是工业体系作出了巨大贡献。高度集中的计划经济管理体制在新中国成立初期曾起到了积极的作用。但是随着生产力的发展，传统的行政管理职能的弊端日益暴露，成为束缚生产力进一步发展的障碍。

构建服务型政府实现旅游业公共管理，就是要树立“立党为公，执政为民”的精神，也即服务精神，这是公共管理的实质内容。而构建服务型政府和民族地区服务型旅游行政管理制度，就是要大力发展社会主义市场经济，逐步实现计划经济向市场经济的过渡。为此，要深化政府与市场的关系，进行管理体制改革，转变政府职能。政府在制定政策方面应努力促进社会主义市场经济体制的完善，做好宏观调控，加强市场监管，善于利用经济手段管理社会，培育和健全统一有序的市场体系，为市场经济发展创造良好环境。由于我国的民族地区旅游经营管理体制已从独家经营转为国营为主导的多种经营的体制，民族地区旅游公共管理除了在行政管理部门的职能建立“以人为本”的服务型形式外，还要鼓励和引导私人部门积极参加旅游管理，以体现公众参与和政府与公民合作共治的精神。为实现旅游业的公共管理，旅游业行政部门的管理职能要重新定位，民族地方政府的职能要重新定位，协调好政府与市场的关系。

第一节　民族地方政府与旅游市场关系分析

一、计划经济条件下政府与市场的关系

政府与市场都是资源配置的途径，不同国家、同一国家不同政治经济形势下，政府与市场所发挥作用不同。

在传统的计划经济体制下，政府是资源配置主体，社会资源主要表现为国有资源。政府的职能定位与机构设置，主要是围绕着国有经济如何计划，如何运行以及经济收入如何分配和如何进一步扩大国有经济的规模。政府既是市场竞争的裁判员，又是市场竞争的运动员，政府直接控制市场。

二、转轨时期政府与市场的关系

在计划经济向市场经济的转轨过程中，资源配置的主体应逐步从政府向以市场为依托的经济组织转移，政府则更多地致力于培育社会性的规模经济主体，提供社会公共产品，克服社会公害，维持市场竞争秩序等。

随着市场经济体制的不断建立和完善，对外开放进一步扩大，以市场为导向的经济体制改革不断深化，特别是世界贸易组

织的加入，民族地方各级旅游行政管理部门，应正确处理与市场的关系，充分发挥市场的基础性资源配置作用，逐渐从旅游市场中退出。我国经济增长方式必须实现由政府主导向市场主导的转型，逐步从微观环节中抽身出来，充分发挥市场在资源配置中的基础作用。

三、民族地方政府行政机关与市场关系的状况

当前我国政府与市场的边界还没有像具有成熟市场经济的国家那样清楚，民族地方政府旅游管理部门还未能根据市场发育程度适时进行角色转换，尚未很好地做到不直接控制市场、不直接主导市场竞争、不直接主导经济运行，未能很好地实现经济增长方式由“政府主导”向“政府引导”再向“市场主导”的转型，仍存在如“政府和市场关系上的越位现象。表现在政府通过地方法规、行政干预等手段阻碍统一市场的形成，地方保护主义盛行”① 的现象。

现在，有些地方民族地方政府旅游管理部门的职能仍然很不明确，对企业仍有控制和干预，还存在以微观经济主体与市场竞争，或者依靠垄断特权与民争利的情况。“政府行政管理部门没有在市场经济中找准自己的角色，或是说政府在发展旅游业的过程中扮演了错误的角色，政府代替市场、违背市场经济规律，用长官意志，首长拍板的指挥模式管理企业，政府包揽了企业的职能；政府机构往往利用手中的权力，对企业的产、供、销活动，乃至人事、财务进行行政干预，同时也有利用权力对企业巧立名目进行各种摊派、收费、集资等，给企业的正常发展造成很大阻

---

① 刘靖华：《中国政府管理创新——管理卷》，中国社会科学出版社，2004 年版，第 50 – 51 页。

碍，大大增加了企业的负担。”①

目前民族地方政府旅游管理部门体制改革和机制创新滞后。主要表现“大政府小社会”、“强政府弱企业”，政府宏观调控与市场导向之间矛盾较多，条块分割，多头管理，甚至相互抵消的现象非常突出。“仍存在政府在旅游业发展中的角色定位不清，宏观调控不力，微观干预过多，包揽过多的状况。过渡性的‘双重转轨’的体制特别明显，造成现有产业政策的不适应和低效率。在经营管理方面，小、散、乱现象突出……目前政府及其相关部门的精力都过多地陷于各种日常微观管理事务当中，形成一对突出的矛盾。”②

政府和市场关系都是资源配置的因素，往往存在不同的政策取向。由计划经济向市场经济转型的过程中，旅游业发展战略不同。

四、旅游发展战略选择

党的十一届三中全会以来，我国民族地区国民经济得到了长足的发展。这些成绩的取得，都与经济体制改革政策分不开。但是，民族地区国有经济的比重大，计划机制的作用相对较强，市场经济的确立难度较大，因而民族地区经济体制改革面临特殊困难也较大，影响着经济体制改革的顺利进行。

经济体制与资源配置关系密切，正确地配置资源，是社会生产能否搞好的决定性因素。经济体制就是处理生产问题的需要而产生的，其首要的功能，便是有效地配置资源。因此，衡量各种

---

① 欧黎明：《地方政府在政企关系中的角色定位》，载《云南行政学院学报》2003 年第 3 期。

② 杨福泉：《2004 - 2005 云南旅游发展报告》，云南大学出版社，2005 年版，第 80 页。

经济体制和经济政策长短优劣的最终标准，是它们能否保证资源有效配置，提高经济效益。

资源配置基本方式有二：一是政府以行政手段为基础的资源配置（计划配置）。二是以市场机制为基础的市场配置。采取市场配置方式的经济通常被称作“市场经济”。采取政府行政分配方式的经济往往被称作“计划经济”。在旅游业发展战略上不同学者有不同看法，主要有政府主导型和市场主导型。有的学者提出其间有过渡型，也即政府引导型。

第二节 政府主导型的旅游发展战略

一、政府主导型战略的概念

“政府主导型战略，就是按照旅游业自身的特点，在以市场为主配置资源的基础上，充分发挥政府的主导作用，争取旅游业更大的发展。”① 这种提法是源于党的十四届三中全会通过的《中共中央关于建立社会主义市场经济体制若干问题的决定》。“在旅游业的范围内，政府主导的含义包括，既要通过政府的领导和推动，使旅游业能够得到健康、快速和持续的发展，又要通过政府的力量，推动旅游业充分发挥其社会功能，确保旅游业的发展与其他社会发展的协调同步，并尽力减少发展中带来的负面影响。”② “政府主导型经济发展体制或模式，其实施的核心在于

① 王大悟、魏小安：《新编旅游经济学》，上海人民出版社，1998 年版，第 97–105 页。

② 钟海生：《旅游业的两种发展观和政策导向》，载《旅游学刊》1999 年第 1 期。

正确发挥政府对旅游市场的干预作用。”①

政府主导型战略是要以“市场为舞台，政府当导演，企业唱主角”的方式来促进旅游业的发展。资源的配置要以市场为基础，政府对旅游业的发展要进行宏观调控，实行必要的干预，以制定发展规划、宏观政策和法律法规等，对旅游业进行指导、协调、综合地把握旅游业的发展方向，通过一系列的干预措施为旅游业的发展创造良好的供需环境和经营环境，通过市场环境中的优胜劣汰，为旅游业的可持续发展创造更具有竞争力的供给基础。

二、我国旅游实施政府主导战略的形成因素

“政府主导型战略为日本和东亚‘四小龙’（韩国、新加坡、中国台湾和香港特别行政区）所创造的‘东亚奇迹’”。在我国旅游发展尤其是民族地区的旅游发展过程中发挥了并正在发挥着重大的作用。

我国的“政府主导型”战略，是在新世纪全球旅游业格局的大背景，中国社会主义市场经济的中背景，旅游业自身特点的小背景这三个背景主线下形成的，既借鉴了国际经验，又符合我国旅游业发展的实情。

我国的旅游发展经历了几个发展阶段。改革开放以前，我国旅游业以外事接待为主，只具备产业雏形，不完全属于产业范畴。1978 年改革开放以后，旅游业作为新兴产业建立起来。1978 年至 1989 年，我国旅游业初步发展。进入 90 年代以后，旅游业快速增长，各项法规、政策、标准和措施纷纷出台。在这种情况下，我国国家旅游局在“九五”期间倡导在全国（包括民族地区）实施政府主导型旅游发展战略，以加速旅游业的发展。

① 邓祝仁：《“东亚模式”和政府主导型旅游发展战略》，载《桂林旅游高等专科学校学报》2000 年第 2 期。

从旅游业发展的内在规律看，实施政府主导战略的内在因素主要有以下四点：

1. 旅游业的综合性产业性质

与纯市场相比，政府的宏观调控力量强，政府对宏观信息的掌握也比较充足，在组织大型综合性产品的开发方面，政府拥有足够的财力和各种强有力的保障措施，为综合性产品开发提供保障。旅游业是涉及行业面较广的综合性产业，旅游业的发展需要调动社会各个方面的积极性，为此，由政府出面协调，才能营造更好的舆论环境、政策环境和社会环境。旅游产品行、游、住、食、购、娱六大要素各个环节相互依赖、相互补充，根据市场经济规律，综合性强的产品一般应由政府牵头组织开发。

2. 政府在旅游形象宣传中的重要作用

“旅游产品的促销具有鲜明的层次性。第一层是旅游形象宣传，如国家旅游形象、省级旅游形象、地区旅游形象；第二层是跨区域旅游线路或旅游大区宣传；第三层才是企业的产品促销。显然，第一、第二层次需要政府进行牵头宣传，企业参与，这也就是政府出面组织大型旅游形象宣传，旅游企业则通过缴税或上缴特殊费用等方式统一为促销贡献财力。跨区域游线路或旅游大区的宣传主要靠政府的合作、协调，强调的是统一行动、统一步调。”① 旅游产品的层次性需要政府对旅游形象宣传的参与。

从旅游市场开发来看，国际上也都是采用由政府旅游部门进行形象宣传，再由企业跟进，进行具体促销的模式。

3. 旅游产品的跨地域性

旅游资源所在的地理区域与所属的行政辖区没有一一对应关系。旅游产品具有公共性的特点，这在各类自然遗产中体现出

① 匡林：《旅游业政府主导型发展战略研究》，中国旅游出版社，2001 年版，第 150 页。

来。以“丝绸之路”为例，中线是陕西的西安到甘肃的兰州、嘉峪关、敦煌，再到新疆的乌鲁木齐。若走“丝绸之路”的南线，则要经过青海省等地。这个有知名度的旅游线路，跨越了不同政区，其旅游组织的运作不仅需要地方政府，甚至需要中央政府部门共同参与，不可能只靠企业来完成。

4. 旅游资源的垄断性

旅游资源具有垄断性，其垄断资源的价值代表由政府承担，其中相当一部分工作必须由政府进行。

三、民族地区旅游业实施政府主导战略的必要性及现实意义

（一）实施政府主导的必要性

政府主导型旅游战略，是国家旅游局在“九五”期间一直在全国倡导并已取得显著成效的战略。

“九五”时期所实施的政府主导型战略，与计划经济时期由政府包揽微观层次活动不同，那时候政府的作用是统制、“管制”和包揽，不存在商品货币关系，完全没有市场的调节作用，消费者、生产者主权完全被计划者所取代，与旅游业的发展不相适应。“1978年以后实施的‘政府主导’，政府发挥作用的基础是市场经济，政府除了对市场作补充、修正外，更多的是强调政府的宏观调控和运用产业政策等手段，影响产业组织的形成和生产经营活动，没有放弃市场调节，保证市场有序运行的前提下发挥政府的作用。”① 转型期大部分民族地区的旅游发展，有必要实施政府主导的战略。

地处我国西部的广大民族地区，拥有丰富的自然旅游资源，各少数民族在历史发展中创造了悠久的历史和文化。西部大开发

① 匡林：《旅游业政府主导型发展战略研究》，中国旅游出版社，2001年版，第149页。

是党中央的重大决策，是实现各民族共同发展与共同富裕，全面建设小康社会，实施第三步战略目标而采取的重大举措。旅游业对增加少数民族的收入、改善产业结构、推动区域经济和社会进步、提高人们对自然和文化遗产的保护意识，有着重要的历史意义和现实意义。

“目前我国西部地区，无论是市场体系、市场制度、市场规范都不很成熟”。在硬环境方面，民族地区地域辽阔，地理条件恶劣，交通、通讯、电力等基础设施普遍落后，可进入性差。如青藏铁路在2005年才完成全线铺轨，2006年7月才正式通车。民航航线也只到达拉萨。青海省玉树藏族自治州的“三江源”，也因可进入性差而使旅游发展难以有较大的起色。另外，民族地区的商业、餐饮、宾馆等配套产业发展水平不高，如位于川、滇、藏交界处有“最后的香格里拉”之称的圣地丁自然保护区，其基础设施和旅游设施的滞后阻碍了本地区的旅游发展。目前，我国大部分民族自治地区某些地方法治观念较差，市场运行环境和市场秩序监管上的依法管理体系还很不完善，市场竞争秩序尚未规范化，致使部分企业在利益的驱使下，损害旅游者的利益。有的不具资质的旅行社坑害、宰骗顾客的现象时有发生。旅游市场还存在着“黑社”、“黑车”和“黑导”等无证经营行为以及非法“陪游”、“伴游”和欺客、宰客、胁迫消费、质量欺诈的现象。

因此，我国民族地区旅游业在发展初期，公路、铁路、机场等旅游基础设施建设尚不完善，基本的市场制度和规则发育也尚不健全，在这种历史背景下必须实施政府主导。为争取旅游业更大的发展，国家旅游局在“九五”期间倡导和实施政府主导很有必要。同时目前民族地区旅游业的发展依然面临着人才资源紧缺的挑战。以饭店企业为例，高层管理人才相当紧缺，培养渠道不足。现有的旅游业管理者的学历偏低，高层管理者多经验型，对新知识、新技术掌握较差。随着经济的飞速发展和网络时代的到来，对管理者的素质，及其对新知识新技术的掌握，以及战略眼光和创新精神有了更高的要求。为造就和培养一批水平较高的旅游管理队伍和导游队伍，我国民族地区应根据情况实施政府主导，以便于国家对旅游人力资源的管理提供政策支持，以加强旅游人力资源管理，培养合格的旅游管理队伍和导游队伍。

（二）实施政府主导的现实意义

1．弥补市场缺陷

中国大部分民族地区目前正处在一个市场经济初期发育阶段，不健全的法制与不成熟的市场并存。因为市场体系和市场法制不健全，市场机制存在缺位，实施“政府主导”，政府能及时补位，以弥补“市场缺陷”。

市场功能自身有着不可克服的缺陷。市场在使一些旅游企业受益的同时，也会使一些旅游企业受损。例如，兴建道路可能带来附近地价上涨，同时使道路附近的旅游企业的地理区位升值。旅游景点及旅游饭店建成后，附近的旅游企业也因此受益，旅游企业的当事人不付代价便可得到来自外部的经济好处，及出现所谓“搭车”现象。但是，有些旅游企业的活动会造成外部主体的经济及其他方面的损失而得不到补偿，如旅游景点的开发，娱乐场所对附近居民的干扰等等，都可能造成环境或者噪音污染。例如，笔者2006年4月在丽江进行实地考察期间，住在丽江古城四方街的科贡坊，本应是古色古香安静娴雅的古城科贡坊内，开有一个卡拉OK酒吧，深夜依然很吵闹，严重影响了周围居民的正常生活。另外，我国所接待的旅游者大多来自发达国家，他们较高的消费水平可能会引起国内一部分居民的模仿和攀比，形成“消费早熟”，并可能拉动旅游区的物价上涨。这类外部影响一般不可能通过市场机制的自发作用得到补偿和纠正，只有实施“政府主导”，发挥政府旅游机构的调控作用，才能得到完善解决。应该由政府“补位”，以保证旅游业良性发展。

2. 调节市场，保证产业链的平衡

旅游业是一个综合性、依托性极强的行业，涉及面广，覆盖面大。和旅游业有关联的行业有航空业、铁路业、公路水路交通业、建筑业、餐饮业和商业零售业等70多种行业，产业链很长。也正因如此，旅游业具有一定的脆弱性，任何一个行业，任何一个市场对旅游业都会产生一定的影响。旅游供给是由旅游需求所决定的，而旅游需求当前只有通过旅游行政管理部门收集各种信息，经过综合分析才能从宏观上把握旅游需求的脉络，指导旅游供给的发展。而且，旅游业是个综合性的产业部门，旅游业内部的吃、住、行、游、娱、购六大行业存在客观比例，要求按比例协调发展，而市场调节是一种事后调节，有一定的时间差。旅游企业及个人对信息的掌握不够全面和快捷，微观决策往往被动和盲目，一旦决策失误，就可能出现结构失调。譬如旅游业在缺少政府调控的情况下，由于商业唯利是图的本性，造成饭店、旅行社发展过快，数量过多，而旅游景点、旅游景区开发不足，造成饭店、旅店供过于求的现象。旅游业这种产业特征决定了需要政府来综合协调相关产业的发展，并需要政府通过看得见的手来调节，以保证旅游产业链的平衡。为此，政府的调控对保持旅游业的良性发展方面非常重要。西部民族地区旅游业的发展水平以及市场体系发育状态总体上落后于东部地区。东部地区的政府正在逐步向协调者和规范者过渡，而西部民族地区的政府多扮演着开拓者的角色。在民族地区，或少数民族较为集中的省份，其旅游资源大部分尚处在市场开发的初级阶段，市场机制在资源配置方面的力量尚显薄弱，潜在的旅游市场需求尚难以形成对供给的强有力的拉动作用。

综上所述，在大部分民族地区处于市场经济初期发育阶段的时期，实施政府主导型政府调控职能，在促使旅游业跨越发展方面仍将起到关键作用。

3．改善和完善旅游基础设施

改革开放以来，西部少数民族集中地区不仅改革开放滞后，而且市场经济基础欠缺。如前面所提及的民族地区旅游市场环境方面存在的“瓶颈”，在市场硬环境方面如旅游交通、通讯等现代设施落后，表现在：（1）与区外联系通道少，运输限制口多，客货运输不畅，进出区域困难。（2）区域内现有运输网络不完善，铁路布局偏于东部；公路干线少而且覆盖面窄，水运航道通过量小。民族地区中如川西、滇西、黔北、桂西等地区，仍然交通闭塞，运输困难。西藏铁路刚通车，之前较长时期处于闭塞状态。（3）交通设施因受地域条件及经济条件等影响，与东部发达地区相比，技术条件差、装备总体水平落后、综合运输能力低。另外，在通讯方面，民族地区的许多地方尚无国际长途直拨电话和图像传真业务。通讯服务网点少，设施装备陈旧老化，信息传递不通畅，旅游信息咨询服务十分薄弱，游客的通讯需求得不到应有的满足等等，这些不利条件在很大程度上降低了部分国际游客到民族地区旅游的兴趣。旅游基础设施的水平与在2020年将中国建成世界旅游强国的目标要求相比还有着相当的差距，政府必须加大对旅游基础设施等公共产品的建设力度，制定措施，加强对基础设施使用的管理。

4．提高民族地区旅游经济发展水平

民族地区地域广阔，旅游资源分布广、品种多，但市场力量能够自动覆盖的领域有限。如西部少数民族聚居区或民族较多的省份旅游资源虽然丰富，但经济发展水平却较低，尤其是“九五”期间，民族地区旅游业的发展正处在开发不够，发展水平在全国的排名居于后位的状况。据1998年统计，按旅游外汇收入排名，“西部省区有重庆市0.88亿美元，排在第20名，四川为0.84亿美元，排在第21名；新疆0.82亿美元，排在第22名；

贵州0.48亿美元，排在第24名；山西0.38亿美元，排在第26名；西藏0.33亿美元，排在第28名；宁夏0.01亿美元，排在第31名。全国共126亿美元，西部9省区合计只有4.07亿美元，只占全国的3.23%。按旅游人数排，四川29.6万人次，排在第19名；新疆20.66万人，排在第21名；重庆市16.34万人次，排在第23名；贵州15.13万人次，排在第24名；山西12.51万人次，排在第25名；甘肃10.24万人次，排在第27名；西藏9.64万人次，排在第28名；青海1.66万人次，排在第30名；宁夏0.51万人次，排在第31名，全国共计为6347.80万人次，西部9省区共计只有115.75万人次，只占全国的1.82%。这种局面与少数民族地区所拥有的旅游资源和所面对的旅游市场是极不相称的。”①

少数民族旅游业的资源十分丰富，旅游资源蕴藏量排列居全国之首。《中国旅游资源普查规范》一书将旅游分为地文景观、水体景观等六大类，其中新疆维吾尔自治区就集六大类资源于一身，在68种基本类型中，新疆至少拥有56种。贵州有“公园省”之称，是全国旅游资源最丰富的省区之一。另外，还有云南、四川、重庆、陕西、甘肃、青海、宁夏、特别是西藏等西部省区，这些省市区有秀丽的自然风光，丰富的文物古迹和浓郁的民族风情等旅游资源，在国际上的知名度越来越高，开发价值越来越大，已经成为国内外旅游消费者重点选择的地区之一。

西部是少数民族居住最集中的地方，那里是全球自然结构最壮观、最奇特的地区。“其人文旅游资源数量之巨，质量之高和占地之广，为世界任何国家所无法比拟。古老文明与民俗风情的巧妙结合产生了无法抗拒的迷人魅力，西部大开发更将极大地刺

---

① 王文长：《西部特色经济开发》，民族出版社，2001年版，第105页。

激入境者的探秘心理。”① 我国有27处世界文化和自然遗产，其中西部有9处，许多世界之最、中国之最及世界奇迹都分布在中国西部。现将国家建设部和国家旅游局在1999年公布的中国及西部地区国家级旅游资源状况列表于下：

表8－2－1　中国及西部地区国家级旅游资源

（单位：个）

省区	世界自然文化遗产	联合国人与生物圈	国家风景名胜区	国家级森林公园	国家历史文化名城	中国旅游胜地40佳	中国绝奇美胜35景	国家级自然保护区	全国重点文物保护单位	中国优秀旅游城市
四川	4	1	8	11	7	7	1	2	38	3
重庆	1	–	4	5	1	–	1	–	7	–
贵州		2	8	2	2	2	1	4	9	–
云南	1	1	10	21	5	–	1	5	23	4
西藏	1	–	1	0	3	–	1	2	24	–
陕西	1	–	3	7	6	2	2	4	51	2
甘肃	1	–	3	8	4	1	1	4	19	1
青海	–	–	1	2	1	–	1	1	5	–
宁夏	–	–	1	0	1	–	1	3	9	–
新疆	–	1	1	2	1	–	1	3	14	2
西部	9	5	40	58	31	12	12	28	199	12
全国	27	10	119	296	99	40	33	90	750	54
比例%	30	50	34	20	31	30	34	31	26	22

资料来源：国家建设部国家旅游局1999年。

由上表可以看出，少数民族居住集中的西部，具有极其丰富

① 陆大道：《谈西部大开发》，载《地理知识》2000年第5期。

的旅游资源，但是，西部民族地区旅游业的发展水平整体较低，例如，2002 年西藏自治区和海南省旅游业的发展水平相比，其旅游业的水平却远远低于南部的海南省，详情见下表。

表 8－2－2　2002 年西藏与海南旅游业发展状况表

省　区	西　藏	海　南
全年接待海内外旅游者数	86.732 万/次	1254.97 万/次
旅游总收入	9.8777 亿元	95.38 亿元
外汇收入	5.166 万美元	9199 万美元
国内旅游收入	5.5899 亿元	87.74 亿元
接待入境旅游者	14.2729 万人次	38.94 万人次
接待国内旅游者	72.5041 万人次	1216.03 万人次

资料来源：2002 年旅游年鉴。

不仅如此，西部地区旅游业的发展水平与东部地区相比，差距更大。从西部各省旅行社数量，星级饭店的数量以及旅游收入状况与其资源状况的不协调性可见一斑。以 1997 年的统计为例，当时星级饭店的数量甘肃为 38 个、内蒙古 31 个、宁夏 8 个、青海 13 个、新疆 65 个、西藏 13 个、四川 97 个、云南 95 个、贵州 37 个、广西 58 个，总共只有 455 个。经过六七年的发展之后，数量有了较大的增长，尽管有云南、四川等发展较快的省份，但与东、南部的发展仍有较大差距，详情见下表：

表 8－2－3　2004 西部民族省区旅游行业星级饭店数量表

（单位：个）

省、区、市	甘	内蒙古	宁	青	新	藏	川	云	贵	桂	渝	合计
数量	174	169	43	64	303	64	429	747	140	305	180	2618

表 8-2-4　2004 年东、南部部分省市旅游行业星级饭店数量表

（单位：个）

省、市	江	浙	闽	鲁	粤	琼	京	沪	合计
数量	638	901	336	497	1067	216	602	366	4623

资料来源：《中国旅游年鉴》，中华人民共和国国家旅游局：《2005 中国旅游统计年鉴》（副本），中国旅游出版社，2005 年版。

另外，东部地区拥有发达的交通体系，而西部旅游交通设施比较落后，在很大程度上制约了旅游的发展。如果说政府在东部地区的作用逐步向协调者和规范者过渡，而西部地区的政府却主要是扮演着开拓者的角色。西部地区旅游资源大部分尚处在市场开发的初级阶段，市场机制在资源配置方面的力量尚显薄弱，潜在的旅游市场需求尚难以形成对供给的强有力的拉动作用。因此，实行“政府主导”的战略仍将在促使西部旅游业实现跨越发展的方面起到关键作用。

“政府主导”型战略取得了较大的成绩。现在，在入境旅游方面，中国已成为世界上最具生机活力和安全的旅游目的地；2005 年，全年入境人数 12029 万人次，比上年增长 10.32%；国际旅游外汇收入 293 亿美元，增长 13.82%。在国内旅游方面，带薪假期和“黄金周”制度的实行，推动了中国国内旅游的迅猛增长，并发展成为世界上规模最大的国内旅游市场；国内旅游人数为 12.12 亿人次，增长 10.0%；旅游收入 5286 亿元，增长 12.2%。“国家旅游局副局长张希钦 16 日在‘第二届四川省冬季旅游发展大会’上透露，2006 年中国入境旅游人数可望突破 1.24 亿人次，同比增长 3.4%。据世界旅游组织的统计排位，我国已成为全球第四大入境旅游接待国，旅游外汇收入居全球第六位。”①

---

① http://www.shm.com.cn/travel/2007-01/14/content_2065705.htm.

民族地区通过旅游业的开发，所增加的非贸易外汇收入，不仅可以平衡区域收支，为建设积累资金、支持地区经济发展，而且可以促进区域资源的开发和提高人民的物质生活水平，从而有助于文化教育事业的发展，最终达到各民族的共同繁荣。旅游业是一项关联度较高、带动性较强的龙头产业，开发旅游业，可以带动民族地区的交通运输、邮电通讯、对外贸易、城市建设、景观修建、环境保护、医疗卫生、工艺特产、文化娱乐、生活服务、广播宣传等行业迅速发展，从而促进民族地区经济的全面发展。国际客源流向遵循着一定的规律，即旅游者从发达地区流向欠发达地区，从高收入地区流向低收入地区。我国少数民族分布的大多数地区经济还较为落后，开发旅游业，可以从国际国内经济发达的高收入地区的旅游者身上获取一部分收入，并将这些收入向生产投资和生活消费形态转化，从而通过国民经济各部门的“连锁反应”作用，促进区域经济水平的提高。

5. 市场发育不成熟，法制和市场机制不健全

目前我国少数民族集中的地区——西部地区，“无论是市场体系、市场制度、市场规范都不很成熟。”① 为此，必须实施“政府主导”，以规范各类市场秩序。

以贵州为例，“贵州省旅游业管理混乱，法规制度不健全。贵州省旅游业许多部门管理水平低下，从业人员素质差，缺乏服务意识。贵州省有为数不少的各类旅行社，但在其旅游业中的轴心作用尚未被发挥出来。对于旅游业服务质量，也还没有形成有效的监督管理机制。旅游业行、游、住、食、购、娱各个行业的经营者，只是将快速赚钱作为目标，各种不正当经营行为泛滥，价格混乱。旅游行业的不正之风较重，如前面也已提到一些导游

① 袁文平：《西部大开发中地方政府职能研究》，西南财经大学出版社，2004年版，第49页。

和司机为了赚取回扣，有意将旅游团队带到一些质次价高的饭店、商店去就餐、购物；宾馆、饭店人员私收小费、强买强卖、随意宰客欺诈现象不时发生。旅游市场经营无序，更谈不上保证旅游质量。”①

中央于1984年提出了我国旅游发展的“四个转变”，旅游基础设施的建设要“五个一起上”的政策，调动了社会各方面办旅游的积极性，但政策太概括、太笼统，还有对政策理解的偏差以及与此相适应的配套政策、措施、管理办法没有同步跟上，没有及时出台一套严密的法规。1985年5月，国务院颁布了《旅行社管理暂行条例》，这是我国第一部旅游行政法规。1989年以后至今，总结了历史的经验，旅游业的发展，经过经济政策为主和行政手段为主的阶段（行业管理阶段）后，必须向法制手段过渡。法制是加强旅游业宏观调控的根本所在。法制建设应由政府来完成。实施政府主导，建立完善的法制体系，使旅游业的发展有法可依，才能保持旅游业的良性发展。

旅游法制体系应包括以下四个层次，即：（1）《旅游法》是旅游法规体系中的主体法，需要全国人大常委会批准颁布，现在尚未出台；（2）条例、规定等，是由国务院颁发或批准，由国家旅游局颁布的，如《旅行社管理暂行条例》，《导游人员管理暂行规定》；（3）国家旅游局在自己职权范围内制定颁发的规章、制度、办法等，如《旅行社管理暂行条例施行办法》等；（4）地方政府或地方旅游行政管理部门制定颁发的地方旅游法规，如《北京市执行〈旅行社管理暂行条例〉施行办法》的处罚细则等。加强法制建设是解决旅游业存在问题的根本所在。

转轨时期，少数民族居住集中的西部，市场机制不健全。市场机制，是市场经济的核心，市场经济是通过市场机制的作用进

① 王文长：《西部特色经济开发》，民族出版社，2001年版，第165页。

行资源配置的一种社会经济组织形式。“市场机制指的是各种市场因素相互之间的联系和作用的关系状态。具体地说市场机制是通过价格机制、供求机制、竞争机制、利率机制、工资机制和风险机制来发挥其对资源配置的自动调动器的作用。”① 不健全市场机制，难以带动产业形成规模经济。拉动产业起步和健全市场体系方面政府能起关键作用，旅游业发展需实施政府主导，才是加速市场发育，健全市场机制，快速发展旅游业的保证。

6. 加速资本集中和发挥政府优势

发展旅游业，需要大量的资金积累。从市场和资本发达的欧美国家的历史演进看，早期原始积累为后来的资本快速集聚和集中打下了基础，而战后比较落后的国家不具备这个基础。政府必须对旅游基础设施进行直接投资，扩大对旅游业的财政开支。当前，民族地区旅游开发是在改革开放之后产生的产物，我国改革开放的时间不长，不少刚发现的旅游资源开发的时间短，起点低，固定资产投入很少。而完善旅游设施的耗资量却很大。其原因：（1）民族地区旅游资源多以“野、奇”特色见长，且多处于偏僻地区，通路、通电、通水、通讯等基础设施基本上要新建。这与东部城市和发达地区的许多旅游资源不同，东部地区的旅游资源本身就是城市地域的组成部分，或分布在距城市不远的地区，旅游开放时可以充分利用已有的市政设施，从而降低了资金投入的总量；（2）许多民族地区的地形复杂，土石方等基本建设单价指标高，同样基建项目的耗资一般要大于东部发达地区数倍；（3）民族地区旅游资源大多品位高，而知名度低，需要广泛开展宣传，需要耗资；（4）民族地区多数是老、少、边、穷地区，缺少资金。国家财政拨款有限、外资开发投资不如沿海

① 黄万纶：《中国少数民族经济教程》，山西教育出版社，1998 年版，第 157－158 页。

侨乡畅通；（5）我国旅游市场属二元结构，即国际旅游与国内旅游是两套人马，各自运行，相互间无法实现接待上的余缺互补，需要同时建设两套档次上差别很大的设施，因而增加了资金的投入。为此，民族地区旅游开发在资金投入上存在上述种种的特点，造成资金严重短缺，需要实施政府主导，依靠国家的力量，加速资金集中，发挥政府优势，制定发展少数民族旅游业的优惠政策，以多种方式增加民族自治地方资金的投入。

2005 年 2 月 28 日发表的《中国的民族区域自治》白皮书说：中国政府通过一般性财政转移支付、专项财政转移支付、民族优惠政策财政转移支付以及国家确定的其他方式，增加对民族自治地方的资金投入，促进了民族自治地方经济发展和社会进步，逐步缩小与发达地区的差距。随着国民经济的发展和财政收入的增长，中国各级政府逐步加大对民族自治地方财政转移支付力度。从 1955 年起，中国政府就设立“民族地区补助费”，1964 年设立“民族地区机动金”等专项资金，并采取提高少数民族地区财政预备费的设置等优惠政策。1980 – 1988 年，中央财政对内蒙古、新疆、广西、宁夏、西藏等 5 个自治区以及云南、贵州、青海等 3 个少数民族比较集中的省实行财政递增 10% 的定额补助制度。1994 年，中国实施以分税制为主的财政管理体制改革，原有对少数民族地区的补助和专项拨款政策全部都保留下来。

白皮书还说，中国在 1995 年开始实行的过渡期转移支付办法中，对内蒙古、新疆、广西、宁夏、西藏等 5 个自治区和云南、贵州、青海等 3 个少数民族比较集中的省以及其他省少数民族自治州，专门增设了针对少数民族地区的政策性转移支付内容，实行政策性倾斜。

由于民族地区旅游基础设施差，资金严重短缺，因而应实施政府主导，由政府制定相应的特殊政策，以便政府能以多种方式对民族自治地方的旅游发展进行倾斜，加快民族地区经济发展和人民生活水平的提高。

7. 突出扶贫功能，实现地区间平衡发展

我国经济学术界普遍认为，政府干预经济领域，其中重要的一个政策目标是实现社会稳定。其途径之一是推动地区间平衡发展。而政府主导，旅游业能实行扶贫式发展，从而推动落后地区经济发展，实现地区间平衡发展。

我国少数民族主要居住区多在边远且交通不便、自然条件比较恶劣的地方，如青藏高原地区、沙漠干旱地区、西南的熔岩地区等。在新中国成立前的上个世纪的40年代末，有些民族地区仍然处在奴隶制时代甚至处在原始社会的末期。经济落后的同时也造成了社会事业的落后，如人才匮乏，科学水平以及其他社会事业的落后。改革开放后，我国政府虽然加大了对少数民族地区的支持力度，但大部分民族地区经济发展仍然相对落后，因而有必要实施政府主导，对民族地区采取特殊政策加以扶持。中国有55个少数民族，其中22个少数民族人口在10万以下，这22个少数民族的人口加起来只有63万，绝大部分居住在边远地区。是少数民族中具有特殊困难群体，我国政府已经将扶持这些民族的发展列入国家的“十五”规划之中，同时，要求对人口在10万以下的民族实行特殊政策。

从2002年到2004年，中央财政共拨款1.17亿元，用来帮助扶持这些少数民族的发展，主要用于帮助这些地区解决水、电、路等基础设施的建设和帮助他们发展经济、文化事业。政府正在制定2005年到2010年扶持人口较少的民族发展的规划，帮助民族地区脱贫致富。

2006年是“十一五”开局之年，按照全国旅游工作会议和全国旅游座谈会的部署，围绕着年初的既定目标，全行业着力促进农村旅游发展、深化诚信旅游建设、加快入境旅游发展，各项重点工作稳步推进，取得了显著的成绩。

8. 加速大旅游企业集团的形成和发展

企业集团最初出现于19世纪，中国的企业集团则是随着中国经济体制改革与国民经济的高速增长出现的。企业集团是指经济上与业务活动方面统一控制、协调而法律上又各自保持独立的多法人联合体，具有独立法人资格的则是集团有限公司。

近几年旅游业的快速发展，使得各种资本迅速流入，形成了现在旅游企业产权复杂、规模小、竞争力不强，效益差的局面。

在市场推动和政府推动下，我国旅游业开始出现集团化经营，首先是国外饭店集团和饭店管理公司以独资、合资、收购、输出管理的形式在中国迅速扩张，也带动了国内饭店集团的发展；旅行社也在市场推动下出现联合趋势，逐步形成了具有多家分社的集团。股份制的推行使企业资本运作更加活跃，其他行业的资本迅速流入旅游业，从而出现了一些跨行业的综合性集团。最近，一些同区域的旅游业又由政府带头，形成区域性的旅游集团，政府在旅游集团形成和发展中起了重要作用。这是由于中国市场经济发育不够完善，社会资本积累明显不足，技术和外汇也是很短缺情况下造成的。为此，中国旅游企业集团的发展，不能模仿欧美国家主要依靠市场，如靠自发的兼并、收购、联合等方式形成，而应主动发挥政府的推动作用，政府在旅游集团的形成与发展中起到举足轻重的作用。此外，由于一些基础设施有类公用产品的特点，必须由政府提供；旅游资源中的不可再生资源及文物都归政府所有，且由政府负责监管，一些领域的市场准入也需要政府批准。政府出台政策对发展旅游业有极大影响，政府在提高企业和出口产品在国际上的竞争力中起积极的作用。政府主导能加速饭店行业的集团化建设与旅行社行业的网络化建设。

9. 提高国际竞争力，与发达国家展开竞争的需要

世界旅游发展史证明，“一国旅游业要想获得较快发展，必

须适应旅游业的开放性、关联性、一体性等特点，放弃闭关自守、对外封闭的发展模式和相应政策，选择对外开放，积极参与国际旅游竞争的战略。”

要快速发展旅游业，则要提高旅游业在国际市场上的竞争力，必须迅速提高我国旅游产品的质量和旅游企业整体素质，以利于竞争，并在竞争中取胜。为此，必须实施政府主导。由于我国的市场经济不成熟，如果走市场放任自由的发展道路，旅游企业素质的提高会需要一个较为漫长的过程。走“政府主导”之路，由政府积极地进行干预，通过各种方式，包括通过金融政策推动大旅游集团的形成。例如，已在民族地区建立了桂林旅游集团和云南旅游集团，使民族地区旅游产业逐渐形成集团化主导格局。集团化后的旅游企业通过组织大型形象宣传，使旅游企业直接受益，较快地提高了国际竞争力。

“政府主导”型战略是借鉴国际先进经验，为适应新世纪的来临，在旅游业进入大发展时期而提出的。可以预见，21 世纪旅游业的发展基本态势将是大变革带来大竞争，大调整带来大动荡的大格局。同时，我国目前处于计划经济向市场经济转型的时期，市场经济尚处于初期发育阶段，旅游业自身的特点加之当前的国际背景，使我国民族地区的旅游在相当长时期内仍应实施“政府主导”型战略，也即以市场为主配置资源的基础上，充分发挥政府主导作用，争取旅游业快速发展。

近年来，民族地区政府主导型战略的贯彻，不少民族地区积累了丰富的经验，取得了显著成绩，尤其是云南省和四川省成绩比较突出，其他如广西壮族自治区、宁夏回族自治区以及重庆黔江少数民族地区等地也取得了良好的效果。

四、民族地区实施“政府主导”型战略取得显著的成效

以云南旅游业发展为例，云南旅游业的发展真正起步于

1978 年，特别是 1992 年邓小平“南方讲话”之后，云南省委、省政府从云南实际出发，依托得天独厚的旅游资源优势，顺应国内外旅游业迅速发展的趋势，采取措施，着力推动云南旅游业的发展，实现了云南旅游业的持续、快速增长和旅游产业的转变升级。20 年间，云南旅游业完成了从“接待事业型”到“一般产业型”，再到“重点经济产业型”进而列为全省支柱产业进行培育建设的转变升级过程，初步形成了一个包括饭店旅馆业、旅行社业、旅游交通业、旅游餐饮业、旅游娱乐业、旅游风景区和旅游商品购物在内的综合产业体系。云南旅游业在 20 年的发展过程中，经历了三个发展阶段。

第一阶段：10 年创业起步阶段。从 1978 年到 1988 年的 10 年间，云南省旅游业从筹建成立省旅行游览事业局，仅有 1 家旅行社（国旅昆明分社）、8 家宾馆，并且大部分是政府招待所，标准客房不足 300 间，发展到接待海外游客 12 万人次，旅游外汇收入达 1300 万美元。这一阶段基本上以单纯的事业性接待为主，全省旅游业尚处于起步发展阶段。

第二阶段：7 年加快发展阶段。从 1988 年到 1995 年，云南省旅游业加快了发展步伐。1988 年的云南省七届人大一次会议上，云南省政府的工作报告首次提出“要把旅游业作为一大产业，搞好规划，全面开发”，从而确立了旅游业在云南省经济发展中的地位。1992 年以后，云南省政府下发了《关于大力发展旅游业的意见》，明确提出要使旅游业发展成为一项重要的经济产业，并在 1994 年召开了滇西北旅游规划会，采取了一系列措施，为云南旅游业的快速发展开创了新的局面。这一阶段全省接待海外旅游者从 12 万人次增加到 60 万人次，旅游外汇收入从 1300 万美元增加到 1.65 亿美元，年均分别增长 25.9% 和 43.8%，并分别跃居全国第 7 位和第 8 位；接待国内旅游者从 129 万人次增加 1622 万人次，年均增长 52.4%；全年旅游总收入从7100万元增加到61亿元，年均增长110%。旅游业实现了从“接待事业型”向“经济产业型”的历史转变。

第三阶段：全面建设支柱产业阶段。1995年云南省第六次党代会作出了将旅游业列为全省四大支柱产业之一的重大战略决策，进一步确立了旅游业在云南省国民经济和社会发展中的战略地位。云南省政府把旅游业纳入经济和社会发展的总体战略进行部署，成立了省旅游支柱产业领导小组，充实和加强了省旅游局，全省16个地州市及主要旅游县都建立了旅游行政管理机构。1996年，云南省委、省政府作出了《关于加快四大支柱产业建设的决定》，又一次推动了云南旅游支柱产业的建设进程。1995年到1998年，全省接待海外旅游者从60万人次增加到76万人次，旅游外汇收入从1.7亿美元增加到2.6亿美元，年均分别增长8.2%和15.2%；接待国内游客从1622万人次增加到2793万人次，国内旅游收入从47亿元增加到115亿元，年均分别增长19.8%和34.8；旅游总收入从61亿元增加到137亿元，年均增长30.9%，旅游业对国民经济和社会发展所作的贡献日趋明显。据统计，目前全省旅游业直接从业人员近20万人；已投入接待经营的各类旅游景区（点）有224个；国家级、省级旅游度假区10个（国家级1个）；旅游涉外饭店670余家，其中星级饭店263家；国际国内旅行社390多家，其中国际旅行社39家；旅游车船公司8家，拥有各类旅游汽车1100多辆，旅游船只100多艘，还有一大批与旅游业相关配套的旅游定点商店、餐馆及娱乐服务设施。全省各级党委、政府也十分重视和支持旅游业的发展，目前全省16个地州市已有11个地州市把旅游业作为支柱产业来培植，5个地州市把旅游业作为重点产业或第三产业的先导产业来发展。与此同时，根据旅游业关联度高、综合性强的特点，云南省委、省政府坚持用大旅游的观念来统一认识、指导工作，动员各方面的力量，共同关心、支持、参与旅游支柱产业建设。多年来，计划、财政、建设、交通、文化、民航、工商、公安、外事、侨办、台办、环保、金融、物价、教育等部门围绕建设云南支柱产业，为云南省旅游业的发展做出了积极的贡献；宣传、新闻单位积极宣传云南旅游，大大提高了云南旅游业在国内外的知名度和吸引力。全省16个地州市制定了旅游业发展“九五”计划和2010年远景目标，经省旅游局审定后，由当地政府批准实施。全省60多个旅游重点县（市）的旅游业发展规划也基本完成。形成了省、区（域）、地、县四个层次的相互衔接的旅游业发展规划，为落实云南省委、省政府把旅游业建成支柱产业的战略决策奠定了良好的基础。据统计，1978年全省投入接待经营的景区（点）仅10余个，绝大多数是人文景观和城市公园。到1998年，全省共有风景名胜区64处，自然保护区108处，森林公园26个，重点文物保护单位1613处，历史文化名城9座。其中，全省共开发投入接待经营的景区（点）224个，从业人员1.25万人，年接待规模1960万人次，总收入7.5亿元，形成了滇中、滇西北、滇西、滇西南、滇东南五大不同景观特征的旅游区，成为云南省旅游业的重要组成部分和旅游支柱建设的重要支撑。

20年来，特别是“七五”计划以来，全省用于旅游基础设施建设的资金近千亿元，使云南旅游业赖以发展的公路、铁路、航空、通信、电力、供水等基础设施和城市建设、生态环境保护得到很大改善，为旅游业的快速发展奠定了基础，营造了良好的旅游“硬环境”。同时，从1992年起每年安排5000万元至1亿元政府旅游专项资金，引导社会各方面积极投资开发旅游资源，搞好景区、景点、旅游度假区建设，改善旅游接待条件，提高旅游服务水平，增强了全省旅游产品的吸引力和竞争力。

凭借丰富的旅游资源，不断改善基础设施，实施“政府主导”战略，云南旅游业迅速发展扩大。1997年接待海外旅游者和创汇水平均居全国第7位，支柱产业的雏形开始显现，对云南省经济社会发展的贡献日益突出。经过20年的迅速发展，云南省旅游业在国民经济中的比重大幅度上升。1989年，全省旅游业总收入只占国内生产总值的0.23%，但1998年上升到7.5%，平均以23%的速度递增。一些旅游业重点地区的旅游收入占该地区的国内生产总值的比重就更高。1997年，西双版纳为31.9%，丽江为39.6%，就连旅游业刚刚起步的迪庆州也由1995年的3.5%上升到1998年的23%。云南省旅游业的发展带动了交通运输、城市建设、商业服务、对外贸易、房地产等部门的发展。1998年旅游外汇收入达2.5亿美元，占当年全省外贸出口额12.6亿美元的20%，成为全省非贸易创汇的主要来源。20世纪末，云南航空公司在国内大部分航空公司亏损的形势下仍保持良好的发展势头，无不得益于来滇游客的大量增加。1997年的云航旅客吞吐量达573.9万人次，是1990年的7.6倍，年均增长31%，居全国第4位；航线也由1990年的19条上升到1997年的78条，运输机群达19架，年均客座率高达66.1%。旅游业带动地面交通运输业的发展也很显著，以云南出租汽车业的快速发展为例，据城建部门统计，1995年全省出租汽车仅有7665辆，到1997年末，上升到1.2万辆，年均增长24.5%，其中地州市的出租车增长更快，平均以34.7%的速度递增。丽江大研镇由1995年初的100辆出租汽车增长到1998年的900余辆，年均增长速度超过70%。出租汽车业迅速发展并保持较高的利润，主要是由于外地游客大量增加和本地居民收入的普遍提高所致。1989年至1998年，全省新增旅游饭店650余家，新建和改造旅游饭店投入的资金超过60亿元，有效地带动了云南房地产业的发展。城市建设与旅游业的连带作用也十分密切。世界上因旅游业而造就的新兴中小城市不下千个，世界上知名的国际大都市也都是旅游业发达的城市。旅游业的发展带动了昆明、景洪、瑞丽、丽江等一批城市的发展。

云南20世纪90年代初期全省旅游从业人员仅5000余人，至1995年增至15万人，1997年末增至20万人，从业队伍的年均增长率高达50%，但旅游专业人才仍供不应求。这充分说明，云南省旅游业在提供更多的就业机会方面，比其他行业更具有突出优势。

旅游业还推动了少数民族地区的经济繁荣和社会发展。迪庆州是全省的重点扶贫地区，1995年全州1/3的人未解决温饱问题，经济以农林畜牧业为主，生产力水平较低。1994年开始开发旅游资源，经过短短的4年时间，接待海外旅游者从1995年的7600人次增加到1998年的3万人次，增长近3倍；旅游外汇收入从85万美元增加到1379.5万美元，增长15倍；国内旅游者从3.5万人次猛增到61万人次，增长16倍多；旅游总收入从1730万元增加到2.3亿元，增长12倍。迪庆州人均国内生产总值由1995年的1645元上升到1998年的人均2340元。在过去的10年中，泸西阿庐古洞共接待游客485万人次，其中来自近50个国家和地区的游客31万人次，旅游直接经济收入1.9亿元，社会综合效益达3.8亿元。以上“这些成绩的取得与云南省地方政府在‘九五’期间旅游业实施了政府主导的战略有关”。①

民族地区实施政府主导战略，取得显著成效还表现在民族地区旅游业持续稳定发展。

例如：云南省旅游业在“九五”期间旅游接待人数及旅游总收入逐年上升。“十五”时期，云南省继续实施“政府主导”战略，旅游继续快速发展，主要旅游经济指标持续增长。2001－2005年，全省接待海外旅游者100.1万人次增加到150.28万人

① 赵涛：《云南旅游业：宽松的现实与不宽松的实现——问题与对策》，载《旅游管理》2001年第5期。

次，旅游外汇收入从 3.39 亿美元增加到 5.28 亿美元，年均分别增长 8.47% 和 9.27%；接待国内游客从 3814 万人次增加到 6860.74 万人次，国内旅游收入从 183 亿元增加到 386 亿元，年均分别增长 12.3%，16.1%；旅游总收入从 211 亿元人民币增加到 430 亿元人民币，年均增长 15.3%。旅游总产出增长速度高于全省的经济年均增长速度 7.7 个百分点。具体情况见下表：

表 8-2-5 云南省“九五”、“十五”期间旅游接待人数及旅游收入状况表

项目 年次	国内旅游者（万人次）	海外旅游者（万人次）	国内旅游收入(万元)	旅游外汇收入(万美元)	旅游总收入(万元)
1997	1137	81.458		2.6817	119.0000
1998	2794	76.142	115.1731	2.6102	136.9166
1999	3674	104.000	175.0768	3.5032	204.2589
2000	3841	100.141	183.1938	3.3901	211.4340
2001	4579	113.1303	226.0000	3.6701	256.9309
2002	5110	130.300	255.0002	4.1930	289.9280
2003	5168	100.01	278.3060	3.4014	306.6398
2004	6010.643	110.10	334.0800	4.2200	369.2700
2005	6860.74	150.28	386.0000	5.2800	430.0000

资料来源：1997-2000 年数据依《2002 年云南统计年鉴》第 564 页。2000 年和 2002 年、2003 年的数据，依《2004 年云南年鉴》第 508 页。2001 年数据依《2002 年中国旅游年鉴》第 251 页。2005 年数据依《云南省“十一五”旅游发展规划》（内部资料）。

从上表以及另外通过统计逐年各主要旅游经济指标看，“十五”时期云南省的旅游经济又比“九五”时期有了较大幅度的增长。“十五”时期五年内（2001-2005）全省累计接待国内旅游者 2.77 亿人次，比“九五”时期增长 88.44%。国内旅游收入达 1479.54 亿元，比“九五”时期增长 136.29%；接待海外旅游者 603.88 万人次，比“九五”时期增长 38.55%；旅游外

汇收入达20.77亿美元，比“九五”时期增长43.14%；旅游总收入达1652.98亿元，比“九五”时期增长121.94%。

云南省由于在“九五”和“十五”期间，实施“政府主导型”战略，使云南旅游产业基本形成体系，旅游产业更加壮大，逐步形成规模，已成为云南的支柱产业之一。云南省目前（即2005年），全省旅游产业拥有固定资产452.7亿元，总资产规模超过600亿元。共有19526户旅游基本单位，其中旅游行政管理机构78家，旅行社430家（其中国旅行社40家）；旅游住宿设施14234家（其中旅游星级饭店747家，社会旅馆4048家，个体旅馆9439）；旅游景区景点230家［其中国家A级以上景区点111家；旅游车船公司16家；高中等旅游院校（系）18所；其他类型的旅游企业69家］。此外，尚有旅游购物企业300多家及上千家各种类型的旅游餐馆企业，基本形成了包括饭店旅馆业、旅行社业、旅游交通业、旅游餐饮业、旅游娱乐业、旅游景观业、旅游商品购物和旅游教育等在内的比较完整的综合产业体系。以上说明云南省“九五”、“十五”期间实施“政府主导”型战略，成效显著，加快了旅游业的发展。

广西壮族自治区实施“政府主导”型战略，也取得丰富的经验，很有成效，如在2003年上半年，全区接待海外旅游者32.71万人次，旅游外汇收入0.855亿美元，分别比2002年同期增长59.49%和41.71%，其中桂林市接待26.04万人次。说明“广西采取实施‘政府主导’型战略，加快了旅游业的发展。”① 民族地区其他省份，如内蒙古2004年全年接待入境游客达79.98万人次，接待国家游客1511万人次。实现旅游总收入145.01亿

① 雷德、袁珈玲：《广西旅游业实施政府主导战略对策探析》，载《广西旅游在线》2003年4月25日。

元，比2003年增加0.82百分点。[①] 东部沿海地区的海南省2004年，接待过夜国内外游客1402.89万人次，实现旅游总收入111.01亿元，比上年增长18.7%。[②]

再以星级饭店为例，“2004年全国总计有10888家，广东省有1067家为最多；其次是浙江省901家，居第二位，云南省有747家，居第三位。”[③]

另外，政府主导战略的成效，也可以从一些发展中国家旅游业发展的经验得到验证。泰国、新加坡、印度尼西亚、马来西亚等东南亚四国针对旅游行业覆盖面广的特点，建立了一整套政府调控市场的运作机制，形成了以国家目标为主导的旅游业发展的主渠道。

第三节　民族地区“政府主导”型战略转换的必要性和必然性

当前，我国转轨时期的特殊国情，需要从经济转轨特定阶段的现实需求出发，分析政府转型的客观基础及其迫切性。

转轨时期，政府（包括民族地方政府）的职能要从经济建设型向公共服务型转变。从经济增长方式看，要实现从政府主导向市场主导转变。

---

① 《2005年中国旅游年鉴》，中华人民共和国国家旅游局，2005年第239、240页。

② 《2005年中国旅游年鉴》，中华人民共和国国家旅游局2005年第299、291、307页。

③ 《2005年中国旅游年鉴》，中华人民共和国国家旅游局2005年，第299、291、306页。

实施政府主导型战略，政府所主导的范围和力度在不同的国家或地区有所不同，同一国家不同时期所主导的范围和力度也有差异。关键问题在于政府所主导的范围和力度要适当，不到位和过犹不及都是不恰当的。

我国民族地区在“九五”、“十五”期间也实施了政府主导型的战略，并取得了显著成绩，初步建立了市场经济体制框架。但是，还要清醒地认识执行这一战略中所出现的新情况和新问题，充分认识和分析不同地方民族地区实施政府主导战略后客观条件的变化情况，并根据情况的变化及时地调整民族地方政府的职能和旅游业的发展战略。

对于发展战略不同学者有不同见解，有的主张政府主导，有的主张市场主导，有的学者提出“旅游业发展初期实行政府主导型，在中期实行政府干预型，在成熟阶段实行市场主导型。”①

笔者赞同最后所提出的这种发展模式，认为所谓在中期实行干预型的模式，实际上是一种从政府主导型向市场主导型转换的过渡形式。旅游业发展过程是个此消彼长的过程，也是一个体制转换的过程。民族地区在“九五”、“十五”期间实施了政府主导型旅游业的发展战略，在这过程中旅游业发展的客观情况会发生变化，比如，旅游业的管理会走上法制化、行业化的轨道，“政府主导”型战略也必然会转化。但是，由于历史的原因及民族地区各地的自然状况不同，各地的旅游基础设施和改革状况不同，各地旅游业的发展战略选择，也应有所不同。发育好的、具备战略转换条件的，应及时进行角色转换，从“政府主导”向“政府引导”转换，不具备转换条件的，则继续实施“政府主导型”战略。

---

① 匡林：《旅游业政府主导型发展战略研究》（序言），中国旅游出版社，2001年版。

一、“政府主导”和“政府引导”涵义的区别

在分析和判断如何根据市场发育程度，适时转换政府职能，即及时从“政府主导”向“政府引导”调控之前，应搞清旅游业“政府主导”和“政府引导”的概念。两者的概念在学术界有种种说法，有广义和狭义之分，笔者这里从经济学的角度来理解，采用其狭义的概念。所谓政府主导型发展战略，是指政府对旅游产业采用直接规制法，即政府直接干预旅游业，包括建立国家的旅游行政管理机构，建设旅游基本设施以及直接经营旅游企业和实施旅游促销宣传等。所谓政府引导型发展战略，是指政府对旅游产业的间接规制，它主要通过法律等间接的方式管理和调节旅游产业和经济，并放松对旅游业及其相关行业的管制，使市场的作用不断增强。

二、“政府主导”向“政府引导”转换的必要性和必然性

（一）旅游业“政府主导”向“政府引导”型战略转换的必要性

民族地区在“九五”、“十五”期间仍以政府主导建设旅游支柱产业，政府在推动经济增长的过程中发挥了重要作用，但是，政府主导的经济增长方式的新弊端日益显露。第一，加剧形成了经济风险和金融风险。比如1998年，中央政府发行1.4万亿元的国债以解决四大国有商业银行的不良贷款，而现在不良贷款的比例逐步增加，已对金融稳定构成威胁。第二，政府主导的经济增长方式实行低成本扩张，它严重破坏环境，大量浪费资源。第三，在市场主体形成，市场经济体制框架初步建立的情况下，这种经济增长方式不利于平等竞争的市场机制的形成和完善。第四，这种经济增长方式使政府把主要精力放在GDP的增长指标上，并由此造成我国经济社会发展的严重失衡。“但在我

国市场经济体制框架初步形成的大背景下，政府应把更多的精力放到公共服务上，而不是直接干预微观经济。"①

"目前政府主导旅游业发展存在的问题有以下六个方面：

1. 政府的大包大揽行为与旅游开发的市场竞争机制矛盾。

2. 政府的经济利益最大化行为与旅游开发的综合效益最优化的矛盾。

3. 政府行政的"树状体系"与旅游开发的"网状体系"的矛盾（指同级或不同级地域之间的社会、经济关系的协调的支持力度不够导致区域间的封闭）。

4. 行政部门分权与旅游管理综合运作的矛盾。

5. 政府领导权利的短期性与旅游开发的效益长期性的矛盾。

6. 政府领导的拍板现象与旅游开发科学性矛盾。"②

面对世界旅游市场的快速发展和我国加入 WTO 之后面临的机遇和挑战，"政府主导"型战略显出其一定的弊端。而且，在人们认识上还存在着众多误区：

1. 误把政府主导理解为政府主宰，沿用计划经济下高度集权的领导模式，由长官意志代替企业行为，由行政命令代替市场规律，导致决策失误，旅游供求几度失衡，造成很大浪费。

2. 误把政府主导理解为政府主财，即由政府的财政拨款包揽一切。各个行业，各个企业只盯着政府的口袋，或等或靠或要，束缚了自己的手脚，丧失了抢占市场的有利时机。

3. 误把政府主导理解为政府主干，即由政府投资兴办并直接管理的旅游企业，给予它们各种各样的优惠与保护，造成事实

---

① 迟福林：《门槛——政府转型与改革攻坚》，中国经济出版社，2005 年版，第 7 页。

② 梁留科：《现代旅游产业发展中的政府角色定位研究》，载《西北农林科技大学学报》2005 年第 4 期。

上的垄断经营和不公平竞争，限制了社会主义市场经济和旅游业的蓬勃发展。

因此，在充分肯定实施“政府主导型”战略所取得成绩的同时，还要清醒地看到执行这一战略中所出现的问题和不足之处，要合理界定政府在旅游业发展中的地位和作用，以促进旅游业的可持续发展。

（二）“政府主导”型战略向“政府引导”型战略转换的必然性

“政府主导”型及“政府引导”型的内在发展规律，决定了民族地区由“政府主导”型战略向“政府引导”型的转换。

随着我国旅游业的发展以及旅游管理走上法制化、行业化的轨道，政府主导型战略势必会转化，演变为“政府指导型”（引导型）或者“政府协调型”。“十五”期间，即2002年，我国正式加入世界贸易组织（WTO），开始了旅游业全面开放的进程。中国旅游行政管理体制要改革，要进入更高更新的层面，旅游业作为先导产业，客观上要求其管理模式按照市场经济的特有规律进行。政府与市场关系的根本方向是政府不直接控制市场，不直接主导市场竞争、不直接主导经济运行，实现由政府主导逐渐向市场主导的转型。政府主导型战略在“九五”期间，在民族地区取得了重大成效之后，大多在“十五”期间仍然实施。但笔者认为，随着我国政治体制和经济体制的转型，“政府主导”型战略在一些具备转换条件的民族地区继续实施已不利于旅游业的发展。

2005年7月，国家发改委主办的“中国改革高层论坛”的主题就是“以政府行政管理体制改革为重点，全面推进体制创新。”因而，“十一五”时期，我国改革攻坚的重点是政府转型。政府转型包括：一、从经济建设型政府向公共服务型政府转型。二、从“政府主导”向“市场主导”的转变。

就像陶福勒在《未来的灵感》一书中写的那样："我们现在所生活的时代，是一个变化或转换正在加速进行的时代，我国必须设法从各方面去适应它……由于转换的速率增加，不能跟着或者适应转变，则其所付出的代价也将比例地增加，成功的关键在于适应或处理这种转换的能力。"①

在不同的发展阶段和不同的历史环境下，政府应按照实际情况采取不同的旅游业发展模式。第二次世界大战以后，美国、日本对发展初期的旅游业亦采取了政府主导的战略，先后建立了旅游业行政主管部门，构建了旅游业的微观规制体系和基本法律体系，直接参与了旅游基础设施的规划建设以及市场调研和产品宣传，并对旅游业的发展给予了金融支持。由于实施了政府主导战略，日、美两国的旅游业在很短的时间内就以独立产业形式和规模化的形式展现出来。到了20世纪70年代，美国的交通等旅游基础设施基本系统化，旅游业的行政体系、市场体系和法律体系基本形成，旅游业自身也出现了垄断等一系列问题，在这种情况下，美国政府及时地调整了政府职能，以引导代替主导，采取放松管制、增加旅行社的数量、缓解垄断情况等政策，同时减少了旅游业运作中的直接行为，尽量通过法律等方式来管理和规范旅游业，及时转变了政府职能和旅游发展战略，使市场机制逐步完善，走上了旅游业由市场主导的道路。虽然中美两国文化背景和经济制度不同，但当前中国的旅游业在进入"十一五"时期，在一些旅游发展迅速的地区市场经济体制框架初步形成的大背景下，美国政府旅游发展的战略和及时转变的经验值得我们学习和借鉴，"政府主导"型战略可以分层次分步骤地向"市场主导"型战略演进。

---

① 匡林：《旅游业政府主导型发展战略研究》，中国旅游出版社，2001年版，第117页。

"政府主导"型向"政府引导"，再向"市场主导"型战略转变，有其内在规律。从整个转轨过程看，我国旅游业经济增长方式必须实现由政府主导向市场主导转型。政府主导必然让位于市场主导，这不仅具有现实经济管理层面的必要性，而且具有经济发展规律意义的必然性。从全球经济发展历程看，市场导向是必然趋势。我国政府主导型经济向市场主导经济转变是市场化改革必然趋势。在转轨过程中，我国的经济增长方式可以划分为三个阶段：一是计划主导经济增长方式，表现为无所不包的计划安排投资和消费，完全取消了市场；二是政府主导的经济增长方式，表现为大部分计划消解，商品市场的逐步形成，但是土地和金融等主要生产要素仍然高度依赖于政府，国有企业改革尚未完成。因此主要的投融资过程还是由政府控制，经济运行状况很大程度上要取决于政府行为；三是市场主导的经济增长方式，表现为形成了多层次的生产要素市场，建立了包括商品市场和生产要素市场在内完善的市场体系，除了少数垄断行业的产品外，政府并不直接控制商品和生产要素价格，市场在资源配置中发挥主要作用，形成了内生的经济增长方式。

"九五"期间，民族地区旅游业基本上处于发展初期，市场培育离不开政府支撑，政府主导型战略是必然选择。在计划经济向市场经济转轨的过程中，旅游市场发育逐渐从不成熟向成熟发展，旅游业发展模式也必然由政府主导向市场主导转变。由政府主导型向市场主导型转变之间的过渡，被称为政府引导型。旅游业由"政府主导"向"政府引导"的转变是内在发展规律所决定的。首先，回顾过去 20 多年的发展历程，政府主导型经济增长方式曾经有力地推动了民族地区经济的快速增长，但随着市场化改革进程的推进，现在民族地区旅游业体制改革已经初步形成以公有制为主体的多种所有制成分并存的基本制度，市场经济逐渐以企业为主体，民营企业比例大大增加，市场在资源配置中基础作用初步形成，已经初步建立了市场经济体制框架。在这种情况下，政府主导型经济增长方式所积累的经济矛盾和经济问题也越来越明显。尤其在我国加入 WTO，全面实行对外开放以来，更迫切要求转变经济增长方式，并要求政府从经济建设主体向经济性公共服务主体转变，以适应国内外经济发展的需要。因而，在有些民族地区具备了由“政府主导”型向“政府引导”型经济增长方式转变的客观基础时，就可以实现从“政府主导”向“政府引导”转变。

从“政府主导”，经“政府引导”的过渡期向“市场主导”型转变，是市场化改革的必然趋势。当时日本和韩国为了在短时期内赶超先进发达国家，特别是加速发展外向型产业，增加国际市场竞争力，所提倡的政府主导型经济体制与政府主导型赶超战略，虽然创造了“东亚奇迹”，但也形成泡沫经济，引发金融风暴与“平成萧条”，这种惨痛教训应该触动我们反思。我们应该认识到，“政府主导”体制在具备成功作用的同时，也具有局限性与过渡性。“政府主导”型经济向“政府引导”，再向“市场主导”型经济转变，是市场化改革必然趋势，是由其内在变化规律所决定。

我国各地旅游业发展不平衡，一般来说东部沿海地区较西部民族地区发展快。但西部民族地区有些省份如四川、云南旅游业的发展速度并不慢，以四川省为例，2004 年四川省全年接待入境游客达 96.62 万人次，列全国第 14 位。接待国内游客达 1.14 亿人次。实现旅游总收入达 566.23 亿元，同比增长 34.6%。旅游总收入增长速度远远高于全国平均增长速度，列全国第 9 位。[①]

2004 年，我国接待游客 12.11 亿人次，（其中入境游客

① 中华人民共和国国家旅游局：《2005 年中国旅游年鉴》，中国旅游年鉴编辑部，2005 年编，第 4 页。

10903.82 万人次，国内旅游人数 11.02 亿人次），旅游总收入 6840 亿元人民币，比上年增长 40.1%。但是全国各大区域旅游发展很不平衡，以 2004 年我国接待入境旅游者数和国际旅游者数和国际旅游（外汇）收入状况为例，全国各省、自治区、直辖市接待入境旅游超过 30 万人次的有 24 个省，其中有广西、内蒙古、新疆三个民族自治区和民族分布较多的云南省、四川省、重庆市，还有部分少数民族散居或小聚居的黑龙江省和吉林省、辽宁省。2004 年，国际旅游（外汇）收入超过 1 亿美元的有 21 个省，其中包括广西、内蒙古、云南、四川、重庆、黑龙江、辽宁等少数民族聚居区或有较多少数民族分布的省份。再以星级饭店为例，全国 31 个省市（区），共有星级饭店数 10888 家，广东省有 1067 家，为全国最多，名列第 1 位；浙江省有 901 家，名列第 2 位；而云南省有 747 家，名列第 3 位。而且民营星级饭店的数量占饭店总数的比例为：云南省为 66.54%，广东省为 69.27%，新疆维吾尔自治区为 7.91%。以民族地区的新疆维吾尔自治区为最低，云南省仅低于全国最高的广东省。具体情况见下表：

表 8-3-1 2004 年我国各省、市、自治区（不包括台湾省）国际旅游收入和接待入境旅游人数状况表

序号	省区市	国际旅游（外汇）收入（万美元）	增长	接待入境旅游人数（万人次）	增长
1	广东	537821	26.0	1563.65	30.6
2	北京	317343	66.7	315.50	70.4
3	上海	304124	48.2	385.45	57.5
4	江苏	176344	55.8	306.57	37.4
5	浙江	130047	49.1	276.67	53.0
6	福建	106507	16.4	172.90	15.5
7	辽宁	61281	35.0	108.08	38.8

续表

序号	省区市	国际旅游(外汇)收入(万美元)	增长	接待人境旅游人数(万人次)	增长
8	山东	56655	53.1	119.31	53.6
9	云南	42245	24.2	110.10	10.1
10	天津	41253	25.2	61.59	26.0
11	陕西	36136	82.1	80.02	71.8
12	湖南	31308	584.0	55.34	259.5
13	黑龙江	30215	24.0	73.28	24.8
14	四川	28885	93.1	96.62	113.9
15	广西	28791	75.2	117.58	80.8
16	内蒙古	25330	83.0	79.99	93.4
17	重庆	20308	79.4	43.44	85.2
18	湖北	19240	41.2	61.19	51.0
19	河北	19042	125.1	58.07	107.2
20	河南	16001	152.2	45.08	138.7
21	安徽	14069	68.7	50.10	78.4
22	吉林	9600	44.6	32.40	53.0
23	新疆	9108	87.5	31.69	85.8
24	海南	8160	2.6	30.86	5.2
25	山西	8123	124.0	29.58	154.9
26	贵州	8020	177.1	23.10	200.0
27	江西	7997	68.1	28.77	73.8
28	甘肃	4379	106.9	23.67	133.2
29	西藏	3660	93.6	9.58	87.4
30	青海	912	92.8	2.89	63.0
31	宁夏	171	103.6	0.70	130.9

资料来源：中华人民共和国国家旅游局：《2005 年中国旅游统计年鉴》，第4－5页。

旅游基础设施数量也存在发展不平衡状态，以 2004 年全国旅行社单位数量为例，2004 年以山东省最多，其次为江苏省，浙江省名列第 3。民族地区排位较前的有四川和云南，分别为第 10 位和第 17 位，西藏和宁夏旅行社数量最少，列在最后两位，详情见表 8－3－2。

表 8－3－2　2004 年全国各省、自治区、市旅行社数量表

单位：家

地区名	旅行社数/家	排列第次	地区名	旅行社数/家	排列第次
山东	1346	1	云南	410	17
江苏	1105	2	黑龙江	405	18
浙江	961	3	广西	361	19
辽宁	884	4	陕西	344	20
广东	768	5	新疆	329	21
河北	708	6	吉林	283	22
河南	695	7	内蒙古	273	23
上海	666	8	天津	242	24
北京	625	9	甘肃	240	25
四川	564	10	重庆	199	26
安徽	530	11	海南	153	27
福建	512	12	贵州	149	28
湖北	500	13	青海	121	29
山西	486	14	宁夏	78	30
湖南	481	15	西藏	43	31
江西	460	16			

资料来源：《2005 年中国旅游统计年鉴》，第 109 页。

另外，在全国旅游发展存在不平衡现象的同时，民族地区内部的旅游发展也存在不平衡现象。以 2003 年云南省各市、州、地区星级饭店数量为例，截至 2003 年 12 月 30 日，云南省各州星级饭店的客房数量，以昆明市为最多，其次为大理和丽江。详情见表 8－3－3。

表 8－3－3 2003 年云南省各市、州、地区星级饭店数量表

序号	地区	一星	二星	三星	四星	五星	合计
1	昆明市	5	59	31	17	5	117
2	玉溪市	3	30	4	3	0	40
3	楚雄州	5	22	3	0	0	30
4	大理州	3	70	14	2	0	89
5	丽江市	18	43	8	5	1	75
6	迪庆州	1	21	5	2	0	29
7	保山市	2	26	1	1	0	30
8	怒江州	0	5	0	0	0	5
9	德宏州	6	26	2	1	0	35
10	临沧地区	1	19	0	1	0	21
11	文山州	2	10	5	0	0	17
12	红河州	23	28	12	3	0	66
13	曲靖市	8	14	9	0	0	31
14	昭通地区	0	4	1	0	0	5
15	思茅地区	8	25	2	6	0	31
16	西双版纳州	3	26	8	1	0	38
17	合计	88	428	105	36	6	663

资料来源：云南省旅游局：《云南省旅游涉外星级饭店名录》2003 年。

因此，根据我国经济改革和旅游发展不平衡的状况，在大部分相对滞后的民族地区，旅游发展仍可实施“政府主导”战略，但在一些相对发达的地区，则可以适时率先采取“政府引导”的战略，根据不同情况区别对待。

第四节 “政府主导”向“政府引导”战略转换的条件

“九五”期间的“政府主导”型旅游业发展的战略，加快了旅游业的发展。但随着时间的推移，“政府主导”战略的客观条件若发生了变化，这一模式的负面作用也日益显著。笔者试以云南省特别是云南省丽江市、大理州为例，探讨旅游业由“政府主导”向“政府引导”再逐步向“市场主导”的转换问题。

市场机制是通过价格、供求、竞争、利率、工资、风险等机制对资源配置进行调节，使之互相联系、协调。我国旅游业市场化程度较低，市场经济还不完善，尚不具备全面地通过市场机制的作用进行资源配置的条件。为此，我们以旅游业比较发达的云南省特别是云南省丽江市、大理州为例，探讨民族旅游由“政府主导”向“政府引导”转换的现状与对策。

一、实施“政府主导”战略完成的工作任务情况

（一）民营经济逐渐成为市场竞争主体之一

云南省股份制改革不断发展，旅游企业已由国家独家经营向多元化经营发展。

1．旅行社股份制数量不断增加

“九五”、“十五”时期，云南省旅行社股份制的数量不断增加，到2000年股份旅行社数有69家，2001年为116家[①]，2004年股份制旅行社为170余家，占旅行社总数430家的39.6%（此

① 中华人民共和国国家旅游局：《2002年中国旅游年鉴》。

数据不包括外资企业和个体私人企业等其他形式非国有经济的旅行社)。①

2004 年云南省旅游住宿设施 14234 家，其中旅游星级饭店 747 家，社会旅馆 4048 家，个体旅馆 9439 家。②

2. 民营星级饭店数量不断增加

2004 年云南省星级饭店总数 747 家，民营星级饭店总数 497 家，民营旅游企业的比例数已超过总数的一半以上。民营经济已开始成为云南省、丽江地区、大理州经济增长的主力军和生力军。

表 8-4-1 丽江、大理星级饭店数量表

年份	省或州	星级饭店总数	民营星级饭店总数	民营星级饭店占星级饭店总数的百分比(%)
2004	云南省	747	497	66.54
2003	丽江地区	63	38	60
2003	大理州	89	50	55

资源来源：1. 2004 年《云南省“十一五”旅游发展规划》（内部资料）。2. 2003 年《云南省旅游涉外星级饭店名录》，云南省旅游局，2003 年 12 月 30 日。

3. 旅游投资逐渐向多元化方向发展

2004 年全省有 36 个旅游重大招商引资项目，2004 年上半年，全省先后有奥地利的奥斯托克公司投资 5 亿美元，在安宁建设“巴特福来保健中心”；民营企业家张迦茚投资 3000 万元人民币的曲靖市翠山影视文化城正式投入运营；上海云海实业股份有

① 云南省旅游局：《关于全省旅游业发展“十五”规划执行情况和“十一五”规划思路报告》（内部资料）。

② 云南省旅游局：《关于全省旅游业发展“十五”规划执行情况和“十一五”规划思路报告》（内部资料）。

限公司与石林旅游局合作建设旅游服务设施的项目正式签约；上海锦江国际（集团）旅游事业部与昆明中国国际旅行社签订旅游合作意向性协议书；中国台湾、新加坡投资商与昆明康辉国际旅行社签订了1亿美元的投资合作意向书；昆明官房企业集团与文山州政府签订了10亿元的文山旅游资源开发及设施的合作协议书，旅游投资逐渐趋于多元化。

云南省大理州喜洲镇旅游开发经营主体多元化的模式值得推荐。喜洲镇采取“政府+公司”及“农民旅游协会”的联合开发模式。基本做法是：一是由政府与旅游开发公司共同投资，由镇政府国资公司与大理旅游度假区开发公司分别作为股东组建大理旅游古镇开发有限公司，公司与镇政府、村委会达成协议经市人民政府同意授权经营40年，由公司作为旅游企业负责组织开发经营。二是由农民自愿发起，政府引导成立周城餐饮协会，共同做大做强大理旅游餐饮业，会员有34家餐馆，采取旅游刷卡方式结算，通过这种做法，使旅游餐饮业达到了提质增效的目标。三是由自然村干部与村民代表共同组建蝴蝶泉旅游开发有限公司，全体村民作为股东，主要从事旅游产品开发和销售，同时由村集体收入来投资旅游基础设施建设，如旅游购物市场、停车场、道路等。同时公司还组织村民进行旅游服务及经营管理培训，带动村民发展旅游，共同富裕。通过这种方式，镇政府和村委会两级集体收入增加，更好地投入资金进行镇内公益性建设，改善村民生活条件，同时加强宣传促销工作，带动地方经济持续快速发展。目前小城镇特色产业的旅游资源开发其投资主体已形成多元化格局，村民可作为股东，参与旅游产品开发与销售。自采取政府与农民自愿发起组成的旅游开发公司共同投资发展乡村旅游以来，全镇旅游综合收入21.7亿元，旅游收入占全镇经营总收入38.9%。

（二）产权制度改革逐步深化

1. 对现有旅行社的改造和重组，走集团化道路

“十五”期间，云南省旅游局下达了省委、省政府关于《加快推进我省旅游行业整合工作的指导意见》的指示，通过对现有旅行社进行改造、重组等方式实现大型旅行社集团化、中型旅行社专业化和小型旅行社代理制的网络化目标模式，以原有省属三大集团（云南省世博集团公司、云南省旅游集团公司、云南省旅游产业开发公司）为核心，整合有关旅游资源，重新组建新的旅游企业集团，构建产权多元化，按市场规律运作的企业集团。例如，西双版纳州把原有的 61 家旅行社重组成 4 家旅行社集团，大理州也组建了大理旅游集团，并采取租赁经营方式，对大理市苍洱景区内的崇圣寺三塔、蝴蝶泉、天龙八部影视城、南诏风情岛、洱海公园进行统一管理和经营。大理旅游集团依托优质旅游资源，充分利用资本市场，筹集发展资金，走大集团、大产业、大市场的规模化经营之路，增强了竞争力和综合实力。此外，还整合两家苍山索道公司，开工建设苍山索道上段，对苍山旅游资源进行保护性深度开发和经营。

2004 年丽江地区改为地级市后，旅行社已具有一定规模。丽江成立滇西北旅行社集团公司，该公司在对下属旅行社的管理和市场调控上，将管理思路由原来的微观管理向大服务、大市场宏观性方向过渡，并取得积极效果。2002 年成立旅游车辆协会后，根据大理、丽江、迪庆三地州旅游车辆交叉互用的情况，起草了《滇西北旅游车辆自律管理办法》，逐步实现对三地州旅游车辆实行自律联动管理。2004 年，大力推进旅游交通联合化经营，组织滇西北旅游车辆统一联动，推行网上统一销售，规范旅游车辆市场。旅游运输联合化、导游服务公司化以及旅游饭店连锁经营，使丽江市的旅游业改革不断深化。

2. 区域合作不断加强

丽江市旅游行政领导部门积极推动五大旅游圈之间的联系与

合作，加强了跨区域合作力度。五大旅游圈即是指：四川西昌——泸沽湖——丽江——永胜——华坪——四川攀枝花的东部民族风情旅游圈；祥云——鸡足山——永胜程海——宁蒗县城——泸沽湖——丽江——大理的南部文化风情旅游圈；丽江——下虎跳峡——迪庆白水台——香格里拉——梅里雪山——黎明——丽江的北部雪山、峡谷——生态旅游圈；丽江——九十九龙潭——剑川石宝山——鹤庆新华村——丽江的西部生态、科考、观光旅游圈；以及丽江——迪庆——藏东南——川西南的香格里拉生态旅游圈等，形成了跨滇、川、藏地区的联合重组。五大旅游圈之间的联系与合作，提高了旅游企业的规模效益，增强了在国内外市场的竞争力。

大理白族自治州对区域合作与联系也非常重视，州内在充分发挥大理市的核心带动作用的同时，积极促进各县市旅游协调发展。州外加强与昆明、丽江、迪庆、怒江、保山、德宏的交流与合作，与丽江、迪庆和怒江联手，共同打造香格里拉黄金旅游线路，保护开发老君山生态旅游景区，实现资源共享，优势互补、客源互送、大力推动了旅游区域经济共同发展。

在做大做强旅游企业方面，引导大理旅游集团、大理旅行社经营管理集团、大理影视产业集团、鹤庆新华村旅游集团和大理演艺集团向着企业规模化、网络化、专业化方向发展。

3. 实行所有权和经营权分离

丽江市政府在实施所有权与经营权分离方面做了大量的工作，采取鼓励和支持有实力的大企业以集中规划、成片开发的形式取得旅游景区（点）的经营权。比如，引进昆明鼎业集团开发束河镇（束河茶马古镇）、昆明官房集团开发经营滇西明珠花园别墅，剑南春集团建成丽江剑南春文苑，通过招商引资引进泰国M集团建成丽江格兰酒店，昆明官房集团建成云南省第一家五星级酒店——官房大酒店。丽江四星级以上酒店几乎都是通过招商引资而建成的。

大理白族自治州通过经营权转让引进云南盛兴集团投资2.67亿元，整体开发建设鹤庆新华村。引进四川万泰集团投资2.9亿元开发洱源温泉城；投资2.5亿元新建沧海高尔夫球场。又引进千岛湖凤凰置业有限公司7000万元新建凤凰温泉旅游度假村；新建“洱海一号”豪华游船和新建风花雪月大酒店等等，大力引导非公有制经济进入旅游领域，不断提高旅游产业非公有制经济比重，旅游投资逐渐向多元化投资方面发展。

(三) 良好的有效的行业管理体系

旅游行业管理直接关系到整个行业的规范运作和市场秩序。丽江地区旅游局重视旅游行政管理工作，纠正了1999年昆明世博会以后由于供过于求而产生的酒店低价竞争，服务质量下降的现象。在旅游行业的管理方面，尽量做到有章可循，有法可依，依法治旅，逐渐向制度化、规范化、法制化发展。采取主要措施如下：

1. 完善行业自律公约，强化行业协会建设

大理白族自治州、丽江市都建立了旅游协会各分会组织，并制定和完善协会自律公约。

2001年丽江地区在市宾馆酒店协会基础上，成立一、二、三、四级酒店分会，指导和帮助各酒店分会制定了行业自律规则、反不正当竞争公约、联合销售协议和承诺书等文件，努力使各酒店做到“严格管理，优质服务，遵守约定，严于律己，统一报价，抵制滥价，守法经营，共谋发展”。各酒店价格平稳，已从过去的价格大战转为服务质量的竞争。2002年，在进一步加强酒店协会各分会的工作外，丽江地区旅游协会根据该地区的实际情况，重新修改了协会章程。2005年改选了旅游协会领导班子，健全各分会机构，督促各分会完善各项行会管理制度和自律公约。一年来，由监理公司受旅游协会及各分会的委托，按

2005年度签署的行业自律《公约》及《合作经营协议》及其他行业自律规定，对协会下属的五个分会（旅行社分会、星级饭店分会、旅游车分会、购物店分会、景区点）分会的成员单位的经营情况、操作情况、价格自律体系、服务质量接待标准等自律约定的执行情况进行监督管理，并对违规违约的单位进行违约处理。“十五”期间，协会努力搞好了协会的自律、协调和服务工作，配合了行业管理部门规范旅游市场秩序、提高了旅游服务质量。

按照自下而上的原则，大理州旅游协会由各专业分会召集会员单位，在协商一致的基础上制定了《大理州旅游行业协会旅行社分会自律公约》、《大理州旅游业协会四星级饭店分会自律公约》、《大理州旅游业协会三星级饭店分会自律公约》、《大理州旅游行业协会二星级饭店会分自律公约》、《大理州旅游行业协会景区（点）分会自律公约》、《大理州旅游行业协会购物店分会自律公约》和《反不正当竞争公约》等旅游行业自律公约。按照平等、自愿的原则，各分会与会员单位的法人代表签订《自律公约》和《承诺书》。同时，各分会之间又签订了相互合作、促进共同发展的《合作协议》，充分发挥了行业自律作用，使旅游业协会真正成为政府与企业之间的纽带和桥梁。

旅游协会通过对行业自律进行监督，逐步建立行业内部举报检查制度等一些管理办法，开展市场整顿和规范旅游市场秩序，严肃处理损害旅游者权益和侵害同业者合法利益行为。企业形成合法经营、公平竞争、保障消费者合法权益的氛围。2005年大理州和丽江市建立了良好的市场秩序和优良的旅游市场环境。协会不仅仅是配合而且是参与了旅游行业管理部门对旅游市场整治活动。

2. 成功开发实施旅游行业管理网络系统

丽江市在总结了行业管理经验的基础上，结合行业自律和旅游行业管理的客观需要，率先与昆明创普科技有限公司联合开发了旅游行业全要素管理网络系统。该系统集结算和管理于一体。2002 年 7 月起旅游管理网络开通，全区旅游团队实行刷卡结算，动态管理，有效地解决了企业间的“三角债”拖欠和遏制了旅行社不规范经营行为，控制了“野导”、“黑导”的出现，推动丽江旅游健康发展。

大理州也组建和实施了“大理州旅游行业交易结算及管理系统”，成立了“大理州旅游一卡通有限责任公司”和大理州旅游监管中心，并以建立“统一结算中心”为突破口，建立起旅游行业自律监管和“先付款，后接待”的运作机制，形成多管齐下、全方位推动、深层次综合治理旅游市场秩序的工作格局。

3. 规范了旅游市场秩序

2002 年国务院办公厅下发［2002］038 号《关于开展旅游市场打假打非专项整治工作的通知》，在省旅游局和地委、行署的部署下，丽江制定并下发了《丽江地区旅游市场打假打非专项整治工作实施方案》，各部门根据方案所提出的工作步骤，从各自职能和主要任务出发，对旅行社、旅游车辆、旅游景区（点）、旅游集散地、旅游商品销售市场开展高密度检查，有效地规范旅游市场秩序。

2002 年 8 月 30 日，丽江市认真贯彻执行了云南省旅游局推出的整治旅游市场秩序的三条新措施：一、9 月 1 日起投诉电话“96927”正式在全省开通；二、旅游定点商店向游客承诺：购买高价值的珠宝玉石，一月内不满意者，经过一定程序认证，可无条件退货；三、在省内各大新闻媒体正式设立“旅游行业管理警示榜”。

通过旅游市场打假打非专项整治工作，优化了旅游市场环境，规范了旅游市场秩序，提高旅游服务质量和旅游者满意程度，全年投诉量迅速减少，各项发展指标稳步增长，确保了丽江旅游业健康发展。

大理市贯彻2002年全国旅游会议精神，制定了《大理市整顿和规范旅游市场秩序工作计划和实施方案》，及时调整和充实执法队伍，建立健全综合和专职旅游检查监督执法体系。重点整顿“黑车”、“野导”与非正规景区及购物摊点、餐馆等私拉游客、低价抢购、上车加价、强迫就餐购物、变更行程承诺、中途甩客扣人以及非法经营旅行社等非法经营行为。通过开展各项整治工作，使得在市辖范围内实现了“五无”，即导游服务无野导、购物消费无宰客、旅游无重大投诉、旅游交通无重大事故和旅游经营无“黑社”，有效地规范了旅游市场秩序。

（四）旅游业法律和法规初步形成

大理州、丽江市政府领导坚持依法治旅，认真贯彻实施国家有关旅游业相关法律和法规，进一步完善了旅游法规和制度。通过《中华人民共和国行政许可法》的贯彻和实施，规范了行政行为，提高了依法行政水平。省、市地方政府制定了一些法律法规。

1. 制定《云南省旅游管理条例》、修订部分旅游政策

1997年5月28日，云南省经省人大常委第28次会议通过了《云南省旅游业管理条例》，这是云南省第一部旅游地方性法规。该《条例》于2004年进行了修订，主要修订内容是要认真宣传和贯彻落实《中华人民共和国行政许可法》，加大旅游行政管理改革的力度。

2005年8月，又再重新修订《云南省旅游条例》，加强了建章立制和标准化、规范化服务的推行，丽江市政府旅游行政管理部门依据新修定《条例》精神，制定了旅游从业人员持证上岗制度，旅游从业人员岗前培训制度，旅游从业人员信誉电子档案管理制度等，使旅游行业服务做到标准化、规范化。

2004年省旅游局还及时出台了《云南省旅游行政执法程序》

等7个配套性的规范性文件，并对现有旅游政策法规进行部分修订。编印了320万字的《旅游政策法规汇编》一书，分发各级学习和执行。各地、州、市也以《条例》为依据，制定了一批规范市场程序的实施细则，初步形成了云南省旅游行业的法规体系。

丽江市政府和旅游局在省政府和旅游局领导下，也加强了旅游行业管理。1993年以来，丽江市政府发布的旅游业的管理章程和旅游业规范性文件有：

（1）《云南省丽江历史文化名城保护管理条例》。

（2）《云南省丽江纳西族自治县玉龙雪山管理条例》。

（3）《宁蒗彝族自治县泸沽湖风景区管理条例》。

（4）《宁蒗彝族自治县泸沽风景区管理条例实施细则》。

（5）关于印发《县人大委员会关于〈云南丽江拉市海高原湿地省级保护区管理办法〉（草案）及其说明决议》和《云南省拉市海高原湿地省级自然保护区管理办法》的通知（丽政发［1999］97号）。

（6）《丽江市旅游管理暂行办法》（讨论稿）。

（7）关于下发《旅行社、宾馆酒店、导游人员积分量化管理办法》（试行）的通知（丽江发［2004］60号）。

大理白族自治州也大力加强法规建设，全面实施依法治旅和依法兴旅。“九五”和“十五”期间，先后制定了《大理白族自治州导游人员年检暂行办法》、《大理白族自治州导游人员管理暂行办法》、《大理白族自治州旅行社分支机构管理暂行办法》、《大理白族自治州星级饭店管理暂行办法》、《大理白族自治州旅游定点单位管理暂行办法》、《大理白族自治州旅游购物商店定点管理暂行办法》。起草了《大理白族自治州旅游车辆定点管理暂行办法》和《大理白族自治州旅游船管理暂行办法》征求意见稿。2002年1月制定实施了《大理白族自治州旅游休闲度假山庄质量等级评定管理暂行办法》。2003 年 7 月制定并实施了《旅行社服务质量计分制管理暂行办法》、《大理白族自治州旅游业市场营销管理实施办法》、《大理白族自治州旅游行政执法监督管理办法》、《大理州白族自治州三道茶管理暂行办法》和《质量等级评分细则》。同时，根据大理州旅游资源的实际，先后参与制定了《大理白族自治州洱海保护管理条例》、《大理白族自治州苍山保护管理条例》、《大理白族自治州珠宝玉石经营管理暂行办法》、《大理白族自治州旅游业管理办法》和《大理白族自治州导游人员管理办法》，把旅游业“食、住、行、购、游、娱”六大要素相关企业纳入了法制化、规范化、科学管理轨道，为依法治旅、依法兴旅奠定了坚实的基础。

此外，云南省“九五”期间，逐步建立和健全了旅游行政执法机构，加强了旅游行政执法队伍建设。省旅游局增设了政策法规处和执法监察处，各地、州、市也充实和加强了旅游质量监理部门。

2003 年 4 月，丽江地区行署成立地区旅游管理委员会。2005 年 8 月，丽江市成立了旅游联合执法办公室，加强了对旅游市场的监督和检查工作。还成立了质监和旅游稽查大队，对旅游市场秩序进行监督和管理，规范了旅游市场的管理。

大理白族自治州也成立旅游质监所和旅游稽查大队，加强了对旅游企业服务质量的监督检查，在行业自律、“提质增效”方面发挥了重要作用。

大理市旅游综合执法稽查大队依照综合执法的职能，联合公安、工商、城管等对违法旅游市场经营秩序的行为进行严厉打击。2005 年共整治旅游市场秩序 5 次，大队组织整治行动 61 次，查处不法商贩 212 次，共计搜缴假冒伪劣商品 10301 件，查处导游违规 1146 人次。2005 年大理市旅游综合执法稽查大队对天龙寺、圣源寺“烧高香”现象进行了深入细致的调查并进行了严厉打击整治，全面取缔了天境阁、天龙寺、圣源寺等处的烧高香项目。市辖区内旅游集散地出售假药材、烧高香等现象得到制止。

2. 丽江市认真贯彻执行2004年云南省出台的《云南省旅游行政主管部门行政许可监督检查暂行规定》和《云南省旅游行政主管部门实施行政许可责任追究暂行规定》等一系列配套制度。

（五）制定并实施加快旅游业发展的支持政策

"十五"期间云南省出台的加快旅游发展的支持政策有：

（1）2001年7月6日，云南省人民政府出台了《贯彻国务院关于进一步加快旅游业发展的通知》。该《通知》提出了加快云南旅游业发展的各项工作重点，8项政策及10条强化管理措施。①

加快旅游发展的支持政策，包括：增加资金投入政策、改善投资环境政策、对设在云南省内的内资和外商投资旅游企业的投资和税收优惠政策、利用荒山、荒地开发的土地资源优惠政策等等。②

以丽江市为例，该市政府贯彻中央经济工作会议和省政府出台的《贯彻国务院关于进一步加快旅游业发展通知》的精神，制定了相应配套的政策，加快了对丽江市旅游业的投资力度和信贷支持，根据丽江市金融机构支持旅游发展统计表显示，2001—2004年上半年，支持旅游贷款达14.6331亿元。

（2）旅游企业发展优惠政策

丽江市委、市政府认真落实《云南省国家税务局转发国家税务总局关于民族自治地方的中央企业所得税减免审批权限的通知》，还有《财政部、国家税务总局关于企业所得税若干优惠政策的通知》。2003年度，全市共对9户旅游企业减免房产税

---

① 《云南旅游年鉴》，德宏民族出版社，2002年版，第251页。

② 云南省旅游局：《云南"十一五"旅游发展规划》，第20页。

64.15143 万元，城镇土地实用税 4.3471 万元。同时市招商引资局制定了《中共丽江地委、丽江地区行署关于进一步扩大对外开放和招商引资加强经济技术合作的若干规定》，制定了若干优惠政策。

（3）政府旅游专项资金的支持

2002 年丽江市政府制定了《丽江市旅游发展资金筹集使用管理办法》，“办法”规定，专项资金用于旅游项目的前期费用和宣传促销等。“办法”规定的专项资金总数为 150 万元，并且按每年 10% 至 15% 的速度递增。

（4）旅游业相关部门的支持

在一些旅游业的相关部门，如交通、园林、城镇、文化、铁路、物价等部门，也制定了支持配合旅游业发展的政策。这些政策的实施，为旅游业的健康发展提供了良好的环境，旅游业已经成为丽江市的支柱产业。

（六）旅游基础设施建设初步规模化和系统化

“十五”以后，云南省旅游基础设施初成规模和系统。从旅游接待设施来看，2004 年全国 31 个省、州、直辖市旅行社总数 14927 家，其中云南省有 410 家，排列在全国第 17 位。全国各省、州、直辖市星级饭店数共有 10888 家，云南省为 747 家，排列在全国第 3 位。详见以下星级饭店表。

表 8－4－2　2004 年全国星级饭店数量统计表

单位：家

第次	地区	星级饭店总数	五星级	四星级	三星级	二星级	一星级
合计		10888	242	971	3914	5096	665
1	广东	1067	39	123	450	418	37
2	浙江	901	9	76	252	483	81
3	云南	747	7	37	130	440	133
4	江苏	638	20	80	239	288	11

续表

第次	地区	星级饭店总数	五星级	四星级	三星级	二星级	一星级
5	北京	602	33	69	201	258	41
6	湖北	541	8	27	156	297	53
7	山东	497	10	45	204	227	11
8	辽宁	445	11	43	216	143	32
9	四川	429	10	42	147	203	27
10	湖南	400	8	25	139	203	25
11	河南	377	4	28	164	175	6
12	上海	366	24	37	135	150	20
13	安徽	353	4	32	113	189	15
14	福建	336	7	22	140	159	8
15	河北	315	2	30	144	131	8
16	广西	305	5	20	113	155	12
17	新疆	303	7	20	116	142	18
18	山西	259	0	21	92	143	3
19	江西	244	2	18	85	132	7
20	陕西	230	4	16	112	93	5
21	黑龙江	217	3	25	87	87	15
22	海南	216	10	37	96	64	9
23	重庆	180	4	22	69	76	9
24	甘肃	174	1	12	56	98	13
25	内蒙古	169	2	9	38	104	16
26	吉林	163	4	22	63	71	3
27	贵州	140	0	12	41	64	23
28	天津	103	4	13	48	33	5
29	西藏	64	0	1	25	29	9
30	青海	64	0	3	25	28	8
31	宁夏	43	0	4	24	13	2

资料来源：《2005 年中国旅游统计年鉴》（副本），第 124 页。

在入境旅游方面，2004 年云南省接待入境旅游者 110.10 万人次，外汇收入为 42245 万美元，名列全国的第 9 位（见 8－3－1 表）。

云南省大理白族自治州和丽江市旅游资源丰富。丽江是全省乃至全国唯一拥有世界文化遗产、世界自然遗产和世界记忆遗产三顶桂冠的地级市，也是风景名胜较为集中的区域之一。丽江地区政府还采取了一系列措施，对束河镇的旅游景区在保护的前提下进行开发，使束河镇在 2005 年入围中国魅力名镇前 20 名。丽江市在各级领导关怀支持下，旅游业持续、快速、健康、协调地发展。2003 年旅游接待设施星级宾馆的数量达 75 家，名列全省第 3 位。昆明市星级宾馆数量全省最多，达 117 家，大理白族自治州有 89 家，名列第 2 位。2006 年 1 月至 11 月，该市共接待海内外游客 425.52 万人次，比去年同期增长 13.87%，其中海外游客 28.21 万人次，比去年同期增长 69.54%，国内游客 397.31 万人次，比去年同期增长 11.27%。旅游业总收入预测为 43.8 亿元人民币，比去年同期增长 9.18%，其中旅游外汇收入预测为 8044.88 万美元，比去年同期增长 63.12%，国内旅游收入预测为 37.09 亿元人民币，比去年同期增长 3.02%。[①]

在 2000 年基础上，云南省交通设施 2005 年发展很快，形成既有航空、水运、铁路和公路的交通网络。2005 年，云南省公路里程长达 10，956 万公里。云南省交通详情见下表。

① http：//www.ljta.gov.cn/readnews0.asp？newsid = 1125（丽江旅游局，中国丽江旅游网）。

表 8－4－3　2000 年、2005 年云南省交通状况对比

名称	铁路		公路			水路	航空
里程 年限	总里程公里	每万平方公里	总里程万公里	每万平方公里	高速公路	总里程万公里	
2000 年	1855	47	7.70	0.197		0.1324	可通京、沪、蓉、穗、西安……及省内多地区。国际可通曼谷、仰光、汉城、新加坡、万象等。
2005 年	1872.5		10.956	0.281	517	0.1580	同上

资料来源：（1）2000 年，星球地图出版社《中国地图册》，2001 年 4 月。
（2）2005 年，地质出版社《中国地图册》，2006 年 1 月，第二版。

大理旅游交通设施情况良好，有 4C 级机场，可起降波音 737 等大型客机，开通昆明、上海、重庆等众多航线。铁路有通过广通与昆明及成都相连。公路有东西向的 320 国道，南北向为 214 国道（滇藏公路）大丽路。还有楚大高速公路等，以及通往景区、景点的一些公路，比如：宾川县城至鸡足山祝圣寺公路，剑川甸南至石宝山、下关至巍山公路以及连接苍洱景区和鸡足山景区的凤太公路相继竣工，康合公路、大丽高速公路正在建设中，另有下关旅游客运码头即将建成，投入使用之后，洱海东环海路通航，使全州旅游通达性更加大大改善，为旅游者提供了安全、便捷、快速、经济、舒适的旅游条件。

丽江市，有 214 国道南连大理，即大丽路与东西向的楚大高速公路连接。国道北连可通往西藏的丽德（钦）路，中间经过香格里拉（原迪庆州的中甸县）有省道沿金沙江北达 214 国道上

的尼西，西通维西县。省道向东向东北可通永胜、宁蒗，有县级公路可达永宁的泸沽湖风景区。南下达鹤庆、宾川、祥云等县，也与楚大高速公路连通。丽江市交通相当方便，可达邻近的各个景区，对发展旅游业很有利。

2006 年 4 月 4 日，云南省确定全年的经济社会发展总体目标：全省生产总值增长 9.5% 以上，GDP 突破 3800 亿元的台阶。确定了发展 6 大目标，将争取完成投资 330 亿元用于交通，继续抓好玉（溪）蒙（自）铁路、大（理）丽（江）铁路、沾（益）昆（明）铁路复线等项目的续建，争取开工建设大（理）瑞（丽）、六（盘水）沾（益）复线、广（通）昆（明）复线工程；抓好水（富）麻（柳湾）公路、昭（通）待（补）公路等重点公路项目建设，争取全年全省新增高速公路 218 公里。同时，重点推进昆明新机场建设，开工建设腾冲机场，争取文山机场在 2006 年上半年竣工通航。争取开工建设澜沧江航运枢纽、富宁港等重点港口。

二、从“政府主导”向“政府引导”转换具备的条件

根据以上所述，云南省尤其是大理白族自治州、丽江市在“九五”、“十五”规划期间，实施“政府主导”战略，政府做了大量的工作，发挥了重要作用，促进了由计划经济向市场经济的转型。

2004 年云南省委、省政府在《关于进一步加快旅游产业发展的若干意见》中指出：“在旅游发展模式上要实现从‘政府主导’逐步向‘政府引导’调控、市场主导转变”。以下将首先分析“政府主导”所发挥的重要作用，再分析云南省大理白族自治州、丽江市经过两个五年旅游规划实施“政府主导”战略后客观条件所发生的变化，以进一步探讨大理、丽江是否具备转型的条件。

政府主导战略在云南省旅游发展中发挥的重要作用：

（一）对旅游业进行体制改革

政府主导的重要作用之一，首先是对旅游业体制进行改革，实现旅游业自主经营，协调好政府与企业、市场的关系，充分发挥市场在资源配置的作用。

云南省在旅游体制改革中采取了以下模式：

首先，对国有旅游企业进行改革，推进政企分离。云南省政府起草了《国有宾馆、饭店政企改革指导性意见》，对国有或国有控股的旅行社、宾馆都进行以产权制度改革为核心，以股份制为主要形式的体制改革。至2005年旅行社股份制改革已占旅行社总数的40%，而且鼓励和支持旅游民营企业的发展，改变旅游企业以国家独家经营的状态。

其次，推动投资主体向多元化方向发展。推动投资主体向多元化方向发展是深化旅游企业内部改革的重要举措。云南省、大理白族自治州、丽江市旅游局，通过招商引资，鼓励民间资本或外资参与旅游开发和开展旅游经营活动。云南省鼓励省外、境外优强企业通过投资、兼并、参股、收购、迁移总部等方式来滇进行旅游经营。对来滇投资设立的旅行社，实行与本省旅行社的同等待遇；对在滇注册的年旅游营业收入达3000万元人民币、年接待进入本省游客达5000人次、无重大违纪违规和重大事故投诉、开业3年以上的旅行社，在其开设第11个营业部时，免收保证金。经有关部门批准，对具有经营国际旅游业务资质的旅行社出国促销人员，实行一次审批、年内多次有效的出国审批办法。加大对有较好前景和较大发展潜力的旅游项目的招商引资工作，积极吸引国外和省外资金参与旅游资源开发和旅游基础设施建设；充分利用国外优惠贷款、政府间投资进行旅游基础设施项目和生态环保项目建设。各级政府部门都要建立健全重大旅游项目审批绿色通道，实施“一条龙”、“一个窗口”全程化服务。

为了鼓励民间资本进入旅游领域，云南省旅游局已经停止审批国有独资的旅行社。与此同时，鼓励国内有实力的旅游企业进入云南设立分支机构，鼓励省内旅游企业互设分支机构，并引进外资兴办合资旅行社。目前已有多家国外、省外企业在云南合资、独资创办了旅行社及旅行社分支机构。另外，还采取让职工以各种形式出资购买企业产权，使旅游开发投资逐渐形成外资、内资和民间资本等投资主体多元化、多种所有制和有外来资金参与开发的状况。

其三，积极推进旅游景区（点）所有权与经营权分离的改革。大理白族自治州、丽江市政府通过将资产拍卖或者租赁承包、引进合作伙伴等方式将景区（点）的经营权让给有实力的大企业集团经营。景区（点）的经营权可依法有偿出让给国内外企业、其他组织或者个人，按照统一规划进行旅游开发、建设和经营。鼓励和支持有实力的大企业以集中规划成片开发的形式取得旅游景区（点）经营权。并将旅游景区（点）经营转让费继续用于旅游景区（点）的基础设施建设、环境整治以及因旅游开发造成的移民搬迁补偿等。

其四，引导旅游企业走集团化之路。为提高旅游市场竞争力，认真贯彻执行省委、省政府关于《加快推进我省旅游行业整合工作的指导意见》，大理白族自治州、丽江市政府对国有资产旅行社进行整合、重组、合并，扩大旅游企业规模，走集团化之路。对旅游饭店实行连锁经营，旅游运输实行联合化，导游服务向公司化方向发展。景区（点）也走向集团化，加强了跨区域的合作与联系，做大做强旅游企业，并向网络化、专业化方向发展。

（二）建立健全法律体系，依法行政

建立健全法律体系，完善法规建设和完善市场秩序，依法行政，亦是政府主导所起的重要作用。

民族区域自治是中国共产党运用马列主义解决我国民族问题

的基本政策。民族自治地方政府在依法行政中取得了重要成就，但也存在些问题，主要是民族自治地方的《自治条例》和单行条例等民族法规原始制定的内容有浓厚的计划经济体制的色彩，已不能适应新的历史条件下改革开放和社会主义市场经济发展的迫切需要。为此，修改并完善《自治条例》和部分法规等工作是依法行政的一项重要任务，旅游业也要抓好法规建设，实施依法治旅和依法兴旅。民族地区旅游业的管理首先要改变管理方式，应该从以行政手段为主向依法治旅转变。云南省在运用国家法律法规进行管理的同时，结合云南实际，制定完善了《云南旅游条例》和一批相配套的规范性的法律文件，比如，制定了《关于加强云南省旅游执法队伍建设的方案》，提出了加快云南省旅游执法队伍的建设措施。云南省政府要求各市（州）县贯彻实施《中华人民共和国行政许可法》和《全面推进依法行政实施纲要》，全面开展行政许可法清理工作。编辑出版了《云南省旅游行业贯彻实施〈中华人民共和国行政许可法〉资料汇编》，用法律规范各种行政行为。此后，各种法规纷纷出台，比如，制定了全面依法监督管理旅游资源开发、旅游设施建设、旅游市场经营、旅游教育培训等各方面的法律法规文件，健全完善了旅游法规体系。大理白族自治州认真执行省制定的旅游法规，并结合自治州的实际，制定实施了《大理白族自治州导游人员年检暂行办法》、《大理白族自治州导游人员管理暂行办法》、《大理白族自治州旅行社分支机构管理暂行办法》、《大理白族自治州旅游定点单位管理暂行办法》、《大理白族自治州星级饭店管理暂行办法》、《大理白族自治州旅游购物商店定点管理暂行办法》；起草了《大理白族自治州旅游车辆定点管理暂行办法》和《大理白族自治州旅游船管理暂行办法》（征求意见稿）；2002 年 1 月制定实施了《大理白族自治州旅游休闲度假山庄质量等级评定管理暂行办法》，2003 年 7 月制定并实施了《旅行社服务质量计分制管理暂行办法》、《大理白族自治州三道茶管理暂行办法》、《质量等级评分细则》、《大理白族自治州旅游业市场营销管理实施办法》、《大理白族自治州旅游行政执法监督管理办法》。并根据大理白族自治州旅游资源的实际，先后参与制定了《大理白族自治州洱海保护管理条例》、《大理白族自治州苍山保护管理条例》、《大理白族自治州珠宝玉石经营管理暂行办法》、《大理白族自治州旅游业管理办法》、《大理白族自治州导游人员管理办法》。把旅游行业中“食、住、行、游、购、娱”六大要素相关的企业纳入了法制化、规范化、科学化管理轨道，为全面实施依法治旅、依法兴旅奠定了坚实的基础。

推进依法治旅工作。认真贯彻实施国家有关法律法规和《云南省旅游业条例》，进一步完善旅游法规和制度。结合贯彻实施《中华人民共和国行政许可法》，规范行政行为，提高依法行政水平。进一步加大旅游联合执法力度，建立旅游、公安、工商、交通、质量技术监督等部门相互协调配合的旅游联合执法机制。旅游执法事业单位经费纳入同级财政预算管理，增强旅游执法的公正性。丽江市为了做到依法治旅，积极促进行业管理有章可循，以达到制度化、规范化、法制化；自1993年以来，丽江地区的纳西族自治县、宁蒗彝族自治县和丽江市等人民政府先后制定并报请省人大批准的法规有：《云南省丽江历史文化名城保护管理条例》、《云南省宁蒗彝族自治县泸沽湖风景区管理条例》、《云南省丽江纳西族自治县玉龙雪山管理条例》等，这些法规的颁布实施保护了丽江的旅游资源。同时，丽江地区旅游局还充分发挥旅游协会的作用，除制定了以上旅游管理办法的条例外，还有《宁蒗彝族自治县泸沽湖风景区管理条例实施细则》、关于印发《县人大常委会关于〈云南丽江拉市海高原湿地省级保护区管理办法〉（草案）及其说明决议》和《云南省拉市海高原湿地省级自然保护区管理办法》的通知（丽政发［1999］97号）、

《丽江市旅游管理暂行办法（讨论稿）》、关于下发《旅行社、宾馆酒店、导游人员积分量化管理办法》（试行）的通知（丽旅发［2004］60号）等条例，这些是丽江地区政府颁布的旅游业管理规章和规范性文件。

云南、丽江、大理地方政府还紧抓旅游市场整治，维护旅游市场的法制秩序，做到有法可依，有法必依，执法必严，违法必究，使旅游的发展纳入法制管理轨道。

例如，丽江市政府为规范旅游市场管理，营造好的旅游环境，2003年4月20日，丽江地区行政署成立了地区旅游管理委员会。2005年成立了丽江市旅游联合执法办公室，在旅游局的领导下，依据有关法律、法规，对旅游景区（点）、定点单位全面进行综合治理，加大对旅游市场的监督和检查以及企业的诚信经营、规范服务的检查，打击违规行为，维护了旅游市场的秩序和良好的经营，使丽江市有良好的旅游环境。

大理白族自治州在整顿和规范旅游市场秩序工作方面措施得力，成效也很显著。比如，在2002年制定了《大理市整顿和规范旅游市场秩序工作计划和实施方案》，及时调整和充实执法队伍，建立健全综合和专职旅游检查监督执法体系，对旅游安全、交通安全、市场秩序、购物环境进行联合执法大检查。大理市旅游行业管理稽查队进行专职旅游检查；重点整顿“黑车”、“野导”与非正规景区及购物摊点、餐饮等私拉游客、低价抢购、上车加价、强迫就餐购物、变更行程的承诺、中途甩客扣人等非法经营行为进行查处，对违规行为进行处罚。通过开展整治工作，基本上在市辖范围内实现了“五无”（即：导游服务无野导、购物消费无宰客、一日游无重大投诉、旅游交通无重大事故、旅游经营无“黑社”）；并实现“三提高”，即提高导游队伍管理水平、提高旅行社规范经营水平、提高旅游管理水平。总之，通过一系列整顿和规范旅游市场秩序工作方面的措施，云南省加强了对旅游市场动态的检查、规范旅行社的经营行为，加强了对星级饭店的管理和对导游人员的管理，提高了执法水平，规范了市场，优化了服务。由于建立和加强旅游行政执法机构和执法队伍，加大了执法力度，治理整顿了旅游市场，建立了良好的旅游市场秩序。

另外，云南省、丽江市、大理白族自治州还充分发挥了旅行行业协会的自律作用。大理白族自治州旅游行业在省旅游协会和州民政局的具体指导下，成立了大理白族自治州旅游行业协会以及旅行社分会、导游分会、星级饭店分会、旅游购物店分会、旅游车分会和旅游景区（点）分会等6个专业分会。制定和完善了旅游业协会自律公约。按照平等、自愿的原则，各分会与会员单位的法人代表签订了《自律公约》和《承诺书》。同时，各分会之间又签订了相互合作，促进共同发展的《合作协议》，充分发挥了行业自律的作用，使旅游业协会真正成为政府与企业之间的纽带和桥梁。大理白族自治州成立了“大理州旅游一卡通有限责任公司”和“大理州旅游监管中心”，建立起旅游行业自律监管和“先付款、后接待”的运作机制。形成加强行业管理和结合行业自律形成双管齐下的管理方式。

丽江市也进一步完善了自律体系。旅游行业协会成立了下属5个分会，旅行社分会、星级饭店分会、旅游车分会、购物店分会、景区（点）分会等。2005年改选了旅游协会的领导班子，制定和完善各项行会管理制度和行业自律公约。由监理公司受旅游协会及各分会的委托，按签署的行业自律《公约》及《合作经营协议》及其他行业自律规定，对旅游协会下属的各个分会成员单位的经营情况、操作情况、价格自律体系以及服务质量标准进行监督管理，做好行业自律监理工作。自律公约的执行，创造了一个规范、和谐的旅游环境。

丽江市、大理白族自治州在“九五”、“十五”期间，实施

“政府主导”战略后，加强和完善了法规建设，体现了公共管理的性质。民族地方政府坚持有所为有所不为，应该由市场解决的问题就放手，应该由部门解决的问题便当仁不让，政府职能由微观到宏观，依法律作保障，政府协调职能（协调好与企业、市场关系）得以有效的发挥，创造了“政府主导”向“政府引导”转变的条件。

（三）促进旅游产业体系的基本形成，产业规模的不断扩大

实行“政府主导”型旅游业发展战略的作用，还体现在促进旅游产业体系的基本形成和产业规模的不断扩大。

目前云南各市（州）都设有旅游行政管理机构（旅游局），旅游基本单位具有相当多的数量，产业已达到一定的规模。全省有旅行社、社会旅馆、个体旅馆、星级饭店、旅游景点、旅游车船公司、旅游餐饮企业、旅游购物企业以及其他类型的旅游企业，即建有包括食、住、行、游、购、娱在内的完整的旅游体系，见下表。

另外，大理白族自治州喜洲镇，政府支持私人参与旅游行业，促进了个体旅游业的发展。以2003年为例，全镇有旅游产品加工及经营420户，其中服装和扎染制品加工经营有186户，而经营大理石制品及珠宝玉器的有165户，食品加工16户，土特产品和民族手工艺品加工及经营37户，其他旅游产品加工及经营16户，从事旅游餐馆141户（有7442个接待餐位）。旅游定点接待单位19家，有2464张床位（内部资料，2003年大理喜洲镇人民政府工作汇报）。从以上数字看，私人参与旅游行业系统的数量也不少，扩大了旅游行业系统的队伍，扩大了旅游产业系统的规模，使旅游产业体系更加完整。

再从固定资产来看，2005年全省拥有固定资产452.7亿元。旅游业的总资产规模超过600亿元，也说明了云南省旅游产业规模在不断扩大。

表 8－4－4　云南省及丽江市、大理州、大理喜洲镇旅游产业体系状况

时间		云南省 2005 年 11 月	丽江市 2005 年 6 月	大理州 2005 年 11 月	大理喜洲镇 2003 年
旅游基本单位(户)		9372			
行政管理机构(个)		78	市旅游局 (1 个)	州旅游局 (1 个)	镇旅游局 (1 个)
旅行社	国际旅行社	39	3	4	
	国内旅行社	391		23	
	总数(个)	430	33	27	
住宿设施	星级饭店数(家)	747	157	97(待评 14 家未计在内)	
	社会旅馆数(家)	4048	未统计	未统计	
	个体旅馆数(家)	9439	全市未统计 2004 年,古城区 589 家	未统计	19
旅游景点(家)(国家 A 级以上)(家)		23086	21(该市三项世界遗产俱全)	44A 级 11	7
旅游车船公司(家)		16	6	9	2 个停车场 82 个停车位
购物企业(家)		300 多家	23	11	520 个购物市场
其他类型企业(家)		69	文化产业商家 1000 多家	文化产业单位 12 个	文化室 13 个

资料来源：各地方政府总结报告（内部资料）。

从以上对大理白族自治州和丽江市政府在“九五”、“十五”期间实施政府主导型战略所完成的工作，以及政府在发展旅游业中所发挥作用的回顾，可以看到大理白族自治州、丽江市的旅游业经济增长基础客观条件已发生了变化，作者认为大理白族自治

州、丽江市在进入“十一五”规划期间，已具备了由“政府主导”向“政府引导”转换的条件。

从国际条件来看，2002 年我国加入 WTO 以后，进入了全面对外开放的新阶段。2004 年我国贸易额第一次超过德国，成为世界第三大贸易国。WTO 组织要求全体成员国遵守 WTO 规则，按照市场经济规则做事。国际客观条件要求政府以社会主义市场经济方式发展旅游业，经济增长方式必须由政府主导向政府引导，再向市场主导转换，这是国际上客观现实的要求。

从国内条件看，云南大理白族自治州和丽江市，经过实施“九五”、“十五”规划后，旅游经济基础发生了改变，作者将两地政府实施“政府主导”型战略后所发生的变化归纳总结如下，作为由“政府主导”向“政府引导”转换所具备的条件。

第一条，市场经济体制框架初步建立。

云南省股份制改革不断发展，股份制旅游企业不断增加，实行多种所有制并存。比如，云南省股份制旅行社 2000 年只有 69 家，2004 年增至 170 余家。以大理白族自治州、丽江市 2003 年星级饭店的经济类型状况为例，大理白族自治州星级饭店国营的 39 家、股份制的 14 家、私营的 26 家。集体的 10 家。丽江地区国营的 25 家。股份制的 16 家、私营的 8 家、集体的 13 家、合资的 1 家。如表 8－4－1 所示，丽江地区民营星级饭店占所有星级饭店总数的百分比为 60%，大理白族自治州为 56%，其比例均占星级饭店总数的一半以上。由此可见，旅游企业已由国家独家经营向多元化经营发展。

其次，实行产权制度改革，所有权和经营权分离的同时旅游投资逐渐向多元化方向发展。旅游投资除国家投资外，还有外商投资、民间投资等资源配置方式。逐渐运用市场的力量，而不是完全运用计划经济时代的行政手段，市场经济体制框架已初步建立。因此，大理白族自治州和丽江市进入“十一五”时期，旅游业的经济基础已不同于“九五”和“十五”时期，已经基本具备了经济增长方式应由政府主导向政府引导转换的条件之一。

第二条，旅游业管理方式从行政手段向依法治旅转换。

大理白族自治州、丽江市大抓法规建设，经过两个旅游发展规划后，旅游业的法律法规基本形成。在认真贯彻执行国家法律、法规和云南省的《云南旅游条例》以及一批相配套的规范性的法律法规，建立健全全面依法监督管理旅游资源开发、旅游设施建设、旅游市场经营、旅游教育培训等各方面的法律法规文件。大理白族自治州、丽江市结合本地区的实际，制定了一系列旅游业的管理条例、管理暂行办法。总之，经过“九五”、“十五”规划及其实施之后，旅游业的管理方式已从行政手段为主向依法治旅转换，通过法律等间接方式管理和调节旅游产业和经济，逐渐改变以直接手段干预旅游业。具备了“政府主导”向“政府引导”转换的第二个条件。

第三条，一定规模的良好产业体系已经建立。

大理白族自治州、丽江市已建立一定规模的良好产业体系，这是“政府主导”向“政府引导”转换的第三个条件。具体表现如下：

首先，从表8－4－4可以看出，大理白族自治州、丽江市旅游产业体系基本形成，而且具备了一定规模。其次，旅游企业走集团化之路，并加强了区域合作、增强了综合力和竞争力。

第四条，旅游市场逐步规范。

大理白族自治州、丽江市制定和完善了旅游协会自律公约，开发实施了旅游行业管理网络系统，同时旅游市场打假打非整治工作收到较好成效，规范了旅游市场秩序。

第五条，旅游基础设施建设具备良好基础

“十五”以后，云南省基础设施初成规模和系统，就星级饭店数量而言，云南省名列全国第三位。星级宾馆的数量大理白族自治州在云南省名列第二位，丽江市为第三位。

近年来，交通设施发展很快，已形成有航空、水运、铁路和公路的交通网络。从表8－4－3可以看出，交通设施的情况良好。

通过以上对大理白族自治州、丽江市旅游业所具备的由“政府主导”向“政府引导”转换的条件分析和总结，笔者认为，在“十一五”期间云南大理白族自治州、丽江市已具备了由“政府主导”向“政府引导”的条件，大理、丽江两地应遵循市场经济的客观规律，及时实施“政府引导”的旅游业发展战略。以上五个条件可作为民族地区旅游业发展战略转换要素的参考。

但是，由于民族地区经济发展的不平衡性，对大部分改革进程不够快，不具备战略转换条件的地区，如青海、西藏等地，“十一五”期间仍应实施“政府主导”的旅游发展战略。

第五节　民族地区仍保持“政府主导”型发展的例证

各民族地区旅游业发展速度不同。发展较快的地区，如云南大理白族自治州、丽江市，已经具备由“政府主导”向“政府引导”的方向转换的条件。发展较慢的地区，如西藏、青海、宁夏以及云南省红河哈尼族彝族自治州的建水县等民族地区，目前仍处于旅游发展的初期阶段。对那些尚不具备转换条件的地区，仍应继续保持“政府主导”的战略。下面分别以西藏和云南红河建水为例分析说明。

一、西藏自治区旅游业发展状况

（一）西藏旅游业发展取得的成效

西藏旅游业自改革开放至今发展较快。旅游业自1980年至今，经过了20多年的发展历程，从无到有，从小到大，现在已初具规模。“十五”期间，西藏各类旅游企业发展到210家，比“九五”期间的156家，增加了54家，增长34.6%。固定资产由“九五”期间的8.1亿元，增加到23亿元，新增固定资产14.9亿元，增长184%。旅游星级饭店和定点饭店143家，比“九五”期间的82家增加61家，增长74%。客房7624间，比“九五”期间的4421间增加3203间，增长72%。国际国内旅行社由“九五”期间的34家增加到46家，新增了12家，增长35%。旅游汽车公司由“九五”期间的3家增加到8家，新增了5家，增长67%。旅游车辆由“九五”期间的580辆增加到1158辆，新加578辆，增长100%。“十五”期间共接待海内外旅游者549万人次，而“九五”期间只接待海内外旅游者213.56万人次。“十五”期间旅游总收入为62.4亿元，而“九五”期间只有20亿元，“十五”比“九五”总收入增加二倍多。主要旅游经济指标见表8-5-1：

表8-5-1　西藏“九五”和“十五”旅游产业发展比较表

项目 年限	接待海内外旅游者（万/人次）	旅游总收入（亿元）	各类旅游企业总数（家）	星级饭店和定点饭店（家）	客房（间）	床位（张）	旅行社国际国内（家）	汽车公司（家）	旅游车辆（辆）
“九五”期间 1996-2000	213.56	20	156	82	4421	8962	34	3	580
“十五”期间 2001-2005	549	62.4	210	143	7624	15583	46	8	1158

资料来源：1.《西藏旅游业“十五”发展简况》，西藏自治区政府提供的内部资料。

2.《西藏自治区国民经济和社会发展第十个五年计划纲要汇编》，2005年10月。

从2002年以来西藏主要旅游经济指标数来看，“十五”期间，西藏的旅游业呈快速上升趋势。

2002年西藏接待国内旅游者72.50万人次，比上年增长29.7%，国内旅游收入55899万元，增长50.8%；接待入境旅游者14.23万人次，增长11.9%，旅游外汇收入5166万美元，增长11.4%。实现利润3463万元，增长10.9%，实现旅游总收入98777万元，增长31.6%。旅游总收入相当于全区国内生产总值的6.2%。2003年，在面临非典疫情的情况下，实现了旅游总人数和旅游总收入创历史新高的好成绩，全年接待国内外旅游者92.86万人次，旅游收入首次突破了10亿元大关。2004年，西藏接待国内外旅游者122.31万人次，比上年增长31.7%。其中：接待国内旅者112.73万人次，比上年增长28.5%；接待海外旅游人数9.58万人次，比上年增长87.5%。全年实现旅游总收入15.32亿元，比上年增长47.7%。创汇3660万美元，比上年增长93.5%。2005年，西藏全年共接待国内外游客180万人次，旅游收入为19.3亿元。

2006年是“十一五”第一年，上半年西藏共接待海内外游客59.12万人次，实现总收入5.16亿元，分别比去年同期增长9.2%和9.1%。拉萨市旅游局最新统计显示，随着青藏铁路的通车，入藏游客的数量与去年同期相比增加了1倍。有关部门初步预测，2006年下半年，西藏全区旅游接待人数可达200万人次以上，全年将达260万人次以上。主要旅游经济指标数见表8－5－2。

表 8－5－2 西藏 2002 年与 2004 年旅游接待人数和收入比较表

项目 年限	接待旅游者数			旅游收入		
	国内外旅游者总数（万人次）	海外旅游者数（万人次）	国内旅游者数（万人次）	总收入（亿元）	外汇收入（万美元）	国内收入（亿元）
2002 年	86.73	14.22	72.51	9.877	5160	5.59
2003 年	92.86			10		
2004 年	122.3	9.58	112.7	15.32	3660	12.3
2005 年	180			19.3		

资料来源：2002 年、2003 年《西藏旅游年鉴》；2004 年、2005 年《中国旅游年鉴》，第 311 页，西藏部分。

从纵向看，西藏旅游业在“政府主导”的战略指导下取得较快的发展。但从横向看，与全国其他地区和相对发达的民族地区相比，西藏旅游业仍相对滞后并存在一些问题。

（二）西藏旅游业发展存在的问题

1. 旅游收入和入藏旅游人数偏低

表 8－2－2 表明，海南旅游接待人数比西藏多十几倍。（海南接待海内外旅游者 1254.97 万人次，西藏为 86.73 万人次），旅游总收入海南也比西藏多近十倍（海南为 95.38 亿元，而西藏为 9.87 亿元。）

表 8－4－1 表明，2004 年全国 31 个省、市、自治区中的国际旅游总收入和旅游接待入境数，西藏排在第 29 位。2004 年云南省与西藏的旅游总收入和旅游人数比较，见表 8－5－3：

表 8－5－3　2004 年云南、西藏两地旅游收入和旅游人数比较表

地区	全省区旅游总收入（亿元）	国内旅游收入（亿元）	国际旅游收入（万美元）	海内外旅游者总数（万人次）	海外旅游者总数（万人次）	国内旅游者总数（万人次）
云南省	369.27	334.08	42245（4.22 亿美元）	6120.75	110.1	6010.6
西藏自治区	15.32	12.3	3660（0.36 亿美元）	122.3	9.58	112

资料来源：《2005 年中国旅游年鉴》，第 307 页；《2005 年中国旅游年鉴》，第 311 页。

2．基础设施建设薄弱

（1）旅游交通设施比较落后

西藏虽然在 2005 年交通方面与 2000 年相比大有发展，但整体情况仍比较落后。2005 年，云南省除了具有方便的航空交通以外，公路里程长达 10.956 万公里，而西藏只有 2.6 万公里。西藏的公路虽有青藏、川藏两条主干线，有新藏路、中尼路，但是“西藏的公路等级普遍很低，区内中心城镇通往很多景区（点）的线路不仅长，而且有不少路面属于简易公路，路况差，行驶非常困难。”

2006 年 7 月 1 日以前，西藏是全国唯一没有铁路通车的省份。青藏铁路起自青海省西宁市，终抵西藏自治区首府拉萨市，全长 1956 公里，在西藏境内里程约 500 公里。青藏铁路“七一”全线通车 8 个月以来，已经给这偏远地区带来了经济收益。一家旅行社社长洛桑才旺说：“2006 年，我们的客户增加了两倍，这多亏了青藏铁路”。2006 年来藏旅游人数达到了 251 万人（次），同比增长了 39.5%，旅游收入 27.7 亿元，同比增长了 43.2%。

西藏目前尚无高速公路和水路运输。民航运输只有两个民用机场，只开通几条连接拉萨的航线，机票价格高。西藏的交通概况见下表 8－5－4。

表 8－5－4　西藏自治区交通概况表

名称	铁路	公路			水路	航空
里程 年份	万公里	通车里程（万公里）	每平方公里通车里程（万公里）	高速公路（公里）	公里	
2000 年	0	2.25	0.01083	0	0	国内可通京、沪、穗、渝、蓉、昌都、昆明、中甸、西宁等。国外可通尼泊尔的加德满都
2005 年	0 （在建）	2.6	0.02166	0	0	同上

资料来源：星球地图出版社《中国地图册》，2001 年 4 月。地质出版社《中国地图册》，2000 年 1 月（第二版）。

（2）旅游接待设施少、规模小

西藏旅游设施数量少，产业链不够完备，尚不能很好地满足游客行、食、宿的要求。2004 年西藏拥有星级饭店数量 64 家，数量在全国 31 个省区中位居第 29 位。广东省星级饭店是 1067 家，数量居全国第一。而云南省星级饭店 747 家，位居全国第三位，四川省星级饭店 429 家，位居全国第 9 位，见表 8－4－2。

2004 年山东省旅行社拥有数量 1346 家，位居全国第 1 位；四川省 564 家，位居全国第 10 位；云南省 410 家，位居全国第 17 位；而西藏只有 43 家，排列在全国最后一位，见表 8－3－2。

3. 体制改革力度有待加强

西藏产权与经营权分离的体制改革力度亟待加强。“有相当一部分国营旅游企业还没有与各级主管部门脱钩，政企不分，阻碍了企业建立自主经营，自负盈亏，自我发展的良性经营机制，使企业不能规范运作，经营效益很差。”① “西藏一些地方和部门在狭隘、保守观念的影响下，不愿打破景区（点）原有的经营管理模式，不进行体制创新，不参与广泛的招商合作。”因此，西藏一流的精品旅游资源不能与区内外充足的资金、管理技术、人才等要素结合起来，影响了开发的经济效益。

4. 依法治旅进展缓慢

“西藏法规体系很不完备。西藏目前还没有一个从区情实际出发而制定的旅游业管理条例”以及与之相配套规范性文件体系。② 旅游执法力量薄弱，目前全区各级旅游管理部门都没有设置专门的旅游行政执法机构和执法队伍，全区上下为数不多的旅游执法人员都是兼职。对旅游市场上反映的突出问题不能及时进行治理整顿，特别是难以有效清除和处理市场上存在的“黑导”、“野导”以及强买强卖，随意宰客等违法违规行为，造成西藏旅游管理部门不能很好地维护公平的市场秩序和创造良好的旅游环境。区内不少旅游企业还不能做到从行业的共同目标和利益出发，共同遵守行业规章。不规范的运作和恶性竞争现象时有发生，严重影响了西藏旅游行业服务质量和服务水平的提高。③

---

① 肖传红、王代远：《关于西藏自治区旅游业发展情况及对策的调研报告》；西藏社会科学院编著：《2003 年西藏经济蓝皮书》，西藏人民出版社，2003 年版，第 114 页。

② 肖传红、王代远：《关于西藏自治区旅游业发展情况及对策的调研报告》；西藏社会科学院编著：《2003 年西藏经济蓝皮书》，西藏人民出版社，2003 年版，第 115 页。

③ 肖传红、王代远：《关于西藏自治区旅游业发展情况及对策的调研报告》；西藏社会科学院编著：《2003 年西藏经济蓝皮书》，西藏人民出版社，2003 年版，第 115 页。

5．旅游人才严重缺乏

“导游人员数量严重不足，综合素质较差，经过正规旅游院校毕业的专业人员少。专业人才 90% 以都集中在拉萨地区，人才分布不均衡”。①

2004 年西藏自治区旅游局提出西藏旅游业发展中亟待解决的问题主要有以下几个方面：一、旅游基础设施及其配套设施条件仍然较差；二、旅游管理体制不顺，政企不分现象严重，非公有制旅游企业规模小，经营管理和服务水平不高；三、旅游资源的开发建设投入不足，缺乏旅游精品品牌。旅游景点规划和建设滞后，旅游企业开发特点旅游产品缺乏有效的激励机制，严重影响了旅游资源优势转化为经济优势的进程；四、宣传促销覆盖面不广，未形成整体活力，市场开发力度不大，缺乏强有力的市场支撑；五、旅游人才匮乏；六、旅游对外、对内开放滞后。总体看来，旅游业存在的基础设施不配套、没有形成精品品牌、开发建设滞后、开放面窄的弊端，其核心还是体制不顺。”②

（三）西藏地区旅游业发展战略分析

2004 年西藏旅游局提出的西藏旅游业亟待解决的问题，说明当前西藏旅游业尚存在旅游基础及配套设施差、体制改革深度不够、政企不分，非公有制规模小、经营管理和服务水平较差、资源开发建设不足、人才匮乏等问题。另外，西藏旅游业要兼顾稳定和发展的双重任务，旅游的工作定位、目标要求、政策措施的正确制定非常重要。西藏旅游业大发展战略刚刚开始，旅游产品的开发，基础设施的建设，方方面面的布局谋划，都要考虑西

① 肖传红、王代远：《关于西藏自治区旅游业发展情况及对策的调研报告》；西藏社会科学院编著：《2003 年西藏经济蓝皮书》，西藏人民出版社，2003 年版，第 117 页。

② 西藏蓝皮书《2004 年中国西藏自治区旅游业发展形势分析报告》，西藏人民出版社，2003 年版，第 124 页。

藏的实际。西藏的旅游发展环境存在市场发育尚不成熟，市场管理不够规范，市场运行的法律、规划不够健全等问题。

因此，针对西藏旅游业目前的发展现状，对照云南大理白族自治州、丽江市实施由“政府主导”向“政府引导”转变的三个条件，笔者认为，西藏当前尚不具备由“政府主导”向“政府引导”转换的条件。

援藏是西藏发展的一个特殊途径，各地包括建设项目、开发内容、发展目标等方面的援助，都兼顾到了旅游业的发展，这些都需要党和政府作必要统筹考虑，全盘规划，为旅游业制定工作定位、目标要求和政策措施。因此，“西藏旅游业发展比其他地区更需要党委、政府的主导，党政‘主干线’要主动上手抓旅游。”①

西藏的旅游，应该在政府主导下，制定旅游规划，借鉴国外生态旅游的经验，探索小规模、精品化的生态旅游道路。具体表现在以下几个方面：

第一，采取限制性旅游发展政策。西藏的生态旅游应效仿不丹的做法，采用“建设性参与规划法”（APPA 规划法）进行生态旅游规划，通过调查、座谈、培训、研讨会等形式，广泛听取当地政府、社区居民、游客、保护区职工的意见。

第二，采取小规模精品化的经营模式。西藏的生态旅游应该以国际生态游客、科研人员、学生等特殊兴趣旅游者为首要对象，兼顾团队游客和散客，而对自驾车游客进行限制。旅游接待应该尽量不修宾馆饭店而充分利用当地居民的住房。

第三，重视对旅游效应的监测。为了确保西藏旅游能沿着正确的轨道发展，应利用各种渠道对西藏生态旅游及其他经济活动

① 国家旅游局：《2004 年关于西藏旅游业发展情况的调研报告》，2004 年 9 月 17 日。

进行及时的跟踪和监测，密切关注旅游带来的影响，以便及时调整经营方式。

第四，建立旅游开发与环境和文化保护之间的互动。通过对游客规模的控制减少对环境的负面影响。同时应引导提高西藏当地居民的环境保护意识，定期进行生态旅游和环境教育的培训。

二、建水县旅游业的发展状况及战略分析

云南省红河哈尼族彝族自治州建水县，旅游资源丰富，有“古建筑博物馆”之称。1994 年 1 月获国家级历史文化名城和国家级风景名胜区之称。张惠君在“建水旅游业的带动战略”（杨福泉《云南旅游业发展报告 2004－2005 年》）中认为，建水县旅游业存在的问题主要表现在以下几个方面：

1. 旅游基础设施建设较差

建水县是滇南交通枢纽，有铁路通过，有省、县级公路，还有高速公路，然而到景点的交通不便，城区的交通也不规范，景区缺少解说系统。再从接待服务设施来看，除临安宾馆是二星级宾馆外，尚无档次更高的宾馆；也没有上档次的大型商场和娱乐场所；卫生差、公共厕所少、管理水平服务质量不能适应旅游发展的需要。

2. 景区景点开发程度低

大部分景点尚未开发，而且旅游半径中的景点、设施分散。

3. 体制不合理

建水县旅游景点分属于不同的管理部门，比如：燕子洞、朱家花园属旅游局管理，朝阳楼属文化部门管理，此外还有乡镇、村等开办的景点。

4. 旅游商品开发滞后①

依据该文所说建水县旅游景点仍由行政部门管理，旅游业尚无统一的管理机构，旅游基础设施尚不健全，旅游接待设施及可进入性差、城区交通不规范等状况，笔者认为，该地区仍处于旅游业发展的初级阶段。“在发展的初期阶段，由于旅游业发展的固有特点，应当采取政府主导型的发展战略。”②

近年来，建水县进行旅游业行政体制改革，努力解决存在的问题，创造条件，已向着“政府引导”型发展战略迈进。

---

① 杨福泉：《云南旅游发展报告 2004－2005 年》，云南大学出版社，2005 年版，第 311－312 页。

② 匡林：《 旅游业政府主导型发展战略研究》（序言），中国旅游出版社，2001 年版，第 2 页。

第九章　理顺民族地方政府与旅游企业关系

我国市场化的经济体制改革要理顺民族地方政府与企业的关系。我国1984年起提出政企分开，政府向企业放权，落实企业14项自主权改革措施。20世纪90年代提出建立现代企业制度，把企业建成产权明晰、职责明确、行为规范、管理科学的独立法人实体，明确其市场主体地位等措施。但是，由于民族地区相对落后，进一步深化民族地方政府和国有旅游企业的改革，理顺民族地方政府与企业的关系，为民族地区旅游业的发展奠定良好的基础而创造条件，是非常必要的。

第一节　理顺政府与旅游企业关系的必要性和意义

一、理顺政府与旅游企业关系的涵义

政企关系指的是政府组织和企业组织之间的关系。政企关系受多种因素影响，社会环境的变化，政府组织与企业组织间的关系也会随之变化。改革开放以前，传统的计划经济时期政企关系为命令与服从。改革开放后双轨经济时期，即以有计划的商品经济和以市场为取向经济体制改革时期，政企关系是政府放权与让利。1992年中共十四大召开，提出建立社会主义市场经济的改

革目标。同时，中共十四届三中全会通过了《关于建立社会主义市场经济体制若干问题的决定》，提出建立现代企业制度。这个制度是适应市场经济要求，产权清晰、权责明确、政企分开、管理科学的企业制度。尤其自1994年百家企业建立现代企业制度试点以来，政府与企业的关系开始从政企分开、政资分开、所有权与经营权分开的方向转化，开始沿着市场经济方向前进，政企关系进入了既定方向的变革，确定了迈向社会主义市场经济的政企关系。

2002年我国加入WTO，意味着我国全面实行“市场经济”和“市场开放”时代的到来，政府要兑现所有谈判承诺，遵守服务贸易规则和运行机制，与国际接轨，就要按照市场经济规律，尽快建立产权清晰、权责明确、政企分开、管理科学的现代企业制度。因此，政府的行为取向至关重要。在WTO条件下，政府对于企业的角色定位应是“服务”，对于旅游业来说，即政府服务于旅游企业。同时，旅游企业要改变长期以来存在着的旅游企业组织体系间的封闭状况。要深化企业改革，旅游企业生产经营就要建立一体化生产经营体系，实行大公司、大集团战略，以增强市场竞争力。在WTO条件下要求政府与企业都要进行改革。这是一种互动式改革，是理顺政企关系的新型模式。此外，民族地区理顺政企关系，实行政企分开，客观上还需要在政府与企业之间有强大的桥梁和纽带——现代中间组织（旅游行业协会）。民族地方政府要把旅游企业经济活动中具有社会活动性和相当一部分具有监督性的职能移交给旅游协会的中介组织。培育和发展一大批具有强大中介功能的旅游行业协会组织，也是民族地方政府改革的内容。

理顺民族地方政府与旅游企业的关系，就是要建立现代企业的管理制度，即尽快建立产权清晰、权责明确、政企分开的企业管理制度。当今，在我国加入WTO的情况下，政府对于旅游企业的角色定位应是“服务”。建立政府服务于旅游企业的政企关系，政府的行为取向要按服务贸易规则和运行机制与国际接轨，而旅游企业则要深化改革，朝着建立一体化生产经营体系发展，实行大公司、大集团的战略。政府在这个过程中要发挥作用，起协调调整作用，搞好区域协作，使旅游企业能够在新的布局和组织形态的基础上健康发展。总之，政府与企业间的关系不是隶属关系，而是以市场导向的间接联系。纯行政关系转为行政、法律并存关系，是一种互动式改革的关系，是中国政企关系重构的基本路径选择，也就是当今理顺民族地方政府与旅游企业关系的内涵。

二、理顺民族地方政府与旅游企业关系的重要意义

（一）适应中国及全球经济市场化形势

在20多年的改革开放和工业化历程中，中国经济资源配置方式的趋势是由计划经济向市场经济转变。这一基本趋势所体现的实质内容就是中国经济的市场化。中国经济的市场化进程，是一个市场在资源配置中作用不断强化的过程，是政府、企业和其他市场主体互相关系在市场中重新定位的过程。可以说，自改革开放之初，中国政企关系的变革就已经开始，加入WTO以后，中国政府与国有企业关系的背景又发生了变化。在国内外市场经济的背景下，中国政企关系要重构。

市场经济要求政府在政企关系中正确定位，要求建立新型的政企关系，要求政府服务于企业。中国经济体制改革目标是建立社会主义市场经济体制，改革的过程就是实现中国经济市场化的过程，围绕实现市场在资源配置中起基础作用的目标进行。

计划经济体制下的政府有双重角色，即政府对国有企业既实行政权管理又实行产权管理，这种管理隐含着内在的矛盾。一般来讲，一切包括政府在内的所有者的职能，其投资经营的主要目

标是盈利，而作为社会经济管理者职能，其目标就应包括更多的方面，通常包括社会安定、经济增长、公平分配和国家安全等。这些特定的社会目标同经济目标有时是一致的，但有时是相互冲突的。在这种体制下，企业也同样是双重角色。与政府的资产所有者职能相对应，企业作为经济组织存在，则以收益最大化为目标；与政府社会经济管理者职能相对应，企业若作为社会组织存在，则会以实现职工福利最大化为目标。实践表明，如果民族地方政府扮演双重角色，即既是行政管理者，又是国有资产所有者，政府直接作为国有产权的代表，国有企业就会或者被管制得过死，缺乏应有的活力，或者缺乏约束。然而，在计划经济条件下，政府与企业的职能交叉在一起，政府包揽了企业的职能；政府机构以手中的权力，对企业的产、供、销，以及人事、财务等行政干预，还可向企业摊派任务，并向企业收费、集资，增加企业的负担。这与市场经济要求企业成为市场经营主体，要实现“自主经营、自负盈亏、自我发展、自我约束”的经营方式不相符。

构建新型的现代企业管理制度，经过体制改革，才能改善民族地方政府与旅游企业关系，以适应国内外变化的形势，促进旅游业迅速发展，为社会提供更多更好的公共产品，实现民族地区旅游业的公共管理。

在探讨构建新型政企关系途径之前，先对我国政企关系变迁过程进行回顾。

我国传统的国有企业体制，是高度集中的计划经济体制，其特点是“政政不分”、“政企不分”、“政资不分”。这种体制的产生有一定的背景，其中既有经济因素，也有政治因素；既有历史的原因，也有现实原因。计划经济保障了国有企业的巩固和发展，曾为解决当时的国家经济困难发挥了重要作用。随着社会的发展，传统的计划经济体制呈现出一定的缺陷和弊端，党和国家针对传统体制的缺陷和弊端，1978 年中共十一届三中全会提出了改革经济体制的方针，开始对企业制度进行改革，培育市场经济主体。这标志着我国经济体制以市场为取向的改革全面展开。

改革初期，中央政府和地方政府、政府和企业之间的关系产生了一系列的变化，政府开始注意运用经济、法律的手段间接管理企业。从企业制度改革的角度，这一时期可以分为两个阶段。

第一阶段（1978－1991）：经济体制改革的探索阶段。这个阶段分为两个时期。

第一个时期（1978－1986）：改革初期，此时期是在传统体制下，通过权力下放和运用法律形式调整利益结构。

中国共产党十一届三中全会指出："现在我国经济体制的一个严重缺陷是权力过于集中，应该有领导地大胆下放，让地方和工农企业在国家统一计划指导下有更多的经营管理主权。"为此，在这第一个时期政府确定了以扩大企业自主权为突破口进行企业制度改革的方针。1979 年国务院下达了《关于扩大国有企业经营管理自主权的若干规定》、《关于国有企业实行利润留成的规定》等五个文件。1980 年将"统收统支"改为"划分收支、分级包干"。1978－1982 年改革的重点是扩大国有企业经营自主权和明确经济责任制；1983－1986 年主要通过两步"利改税"，明确国家与企业的利益分配关系。

国家在以"扩大企业自主权"为特征的管理体制改革之后，接着进行了以经济责任体制为特色的管理体制改革。由于实行"扩大企业自主权"的政策后，企业行为缺少有效的约束机制，生产的增长主要依靠投入的增加，宏观上造成财政赤字的增加。各地政府为了落实财政上缴的任务，对部分工业企业实行利润包干的经济责任制。

1981 年 11 月和 1982 年 11 月，国务院分别批转了《关于实行工业生产责任制若干问题的意见》和《关于当前完善工业经济责任制的几个问题》等文件，一方面要求进一步扩大企业经营管理自主权，另一方面要求“实行经济责任制的单位，必须保证全面完成国家计划”，并实行经济责任制、利润包干、亏损包干、以税代利、自负盈亏。之后，接着进行了以“利改税”为重点的法制化体制改革。

“利改税”为重点的法制化管理体制改革，分两步进行。

1983 年 4 月，国务院批转了财政部《关于国有企业利改税的试行办法》，实行第一步利改税。其特点是利税并存。企业上缴利润的制度改为按毛利的 55% 缴所得税。1984 年第四季度，开始第二步利改税，将税利并存阶段的上缴利润也变为上缴税收。在推行利改税的同时，落实企业自主权。国务院于 1984 年 5 月颁发《关于进一步扩大国营工业企业自主权的暂行规定》，提出企业应有 10 项自主权。在利改税的条件下，企业所得税税率仍达 55%，税制改革并没有提高企业竞争力，反而使企业税负增加，企业缺乏自我发展能力，降低了增产增收的积极性。1986 年某些地方出现企业利税和政府财政收入严重滑坡的现象，利改税的改革措施未能达到预期的目的。

第二个时期（1987 - 1991）：双轨经济体制下的经济体制改革是放权与让利。

1987 - 1991 年，企业管理改革是推进承包制。1986 年 12 月 5 日，国务院发布《关于深化企业改革，增强企业活力的若干规定》，提出要“推行多种形式的经营承包责任制，给经营者以充分的经营自主权”。1988 年 2 月 27 日，国务院颁布的《全民所有制工业企业承包经营责任制暂行条例》，体现了权、责、利相结合的原则，在切实落实企业经营管理自主权的同时，加强企业责任，明确国家和企业的分配关系。实行承包经营责任制，有其积极效应和作用，但也有负面的影响。接着又进行价格改革，实行价格双轨制，即在产品主要部分仍按计划价格供给与分配的情况下允许生产者将计划外产品或一部分新增产品自行定价或按市场价出售。由于实行价格双轨制，引发了经济体制各方面的双轨并存。

双轨经济体制下政企关系开始突破完全行政管理关系，向“政府调节市场，市场引导企业”方向变革。1982 年全国五届人大五次会议通过的《宪法》规定：“国营经济是社会主义全民所有制经济，是国民经济主导力量。国家保障国营经济巩固和发展”；“国家在社会主义公有制基础上实行计划经济。国家通过经济计划的综合平衡和市场调节的辅助作用，保证国民经济按比例协调发展”。双轨经济体制是“以计划经济为主、市场调节为辅”、“计划经济与市场相结合”或是“有计划商品经济”、“社会主义市场经济”的阶段，在这个时期为双轨经济体制时期。双轨制经济体制的政企关系是放权与让利，国有企业在服从国家的统一领导和全面完成国家计划的前提下，在法律规定的范围内，有经营管理的自主权。双轨经济体制下，政企关系呈现以下特点。

第一，以法律规定的行政性计划联系为主，以市场纽带的经济联系为辅。这种双轨制经济体制，扩大了企业的自主权，促进企业成为相对独立的经济实体，实行经济责任制的改革，能进一步推进企业成为相对独立的商品生产者。承包经营责任制的改革可以实行国家所有权和经营权的分离，有利于企业自主权落实，减少了政府随机干预，促进企业以独立法人进入或退出市场。但是，上述一系列的改革，仍然属于旧的计划经济框架下行政性分权。

第二，以法律的形式约束国家和企业的分配关系，但缺乏有效的约束机制。两步“利改税”试用法律形式明确政府与企业的利益分配关系。承包制采用契约方式来规定企业向国家上缴利润的分配关系。承包制企业的权利与责任仍不对称，承包政府与企业的谈判是一对一，企业必然对政府讨价还价。在信息不对称的前提下，企业仍然承担着国家的计划任务和经济职能以外的社会职能，政府只好让渡利益于企业。在承包制时期，企业往往采取降低折旧率，提高利润率，减少利润留成中的投资基金比例和以扩大现期消费基金比例等方式，把资产转化为利润，最大限度地扩大现期收入，从而导致了国有资产的大量流失，企业经济行为缺少有效的约束机制。

第三，政府对企业预算的软约束关系依然存在。双轨经济体制下，政府不能为国有企业经营提供平等竞争的外部环境。企业管理体制的改革，不论是采取扩权让利的经济责任制，还是承包制的改革，都是局限在政府与企业间利益分配的调整上，尤其是在宏观政策改革不配套的情况下，政府赋予企业的各种权利有的不能真正落实，企业的自主经营就不能实现，因而，国有企业就没有真正形成独立的利益主体，就难以面向市场进行竞争，企业效益低下。同时还要执行国家的计划，企业对政府就有依赖性，政府对企业采取软预算约束，企业难以做到自负盈亏。

第二阶段，政企关系深化改革阶段（1992－2001）。

1992 年 10 月，党的十四大明确提出了中国的改革目标是建立社会主义经济新体制。1992 年国务院制定了《全民所有制企业的转换经营机制条例》（简称《转机条例》），并发出了《关于认真贯彻执行〈条例〉的通知》。

同时，党的十四届三中全会把中国企业改革的目标确定为建立现代企业制度。《决定》提出，现代企业制度是适应市场经济要求，产权清晰、权责明确、政企分开、管理科学的企业制度，通过改革企业制度，加强企业管理。

党的十四届三中全会明确提出建立社会主义市场经济体制，这意味着中国经济体制在质上要从计划经济转向市场经济转变。经济体制的变化，导致政企关系发生了质的变化。1993 年 3 月

29日，八届全国人大一次会议通过的《宪法修正案》规定："国有经济，即社会主义全民所有制经济，是国民经济中的主导力量。国家保障国有经济的巩固和发展"；"国有企业在法律规定的范围内有权自主经营。"虽然和1982年通过的《宪法》相比，仅是"国营经济"改为"国有经济"，"国营企业"改为"国有企业"，只一字之差，但是国家和企业的关系从传统计划经济体制时期企业由国家经营转变为企业的资产为国家所有，而企业的经营管理由企业负责，实行政资分离，或是说所有权与经营权分离。政府和企业的关系主要有三个特点：

"第一，由上下级隶属关系转为产权所有关系，即企业中的国有资产所有权属于国家，企业拥有包括国家在内的出资者投资形成的全部法人财产权，国家按投入企业的资本额享有所有者的权益，企业破产时，国家只以投入企业的资本额对企业债务负有有限责任。国有大中企业的改组、拍卖、租赁、委托经营、兼并等多种形式的改革，与政府之间的产权关系也发生了质的变化。改制后实行合伙制，个人公司制等制度的企业基本上解除了与政府之间的隶属关系。

第二，以计划为约束的直接联系转向以市场为导向的间接联系。在计划经济体制时期，企业间信息传递方式，是由上级行政主管部门的"金字塔"式传递方式，转变为企业间自行联结的"水平式网状结构"。政府通过运用财政税收、金融货币等经济杠杆调节市场，企业按照市场需求组织生产经营；政府通过产业政策、贸易政策引导企业的经济行为，使之符合国家的宏观经济发展目标。

第三，政企之间由单一的行政关系转换为法律、行政并存的双元关系。改制后的国有企业，享有民事权利，是承担民事责任的法人实体。企业可以以其全部的法人财产，依法自主经营、自负盈亏、照章纳税，对承担国家的资产有保值增值的责任，与非国有企业一样，都是市场竞争的主体。又据《中华人民共和国公司法》规定："国家授权投资的机构或者国家授权的部门依照法律、行政法规的规定，对国有独资公司的国有资产实施监督管理。"国家依法按投入企业资本额享有资产收益、重大决策和选择管理者权利。政府对企业仍然有资产管理和监督权，如直接干预国有企业的工资、分红、高层经营人员任免、国有资产的处置等，政府对企业仍然是行政的约束关系。"①

国有企业的改革，是一场广泛、深刻的社会变革，是整个经济体制改革的中心环节。现阶段政企关系发生了深刻的变化，由传统的"政政合一"、"政企合一"、"政资合一"向"政政分离"、"政企分离"、"政资分离"转变。国有资产管理是政企关系重构的内核和关键，要使我国国有企业朝着建立社会主义市场经济体制的改革目标前进，必须深化国有资产管理体制改革。1998年以来，全国各地的地方政府在国有企业的改革、经济结构的调整、政企关系协调等方面，作了许多有益的探索，初显成效。各地也有各自的侧重和特色，取得了不少经验。

以北京旅游业为例，北京旅游管理政企体制改革取得显著成绩。1998年2月28日，成立了北京旅游集团有限责任公司，重新调整行政职能与机构。人员编制标志着北京市旅游行政管理体制实现了政企分开，强化了旅游行政管理，增强了旅游企业的市场竞争力。旅游行政法规的制定，依法行政的严格，使北京市的旅游发展逐步走上了法制化、规范化的道路。"北京市旅游局1998年实行政企分开，将原旅游局所属旅游企业组建集团后，旅游企业摆脱了行政束缚，通过建立现代企业制度，调整资本结构，加强企业管理，使企业逐渐走向市场，并成为市场竞争的主

① 赵东荣：《政府与企业关系研究》，西南财经大学出版社，2000年版，第190－192页。

体，旅游业也因此走上了持续健康发展的道路。2000 年全年接待海外旅游者达 282.1 万人次，旅游外汇收入 27.7 亿美元，为 1998 年以来至 2000 年最高水平。”①“随着北京市旅游管理体制改革的不断深入，2006 年全年共接待 390.3 万人次海外旅游者，实现外汇收入 40.26 亿美元；分别比 2005 年增长 7.6% 和 11.2%；接待国内旅游者 1.32 亿人次，实现国内旅游收入 1482.7 亿元，分别比 2005 年增长 5.6% 和 14%；全市旅游总收入达到 1803.7 亿元，比 2005 年增长 13.2%，均创历史最高水平。”②

广东省顺德市在行政体制改革中理顺政企关系方面也积累了丰富的经验，取得了较好成效。市政府指出，要“实现市场解放政府，政府解放企业，企业解放生产力。提出了政资要分离，政资分离即是政府作为国有资产所有者与作为社会经济管理者的职能要分离，或是说国有资产所有权与管理权要分离，政资分离是政企分离的前提。并提出要建立现代企业制度，政府职能朝着三个方面转变：即从计划经济的直接管理向市场经济的间接管理转变；从主要管理公有经济向对全社会各种所有制经济管理与服务转变，从机构臃肿人浮于事低效管理向精简、高效管理方向转变。”③

再以少数民族较为集中的云南省为例，按照省委、省政府关于加快旅游企业整合与改革的部署和要求，成立了省级旅游行业整合领导小组，组织有关力量对全省旅游行业战略性整合和组建。旅游大集团进行了调查研究，编制了《云南省旅游行业战略

① 北京市政府体改办：《北京旅游业改革路还有多长》，载《首都经济杂志》2001 年第 12 期。

② 北京旅游局：http：//www. bjta. gov. cn/2007lygzhy/hg2006/97614. htm.

③ 郑年胜：《迈向行政管理现代化——顺德行政体制改革实践》，广东人民出版社，2000 年版，第 26－27 页。

性整合与改革方案》和大集团组建的建议方案，积极推进旅游企业规模化和集团化发展，积极推进以产权制度改革为核心，股份制改造为主要方式的旅游企业改革，鼓励和推进国有或国有控股宾馆，旅行社采取股份制改造，出售拍卖，租赁承包，引进合作伙伴等方式进行产权制度改革。“2003 年，旅游行政管理部门的精力和重点逐步向宏观引导、产业规划、政策研究、市场监管、宣传促销和营造环境方面集中，逐步实现由微观向宏观管理、依法管理转变。国有旅游企业改革取得实质性突破，昆明的金山、金利、锦华等宾馆已通过股权转让或出售的方式进行改造；玉溪对国有度假村进行改制探索，国有饭店业改革的坚冰正在被打破；昆明、西双版纳、丽江、保山等州市采取股份制改造、资产拍卖、组建旅行社集团和成立导游服务公司等方式，对国有旅行社进行了改制，目前全省已完成股份制改造的旅行社达 170 余家。”① 由于云南省旅游行业行政体制改革步伐加快，旅游景区、景点经营权和所有权分离的改革也取得新的突破。如西双版纳野象谷、元阳哈尼梯田、元谋土林景区、腾冲和顺乡、火山热海景区的经营权分别转让给浙江金州集团、北京云兴宇交通投资集团、云南元谋旅游经营有限公司、昆明柏联集团、昆明官房集团和省民航集团等。“2003 年云南省已有 33 家景区通过经营权转让吸引了 30 多亿元的建设资金，其中境外和省外投资的达 6 家，省内投资达 27 家，绝大多数是民营企业的资金。”②

云南省深化旅游管理体制的改革，协调了政企关系，促进了旅游业的发展。例如，云南旅游总收入 2002 年是 289. 92 亿元③，

① 杨福泉：《2004 - 2005 云南旅游发展报告》，云南大学出版社，2005 年版，第 18 - 19 页。

② 杨福泉：《2004 - 2005 云南旅游发展报告》，云南大学出版社，2005 年版，第 18 - 19 页。

③ 2003 年《云南年鉴》，云南年鉴杂志社。

2003 年为 306.64 亿元[①]，2004 年为 369.27 亿元[②]，旅游收入 2004 年比 2003 年增长 20.4%，而 2003 年又比 2002 年增长 27.3%，处于逐年上升的趋势。2005 年全年接待海外旅游者达到 181.02 万人次，接待国内旅游者达到 7721.3 万人次，旅游总收入达到 499.78 亿元。[③]

转轨时期由计划经济向市场经济的转型，要重构政企关系。要进行旅游企业改革，理顺民族地方政府与旅游企业的关系，才能促进旅游业的发展。

中国加入 WTO，标志着中国已由政策性开放进入全面的体制性开放的新阶段。WTO 对政府提出的不是产品质量与价格的挑战，而是一种体制性挑战，是要用 WTO 的法律框架体系来约束成员国政府的行政职能和行政程序。这种挑战是全方位的、深层次的，凸显了开放的市场经济对新的制度供给的渴求。在全球化条件下的竞争是政府服务品质（质量和效率）的竞争。在 WTO 条件下，要重构中国政府与国有企业的关系。对进一步搞好国有企业，增强国有企业的活力和竞争力，增强国防实力和民族凝聚力，具有关键性的作用。

企业是构成产业的基本单位，是市场经济活动的主体。国有企业是国民经济的支柱，而国有经济是建设中国特色社会主义的重要物质基础。企业是国民经济的支柱，是政府与市场之间的中介。市场是连接政府与企业的桥梁。和谐的政企关系是一国或一地区经济功能强弱的晴雨表。在现代市场体系中政府与企业的协同关系至关重要，当前在 WTO 背景下旅游行政管理体制要改革，协调好政府与企业的关系，就是为民族地区旅游企业的改革与发

① 2004 年《云南年鉴》，云南年鉴杂志社。

② 2005 年《云南年鉴》，云南年鉴杂志社。

③ 云南省旅游局 2007 年全省旅游工作会议记录。

展奠定良好基础而创造条件，以适应当今全球经济市场化的形势。

（二）政府摆脱企业日常事务，搞好宏观管理和调控

理顺政府与旅游企业的关系，实行政企、政资分开，民族地方政府作为调控主体，不再调控自己，而转向调控市场，通过市场来引导企业的经营活动。这可以使民族地方政府摆脱企业经营的日常事务和不该管的工作，加强和优化民族地方政府的工作。

（三）旅游企业摆脱政府直接干预

理顺民族地方政府与旅游企业的关系，实行政企分开，旅游企业不再是某个地方或某个部门的附属物，而是独立经营的市场主体。旅游企业经营机制进入旅游市场，民族地方政府或旅游局不干预应该由企业解决的问题，贯彻执行《企业法》，民族地方政府或旅游局与旅游企业之间通过市场直接联系，是一种合约关系，而不是行政隶属关系。企业摆脱了政府的直接干预，建立自我发展、自我约束的企业行为机制，有利于企业间按照市场原则组织专业化协作、跨行业企业间联合组织，把旅游企业外部的市场行为转化为旅游企业集团内部的企业行为，从而可以降低交易成本，提高市场竞争力。民族地方政府或旅游局不再参与企业的经营管理，转向对旅游行业间的关系进行协调。这样，更有利于旅游业的发展。而且，旅游企业投入市场，成为独立经营的市场主体，便于接受民族地方政府调控的信息，获得民族地方政府的引导和支持，可以增强旅游企业的竞争力，使国有旅游经济在国民经济中更好地发挥作用，以适应完善社会主义市场经济的要求。

第二节 民族地区构建新型政企关系的目标和途径

一、民族地区构建新型政企关系的目标

在WTO规范的趋势下以及学习借鉴市场经济发达国家处理政企关系的经验，再结合我国政企关系的独特性，民族地区构建新型政企关系的目标应是构建服务型（Serving mode）政企关系。服务型政企关系模式的内涵，是“构筑以法律为约束、以制度为规范，以市场为联系，以政策为导向的、合理的、和谐的、规范的、协调的政企关系，构成政府、市场、企业层级式三维结构，使政府调节费用，市场交易费用，企业组织费用达到最佳结合点。”①

政府的根本目标是为企业服务。企业为社会创造财富，是社会的经济基础，是为提高人们的生活福利，为人类生产、为人类服务，旅游企业组织旅游活动，提高人民生活质量，有益于人的身心健康。政府的目标必须从经济资源的控制转到为企业服务上来，这是建立新的政企关系目标，否则入世之后我们的企业就难以获得与国外同等的外部条件，在竞争中将处于不利的地位。为此，民族地方政府应构建服务型新型的“政企关系”。在WTO条件下，构建服务型的政企关系新模式是一项前所未有的创新形式。从计划经济向社会主义市场经济转变的过程，如何理顺好政

① 赵东荣、乔均：《政府与企业关系研究》，西南财经大学出版社，2000年版，第246－248页。

府与企业的关系以适应市场经济体制和 WTO 规范，有效地与国际标准衔接和结合，是摆在我们面前的新课题，在马克思主义经典作家留给我们的各种现成理论中找不到现成的具体答案，同时也超越了社会主义国家所积累的全部实践和经验。近年来，我国有些学者对我国行政体制改革、理顺政府与企业关系问题作了些探讨，提出些见解，但是，至今尚无完全共通性的解说。这原因在于行政体制改革，政府与企业关系创新形式高度复杂性，在不同的时间背景和层次上谈论行政体制改革，构建新型政府与企业的关系的内容是不相同的。前面提到，当前有的学者提出构建服务型政府的政企关系的内涵是："构筑以法律为约束，以制度为规范、以市场为联系，以政策为导向的、合理的、规范的、协调的政企关系，构成政府、市场、企业层级式三维结构，使政府调节费用，市场交易费用，企业组织费用达到最佳结合点。"[①] 笔者认为，这里的"合理"，指的是民族地方政府对旅游企业服务作用的"范围"要合理，职能要正确定位，要按照 WTO 规则来规范政府的职能，做到"有所为，有所不为"。[②] 在少数民族较为集中的西部旅游开发中，要充分发挥西部地区中旅游业发展较快、较好的地方（如四川、云南等地）的旅游市场的优势，加大政府体制改革力度，实行政企分开和企业产权制度改革，政府不直接经营和管理企业，主要职能逐步向宏观调控和弥补市场不足的方向发展。这里所说的"规范"，即政企行为的规范，建立科学的产权结构。从体制角度讲，是一个三重分离结构：首先要分离国有资产所有者职能与社会经济管理职能；其次，要分离国

---

① 赵东荣、乔均：《政府与企业关系研究》，西南财经大学出版社，2000 年版，第 246 – 248 页。

② 阮成发：《WTO 与政府改革》，经济日报出版社，2001 年版，第 210 – 216 页。

有资产管理职能与国有资产运营职能；再次，要分离出资产者产权的所有权职能与经营权职能。国有资产所有者职能与社会经济管理职能分离是最根本的体制性分离。三重分离的产权结构，是科学的产权结构。实现政企分离，理顺政企关系，是规范政府行为的准则。从产权的角度，实现政企分离，是保障企业运行的独立性和政府行为的规范性。在转换政府对国有资产的管理职能的基础上，形成健康的市场，廉洁的政府，自律的企业，有效的社会监督。政府通过经济杠杆调控市场；通过市场调节旅游企业经济活动；通过法规、行政手段管理旅游企业的经济行为；通过计划、政府引导或影响旅游企业的投资方向。旅游企业依法生产经营、依法纳税。协调，即是在现代市场经济体制下，民族地方政府、旅游企业、旅游市场和社会服务机构有机结合。它们之间相互影响、相互作用，形成较为合理的政企关系，达到市场竞争与政府干预，法规管理和行政服务并行不悖，使旅游企业的微观经济目标和民族地方政府的宏观调控目标基本一致的政企关系。“民族地方政府组织的职能由对经济以及整个社会事务的微观管理为主，转向以宏观管理为主；加强综合的宏观管理职能及其部门，撤并对专业的微观管理及其部门，将专业部门合并为大行业部门；从以产品管理为主，改为以大行业管理的综合管理为主。”① 经过一系列的调整和转换，理清了部门之间不合理的职能交叉和重复，划清了政府各部门的职能权限，建立了科学的职能体系，达到了合理配置职能的目的，兼顾了政府综合部门与专业部门之间的职能关系。

笔者认为，根据2006年10月中共第十六届六中全会提出构建社会主义和谐社会的目标，构建服务型“政企关系”的内容，

---

① 王宏伟：《行政管理制度创新与行政改革》，中国商业出版社，2004年版，第358页。

在前面学者提出的要合理、规范、协调的内容中应增加和谐的新内容，才能使“政企关系”更完善。

社会和谐是中国特色社会主义的本质属性，是国家富强、民族振兴、人民幸福的重要保证。

为建立和谐社会，中共十六届六中全会提出了9个方面路径和6项原则，其中有创新社会管理体制要“以人为本”，坚持科学发展观，注意资源利用率的提高、生态环境明显好转、改革的力度、发展的速度和社会可承受的程度统一起来，以改革促进和谐，以发展巩固和谐，以稳定保障和谐，维护社会安定团结、确保人民安居乐业等方面的内容。笔者认为，中共十六届六中全会给构建服务型“政企关系”指明了方向。说明民族地区发展旅游业要理顺“政企关系”，还必须以生态环境的改善为根本和切入点，走生态经济协调，持续推进的道路。新时期不仅仅创建人与社会环境的和谐，也要创建人与自然环境的和谐。人类发展旅游业不应该破坏自然环境。民族地区要合理使用旅游资源，保护生态环境，搞好国家资源管理，不但要纳入经济发展之中统筹考虑，也应把它列入完善民族地区“政企关系”，构建服务型“政企关系”中的内容。这是笔者根据中共十六届六中全会精神提出的，理顺“政企关系”涵义的新内容。民族地区地方政府或旅游行政管理部门（旅游局）在制定旅游业发展规范中，要走可持续发展道路。在旅游资源开发中，既要逐步提高对于旅游资源的利用率，又要避免生态环境可承载力超过饱和度，并着力开发生态旅游。

二、民族地区构建新型政企关系的途径与措施

建立新型的政企关系——服务型的政企关系的实质，是政府与企业间互动式的改革。为此，深化政府与国有企业的互动式改革，是构建服务型政企关系的基本途径。

在 WTO 条件下，构建新型的政企关系——服务型关系，是一项前所未有的创新形式。从计划经济向社会主义市场经济转变，如何实现政府、国有企业与市场经济体制和 WTO 规范的有效衔接和结合是个新课题，是一项极具探索性的历史任务。

构建服务型的政企关系的途径是要按市场经济规律发展旅游业，深化民族地方政府与国有旅游企业的关系。协调好民族地方政府与国有旅游企业的关系，是构建新型政企关系的途径，具体措施有：

（一）建立掌舵型间接服务的政府

“政府”一词源于希腊文，与“操舵”意义相同。因此，政府的本质从源头上说是掌舵而不是划桨。掌舵是指进行宏观控制下的间接服务，包括方向的选择、政策的制定等，通过公共权威掌握和聚集一定的资源，再运用公共政策进行权威性分配。而划桨则是指直接提供服务。但是，在中国计划经济体制下，政府完全排斥市场的作用，既掌舵又划桨，服务效率极低。根据中国共产党十四届三中全会决定和十五大报告，建立现代企业制度的精神，就是正确界定政府的职能，确立民族地方政府在企业中的地位，处理好政府与企业的关系。进行旅游行政管理的改革，其中最根本性的改革是要实现政企分开，协调好政府与企业的关系，这是民族地区旅游业改革与发展的基础和前提。

国家采取了许多措施协调或理顺政府与企业的关系。国务院于 1984 年 5 月颁发了《关于进一步扩大国营工业企业自主权的暂行规定》，提出了企业应有 10 项自主权，即生产经营计划权、产品销售权、产品价格制定权、物资选购权、资金使用权、生产处置权、机构设置权、人事劳动管理权、工资奖金使用权和联合经营权等，规定提出了政企分离的措施。

民族地区旅游行政的管理体制也应进行政企分开的措施，政府对旅游企业的管理，应从直接管理转向间接管理，如民族地区旅游的环保工作，政府的职责是制定政策，进行指导，而将污染治理、垃圾清理等具体实施性的工作交由有竞争性的私人部门承包经营。

政府掌舵的途径多种多样，如：

（1）政府退出旅游企业短期计划的制定，转向制定旅游经济发展的中、长期规划。

（2）政府退出企业生产经营的具体运行过程，不再以投资者身份直接经营企业。

（3）政府退出企业生产要素的直接管理，将企业的人、财、物权下放给企业管理。

实现政企分离，企业与政府间通过市场直接联系，是一种合约关系而不是行政隶属关系。旅游企业间可按照市场原则组织专业化协作，跨行业的企业联合组织把企业外部的市场行为转化为企业集团内部的企业行为，有利于降低交易成本，从而提高其市场竞争力。对于同行的企业，以市场原则建立行业组织。它不是行政隶属关系，而是契约关系。其主要职能在于协调旅游业的生产经营行为，集中力量从事技术创新活动，但是要防止过度重复建设。地方政府不再参与企业的经营管理，而是转向对行业之间的协调。各级民族地方政府对国民经济行宏观调控和指导，在国家政策的总体要求下，根据自身所处的地理位置、交通条件、旅游资源、人力资源、民俗习惯等制定适合地区旅游业发展的调控政策。

总之，在加入 WTO 的背景下，我国民族地方政府应从计划经济体制下的“全能政府”转变为与市场经济相适应的作用边界明晰的“有限政府”。政府的职能首先是要从微观管理转为宏观管理，让企业真正成为自主经营的市场主体。民族地方政府要制定市场规则、各种法则，维护市场契约关系，努力创造良好的竞争环境。政府对企业的管理手段要从行政干预转变为协调服务，按照《公司法》行事，协调好各种关系，对该管的坚决管好，不该管的彻底放开。政府寻求“管与不管”的最佳结合点，帮助企业解决实际困难，以利于企业的发展。

（二）推进政治民主化，提高行政能力

现代民主政府的重要内容和基本要求是决策民主化和科学化。必须建立强有力的监督机制，加强国家管理的科学化、规范化和政府人员的廉洁自律。中国共产党是执政党，在新时代背景下，也必须服从市场经济规律，服从 WTO 规范，提高党的执政能力。从计划经济下党政不分转变到通过国家法律和政策，体现党对经济工作的指导思想、领导意图和政策主张的间接控制上来。

（三）深化国有企业改革

深化国有企业改革，其关键必须深化国有资产改革，做到政资分离。政资分离是政企分离的前提。政企分离问题不仅仅是个体制问题，其实质是要使企业成为市场的运行主体，使政府成为市场的调控主体，合理地把政府国有资产所有者职能与社会经济管理职能分离，或是说让企业完全脱离所有者代表的控制。政资、政企分离的主要措施如下：

1. 国有旅游企业产权结构多元化

国有旅游企业产权结构多元化，即投资主体多元化，或是说出资人或所有权的多元化。比如，可通过引进外商投资实现国有企业股权结构多元化。一元结构的国有独资企业改革为多元产权结构的国有企业，必然使政府直接干预企业经营活动，定会受到其他产权主体的抵制，政府传统的行政命令和手段就会失去作用。政府的职能须重新定位，推进企业股东会、董事会、经理层相互制衡的法人财产权的建立，以有效实现政企分开。对于介入的国外资金，可采取入股、收购或兼并等形式参与部分国有企业产权结构的改造，将国有企业改制成非国有企业和非国有控股企业。在当前国内非公有经济尚无大量资金实力参与国有企业改革的情况下，吸引外资进入，更具有十分重大的意义。

企业产权结构多元化，也可以说是股权多元化，即运用现代公司制原理，改变原有的一元国有独资格局，变为多种机构都代表国有资产所有者行使所有权职能，也包括混合所有制的多元化，这是使政府直接干预企业受到制度性约束的措施。

旅游企业产权结构多元化，或股权多元化的体制改革，在民族地区不少地方都已进行，并取得成效，云南省旅游局局长刘平在《云南旅游业发展述评》报告中指出："1997 年云南根据党的十五大精神开展了旅游企业股份制改造的试点工作，在省旅游局直属的 4 家省国际旅行社进行旅游企业股份制改造试点工作，通过改组、兼并、租赁等形式进行改革。从发展情况看，效果良好，有利于实现政企分离，并改变了我省旅游企业小、散、弱的现状。"

2. 民族地方政府将国有旅游资产委托于旅游企业者经营管理——通过股权转让或出售方式推进宾馆、饭店实现政企分离的改革。

云南省为积极推进政企分离的宾馆饭店改革，还起草了《国有宾馆政企改革指导性意见》，引导旅游饭店、宾馆的改革，以实现政资分离改革。例如，2004 年云南省大理白族自治州大理红山茶宾馆、大理宾馆已完成改制工作；喜洲田庄宾馆（董苑迎宾馆）也全面办理了人事和产权改制移交手续。

3. 培育有竞争能力的大公司、大企业集团

要建立和健全现代企业制度，要促进旅游企业集团的形成和发展，其进程一般是采取"以骨干企业为核心，以及龙头产品的扩散，逐步吸附一批企业，从建立一般性的生产协作关系，逐步发展到生产要素的多元化联合，再进一步发育出企业之间的财产关系，整合旅游资源、提升旅游业竞争力，向培育和建设旅游大

企业的目标迈进，使企业实现成为市场运行主体。”①

云南省已建立了云南旅游集团、世界旅游集团和云南旅游开发总公司等三大旅游集团，还通过成立导游服务公司等方式对国有资产体制进行改革，以实现政企分离、政资分离，实现企业为市场运行的主体。

（四）建立国有资产监督管理机构

市场经济是信用经济，需要以诚信作为基础。对不讲诚信的人，要给予惩罚或制约，以便通过世界经济舞台另一道更高的“门槛”——WTO的规制。为此，政府的服务与企业的责任问题，双方都应以法律为约束。要建立监督管理机构，以维护企业和社会稳定。

① 魏小安：《旅游发展与管理》，旅游教育出版社，1996年版，第263页。

第十章　理顺民族地方政府与社会中介组织关系

理顺民族地方政府与社会中介组织关系，就是要重新建立政府与社会共同治理的模式，协调好政府与社会的关系，推进政府改革（包括民族地方政府）实现公共管理，发挥中介组织的作用。转轨时期“中介组织的作用，已成为我国市场经济建设和政治体制改革的重要内容。”① 行业协会是作为非政府性、非营利性的社会中介组织，是在市场经济条件下，为了弥补市场和政府双重失灵而存在。它是协调成员利益并增强其在社会利益日趋多元化社会中的讨价还价能力，从而实现同社会各种利益集团的博弈过程中占优势的目标；它是以成员利益集团的代表角色出现而介于政府与企业组织之间的一种中间性体制组织，既不同于政府又不同于企业，是第三部门范围中典型互益性民间社团。而且旅游行业协会能帮助政府（民族地方政府）发挥在旅游公共管理的作用。

第一节　理顺民族地方政府与社会中介组织关系的必要性和意义

一、理顺民族地方政府与社会中介组织关系的含义

理顺民族地方政府与社会中介组织的关系，就是要重建政府

① 刘熙瑞：《中国公共管理》，中共中央党校出版社，2004 年版，第 261 页。

与社会共同治理的模式，让社会强大起来，大力发展社会中介组织。转型政府职能，即充分发挥中介组织的作用，政府把微观经济管理的职能和一些社会服务工作让渡给中介组织。旅游行业协会要“由官返民”，政府部门和行业协会的职能正确分工，凸显行业协会治理的本质特征，以适应国内外形势发展的需要。建立政府与协会对公共事务协调管理的理念，共同治理公共事务，以完善治理环境，提供更多更好的公共服务。旅游产业的发展是一项复杂的系统工程，需要社会机制各方面的共同协调和努力。公益物品的提供，资源的开发与保护等等，除了需要政府发挥作用外，也应充分发挥民间组织的作用，以促进民族地区旅游业的发展，并尽快与国际社会接轨。

二、理顺民族地方政府与社会组织关系的必要性及其意义

（一）理顺民族地方政府与社会中介组织关系的必要性

20 世纪 80 年代兴起的公共管理运动，目的是为了谋求造就一个适应变革社会的良好治理环境。20 世纪 90 年代以来，“治理”日益成为公共管理的核心概念，成为各国政府改革的方向和目标。所谓公共治理，是指在一定范围内多元主体对公共事物的协调管理过程。它意味着政府不再是社会唯一的权力中心，各种得到公共认可的第三部门和私人部门都可能成为不同层面上的权力中心。在某种意义上，也可以把治理看成政府管理的延伸。政府与治理的互相结合，是当代国家面对日益复杂、动态多样的国际国内公共事务所采取的新战略。当今政府与第三部门结合，互相协作，共同管理公共事务，是时代发展的趋势和要求。介于政府与企业之间的第三部门，是社会中介组织，其作用不可忽视。中国旅游业协会应该属于中介组织的范畴，亦应该是独立于政府之外的多元主体之一。旅游协会属非营利性的组织，它从事政府与企业两者无力、无法或无意作为的社会公益事业，从而成为服

务于社会公众，促进社会稳定与发展为宗旨的社会公共部门。发展民族地区的旅游业，民族地方政府应适应形势的需要，与国际接轨，采取新战略管理社会公共事务，逐步理顺政府与协会关系，也即理顺“政会关系”或者“政社关系”。理顺“政社关系”或“政会关系”的原因如下：

1. 传统中介组织体制对“政社关系”协调的影响

理顺“政社关系”或“政会关系”，就能够推进旅游业的发展，但这有赖于对传统行业协会的改造。

我国现代意义上的社会中介组织发展较晚，但历史上曾很早就出现过民间性的工商业行业组织。在不同历史时期，行业组织的性质与形式也有所不同。新中国成立之前，许多大城市都活跃着一些现代中介组织。“新中国成立后，社会中介组织的发展大体经历了五个阶段”：①

第一阶段，旧中国中介组织的存续阶段。1949 年至 1956 年，处于恢复战争创伤和恢复国民经济阶段，计划经济体制尚未确立，市场成分在经济运行中还起着重要作用，许多具体的公共管理事务仍然需要中介组织承担。

第二阶段，社会中介组织政治化和行政化的阶段。1956 年到 1980 年，我国的计划经济体制逐步形成，随着政府职能的全能化、社会经济成分的单一化、社会利益结构的一体化，民间社会中介组织尤其是经济类的中介机构陆续停止活动，数量日趋减少直至消失，最终只剩下官办的“人民团体”，它作为政党和政府的附属组织而存在并开展活动。

第三阶段，社会中介组织恢复阶段。1980 年至 1992 年，随着党的工作重心的转移和改革开放政策的推行，经济体制开始转轨，计划经济的成分在缩小，而商品经济的成分日渐扩大，政府

---

① 刘熙瑞：《中国公共管理》，中共中央党校出版社，2004 年版，第 269 页。

继续还权于社会和企业。在此过程，旅游协会等一些中介组织开始组建，但此时期的组织为全民所有制的事业组织。

第四阶段，中介组织的发展阶段。1992 年至 1997 年，中国共产党的十四大召开，确立了社会主义市场经济体制，社会中介组织发展速度明显加快，中介组织处于事业法人、企业法人多元并存的局面。

第五阶段，中介组织的规范阶段。1997 年至今，是中介组织的规范阶段。自 1997 年起，各地方政府（包括民族地方政府），开始按市场经济所要求的独立、客观、公正原则，对部分市场化发育程度较高、与公众利益密切相关的中介组织进行清理整顿。

从我国社会中介组织发展历程看，社会中介组织是从计划经济体制向社会主义市场经济体制转轨的进程中成长起来的，是市场经济的产物。我国的旅游协会成立于 1986 年，是在市场条件不很成熟的情况下成立的。为此，旅游协会是先天不足的“早产儿”，带有浓厚的“行政”、“官办”色彩，被称为“第二旅游局”。协会虽然发挥了重大作用，但因为大都是自上而下组建，社会中介组织的职责范围不够明确，传统体制的巨大惯性影响了中介组织职能的发挥。相当多的中介组织由各级政府主管部门所设立，直接隶属政府部门或挂靠有关政府部门，导致社会中介组织的地位、职能和体制的扭曲，造成“政事不分”、“事企不分”，也造成了行业垄断，行政干预和不正之风的滋长。旅游行业协会行政依附性强、结构不合理、机制不顺畅、角色混乱、功能缺失，没有成为代表行业和行业内企业利益的真正民间性、自律性的组织。近年来，我国一些民族自治地区或少数民族聚居较多的省区，比如云南省，对原有的自上而下组建的传统的旅游行业协会进行改革调整，制定了改革的目标和方案，例如，大理白族自治州旅游协会改革工作较有成效，该州对旅游协会的领导班子成员进行了调整，选举产生了协会及各专业分会的会长，旅游局的局长不再兼任旅游协会的会长，协会机构人员与政府脱钩。健全完善了旅游协会的组织体系，还制定和完善了旅游协会的自律公约。按自下而上的原则，由专业分会召集会员单位，充分酝酿、讨论，在协商一致的基础上制定出了大理白族自治州旅游行业协会旅行社分会，四、三、二等各星级饭店分会，景区（点）分会，购物店分会等等分会的《自律公约》和《反不正当竞争公约》。分会间签订《合作协议》。另外，行业代表性也有所增加，民营、外资企业也可加入协会。

在2005年，云南省旅游协会修改了《云南省旅游协会章程》，在2006年“十一五”旅游发展规划中，明确指出旅游行业协会是民间性组织，将旅游协会的工作正确定位，提出要在市场化条件下强化旅游行业协会作用，建立旅游行业协会协调和约束机制。

以上说明，现阶段我国民族地区有些地方传统的自上而下、政府主导的协会进行了改革，这些协会称改革式协会。另外，在我国民营经济比较发达的地方，比如，江浙地区，在市场的推动下，自发式成长建立了一种“自下而上”的民间行业协会组织，由民营企业自发组织发起、自筹经费、自主运作、通过提供服务赢得会员企业的支持，通过对本地经济的促进赢得当地政府的认同。这种模式的行业协会，不是对已有行业协会的改造，而是一种全新的市场化、民间性中介组织的萌生，这是一种发展模式的协会，与上述提到的改革式协会的特征不同。不论是政府自上而下的改革模式，还是市场自下而上的发展模式，都有一些规律性东西，行业协会（包括旅游行业协会改革和发展）的目标指向是基本相同的。“改革模式”在于政府推动，主要是对原有行政性行业协会的市场化、民间化改造；“发展模式”是市场推动，主要是创建符合市场化要求的新型行业协会。两种模式的改革措施和发展路径虽然不同，但目标指向却殊途同归，都是为了建立符合市场经济发展要求的，符合国际惯例的政会分开、功能完善、机制健全、自主运作的民间非盈利性社团，从而协调市场主体利益、促进地区经济，特别是民营经济的发展。当今两种模式的行业协会，都是作为社会的中介机构，是社团会组织，承担的是自律管理职能，其根本的特点是具有民间性、中介性和自律性。对政府，它不是附属物，也不是代表政府管理企业的另一个“婆婆”，而是独立的社会组织，是企业利益的代表者，对企业，它不是管理者，而是服务者。市场化、规范化的行业协会的属性和标准是自愿性、民间性、非营利性、自律性。

旅游行业协会是行业管理的主体，面临着“全球结社革命”、民主化浪潮、市场经济的日趋成熟以及我国加入WTO的挑战和机遇。我国旅游行政管理部门在政府机构改革的大潮中，应逐步把自身不该管、管不好的、管不了的公共事务交给旅游协会。使行业协会通过改革改造，朝着民间性、自律性的方向发展，成为有利于“政企分开”、“政会分开”，有利于政府宏观调控的社会组织。如此，才能理顺政府与社会关系，规范市场行为，促进民族地区旅游业的发展。

2. 体制改革深入的需要

转型时期，随着体制改革的深入，政企逐步分开，越来越多的企业需要一个能代表行业意志、协调行业行为，反映行业要求，促进行业自律的中介组织，在政府和企业间起桥梁作用。旅游协会是旅游行业的中介组织，随着旅游行政管理机构的改革，民族地方政府或作为代表政府机构的旅游局，其许多职能向着旅游协会转移。理顺“政社关系”或“政企关系”，要正确界定政府和行业协会的职能，并使之法制化，以顺应市场经济要求。

当前，民族地区旅游协会组织的数量还不能适应社会发展的要求，旅游协会的力量需要加强。

（二）理顺民族地方政府与社会关系的重要意义

改革开放以来，随着市场化经济的发展，我国社会中介组织逐步走向繁荣发展。党的十五大报告把培育和发展社会中介组织作为一个重要命题提出。十六大报告进一步指出，要改革和完善党的领导方式和执政方式，加强党对工会、共青团和妇联等人民团体的领导，支持他们依照法律和各自章程开展工作，更好地成为党联系人民群众的桥梁和纽带。行业协会具有影响政府政策制定，帮助政府推行既定的法律、法规，为政府、企业和个人服务，使社会资源得到优化配置，市场经济运行顺畅，促进市场主体有序竞争等作用。行业协会承担着自律性行业管理职能，既为企业服务，又受政府委托为政府服务。作为自律组织，旅游协会可以向各地方政府进行咨询、反馈。旅游行业协会还可以协助各成员单位解决经营中遇到的困难和问题，起到对旅游行业管理的必要的补充作用。同时，在积极为广大会员服务的基础上，加强行业的自律工作，反对和制止不正当的行业竞争。以云南省丽江市为例，2005年丽江市旅游淡季星级酒店出现不正当的削价竞争。旅游协会完善了《丽江市旅游协会旅行社分会反不正当竞争公约》，积极协助旅游局质监所，加大了对部分旅行社降低接待标准，将旅游团安排入住非星级酒店的违反自律行为的监督力度，遏止了旅行社间的不正当的竞争，维护了游客权益和丽江旅游的形象，发挥了旅游行业管理职能的补充作用。

第二节　理顺民族地方“政社关系”或“政会关系”

旅游行业协会在积极转型，理顺“政社关系”或“政会关系”的过程中，要做好以下几件事：

一、正确界定民族地方政府、旅游局和旅游协会职能

正确界定和区分政府、旅游局、旅游行业协会的职能，保证协会的独立性，是理顺“政会关系”的重要措施，也是当前旅游行业协会发展中急需解决的问题。在当前市场经济条件下，有些应该属于旅游行业协会的职能的，有相当一部分还滞留在各个政府职能的部门中。政府职能改革，要正确定位，在以立法形式确定政府以及行使政府职能的旅游局职能的同时，也要对旅游行业协会的职能进行定位，并明确行业协会的主体地位、职能、规则和管理模式，把有关协会的重大原则问题通过法律、法规或条例的形式确定下来。规范行业协会的各种活动，使政府部门与行业协会完全脱钩，确立政府与协会之间的法定关系，以指导现有行业协会的改造和新型行业协会的建立和定位。现将各部门的职能分述如下：

1. 地方政府职能

是指地方行政机关，根据经济建设和社会发展需要，在行使行政权力，提供地方公共产品和服务过程中所承担的责任。其决定性职能的因素，是首先必须适应地方经济、政治、社会全面协调发展的需要，其次必须满足执行中央政府或上一级政府决策或政府的需要。目前，“中国地方政府职能包括：（1）经济调节职能；（2）市场监管职能；（3）社会管理职能；（4）公共服务职能。”[①] 随着政治体制和经济体制改革的发展，地方政府的职能会不断地变化、转换与发展。

2. 国家旅游局的职能

① 刘靖华：《中国政府管理创新·管理卷》，中国社会科学出版社，2004年版，第47－50页。

中国国家旅游局于1982年设立。其前身是1978年设立的中国旅行游览事业管理总局。国家旅游局直属国务院领导，是我国最高的旅游行政管理机构，它代表政府行使旅游行业的行政管理职能。国家旅游局主要的职能和业务范围如下：

（1）管理国内外旅游事业，提出我国旅游发展的战略目标、方针、政策，编制发展旅游事业的长期、中期和年度计划，并组织实施。

（2）管理国家发展旅游事业的投资和旅游业利用外资工作的有关事项。

（3）研究提出优化旅游产品结构的政策措施，组织旅游体制改革的实施。

（4）管理全国旅游资源的普查，会同有关部门组织指导开发利用工作。

（5）归口审批和管理旅行社、旅游涉外饭店，负责制定各项服务规范，并组织实施、监督检查。

（6）归口管理旅游涉外事务和旅游签证，制定扩大国际客源市场的战略计划并组织实施；负责与各国政府及国际旅游组织间的旅游业务往来和协定、协议的签订；负责审批派驻境外的旅游机构以及外国和港澳地区在境内开设旅游机构事宜。

（7）管理旅游院校建设、教材审定、人才的培训工作和国家旅游局管理的干部的任免事宜。

（8）管理旅游法规建设、旅游价格、旅游统计工作，负责拟订旅游行业财会、外汇收支、劳动工资制度并组织实施和监督检查。

（9）会同有关部门发展旅游产品，协调交通运输等有关工作。

（10）承担国家旅游事业委员会办事机构的任务。

（11）指导旅游全行业的工作。

(12) 承办国务院交办的其他事项。

1993 年 12 月 28 日，国家对旅游行业标准归口管理范围作了进一步确认。1995 年 1 月，国家旅游局又根据国务院批准的职能配置，对作为旅游行业管理职能部门，如旅行社饭店管理司的工作职能进行重新确认与配置，由旅行社饭店管理司对全国各类旅行社，旅游饭店进行行业管理；同时，在省市旅游局中也设有专业管理处，以加强行业管理。①

3．行业协会的职能

行业协会为政府、企业、市场之间的社会中介组织，承担着自律性行业管理职能，为企业、行业和政府服务。

自律性行业管理职能是协会的基本职能，它包括：(1) 制定并组织实施行规行约、行业标准；(2) 收集、分析、发布行业信息，调查研究本行业国内外发展情况，分析行业经济形势，提出行业发展和技术进步规划或预测；(3) 协调同行业企业的经营行为，对本行业产品和服务质量、竞争手段、经营作风进行监督，对行业内部价格进行协调，制止低价倾销和价格垄断行为；(4) 协调会员关系，维护会员合法权益，维护行业信誉，处理违规行为，发展行业社会公益事业；(5) 组织行业科技成果鉴定和推广应用，组织评估与认证，开展国内外经济技术交流与合作；(6) 企业需要的其他服务职能，如，咨询、培训、举办展览。此外，协会还有接受政府委托、为政府服务的职能。上海市行业协会发展署把行业协会的基本职能界定为行业服务、行业自律、行业代表、行业协调，并制定行业协会的十大职责。

旅游行业协会的主要职能是：

(1) 反映旅游行业意志。在过去，行规、行约、公平竞争、价格协调、反倾销、反垄断等职能，是属于民族地方政府部门

① 宋振春：《现代旅游管理学》，青岛出版社，2001 年版，第 241 页。

的，现在应当逐步由旅游行业协会来制定并监督执行行规行约，规范行业行为，进行价格协调，反倾销和反垄断工作，维护公平竞争。

（2）协调会员关系。会员之间经营的矛盾和纠纷，除了法律处理和行政裁决之外，协会可以在旅游行业内部做一些公正、公平的协调工作，维护会员合法权益。

（3）参与制定旅游行业规划、当好参谋。

旅游协会做旅游企业的好参谋，旅游行业内旅游企业的基本建设，重大的技术改造、技术引进、投资和开发项目等前期论证，旅游协会应参与制定，提出合理科学的意见。

（4）参与资质认证

企业生产的某些许可证的发放和资质审定，协会争取从政府部门手中接过来。

（5）协助市场建设

旅游协会根据本行业的需要，参与相关产品市场的建设。

二、加强旅游协会建设，改造传统旅游协会

我国的旅游行业协会基本上是自上而下“奉命建立”的类型，为此，与具有成熟市场经济的一些国家旅游行业协会由同行企业自下而上、“自发建立”的情况不同。由于我们的旅游行业协会大部分是由政府机关派生出来，其市场经济的职能不明确，行政色彩浓厚。为此，要完善旅游协会的职能，首先要转变政府的职能，实现“政会分离”。民族地方政府对旅游协会组织只进行宏观调控，并通过法制手段、规范和监管旅游行业各种协会等中介组织。[1] 同时还要改变旅游协会的重点，从服务于政府转向

① 刘熙瑞：《中国公共管理》，中共中央党校出版社，2004 年版，第 277 – 278 页。

服务于企业，大力吸收民营企业入会，奠定旅游协会市场化运作的基础，向民间性、自律性方向发展。

三、旅游行业协会职能的改革要和政府机构改革相辅相成、同步进行

旅游行业协会的改革如果落后于民族地方政府的改革，旅游行业协会发育就不会健全，就会无法承担相应的职能，旅游行业管理就会继续呈现弱势。在这种情况下，机构改革中划归行业协会的职能有可能会重新回到政府部门，机构改革的成果就会付诸东流。同样，政府机构的职能转变过快，而旅游行业协会尚未形成相应的行业管理职能，行业管理中也会出现职能空白。譬如，旅游企业，假设是饭店企业找不到行业管理主体相对的职能为其服务，饭店反而会比以前更混乱。因此，政府职能和旅游协会职能的改变必须相辅相成、同步进行。在旅游行业协会履行职责逐步成熟的情况下，政府的相关职能逐步转移，逐步撤出。

四、创新培育政策，发挥扶持作用

政府在转变职能的同时，还要加大对中介组织中行业协会组织（如旅游协会）的扶持力度。支持中介组织中行业协会的发展，是市场经济发展以及民营企业发展的需要，也是行业协会（如旅游协会）成立和发展的原动力。民主自愿是行业协会的重要组织原则，但是，坚持民主自愿原则，不等于政府无所作为，任其自生自灭。在民族地区旅游行业协会发展不够成熟、作用发挥不够显著的情况下，不能指望所有的旅游民营企业会自动立即组建协会。因此，在建设和发展旅游协会的工作中，必须正确发挥政府的引导和促进扶持作用，加大政策扶持力度，支持社会力量举办协会，支持新协会组织的发展。其途径可采取在市场准入上，对初期创办的旅游协会组织要实事求是地确定资格和条件，

以扶持为主。还可以考虑采用以下政策：

1. 经费扶持。比如，民族地方政府可以划拨专项经费，设立类似“行业协会建设发展种子基金”。

2. 税收优惠。比如，可对会费收入、社会捐赠、奖励等资金应免征税。

3. 人才培养。引进或培养一批熟悉旅游行业情况和发展趋势的“职业化”人才，担任旅游行业协会专职秘书长或副秘书长。

4. 标杆示范。政府可以将某些运作良好、功能显著、影响较大的旅游协会作为“标杆”，优先向其转移政府职能，优先邀请其参与政府部门重要会议，使其尽快成长，充分发挥作用，使其在旅游行业协会的建设和发展中发挥实实在在的示范带头作用。

五、通过法制，规范和监管中介组织

作为我国中介组织类型之一的旅游行业协会应通过完善法律，确立其组织的地位、权利和义务，并规范其行为，以保护协会的权益。协会做到依法建立，依法运行。除了法制规范之外，民族地方政府还要依法履行对市场中介组织的监管职能，负责制定中介组织规范性文件和发展规划，统一管理执业人员资格审批，执照签发，审批中介机构的设立申请等。依法承认中介组织的法律地位、权利与义务，明确其承担的法律和经济责任，使其按照公平、公正、公开的原则，向全社会提供服务，成为独立承担民事法律责任的法人组织，以维护公平竞争的中介市场秩序。

六、加强调查研究，拓展服务范围，加强旅游协会建设

在 2004 年全国旅游工作会议上，吴仪副总理做了重要讲话，何光暐局长也做了工作报告。会议提出了“2004 年全国旅游协

会以‘三个代表’重要思想为指导，深入贯彻中共十六届三中、四中全会的精神，围绕国家旅游局的中心工作和协会章程中的任务，努力为政府、为行业，为会员服务。工作的重点是加强调查研究，拓展服务范围，加强协会全面建设。”①

调查研究，主要是开展全国温泉资源和全国旅游行业协会情况调研。尤其民族地区温泉资源丰富，通过调查做好旅游温泉资源开发的工作。

旅游协会的活动：主要是配合国家旅游局开展工农业旅游示范点的验收工作，以及其他形式多样的活动，做好服务工作。政府与中介组织的关系，在法律上平等，是指导被指导、扶持与被扶持、合作互助的关系。

“2005 年是‘十五’计划最后一年，经过‘十五’计划后我国旅游业得到全面快速的发展，接待入境过夜旅游者人数和旅游外汇收入两项指标，已由 1978 年世界第四十位双双跃为世界第五位。”② 我国至 2005 年旅游业已迅速发展，正向更高目标迈进。

2006 年进入旅游业发展“十一五”规划时期，民族地区旅游协会在“十五”期间，应总结、理顺与民族地方政府关系的经验，并提出“十一五”期间民族地区旅游协会的工作任务。云南省在理顺政府与协会关系方面有很好的经验，也提出了 2006 年旅游协会工作任务。

云南省旅游协会 2005 年工作总结中提到，“省旅游协会 2005 年的工作以邓小平理论和‘三个代表’重要思想为指导……充分发挥协会的职能作用，努力搞好协会自律、协调和服务工作，配合行业管理部门，规范旅游市场秩序和提高旅游服务质

① 中国旅游年鉴编辑部：《2005 年中国旅游年鉴》，2005 年编，第 195 页。
② 中国旅游年鉴编辑部：《2005 年中国旅游年鉴》，2005 年编，第 42 页。

量而开展工作，取得一定成绩……省旅游局提出，2006 年旅游协会工作的基本思路是：以邓小平理论，‘三个代表’重要思想和科学发展观为指导……（一）进一步深化协会在旅游业二次创业中重要作用的认识……协会在市场经济条件下是不可替代的民间组织，是政府和企业不可缺少的桥梁和纽带的认识；进一步明确协会工作的定位，为政府和会员单位实实在在地搞好服务，多做实事，为政府在市场经济的宏观管理中提供决策依据，为行业、企业的发展提供实质性的有效的帮助。（二）积极有效地开展旅游行业诚信经营建设活动。（三）进一步加强行业自律监督工作。（四）进一步健全组织机构，继续帮助指导尚未成立旅游协会的州、市成立旅游协会。（五）加强旅游信息的交流与宣传。（六）继续开展相关活动，做好政府职能转变的各项授权工作。”①

云南省在旅游协会管理模式方面做了认真的总结，提出了发展方向，其工作实践经验，值得各地很好地参考。理顺政府与协会的关系，要对 2005 年协会工作进行认真的总结，制定 2006 年旅游协会的工作任务。正确确立政府与协会之间的法定关系，建立顺应市场经济要求的协会管理体制。由于受经济转型的影响，协会的改造和组建工作，需要政府的扶持和帮助。但是，在市场经济条件下，政府和行业协会是各自独立的市场主体，协会按照国家政策法规实行自律管理，旅游行业协会应服务于旅游企业和政府，这些是构成旅游行业协会开展行业管理的制度基础。

民族地方政府要为社会服务，即要为市场、为企业、为社会各类中介组织机构服务。政府为中介组织服务，比如，为旅游协会服务，为其提供政策咨询、建立法律法规、提供信息指导等，

① 云南省旅游协会关于《云南省旅游业协会 2005 年工作总结和 2006 年工作要点》，云南省旅游协会，2006 年 3 月。

而中介组织如旅游协会也要为政府服务，双方为互动的过程。

总之，在转型期要做好协会的改造工作，使其具有行业的代表性，健全组织机构，并做好政府职能转变的各项工作，政府和旅游行业协会相结合，逐步向以行业协会为主导的新体制过渡。

第十一章　改革、完善中央与地方的关系

中央与地方的关系，是指中央政府和地方政府的关系。本文指中央政府与民族地区地方政府的关系，或指国家旅游局和民族地区地方旅游局的关系。旅游局是旅游行政管理组织，是政府的旅游主管部门，属于政府行政管理组织中有机组成部分，是国家机器大系统中的一个子系统。根据法律规定，政府旅游主管部门有资格代表国家的各级政府行使对旅游行业的管理权力和管理职能。

改革和完善中央与地方的关系，就是要对中央政府与民族地方政府、国家旅游局与民族地区地方旅游局的职能正确定位，划分中央政府与民族地方政府，国家旅游局与民族地方政府旅游局的事权，明确民族地方政府、民族地区旅游局应该做的工作，也意味着要合理划分和依法规范中央和民族地方政府的职能权限，也就是实现从高度集权走向分权治理的途径。改革与完善中央与民族地区政府的关系，就是处理好集权与分权的关系。发挥中央与地方两个积极性，以推动旅游企业制度创新以及民族地方政府自身的制度创新，实现对旅游业的公共管理。

第一节　改革与完善中央与民族地方政府关系的含义及意义

一、改革与完善中央与民族地方政府关系的含义

改革与完善中央与民族地方的关系，就是要协调好或理顺两级的权力分配问题。中央政府和民族地区地方政府、国家旅游局和民族地区地方旅游局两级组织机构间要做到集权与分权的科学、合理划分，依法规范中央与地方之间，国家旅游局和民族地区地方的旅游局之间的集权与分权问题。集权是任何国家都必不可少的，无论是中央集权基础上的单一制，还是地方分权基础上的联邦制，中央集权是共同的，集权是中央与地方关系的主流和基本特征。只有中央集权的基础不同、形式不同、程度不同，而没有中央是否集权之说。但是，集权过度，就会阻碍社会经济的发展，这已为我国长期计划经济所证明。现在提出要改革与完善中央与地方关系，其含义即是要将计划经济时代的高度集权逐渐走向分权。分权的主要内容是，一方面将原来中央政府的部分事权和财权下放到民族地区的地方政府；另一方面，也是更重要的，是构建高效率的权力结构。因为分权不仅仅是意味着权力下移，还要提高政府的办事效率，同时还要改革旅游行政管理体制，促进适应旅游形势发展体制的诞生，探索以经济手段管理旅游业的内容、职能、模式和方法，以实现服务型旅游业的行政管理制度，改变集权的一体化制度。

二、改革与完善中央与地方关系的重要意义

在党和国家提出了西部大开发的战略和我国加入了 WTO 的背景下，改革与完善中央与地方关系具有重要意义。

在市场经济条件下的西部大开发战略中，研究民族地方政府应该做什么，不应该做什么显得尤为重要。而中央政府与民族地区地方政府的事权划分，就成为界定民族地方政府职能的前提条件。中央政府与民族地方政府的职能要正确定位，则要改革与完善中央与民族地方政府的关系。

实施西部大开发的战略，其中重要的一条就是要研究如何改革与完善中央与民族地区地方政府的关系。

西部大开发，实际上是民族地区的大开发，西部面积达 638 万平方公里，占全国总面积的 71%，人口达 3.2 亿，占全国总人口的 28.4%，其中少数民族人口占全国少数民族总人口的 86%。自治区及多民族省，全部在西部。所以，实际上西部是我国众多少数民族的主要聚居地区。为此，西部大开发就可以理解为民族地区的大开发。

西部大开发实现的目标是解决我国西部长期以来经济与社会发展缓慢、滞后的问题。为此，要发展民族地区的旅游业，以促进民族地区经济与社会的发展。然而，在经济文化相对落后，不均衡的市场经济环境下推进民族地区经济的发展，不能只靠中央政府，还要有强有力的地方政府的力量，才能顺利完成这一战略。计划经济体制下，民族地方政府长期以来只是中央政府政策执行者，自身缺乏独立调控和管理经济的职能。中央与民族地方政府的职能划分上理论指导明显缺失，缺乏对民族地方政府职能的界定与行为规范。旅游行政管理机构，应就如何适应形势发展需要而不断创新。改革与完善中央与民族地方的关系，其目的是要探讨民族地方政府在复杂的国内外环境条件下，在深化改革的

阶段，民族地方政府应如何对民族地区旅游业实现公共管理。

在改革发展过程中，我国旅游行政管理体制也在不断变化改革之中。我国旅游业的管理体制大致经历了三个时期：1964 年以前，国家旅游业刚刚起步，全国还没有管理旅游业的专门机构。1964 年正式成立了由国务院领导的中国旅行游览事务管理总局，负责管理全国的国际旅游工作，虽然与中国国际旅行总社是一套班子，却是新中国第一个旅游管理机构。1978 年随着国家改革开放，中国旅行游览事业管理总局成立，随后各省、市、自治区也相继成立了旅行游览事业管理局，负责全国和各省、市、自治区的旅游管理工作。但是，在这时期政企仍然没分开，而且也有自己的一部分直属旅游企业。1982 年成立国家旅游局，政企逐渐分开。国家旅游局作为全国旅游事业的最高行政管理机构，负责统一管辖全国的国际国内旅游工作。同时，各省、市、自治区和不少地、市、县也相继设立了旅游局，形成了多级式的旅游行政管理体系。旅游行政管理从外事型向经济产业型转变，迈出了政企分开管理职能初步转变的步伐，形成了一定的产业基础。但是，计划经济条件下形成种种制约和条条框框，尤其是科层官僚制原则构成的行政管理组织结构有局限性。旅游产业大发展和集权管理有矛盾。因为，我们国家组织结构是由中央、省（包括自治区和直辖市）、市（地区）、县和乡五级的政府体制，旅游行政管理机构纵向的地方也分四级，分别有国家级、省级（包括自治区）、地、市级和县级，有的地方有镇级，是一个金字塔型的垂直分工结构。在纵向垂直分工构成层级的基础上还进行横向分工，即按旅游行政管理组织的职能制和部门化，将处在各个层级上的旅游行政管理组织按专业和职能的不同设置若干个平行部门。总之，这种传统的政府组织结构，或旅游行政管理部门的旅游局的结构是自上而下的统一划分管理层次和管理幅度。每一个低层级的政府或旅游局都在高一级政府组织或旅游局管理的地域范围内，构成了地域管理垂直分工的领导与被领导关系。这种高度的集权，地方无自治权的情况，影响了地方的积极性，不适应旅游业新形势的发展需要。只有中央政府、国家旅游局适当地放权，给地方更多的权限，改革束缚旅游企业正常发展的各种规章制度，对企业"松绑"，把旅游企业办成独立经营、自负盈亏的经济实体，为企业服务。完善民族地方政府与旅游行业行政部门与企业的关系，建立服务型政府、服务型旅游行政管理，实现旅游业公共管理。

第二节　中央与地方关系的现状与改革

一、中央与地方关系的现状

改革开放前，我国实行高度的中央集权的计划体制。国家的行政管理体制、经济管理体制、旅游行政管理体制都是以集权制为主，中央政府与民族地方政府之间的关系，国家旅游局与民族地区旅游局之间的关系是一种自上而下的高度一体化等级控制模式。等级模式虽然有其出现的必然性和历史功绩，但是，自20世纪90年代以来，信息技术的迅猛发展，民主意识的增强和市场经济发展的内在需求，使得传统的等级制模式政府之间关系已很难适应新的变化要求，为此，调整中央与地方关系是不可避免的。中央高度集权等级控制模式具有以下三个特征：

第一，政府间的结构关系，主要体现在政府层级隶属关系上。政府纵向分为若干层次，层级控制管理，一级管一级，下级对上级负责。在计划经济下，中央对资源配置、国民经济活动的组织和策划负完全责任。它以全面计划为基础，实行高度集中的指令性计划体系（包括国民经济各个方面），层层下达，而地方政府（包括民族地区的地方政府）主要任务就是执行中央下达的计划任务。

第二，在政府间权力分配上，实行中央高度集权；在财政管理方面，中央政府集中大部分资金，并且控制地方资金预算、使用及资源分配；在事务管理方面，中央与地方间是命令与执行，控制与被控制关系，中央集中计划权、重要物资分配权和大型项目的审批与投资权；在干部管理权限方面，中央对地方干部进行全面管理和控制，负责对干部的任免、提拔、审查和惩处。

第三，在政府间的横向关系上，阻隔多而联系少，地方政府之间彼此孤立，不存在真正意义上的横向联系。它是一种“条条专政”的体制，但是，于 1957 年确立了“条块结合，以条条为主”的经济管理体制。“条条”实际上是中央集权管理的主要方式，地方间仍存在横向阻隔，地方政府之间缺乏联系与合作。

中央高度集权行政关系有以下的弊病：

第一，政企一体化，使中央与地方关系变成生产性关系。

政企一体化导致各级政府成了经济主体，这是高度统一的计划经济的必然结果。企业的主体特征完全消失，各级政府是所属企业所有权的垄断者，直接行使其经营权，完成国家下达的计划，地方政府成为高于企事业单位的执行和完成国家计划的单位，它必须向中央政府负责。这种关系扭曲了中央与地方的正常关系，因为，地方政府不应作为只实现中央计划单位而存在，它在对中央负责的同时，也应对地方负责。地方政府最基本的职能是管理本地区的经济和社会发展。

第二，党政企三位一体，政府间行政关系成为党内组织关系。

“1957 年后，国家权力机关职能向党组织职能转移，政府的行政职能也在党的一元化领导下，纳入了党的系统。"[①] 权力集中在党内，政企一体就自然发展为党政企一体，中央政府的集权，发展为党中央的集权。导致政府间的行政关系原则逐渐由党的组织原则来代替。

第三，上下职能的一致使中央与地方之间的集权和分权难以规范。

在计划经济体制下，中央与各级地方政府的职能都趋向单一化，即按中央计划管理所属的生产经营单位，中央与地方政府的职能一致，是同一目标，同一职能，不是根据中央与地方的职权来划分，而是可以由中央政府随意决定的。随意性的集权和分权必然扭曲正常的政府间行政关系。

以上说明计划经济条件下的高度集权制中央政府集权过大，地方政府分权太小，不利于调动地方的积极性，不利于提高管理效率，不适应市场经济的发展要求。为此，为适应社会主义市场经济发展的需要，克服在计划经济下的中央集权导致我国内部行政关系的扭曲，为了适应社会主义计划经济向社会主义市场经济的转变和我国改革开放的进一步深入，当前迫切需要进一步明确中央和地方的权限划分，进一步理顺中央与地方的关系。

在20世纪90年代中期之前，旅游行政管理体制上也明显地表现为上级旅游行政管理机构权力过分集中，政企合一，两权不分，政府过多干涉和介入旅游企业的经营管理。上级包办下级旅游行政管理部门的事宜，中央与地方旅游行政管理部门分争权力，将非政府管理权限的事宜也集中到行政管理的范围里，旅游行政管理机构既管国家旅游宏观调控，也管企业微观直接管理。结果是包办的事情没有都办好，应该办的事情却又没有去办或没

---

① 郑谦等：《当代中国政治体制发展概要》，中共党史资料出版社，1988年版，第88-89页。

有精力办好。因此，国家旅游局、各级民族地方旅游局的职责应正确界定，如此，才能协调好政府间的关系。

如何完善中央与地方的关系，一直是值得探讨的问题。中国具有丰富的旅游资源，民族地区旅游资源尤其丰富。我国有13亿人口，56个民族，31个省、直辖市、自治区，各地区间发展极不平衡。要在这样一个幅员辽阔，人口众多国度里管好，建设好旅游事业，就需要改革权力过度集中的旅游行政管理体制。改革开放以来，我国逐渐从计划经济走向社会主义市场经济，旅游体制也经过三次改革，将部分事权和财权下放到地方政府。但是，宏观管理职能仍软弱，还不能适应国家进一步改革开放的形势和中国旅游业快速发展的需要，因此，应继续改革与完善中央与地方关系，构建服务旅游，实现旅游业的公共管理。

二、中央与地方关系的改革与完善的措施

科学的集权与分权才能充分发挥中央、地方两个方面的积极性。改革开放后，中央与民族地方政府、国家旅游局和民族地方政府旅游局的关系不断完善，中央与地方关系逐渐由高度集中走向分权。在西部大开发或是说民族地区大开发中，中央与地方正确界定各自的职能，划分各自的事权，从而实现旅游业公共管理的目标。其具体措施如下：

1. 组织结构向扁平化发展——压缩准层级结构

所谓扁平型组织结构，是指在一定组织规模条件管理跨度（幅度）大，管理层次较少的一种组织。

改革开放以来，民族地区地方政府间的关系的等级结构出现了变化，即准层级压缩。我国幅员辽阔、人口众多，在历史上便已形成了将国土划分为若干区，并按层级建立地方政府，从而将中央政府的统治推行到全国各地的惯例。新中国成立以来，我国地方政府层级的设置经历了多次的调整，并最终形成了省、县

(县级市)、乡三级制和省、市、县（县级市)、乡（镇）四级并存，以四级制为主的较为稳定的局面。除了这些正式的层级之外，事实上还存在着一级或若干级非正式的层级，即准层级。准层级不同于正式层级的地方政府之处，主要在于它不存在主管地域内全部事务的地方行政长官，且没有一级地方国家权力机关——人民代表大会，容易根据实际发展需要进行调整。准层级在实质上起着正式层级建制的地方政府的作用。因而地方政府的层级应该同时包括在正式层级与准层级。因此，我国的层级结构实际上远远多于四级。我国是个层级众多的国家。

从整体上看，“改革开放以来我国地方政府的层级结构调整呈现出不断减少的趋势。由于正式层级稳定性较强，因而这种趋势主要体现在准层级的减少上。”①

准层级，即省县之间的一个层级——地区行政公署。从1978 年的 175 个减少到 1983 年的 138 个。随着 1983 年市领导县体制的再次普遍推行，到 1998 年底仅存 66 个，并且还处在不断减少之中。目前青海、宁夏回族自治区各仅存一个地区。此外，原在云南、新疆等省、自治区，县乡之间还设有区一级准层级。1986 年根据中央 22 号文件的精神，在县乡之间一般不再设置区的层级，区逐渐在地方政府体制层级结构中消失。

准层级的减少不仅使政府间的中间层级得到了一定程度的压缩，为政府间组织结构的扁平化奠定了基础，同时也密切了各层级政府间的直接联系，对政府间关系重构具有十分积极的意义，这也是中央与地方关系改革的内容。

2. 发展信息技术

信息技术的发展，压缩层级改变政务流程，突破系统界线，

---

① 陈小京等：《中国地方政府体制结构》，中国广播电视出版社，2001 年版，第 155 页。

减少了交接环节。改变传统政务复杂、分散的流程。

3. 科学划分职能

国家旅游局的主要职责是：拟定发展旅游业的方针、政策和主要规章制度，根据国家经济计划制定发展旅游业的长远规划和年度计划，协调各有关部门、地区、企业之间的经济关系，组织对外宣传和旅游信息的传播，为旅游企业服务。

省级旅游局的主要职责是以实施政策法律、制定各项规范和标准、维护市场秩序、约束旅游企业行为为主。

旅游行政管理部门之间，上一级旅游行政管理部门对下一级应是简政放权，建立法律约束，政策管理和提供服务的关系，不是简单的上下级行政隶属关系和行政指令的下达和服从关系。

4. 合理界定事权、财权

中央政府与民族地方政府有不同的事权，应该合理分工，由于各自有不同事权，决定了两者的职能不同。应处理好中央政府在社会经济中尤其在国家金融调控中起宏观调控的职能。比如，制定货币政策，重大项目、投资决策权及全国投资规模控制，以及统一制度法律法规，规范社会经济行为。地方政府必须依法实施社会经济管理。为此，一方面要加强中央政府宏观调控能力；另一方面则要赋予民族地方政府相应的经济调节自主权，有限投资自主权等。同时，还应当放宽地方的融资权限或开拓地方政策性融资渠道，改革投资项目审批制度，中央与地方“事权”划定后，可由“事权”的相对大小，重要程度来确定“财权”的划分。1994 年中央和地方两级实行分税制改革。“分灶吃饭”的财政体制改革，使民族地方政府承担了推动民族地方经济发展的重任，推动旅游业的发展，构建服务旅游。

第三节　中央与地方关系的现代化

一、中央与地方关系的现代化基本含义

中央与地方关系现代化，是指中央与地方的关系必须符合现代经济发展的要求，促进经济转型和社会发展。必须摆脱传统的中央与地方关系的弊端，在中央与地方之间建立新型的现代化关系。这种关系概括说来，“中央与地方关系现代化包括权力划分与资源配置的科学化，政治过程民主化，中央与地方关系的法制化等基本内容。”① 中央与地方关系现代化的具体内容如下：

1. 科学化

科学化是指中央政府与地方政府之间的权力划分与资源配置，要经科学论证，做到合理。例如，实行分税制，从财政上初步划清了中央与地方的财政权限，调动了中央与地方两个层级的积极性。在事权划分上，凡是地方能管、应管的事，都归地方管。余下的大事，地方管不了，管不好的事由中央管，改变了过去中央管决策，地方管执行的分工体制，初步实行了按事务性质分工的思路，即向宏观管理的问题全部由中央行政组织负责。比如，中央财政、银行、工商管理、收权到中央，那些纯地方事务交给地方政府去办。实行中央与地方分工的体制，明确各自的职责和权限。

2. 民主化

民主化是指中央与地方政治过程民主化，包括中央决策民主

① 沈亚平：《社会转型与行政发展》，南开大学出版社，2005 年版，第 62 页。

化和地方行政首长选任民主化。在我国，人民是国家的主人，是权力的主体。广大人民群众有民主的权利，包括有选举权、被选举权、监督权和罢免权等。此外，中央政府在制定重大战略决策或行动方案之前，应广泛征求地方政府的意见，同时地方政府也应积极加大参与中央决策的力度。

3．法制化

中央政府与地方政府之间权力和职责、资源划分，通过立法手段以法律的形式加以规定，使中央与地方关系有法可依，有章可循。

总之，科学化、民主化和法制化，既是实现中央与地方关系现代化的目标，又是实现中央与地方关系现代化的手段，此三者（科学化、民主化、法制化）在中央必要集权和地方适度分权的基础上完整地统一起来，构成中央与地方关系现代化的基本内容。

二、中央与地方关系现代化的重要意义

1．调动地方政府的积极性

改革开放20多年来，取得了很大的成绩，但是中央与地方政府之间的关系一直没有很好的理顺，“中央政府仍然集中了绝大部分行政权力和资源，通过立法、财经、行政等手段控制地方政府，造成了中央过度集权、地方无权的状况。”① 这种状况严重束缚和压抑了地方政府的积极性和主观能动性的发挥，不利于地方经济和社会的发展。只有深化改革，理顺中央集权和地方分权的关系，实现中央和地方的适度分权，才能将中央与地方的关系纳入科学化、民主化和法制化的轨道。

① 谢庆奎等：《中国政府体制分析》，中国广播电视出版社，1995年版，第5页。

2．解决中央政府放权中的“两难”困境

中央政府为了适应地方的发展，下放了一些权力，但也带来一些消极的影响，一些地方出现了地方政府只顾局部利益而不顾大局造成无序的现象。但是，如果中央过度集权，就会压抑地方政府的积极性和主动性，从而使中央政府陷入两难的境地。因此，要重新界定中央与地方的关系，实现中央与地方关系的现代化。

三、民族地区旅游业发展中实现中央与地方关系现代化的思路

要实现中央与地方关系现代化，就要科学地划分中央与地方的职责权限，建立科学的集权与分权，使集权与分权适时、适度，充分发挥中央与地方两方面的积极性，促进社会主义市场经济的健康发展。

权限的划分一直都是政府间关系的核心。中国共产党十一届三中全会以后，我国的改革一直沿着政府向企业放权，中央政府向地方政府放权以及各级地方政府向下层放权的方向进行。改革开放后，我国逐渐从计划经济走向社会主义市场经济。为适应市场经济的要求，实行中央与地方分工的体制，使中央政府与地方政府职责分明，提高管理效率，理顺中央与民族地方政府的关系，要做好以下三方面工作：

（一）科学划分中央与地方的事权，明确各自的职责权限

1．合理界定中央与地方的事权

旅游产品包括全国性旅游公共产品、准全国性旅游公共产品和地方性旅游公共产品。

全国性旅游公共产品指可供全国公民同等消费使用，共同享有的产品，如旅游交通基础设施的铁路、航线等。

准全国性旅游公共产品指产品能满足消费上的公共性（非竞争性），但不能满足消费上的同等性的产品，如三峡水库上的自

然风光旅游资源。

地方性的旅游公共产品是指该产品的受益范围被限定在特定区域或本行政辖区之内的公民，且分布得相当均匀。如城市的公园。

全国性旅游公共产品主要由中央政府负责提供；地方性旅游公共产品由地方政府负责提供。

兼有全国性旅游公共产品和地方性旅游公共产品性质的管理事权，如环境保护管理事权，则由中央和地方政府合理划分。

中央和地方政府的事权不同，决定其职能不同。中央政府不能包办应由地方政府干的事务，地方政府也不能越位代劳中央政府的事务。

2. 区分两级政府旅游经济管理权限

中央政府的旅游经济管理权限主要是：拥有各种旅游经济法规、政策的制定权，掌握宏观调控的决策权。民族地方政府的旅游经济管理权限是：在实现中央统一政策的前提下，制定地区性法规，掌握区域性的旅游经济调控的决策权、调控权和投资权，促进地区旅游经济的发展。

在处理宏观经济调控关系中，一方面要加强中央政府的宏观调控能力，健全中央对地方有效控制和监督系统的功能；另一方面要赋予民族地方政府相应的经济调节的自主权。比如，有限投资自主权和投资项目审批权，放宽对民族地方政府融资权限或开拓地方政策性融资渠道，改革投资项目审批制度，扩大民族地方政府利用外资开发旅游项目审批权限和扩大外资及外汇管理权等，这是中国共产党十一届三中全会以来实行的权力下放。中央对地方经济管理权限的下放，扩大地方政府的权力，有利于调动地方的积极性。同时，也减轻了中央政府的负担，但是，有的地方也产生了地方保护主义和“诸侯经济”，妨碍了全国性统一市场的形成。

（二）协调民族地区地方政府与中央政府财政的关系

1. 我国各个经济发展阶段财政体制调整过程的回顾

民族地方政府与中央政府财政的关系围绕集权与分权的轨迹发展变化。

新中国成立以来，民族地区地方政府与中央政府财政关系同一般非民族地区地方政府与中央政府的关系区别不是很大，其经济运行的模式基本相同。

民族地方政府与中央政府两级政府财政关系变化的过程大致经过以下三个阶段：

（1）统收统支的财政管理阶段

统收统支的财政管理体制是从1953年到1977年，在计划经济体制下采取与高度集中的中央计划体制相适应的财政体制。这种体制基本上没有体现民族地区地方财政自治的要求。中央与地方的关系是地方没有任何主动权。

1958年，中央制定了《民族自治地方财政管理暂行办法》。国务院又公布了《关于税收管理体制的规定》，扩大了民族自治区财政管理的权限，增加了民族地区的机动财力，但由于扭转大跃进困难局面，只执行一年就予以取消。

1963年，国家颁布了《民族地区财政管理体制试行办法》，体现了国家在财力上对民族地区的支援和照顾，但是也存在变动频繁，稳定性差的状况。

（2）1980－1993年，实行“分灶吃饭”的财政包干制，体现中央在财政上对民族地区的关怀和照顾，但也存在着缺陷和不足。

进入20世纪80年代，尤其中国共产党十一届三中全会后，国家实行经济体制改革和对外开放政策。1980年，中央对民族地区财政政策实行“划分收支，分级包干”，中央将统收统支的“一灶吃饭”改为“分灶吃饭”的财政包干制。并且有“一年一定”改为“五年一定”，由“总额分成”改为“分类分成”。

1985年，在第二步“利改税”的基础上，地方财政包干制度以税收作为划分依据，实行“划分税种，核定收支，分级包干”的体制。

这一时期的民族地区财政管理体制，扩大了民族地区统筹安排预算的权限，基本上可以自由支配本地资源，体现了中央对民族地区的关怀和照顾。这样，中央与地方之间的财政关系发生了重大变化，地方财政承包制打破了过去由中央“统收统支”的财政局面，明确规定了地方财政的责任和权力，使民族地方拥有了一定的财政自主权，使民族地方政府由过去的“吃财政饭”过渡到拥有一定自我发展能力的行政及经济实体。但是，这种财政体制也还存在着一些缺陷和不足，首先是财政包干体制包死了中央财政的收入，导致中央政府的财政收入既没有与国民经济的发展同步增长，又没有随财政总量的增长而增长，于是中央财政占国民生产总值的比重和全国财政收入的比重逐年下降。中央财政赤字持续增长，债务负担愈来愈重等等缺陷，使国家汲取财政能力在下降，中央政府成为“弱政府”，宏观调控能力下降，使其执行帮助民族地区和落后地区经济发展政策的执行有效性锐减，中央对困难省区的财政支持数额很少，难以起到促进民族地区经济发展的作用。由于中央财政实力有限，难以以财政转移支付的手段完成缩小地区差距的任务。为此，必须提高国家财政收入在国民经济收入中的比重和中央财政收入在全国财政收入中的比重，以改革中央与地方的失衡关系。

（3）实行分税制财税体制

1994年开始，中央政府实行新的财税体制——分税制。

分税制是在划分事权的基础上，理顺中央与地方财政分配关系的一种财政管理体制。

分税制其基本内容是：在合理划分中央与地方事权的基础

上，按财权服从事权的原则，合理划分税种，把税种划分为中央税、地方税、中央与地方共享税，确定中央与地方的收入范围，并建立中央税收和地方税收体系。中央税和共享税由中央税收机关负责征收，地方税由地方税务机构负责征收。在分税制下，地方发展的总体方向更具独立性和自主性。有相对独立的税收体系和有法律保障的职权体系，将使地方逐步成为一个具有自主性的主体。分税制财政体制的实施对于理顺分配关系，提高“两个比重”，增强中央财政宏观调控能力，对于资源优化和产业结构调整，提高经济效益等方面起重要作用。在分税制体制下，民族自治地方获得了一定的财政自治权，财政收入有了较大的增长。但是，分税制也给民族地区地方政府财政带来了不利的影响。比如，分税制使民族地区资金回旋余地减少，财政经济困难更加突出，大部分民族地方政府财政收入不能满足提供足够地方公共产品的需要，地区间财政发展差距又有所扩大。民族地区经济基础差，因而民族地区对分税制改革表现适应和消化能力不足，因此，发展旅游经济赶不上东部沿海地区经济发展的速度。在新体制下，有利于东部沿海地区经济的发展，真正得益的是市场化程度相对较高，第三产业相对发达的东部沿海地区，而西部民族地区经济基础差，新体制对其促进不大。新财政体制，将扩大东西部地区间财政发展的差距。

总的来看，民族地方政府与中央政府财政关系发生了积极的变化，要解决现行体制中民族地方政府与中央政府财政关系中存在的种种问题，防止新体制扭曲和旧体制复归，就要进一步深化我国财政体制的改革。

2. 建立和完善公共财政体系

为了适应建立社会主义市场经济体制的需要，解决现在民族自治地方政府与中央政府间财政关系中存在的基本问题，使非规范化集权与分权并存的局面走向规范化，不走原有的修修补补老路，从简单的放权让利到制度创新，通过建立和完善我国的公共财政体制，重塑民族自治地方政府和中央政府的财政关系，建立新型的财政关系。

（1）建立民族自治地方政府与中央政府新型财政关系的基本原则

新型的中央与民族自治地方政府的财政关系，应与一般非民族自治地区的地方政府有所不同，应享有更大的自主权。虽然目前中央政府与民族地区地方政府财政关系上还存在种种问题，但是由于民族自治制度的存在，可以预见，随着我国经济体制的变革，在市场经济体制下中央与地方关系的调整，以及民族自治地方经济和社会的发展，民族自治地方财政的自主权会得到进一步的加强和发展，从而使民族自治地方政府与中央政府的关系以及一般非自治区地方政府的关系会有一定的区别，两级关系更加协调，形成一种新型的中央与地方的关系。

“建立民族自治地方政府与中央政府财政新型的关系应遵循以下的基本原则：

a. 市场基础原则。即在市场经济条件下，正确界定中央与地方财政供应的范围，防止‘越位’或‘缺位’。b. 规范性原则。要求以规范代替非规范、以法治代替人治、以相对稳定代替变化无常的状况。c. 财政职能和政府职能同步转换的原则。1994年，中国的分税制改革，一方面取得了明显的改革成效，但是，同时也正是由于政府机构改革和职能转换的相对滞后，民族自治地方政府与中央政府职能划分上还存在许多不具体、不明晰、立法程序未能及时跟进、不具有分税制现实操作性等问题，因而分税制改革的进一步深化与中央对民族自治地方财政转换支付制度的完善遇到了障碍。因此，在财政体制改革过程中，正确处理好财政职能转换与政府职能转换的同步性关系，就显得非常重要。d. 统一领导，分级管理的原则。统一领导，是指财政收支大政方针政策与制度的统一，而财政预算执行，管理上应是分工负责的。分级管理是指中央政府与民族地方政府两个层次分别按级理财，各自享有收支管理权与立法权，分别向同级人民代表大会负责的约束制度。e. 财权与事权统一的原则。财权与事权相统一的原则，是相对而言的。也就是说，不能把民族自治地方所有的财权与事权相对应。否则会与以集权为主的指导思想相违背。另一方面，会由于民族地区经济发展水平，而出现'事权'大于'财力'的状况，国家赋予民族自治地方的自治权，会因财力的严重不足而无法得以实施。"①

（2）民族自治地方政府与中央政府建立完善的新型财政关系的基本框架及其主要内容

要理顺中央政府与民族自治地方政府的财政关系，则要建立完善的两级政府间新型的财政关系，"必须进行深化财政体制改革。改革的目标模式应该是：中央政府集权与民族地方分权并存，分税制为主，规范的转移支付制度为辅的分税分级财政。其内容主要包括：第一，与《民族区域自治法》的规定相一致，按照民族自治地方事权与财权均大于一般非自治地方政府的原则，合理划分中央政府、上级政府与民族自治地方政府间的收支范围。第二，在明确中央政府和民族自治地方政府事权与财权的基础上，实现按税种划分中央、上级政府和民族自治地方政府收入，提高民族自治地方政府对增值税的分享比例和税收增长返还系数。这就避免因税收返还地区经济实力不同而给民族地区带来财力运转困难，也可以在一定程度上缓解目前'一刀切'的做法给民族地区经济发展带来的不利影响。第三，科学核定民族自治地方政府的收支数额，实行规范的财政转移支付制度。第四，

---

① 李春林：《中国民族自治地方行政管理》，内蒙古人民出版社，2004 年版，第 219－220 页。

进一步深化省级以下民族自治地方政府分税制和公共支出体制改革，建立和健全分级预算制度，硬化各级预算约束。”①

总之，这就是要经过努力逐步形成科学、规范和相对稳定的民族自治地方政府与中央政府、上级政府间的财政分配关系。这就是突出中央和上级财政的主导地位，确定民族自治地方的利益主体地位，形成集权与分权并存，相互依赖，相互制约和相互弥补的财政制衡机制。

（三）运用法律形式，建立规范的财税体制

市场经济是法制化经济，作为市场经济基础性条件之一的民族自治地方政府与中央政府财政的关系，要体现规范性原则。要改革我国以往的民族自治地方政府与中央政府财政关系上的不统一、主观随意性大、变动频繁和约束力较差等状况。规范性原则，要求运用法律形式，将民族自治地方政府与中央政府间的事权、支出和收入权限固定下来，以增加透明度。长期以来，我国对于中央与民族自治地方关系的职权划分过于原则，弹性过大，使中央和地方都能从中找到有利于自己的解释。职权划分应该具体化，分清中央专有权、民族自治地方专有权以及中央与民族自治地方共有权。对于民族自治地方专有权，只要在法律规定范围内正确行使，中央就不得干涉。

总之，要理顺中央政府与民族地方政府的关系，要正确界定各自的职能，进行科学合理的分工。一般的说，中央负责宏观管理，事务性的事务由地方政府负责。也就是说，中央政府的职能是宏观调控和政策引导，而地方政府则侧重于负责地方市场监管、社会管理、公共服务职能，科学协调事权、财权，通过法律形式建立规范财税体制，以促进民族自治地方旅游业的发展。

---

① 李春林：《中国民族自治地方行政管理》，内蒙古人民出版社，2004 年版，第 221 页。

第十二章　加快民族地区旅游电子政务建设

信息时代的来临，信息技术极大地促进了社会生产力和社会经济的发展，同时也推动了与之相适应的社会生产关系及上层建筑的变革。现代信息技术和网络技术的发展对传统的政府和旅游业行政管理模式构成了冲击。为适应时代要求，要求构建电子政府，有效地利用现代信息技术，推动电子政务的发展。即“政府机关采用现代信息技术，开发应用信息资源，调动人力资源潜能，建立与之相适应的组织模式、管理方式和工作流程，推进政务管理现代化建设，并为公众提供贴近优质服务的过程，即政务管理改革与信息技术运用相互结合的过程。”①

电子政务是信息技术革命的产物，是信息技术发展成果与政府公共管理和社会服务改革相结合的结果，本身是一个公共管理和社会服务创新的过程。推进电子政务的建设是政府（包括民族地方政府）改革的重要组成部分。电子政务不只是一个简单的技术过程，它要求了解公民希望何种服务，要整合机构，并以新的方式与公民进行互动。它也是旅游公共部门改革的平台工具。在电子政务领域里与电子政务相关的主体主要有政府、企业和公众。因此，政府的政务活动主要围绕政府、企业和公众这三个主体来进行，形成三者之间相互交叉的互动关系。同时处理好政府、企业和公众这三者之间的关系，是电子政务应承担的使命，亦是政府改革所要达到的目标。推进电子政务是服务行政的重要

① 孙正兴：《电子政务原理与技术》，人民邮电出版社，2003年版，第25页。

内容。当今，推进电子政务与民族地方政府改革相结合，是顺应信息化时代的良策，要求摒弃旧的管理理念，使“管制型”旅游业向“服务型”旅游业理念转变，进行服务创新。电子政务使得政府能够通过互联网来开展工作，能够为旅游企业和旅游者提供更好、更快、更新的服务，同时，电子政务的实施对民族地方政府管理的变革起推动作用。不断地对民族地方政府的结构、决策方式、运行方式及对旅游业管理和服务方式、工作流程进行相应的改进和调整，提高民族地方政府办事效率，改善决策质量，增加办公透明度，扩大民主，乃至最终转换民族地方政府职能，调整政府角色，更好地为发展旅游业服务，实现旅游业公共管理。有关电子政务基本概念和建设问题分述于下。

第一节 电子政务概述

人类社会的发展经历过农业革命和工业革命，20 世纪中叶开始了知识经济和信息化的第三次革命，带来了计算机、因特网、信息高速公路等的应用。在信息化浪潮的推动下，各国电子政务建设迅速发展，为实现政府管理现代化，提高国家综合国力和国际竞争力，作出了重要贡献。

信息化是推动社会进步和经济发展的强大动力。电子政务建设是我国信息化工作的重点。中国共产党“十六大”提出，要“大力推进信息化”和“推行电子政务”。加快这项工作，对于应对加入世界贸易组织后的挑战，加快政府职能转变，提高行政质量和效率，增强政府监管和服务能力，促进社会监督，实施信息化带动工业化的发展战略，具有重要意义。以下先对电子政务建设应有的基本认识做些介绍。

一、信息化内涵

信息化和农业化、工业化一样，也是一个动态变化的过程。这“三化”的最基本特征分别是在全社会范围内采用和推广当时被视为最先进的人力工具、动力工具和智力工具。因此，“狭义的信息化是指社会生产工具的信息化，即在经济和社会活动中，普遍实现手工劳动和机械化操作向基于现代信息技术的智能工具操作转变的过程。但是，由于社会生产工具、社会生产力和社会经济形态的信息化，必然导致社会整体的信息化，由此产生了广义的信息化概念。广义的信息化是指在经济和社会活动中，通过普遍采用基于信息技术的智力工具，深入开发和有效利用信息资源，从而大大提高社会整体生产和活动能力，使由于利用了信息资源而创造的劳动价值在国民生产总值中的比重逐步上升直至占据主导地位的过程。”①

“旅游信息化是指通过对信息技术的运用来改进传统的旅游生产、分配和消费机制，以信息化的发展来优化旅游经济的运作，加快旅游经济增长，最终推动旅游产业全面发展的过程。”②目前，我国旅游业行业计算机化和旅游网站的建立只是应用信息技术的一个开端，“只有旅游管理部门都能建立内部的合作空间，通过一个综合信息平台实现业务合作时，才能认为应用于旅游业的信息技术取得了成功。”③

在我国的《国民经济和社会发展第十个五年计划信息化重点专项规划》中明确指出，我国当前和未来一段时期信息化建设的主要

---

① 吴江：《电子政务理论与实践》，党建读物出版社，2003 年版，第 2 页。

② 刘小航：《广西桂林旅游信息化建设研究》，载《热带地理》2004 年第 12 期。

③ Birgit Proll , Berner, Retschitzegger. Discovering Next Generation Tourism Information Systems . Journal of Travel Research [J], 2000 , 39 (2).

内容是："以信息技术广泛应用为主导，信息资源为核心，信息网络为基础，信息产业为支撑，信息人才为依托，法规、政策、标准为保障的综合体系。"实现信息化的根本目的是实现社会生产力的跨越式发展，推进信息化进程，为的是更快实现四个现代化。

二、电子政务的概念

电子政务的概念，国内外有很多的提法，但一般来说，电子政务是指借助信息技术，以计算机网络为平台进行的政务活动。这里的信息技术，"一是指完成信息的获取、传递、加工、再生和使用等功能的一类技术；二是指感测、通信、智能（包括计算机硬件、软件、人工智能）和控制等技术的整体。"①

政务有广义和狭义之分。广义的政务泛指各类行政管理活动，而狭义的政务则专指政府部门的管理和服务活动。

根据我国电子政务建设的实践经验，把电子政务的定义表述为"电子政务是指运用计算机、网络和通信等现代信息技术手段，实现政府组织结构和工作流程的优化重组，超越时间、空间和部门分隔的限制，建成一个精简、高效、廉洁、公平的政府运作模式，以便全方位地向社会提供优质、规范、透明、符合国际水准的管理与服务。"②

根据上述定义，对电子政务的含义，我们可以理解为它包括三方面的内容：1. 电子政务是建立在现代信息技术基础上的；2. 电子政务是指政府管理方式的变革；3. 电子政务是政府职能优化的信息化过程。探讨电子政务的建设，多是指探讨政府部门的信息化建设。

---

① 中国科学技术协会主编：《信息技术》，上海科学技术出版社，1994 年版，第 63 页。

② 侯卫真：《电子政务的建设与发展》，中国人民大学出版社，2006 年版，第 2 页。

虽然电子政务多是指政府部门的信息化建设，但电子政务的应用，实际上远远超出政府系统的范围。因为，利用信息技术并不是政府部门的专利，其他一些管理部门的管理活动同样可以借助信息技术来进行。对电子政务也可以作如下理解，即所谓电子政务狭义的是指在网上进行政府与企业、政府与社会公众之间的交流沟通（发布、查询、信访、听证等），办理相关业务（申报、审批、纳税、采购等），能随时随地地（突破时空限制）向企业与社会公众提供优质、高效、点对点的综合服务。而广义的电子政务具体地说不仅包括狭义的电子政务，还包括政府机构内部以及机构之间在网上进行信息交换、内部办公和辅助决策。从电子政务对象看，电子政务主要内容有三方面：（1）政府对公众（Government－Citizen，即G2C）的电子政务。（2）政府对企业（Government－business，即G2B）的电子政务。（3）政府与政府（Government－Government，即G2G）之间的事务。

电子政务与传统政务之间有着显著的区别。实际上电子政务最重要的内涵是运用信息技术，打破行政机关的组织界限，构建一个电子化的虚拟机关，使得人们可以从不同的渠道获取政府的信息及服务，而不是传统的经过层层关卡，通过书面审核的方式进行作业；政府部门之间及政府与社会各界之间也是经由各种电子渠道进行相互沟通，并依据人们的需求，可以随时进入政府网站享受公共服务，不受政府工作时间的限制，全面覆盖、无差别、不遗漏、提供差别化、个性化的服务。

三、信息化与电子政务间的关系

电子政务的产生和发展是信息社会发展的必然产物。

信息技术应用在政府的管理上称之为政府信息化。政府信息化是电子政务产生和发展的基础，电子政务是政府信息化的高级阶段。

政府信息化是一个持续发展的过程。从信息技术在政府中的应用来看，政府信息化基本经历了三个阶段：第一阶段为办公自动化（OA）；第二阶段为政府管理信息系统（MIS）；第三阶段为电子政务（EG）。政府信息化的早期阶段，办公自动化和政府管理信息系统建设是相对独立开展的。20 世纪 80 年代中期以后，由于网络技术的发展和应用，办公自动化和政府管理信息系统建设逐渐走向一体化，从而在整体上提升了办公自动化和管理信息系统的功能。20 世纪 90 年代以后，随着电子政务的出现，政府的管理和服务职能转移到网上去完成。同时，实现政府的组织结构和工作流程化重组，向全社会提供高效优质、规范透明和全方位的管理和服务。也就是说，在政府内部办公自动化的基础上，利用计算机技术、通信技术和网络技术，建立起网络化的政府信息系统，并通过不同的信息服务设施，比如，网络、计算机以及电话等工具，为企业、社会以及公民个人提供政府信息和其他公共服务。电子政务打破了政府传统的“公文往返”的办公方式，打破了传统的政府管理受时间、空间限制的界限，随时向公众提供服务。电子政务不但向公众提供高效、快捷的服务，而且提供公平、透明的服务，避免因人情因素而造成不公平待遇或暗箱操作。信息技术的发展和政府改革的共同作用而产生了电子政府。

第二节　电子政务在政府公共服务和旅游业创新中的作用

一、电子政务的特点

电子政务使得政府能够通过先进的信息技术，以互联网为主要特征来开展日常业务，为企业、为社会公众提供更好更快的服务。电子政务的信息技术包含以下几个基本特点：

1. 政府组织结构、业务流程、管理水平的创新

电子政务通过现代计算机、通信技术和网络技术的发展，打破了时空界限，打破政府机关之间，政府机关内部的物理界限，管理的层次将会减少，组织机构将会精简，且更易建立相互协同的组织机构，从而缩短和优化政府工作流程和办事程序。以行政审批为例，由各部门分散进行的串联申批将改为由一个主要部门受理，抄告相关部门，限时办结的并联审批。或者，政府将有关部门集中起来办公，成立政务大厅，一处收件，全程服务，从而改民众在政府部门间疲惫往返的外循环为政府部门内部的网上内循环。政府办事流程的简化，既有利于申请者免受往返奔波之苦，节约时间与资金成本，也有利于政府内部进行组织的重新整合，从而优化了办事流程，提高了管理水平，提升了政府的整体形象，做到一切从人民群众的利益出发，“民众在那里，政府的服务就到那里。”

2. 建立政府与社会之间相互沟通的渠道

政府与社会之间由各种电子化渠道建立简单的和一致的相互沟通渠道。由此，企业和公众可以获得政府的信息和服务，而政府也可以了解企业和公众的合理要求。根据服务对象的需求而提供不同的服务，建立政府与公众之间的互动回应。

3. 政府信息的公开与共享

电子政务使政府的信息公开和公众信息知情权的实现具备了条件。政府可通过统一通信平台、高速通信网络的建立，将政府掌握的大量信息提供给公众。让公众能够容易获得政府的信息，从而实现政府信息的更高的附加值。

二、电子政务在政府公共服务创新中的作用

电子政务是国家信息化的一个重要组成部分，它在国家信息化的战略中占有重要地位，在政府公共服务创新中发挥重要作用。

1．提高政府的工作效率和服务质量

电子政务促进政府结构和职能的优化整合，增强了政府为公众服务的能力。一方面，政府通过统一的电子政务服务平台协同工作，突破地域、层级、部门的限制，为公众提供更高质量、更多种类、无组织边界的服务；另一方面，加强了公众与政府之间的互动，使政府可以不断改进服务、提高质量。在电子政务的条件下，政府的程序和办事流程更加简明、畅通，节约了社会和政府的人力、物力和财力，节约了成本，提高了办事效率和服务质量。

2．带动信息产业的发展

政府是一个国家最大的信息资源汇集地，因而是社会中信息量最大的拥有者。为此，政府是信息资源的主要供给者。长期以来，我国政府部门掌握着社会资源中80%有价值的信息以及3000多个信息数据库，是信息市场中及其重要的供给方。但是，由于政府掌握的大部分信息资源没有被充分有效利用，大部分数据库都是封闭的死库，没有在市场流动中发挥出应有的增值作用。因此，企业和个人无法通过正规渠道获取所需要的各项信息与服务。只有政府实行电子政务，信息公开与共享，开放了信息，才能丰富社会信息资源，活跃信息市场，满足人们生活与企业经营的需要。推动社会信息化必须由政府开始，带动信息产业的发展，利用信息创造财富。

三、电子政务在旅游业应用上所起的作用

电子政务即政府信息化。这是企业信息化的基础，随着企业信息化进程的延伸和加速，在政府机构与企业相关的运作和服务方面，也必定要实现数据交换和服务模式的对接，也就是说，有了电子政务，旅游企业实现信息化，才有电子商务，即电子政务在旅游业应用的形式是电子商务。有了电子政务才能为旅游电子商务和旅游企业信息化提供良好的支撑环境和对接方式。

所谓电子商务即是以 PKI 为基础，构建电子政务安全支撑平台，推动政府机关之间，政府与企业之间以电子数据交换技术（EDI）进行通信及交易处理。说明信息技术和网络技术在旅游业（广义上讲，包括饭店业、餐饮业、景区、旅行社、公共和私营组织）的应用，是属于“数据处理”阶段的应用。它在旅游业所起的作用是旅游企业传统的运行方式，以最佳的模式进行运作。尤其是旅游行业中的大型企业运用信息通讯技术能起到以下作用。

1. 旅游企业进行跨行业联网

信息通讯技术（ICT）使企业可以跨地域、跨市场经营范围进行运作，是使旅游企业进行跨行业联网，提供增值产品，促进企业与利益团体之间有效互动的战略工具。

2. 改进旅游企业管理流程，改善控制和决策程序

信息技术的应用使旅游企业以最优的营运模式、全新方法和程序来管理旅游企业。

在传统的企业业务流程中，有很多人为的硬性的直线顺序，比如，按传统做法，第一个步骤未完成前，下一个步骤就不能开始。但实际上这并非总是必要的，负责第一步的工作人员收集的信息对第二、第三个步骤也许并无作用，也许合起来对第四、第五步才有贡献。按照流程的自然顺序，不同步骤可以同时进行，

即流程次序通过革新，由串联可转为并联，大大加快工作的速度。重塑之后的流程更加柔性化、更加优化。每一种变型只处理相应的事项，简单明了，不存在特殊事项和例外事项。事情的处理更加规范化，处理速度也会大大加快。

在传统的业务处理流程中，相同的信息往往在不同的部门都要进行存储、加工和管理，这其中存在着很多重复性劳动。在网络环境下，信息处理完全可以由处在不同业务处理流程中的人员完成。通过流程的改变确立源头一次捕获信息，确定每个流程应该采集的信息，并通过信息系统的应用，实现信息在整个流程上的共享。

信息通讯技术（ICT）使传统的政府业务流程重塑。传统的政府机构，条块分割，其职能包罗万象，政务流程复杂、分散，但通过 ICT 打破了业务数据按地理位置和人力分配被分割在多个部门，从一个部门转到另一个部门的许多交换环节和复杂程度，使得政府流程优化，可以改善政府对旅游企业的控制和决策的程序，支持企业有效应付外部环境的变化和消费趋势。

3. 加强企业与顾客的互动

通过 ICT 使企业能不断根据顾客的需要改进产品，以满足顾客的期望。新技术对客户关系管理的意义越来越突出。持续地（365 天，每天 24 小时）在全球范围内管理客户关系是旅游企业在未来取得成功的重要决定因素。

4. 保护旅游企业回避竞争劣势

现代旅游企业必须面对全球竞争，对抗传统竞争对手和利用信息通讯技术接近消费者抢夺市场份额。旅游业逐渐找出了可以利用新工具和通过流程的再造提高企业竞争力的方式。

霍夫曼（1995）提出，促使旅游业与信息通讯技术结合的因素主要有以下几个方面：

（1）经济上的需要。竞争的全球化要求企业在全世界范围内提高效率。

(2) 快速发展的技术，特别是迅速普及的互联网，第三代手机和数字电视的发展。

(3) 信息通讯技术领域性价比情况的改善使在这方面投入的资金能产生更大的生产力。

(4) 提高了消费者的预期。由于消费者已逐渐习惯于使用先进技术，因此也希望企业能提供相应的服务，并能通过新技术与企业进行互动。①

5. 能灵活、有效、快捷回应消费者的要求

应用 ICT 能使旅游业在回应消费者的要求方面变得更灵活，更有效和更快捷。

6. 提高旅游企业的竞争力

信息通讯技术革命带来了一系列工具和机制，使创新和保持动态的企业能强化其竞争力。信息通讯技术使旅游企业能直接与全球市场接触，同时能更经济、更便捷地与世界各地的其他企业形成联盟。此外，信息通讯技术也给旅游业开发研究带来了机遇，使其能够针对超细分市场提供专门的产品，帮助旅游企业能以差异化战略取得竞争优势。

7. 降低旅游企业成本

旅游企业能通过直接进行网上交易或通过电子中介减少了产品的中介佣金成本。此外，流程的重新设计提高了企业运行效率、节省了时间和费用，同时使企业减少了重复劳动，从而压缩人力成本，提高了效率。另一方面，信息技术的应用还能使企业有效地控制成本。

8. 灵活定价，提高单位产品价格

---

① Dimitrios Buhalis 著，马晓秋等译：《旅游电子商务——旅游业信息技术战略管理》，北京旅游教育出版社，2004 年版，第 78 页。

通过信息通讯技术使旅游企业与旅游者之间不断互动，做到灵活定价，最大限度地提高单位产品价格。对销售情况也能适时监控，能根据销售的实情对价格、产品和促销方式进行相应的调整以增加销售量。

9. 提醒供给或需求过剩现象的发生

信息技术能提醒企业及早防止供给或需求过剩现象的发生。因为，信息技术的应用使企业管理能灵活应变，这对于那些在不同一地点经营的企业（如旅行社或航空公司）尤其重要。因为，他们可以把剩余接待能力分配到更有利可图的细分市场或地区。旅游产品有易逝性，不能储存，可以通过在线拍卖和最后一分钟的折扣方式处理过剩接待能力，使企业能在匿名的情况下处理剩余产品，以保护企业的品牌形象，避免过剩现象的发生。

信息通讯技术的发展给全球经济和企业带来变革，极大地影响了企业包括旅游企业的经营、结构和战略。首先，它能降低企业的通讯和营运成本，而且使旅游企业能利用内部网重组内部经营流程，利用外部网加强与合作伙伴之间的联系，以及利用互联网促进与所有利益团体之间的互动关系，使旅游企业得以协作发展，提高旅游业在世界上的竞争力。其次，信息通讯技术的发展，可为旅游供应商的经营和发展提供了信息基础设施，使他们能吸引更多的世界各地的消费者，并更好地为他们服务。信息通讯技术使旅游消费者和供应商都变得更强大，使双方能更有效地沟通，更了解相应的需要和供给，更方便地了解信息并进行洽谈。更重要的是在他们之间建立了跨越地域、文化和沟通差异的联系纽带。

四、旅游业推行电子政务的必要性

1. 旅游业信息密集型产业的特征，要求旅游产品信息的快速传递。实现旅游电子政务能使旅游业的各个组成部分、旅游业与政府管理部门及与其他部门的信息畅通，不会导致旅游业的失调。

2. 实现旅游电子政务是民族地区旅游资源开发与传播的客观要求。开发本地区的民族信息资源可以拉动旅游业快速发展，而旅游业的发展又可进一步推动信息有效传播。

3. 旅游信息化建设是旅游行政管理部门实现电子政务的重要途径。通过旅游信息化建设实现旅游电子政务，可以提高旅游管理部门的组织反映能力，提高政府政策制定的质量，提升政府对外对内沟通的效率，从而更好地建设和发展本地的旅游业。

4. 有利于民族地区旅游面向国际市场。网络信息时代的到来使得“信息无国界”成为可能，民族地区旅游信息化的建设将使民族地区的旅游资源吸引更多的国际客源。民族地区旅游电子政务建设的门户是政府旅游网站。

第三节　民族地区电子政务的发展与建设

在20世纪70年代末，西方国家掀起了一场声势浩大的政府改革浪潮。至今，这场持续了20多年的政府改革，实际上已经成为今天西方国家推动电子政务发展的巨大动力。

电子政务作为政府管理服务职能的电子化、自动化、无纸化，电子政务在西方发达国家发展迅速，许多发达的西方国家的电子政务已进入相对成熟的发展期。我国政府一直也很重视政府部门信息化的发展，在1999年1月，48个国家政府部门（单位）联合倡议并发起了《中国政府上网工程倡议书》。2001年12月，国家信息化工程领导小组成立。2002年制定了《电子政务标准化指南》。如今，我国已建成政府网站3000多个，70%以上的地级市政府在网上设立了办事窗口。我国电子政务自20世纪90年代以来迅速发展，以“金字”系列工作为代表的国家信息建设取得显著成效。民族地区地方政府和旅游行政管理部门、旅游行业的企业管理也应用了信息电子技术，取得一定成绩。但是从总体上看，我国电子政务建设仍处于初始阶段，还存在些问题。根据“2004年的全国地市电子政务应用调查总结大会指出：我国电子政务在应用上存在严重不足，比如，一些政府网站的服务功能双向交互不强。网站与网站间的互通力度不够等。有关资料显示，只有37.5%的政府门户网站提供网上咨询服务，公众反馈响应程度也只有10%。”① 这说明我国电子应用和服务领域窄，信息资源开发利用滞后，而且电子政务的进展和研究也很滞后。在我国加入WTO的历史条件下以及实施西部大开发的战略，要提高民族地方政府施政效率，要实现旅游业公共管理的目标，必须开展对民族地区电子政务研究，以搞好民族地方政府电子政务的建设。为此，本节内容一是分析民族地方政府实施电子政府存在的主要问题；二是探研搞好民族地区旅游业电子政务建设、发展的措施。

一、民族地方政府电子政务发展存在的问题

当前，民族地方政府实施电子政务中存在的问题与当前制约全国电子政务发展存在的瓶颈相同，一般来说主要表现在以下几个方面：

（一）认识上的瓶颈

推行电子政务是提高行政效率，降低行政成本，形成行为规范、运转协调、公正透明、廉洁高效的行政管理体制的重要途

① 王立嘉、许黎珊：《无法影响传统流程，电子政务不能一“挂”了之》[EB/OL]，http://www.21eh.org，2004-11.

径。它是工业化社会向信息化社会转型的一项引领变革工程。向信息社会转变，使电子政务代替传统政府，这是适应全球性的信息经济和网络经济的需要，适应虚拟的、全球性的、以知识为基础的数字经济，也适应社会的根本转变。其特点是，将集中管理、分层结构，在物理模式中运行的工业化模型的大政府，向分布式实时管理，在虚拟模式中运行的具有新型管理体系——电子政务的小政府演进。这是对实现政府管理的创新和对政府职能的转变，是对原有的工业时代的政府公共管理的改造。建设电子政务的核心是通过信息技术重塑政府，提高政府的服务品质，推进政府（包括民族地方政府）建立服务行政，实现旅游业的公共管理。然而，人们还没有普遍认识和理解电子政务政府在创新政府公众服务方面的价值和作用。而且，往往把电子政务仅当作政府部门或企业的计算机化，用计算机系统去模仿传统的手工政务处理模式，计算机设备成为高级打字工具，把电子政务等同于政府上网，只是把一些政府、法规、条例搬上网络就认为万事大吉。不重视软件的开发和政府或企业业务流程的改进，并缺少跨部门业务协同和信息资源的共享。没有把传统的政务工具同网络服务有机地结合起来，提供全方位的服务。

（二）电子政务建设落后，普及率不高

目前信息高速公路的建设尚未全面完成，网络的运行速度仍较慢，民族地区，特别是偏远、落后地区的电子政务建设普及率不高。

（三）网络建设各自为政

当前民族地方政府与旅游企业、公众之间往往还存在着不能一同共享应用系统和信息资源。网络建设往往出现各自为政，缺乏必要的沟通渠道，民族地方政府与旅游企业间、与公民间以及政府部门之间缺乏互动性。这与发展电子政务的初衷是背道而驰的。发展电子政务，就是要让社会公众和企业（包括旅游企业）

与政府进行直接的、多渠道的、双向的沟通和互动，加强政府采集信息的真实性、完整性和及时性，实现决策的科学性、合理性和正确性，从而全面提高政府的执政能力。只有充分发挥电子政务本身所蕴涵的互动功能，才能促进电子政务健康发展。

（四）电子政务的法制化还不够健全

我国尚未出台系统的、完整的电子政务应用法律，只有由行政机关对互联网管理出台了一些限制性的行政法规。电子政务发展面临着数字鸿沟、信息犯罪、信息公开与保密、信息服务等社会问题。相关法律法规的制定相对落后，影响电子政务自身的发展，阻碍了信息社会的建设。

政府是信息流的中心，政府信息化，才有旅游企业的信息化。电子政务不仅为旅游电子商务（指通过互联网进行的各种商务活动，包括广告、交易、支付、服务等活动）和旅游企业信息化提供了良好的支持环境和对接方式，而且也成为旅游电子商务的服务对象和客户。电子政务是旅游服务业发展的关键动力。为此，面对电子政务中存在的问题与挑战，我们要努力建设电子政务。

二、民族地区的地方政府旅游门户网站存在的问题

1. 旅游信息更新不快

我国有些政府旅游网站的信息更新较慢，如新疆旅游网[①]，在登陆当日该网站首页提供的10条旅游新闻中，仅有前两条为当月旅游新闻，即“新疆打造跨国界的世界级精品旅游线”（2007年1月16日）、“新疆天山天池风景名胜区当选‘中国最佳’”（2007年1月9日）其余8条日期为2006年8月29日至

① 新疆旅游网 http：//www. xinjiang. gov. cn/1＄001/1＄001＄002/10. jsp 访问时间：2007年1月28日15：24。

2006年12月21日不等。并且在网站内容上，有些只是简单的文字介绍，无法更好地吸引潜在的旅游者。

2．旅游网站不够统一

例如，据宁夏回族自治区旅游网站①报道，宁夏回族自治区政府已经为自治区内各地级市建设了旅游网站，而各地级市政府又自主建设了旅游网站。区政府与各地级市政府建设的网站不统一。

3．互联互通不够流畅

在某些民族地区政府旅游网站，如新疆旅游网，在点击该网站所设立的本自治其他地市旅游网站链接后，链接的网页无法打开。

4．应用和服务领域窄

在政府旅游网站中，大多数网站提供了旅游者查询饭店信息、旅行社信息的链接，但多数只是停留在对个别饭店或旅行社的简单介绍层面，没能真正使旅游者实现在政府旅游网站中实现选择入住饭店和选择旅行社的活动。个别设立了与当地酒店或旅行社链接的政府网页，如云南旅游网②，但只是对该酒店或旅行社作了简单的介绍，无法使旅游者通过政府旅游网站预订酒店或选择旅行社。政府旅游网站建设难以根据旅游者的需要进行改进。

三、民族地区电子政务的建设与发展途径

电子政务是政府改革的必由之路。从当前各国的经验看，搞好民族地方政府电子政务建设与发展的主要途径有：

---

① 宁夏旅游网 http：//www. nxtour. com. cn/ 访问时间：2007年1月30日16：36。

② 云南旅游网 http：//www. yn. gov. cn/yunnan，china/74309393851613184/index. html 访问时间：2007年1月26日10：28。

（一）紧密结合政府的改革

电子政务建设的关键是政务，电子是工具。综观世界各国电子政务的实施是实现政府管理的创新和对政府职能的转变，对政府职能结构进行重组变革和改造政府传统公共管理的方式，对政府的业务流程进行重新设计，改善民族地方政府对旅游企业和居民的公共服务。

（二）实现资源共享，发挥互动功能

电子政务的核心价值之一，就是要从根本上改善政府的公共服务，注重实际应用，把实现资源共享放在重要的地位，使信息流通不受阻，发挥电子政务互动的功能。互动首先可以激发组织和个人的潜能，发挥所有社会成员集体智慧。民族地方政府对旅游企业和公众能提供完美的服务，公众能以主人翁角色积极贡献自己的知识和技能，实现以人为本的协同精神。其次，互动可以化解危机，促进电子政务良性发展。再次，互动可以加速标准统一，实现电子政务的规范化。有了标准是保证业务正常运转和系统安全可靠的支柱，更是促进信息产业发展的推动力。目前我国电子政务建设还没有形成标准化的主要原因是，尚未建立政府与政府、政府与企业（包括旅游企业）、政府与民众之间有效的沟通渠道。不难理解，只有形成了即时、有效、协作、多头的互动渠道，才能建立合理的资源共享机制，才能把各地、各行业、各部门的“信息孤岛”联结起来。总之，“加强电子政务互动有十分重要的意义。其采取的措施首先是，政府要把为旅游企业和公众提供高效、务实的服务作为实施电子政务的动力和目标，本着‘全局规划，协同建设，统一管理，互联互通’的原则，自觉遵守市场规律、科学规律和社会规律，逐步实现‘一站式’的公共服务平台和不受时空限制‘在线办理’。”① 其次，企业要审时

① ［美］肯尼思·阿罗：《信息经济学》，北京经济学院出版社，1989 年版。

度势，把握政府的政策动态，充分利用和整合政务信息系统提供的信息资源，遵纪守法地开展业务。最后，社会大众要不满足于单向地获取信息，要进行互动式交流，向政府表达自己的意见、服务需求及有关投诉，并且通过网站的交互式操作进行相应的信息回馈。在直接的互动交流中实现利益与责任统一，创造共享利益和共同责任，让全社会都为电子政务建设出谋划策。此外，发展电子政务要转变理念，由长期存在的“技术导向”理念向“管理导向”的理念转变，并由控制型向参与型、自主型转变。要树立开放的、改革的、全局的、渐进的理念，需要全社会的知识和智慧来共同营造良好的环境。只有这样，电子政务的建设才能健康发展。

（三）制定统一的规划和技术标准来规范电子政务的发展

标准化是实现电子政务互联互通、数据共享和业务协作的有效途径。目前，国内各行各业，各地方都投入了大量的资金建设了规模各异的网络平台和业务系统，但大都自成一统。只建设自己的办公系统，这些独立的、异构的、封闭的系统，无法进行信息共享和业务处理，以至于大量的资源不能充分发挥作用。只有形成统一的标准，才能沟通，才能保障政府信息安全和规范行使政府职能才有基础。信息安全是电子政务建设发展的关键问题之一，标准是保证业务正常运转和系统安全可靠的支柱，更是促进信息产业发展的推动力。目前，我们民族地区电子政务还未很好地形成标准化，要尽快建标准一致的网络平台，这是建设电子政务重要措施。

电子政务带来的是一个高效的政府。在民族地区要搞好电子政务的建设与发展，则是要推动民族地方政府制度的创新，要改变传统的低效率的政府运作模式，要运用现代科学技术进行政府流程再造，企业亦要进行流程再造，要利用信息技术改造传统的运作模式，节约成本，提高办事效率，更好地体现勤政为民的思想。总之，民族地方政府要搞好电子政务的建设就是要用现代科学技术再造政府流程。行政流程的科学、合理，是民族地方政府提供有效管理，为旅游业服务实现公共管理的保证。民族地方政府要在先进的信息技术推动下，朝着面向社会、面向企业（包括旅游企业）、面向公众的电子政务目标发展，将大量有价值的信息资源得以充分开发和有效利用，进而实现自身的市场价值；大量信息数据库在市场流动中萌发生机和活力，进而发挥其优化资源配置以及增值的功能；众多信息产业界的中坚力量也通过网络获得政府的宏观引导和组织，进而营造有利于民族地区各产业（包括旅游业）良性发展的“生态环境”。

四、加快民族地区电子政务建设力度的建议

（1）建立完善的信息资源数据库

政府应根据经济、社会和政府管理的需要，按照科学、系统的原则，建立经济、贸易、土地、人口、科技、环境等方面系统的、完备的电子信息数据库，为公众查阅提供便利，实现政府信息的共享和利用。同时，精心运作政府（包括民族地方政府）网站，扩大政府网站的影响。目前政府网站的政府信息、政务文件、政务活动的公开性有限，信息容量少，且更新速度慢，缺乏政府与公众互动性。今后应找准政府信息网在公众网中的定位。增加政府网站的科学性、时效性和对公众的吸引力，扩大政府网站的影响力。

（2）利用信息技术

信息技术的发展为政府工作手段的现代化提供了设备和技术支撑。应充分发挥信息技术的作用，大力推进办公自动化，实现政府工作手段如信息传递和行政审批的现代化。同时，通过电子政务改革服务流程，以信息技术改革组织结构，缩小组织的集中规划，推动组织结构的扁平，搭建数字式的网络平台，增强政府

与民众的互动，拉近政府与民众的距离，改进机关工作作风，提高机关工作效率与质量，为公众提供最具时效性的服务。

(3) 引进技术人才，加强对政府工作人员的培训

电子政府工程是一项知识含量高、技术要求高的工作，电子政务的推广要求高素质的科技人才，要求引进更多的优秀人才和加强对政府工作人员的培训，以提高其现代化办公知识和能力。

(4) 加大电子政务的体系建设

电子政务的推广要求跟进相关体系建设。比如确保网络安全、个人隐私，政府重要信息保密等。为此，要加大与电子政务推广相关的法律制度建设，推进电子政务的标准与规范制度建设，以确保电子政务的统一性与规范性。

五、政府旅游门户网站问题的解决方案

(一) 加大政府旅游门户网站的宣传力度

在信息化高速发展的现代，作为公民旅游向导性机构的政府，应该适时加大对自建旅游网站的宣传力度，使更多人了解到政府旅游服务的存在。

(二) 积极发挥“金旅工程”作用

“金旅工程”是旅游部门参与国家旅游业信息化建设的重要基石。“‘金旅工程’是覆盖全国旅游部门的国家、省、市、企业四级的计算机网络系统。建成后，将为提高旅游行业整体管理水平、运行效率、改进业务流程、重组行业资源等方面提供强有力的技术支持；同时，全面发展旅游电子商务，与国际接轨，为世界旅游电子商务市场提供服务。”①

(三) 发挥旅游管理部门主导作用和建立与旅游企业的联系

---

① 金旅工程 http://www.china.com.cn/chinese/zhuanti/283716.htm 访问时间：2007 年 3 月 28 日 16：22 分。

相结合

我国的旅游管理体制具有权威性和集中性的特点，在此基础上建立政府主导型的旅游信息化结构，进行全行业信息化建设的整体规划，制定相关的指导性文件，制定统一标准，规范建设方向，提供必要的资金、技术等方面的支持，协调可能出现的问题，发挥监督作用。这样，不但适应旅游业信息化建设的需求，还可以借此增强旅游管理部门的管理职能。

政府旅游管理部门可以与旅游企业直接建立合作，在网站提供旅游者查询饭店信息、旅行社信息链接的基础上，进一步链接到旅游企业的页面，使旅游者与提供旅游服务的旅游企业直接联系，以达到旅游电子政务与旅游电子商务的结合。

（四）解决政府旅游网站建设中的“硬伤”

所谓“政府旅游网站建设中的‘硬伤’”是指诸如“网站建设混乱”、“内容陈旧”、“链接失败”的问题，这些问题都是一个成功的网站所应具备的基本条件，更不用说作为政府旅游脸面的官方网站。做到这一点，不仅需要建设者的努力，还需要克服“政绩工程”的思想。另外，由于网站建设是一种高技术型的工作，需要加大相关建设人员的培养。

（五）加强政府旅游网站建设的统一性

政府旅游网站的统一性建设不仅能够使政府在网站的建设管理上提高效率，节约各方面资源，还能提高网站的实用性与美观性，方便公民在登陆政府旅游网站时的信息获取。在建设中可以由省级政府根据国家相关政策牵头建设，各地级市依照省政府的统一标准自主建设，省政府给予指导，最终统归省一级政府网站的链接。

罗斯玛丽博尔顿（Rosemary Burton）和朱利威尔森（Julie Wilson）认为“旅游网站应包括：网站原始创建证书；网站所含信息具有较高的质量；在内容和国际观点上有广泛的覆盖面；具

有易使用性；与其他优秀网站有较多较广泛的链接。"① 政府旅游门户网站应具备的基本内容和链接应该包括：

1．出行基本服务（应安排在网页的显要部分，方便游客查询）

（1）本省各地级市天气预报：用以方便游客出行，提前做好出游准备。

（2）旅游路线：包括本省著名旅游景点的路线。

（3）酒店查询：方便旅客入住。

（4）旅行社查询：与本省优秀的旅行社合作，方便旅游者选择适合自己的旅行社出游。

（5）主要城市公共汽车乘车路线查询。

（6）出游注意事项。

作为政府性机构，服务内容应包括对游客出行的政策指导，如出境游中我国公民享有的境外领事保护和服务，填写出国旅游申请表的方法，中国公民出国旅游管理办法，一次性的旅游护照申请手续及出入境边防检查条例等。这些指导性信息对公民出游都有极为重要的作用。

2．本省旅游资源推介

（1）本省概况：包括地理和历史方面的概况，使旅游者有初步的认识。

（2）本省主要旅游景点推荐。这一版块的设立不但可以为旅游者提供出游信息，同时还能够介绍本省的优秀旅游资源，把本省的旅游资源推向全国，是政府旅游门户网站建设的重点，也是把本省的旅游资源转化为经济资源的重要力量。

（3）本地区的特色产品推荐：如风味小吃、土特产、工艺

① Rosemary Burton, Julie Wilson Ecotourism resources on the internet: a review of ecotourism websites The International . Journal of Tourism Research [J] Jan/Feb 2001; 3.

品、娱乐设施及旅游纪念品的介绍等。

（4）民族特色：本书试图探讨的是我国民族地区旅游信息化问题，作为民族地区，在向外界推销本地区旅游资源的时候，其最具竞争力旅游特色之一就应当是民族特色。因此，在网站中突出介绍本地区的民族特色是加强旅游吸引力的重要方式。在此版面中，应设立本地区民族成分、民族分布、民族风俗习惯等内容。

（5）旅游新闻：包括全国性重大旅游信息事件和本省的旅游信息事件的介绍，使游客能在第一时间获取相关信息。

（6）另外，在我国旅游较为集中的时段，如"春节"、"清明节"等时段，可以增加专栏，介绍游客集中时段的实时旅游状况，即指导旅游者在出游量较集中时期的旅游注意事项，又应该在此时加强对潜在出游者的吸引。

3. 旅游网站链接

省级旅游门户网站下应有本省（市、自治区）各地级市的政府旅游网站链接，以方便旅游者有针对性地获取旅游信息。

4. 游客留言板

开设此版面的主要作用是加强与游客的交流互动，吸取游客的意见与建议，以更好地改进网站设计，以达到优化旅游环境的目的。

（六）加强网站互动性，树立人性化思想

旅游的信息化不仅仅是提供给公民旅游的相关信息，还应该包括借助政府旅游网站了解公民希望政府旅游机构提供哪些旅游信息。因此，在政府旅游网站中，可以考虑开设专门用于公民留言的版块，以吸取公民对政府旅游网站建设的意见和建议，根据公民的需要丰富改进网站的建设。

"《中共中央关于加强党的执政能力建设的决定》中提出，'坚持以人为本，全面贯彻可持续的科学发展观，更好地推动经济社会发展。'"[1] 在加强政府执政能力建设中坚持以人为本，其重要原则就是建立服务型政府。"服务型政府最主要的职责就是为公民提供服务，政府存在的目的是为公民提供他们所需要的服务，同时，政府所提供的服务还必须是公民真正需要的服务。"[2] 政府建设旅游网站作为政府工作的一部分，无论是在页面设计还是在内容安排上都应当遵循"以人为本"和"服务"的基本思想。

（七）突出民族地区的特点

少数民族文化是民族地区旅游业保持自身特色的前提和重要因素。中国少数民族地区的现代旅游现象，实际上是一项以精神、文化需求和享受为基础的，涉及社会、政治、经济、国内和国际交流等内容的综合性大众活动。"少数民族文化因素渗透在当今旅游活动的各个方面，中国少数民族文化是旅游主体的出发点和归结点，是发展旅游业的灵魂。"[3] 政府旅游网站的建设中，应该以民族旅游资源为主导，把民族特色放在页面中显著位置，并加以着重介绍。这样才能使民族地区的旅游资源区别于其他地区的旅游资源，扩大非相似性吸引力。

---

① 汪玉凯、张勇进：《电子政务与政府职能转变》，载《电子政务》2005 年第 2 期。

② 井敏：《论服务型政府的特征——行政理念、行为方式、组织结构和决策模式的分析》，载《湖北行政学院学报》2006 年第 3 期。

③ 贾银忠：《中国少数民族旅游文化参与国际竞争成败的关键》，西南民族大学西南民族研究院，2004 年。

第十三章 民族地区的旅游可持续发展

可持续发展要求正确解决眼前利益与长远利益、局部利益与整体利益的关系，求得经济、社会、环境的协调发展。可持续发展的目标与旅游业公共管理的目标一致，都是以公共利益为目标，要求各方面协调发展为目的。实现经济、社会全面协调的可持续发展观，是科学发展观的基本内容和核心。服务型民族地方政府的职能也必须坚持“以人为本，坚持全面、协调、可持续发展。”可持续发展是民族地区服务型政府实现旅游公共管理的形式。

前面已提到少数民族旅游公共管理是以公共利益的不断增进和有效实现为目的，以及政府与公民社会的合作共治及各方面关系的协调，可持续发展要求正确解决各方面关系的协调，要求正确解决眼前利益与长远利益，代际公平分配。生态可持续性指保持生态系统的生产力和功能，维持自然资源基础和环境，环境与经济、社会协调发展。少数民族地区旅游公共管理与可持续发展的目标是一致的，都是以实现公共利益为目标，实现经济、社会全面协调的可持续发展，是科学发展观的基本内容和核心。服务型民族地区政府的职能也必须坚持“以人为本”，坚持全面、协调可持续发展。可持续发展是民族地区服务型政府实现旅游公共管理的主要形式。

实施可持续发展是旅游业发展必须遵循的原则，也是现阶段旅游发展的必然选择。可持续发展与旅游发展关系密切，当前旅游业实施可持续发展战略不仅仅是非常必要的任务，而且具有紧迫性，这是因为当前旅游业的迅速发展对旅游环境破坏严重。由于传统的旅游发展观一直是以游客作为唯一至上的主体。一味把旅游人数和旅游收入的增长作为区域旅游发展的全部指标，结果导致相关部门在经济利益的驱使下过度开发甚至破坏旅游资源，或使自然景区城市化。旅游资源的过度开发对环境造成了严重的破坏。依靠大量消耗自然资源，以牺牲生态环境换取经济发展已被证明不能持久，持续发展因而也就成为解决环境问题的最佳途径。发展民族地区旅游业，开发旅游资源，要同时注意旅游环境的保护与建设。因为，旅游资源和旅游环境是旅游活动的对象和外部条件，旅游业赖以生存的物质基础。因此，保护旅游资源和旅游环境就是保护旅游业。生物资源的保护是人类生存和持续发展的基础，经济问题和环境问题是不可分割的对立统一体。可持续旅游业发展规则强调以全球整体环境为中心来平衡人在生态系统中的生存位置，强调在自然环境中保持生物的多样性、原生性和自然景观资源的原始性，在文化遗产环境中延续文化的多样性、原始性，强调旅游资源开发利用的丰富性、延续性。现阶段区域可持续旅游理论是旅游业开发与经营的理论指导，是促进旅游环境改善和旅游资源优化利用的唯一选择。

世界经济全球化，也要求我国旅游业的发展与世界旅游业接轨，走可持续发展道路。

民族地方政府发展旅游业的可持续发展，要实现旅游环境保护目标，以不超越资源与环境的承载力为前提，实现社会发展与经济发展相结合的目标，旅游资源不仅要满足当代人的需要，还应考虑到子孙后代的需求，这是服务型政府的职责。总之，服务型政府的职能所遵循的原则是：正确处理局部与整体、当前与长远、改革与发展、人与自然的协调，形成统筹兼顾的体制，消除协调发展的制约“瓶颈”。全面实现经济社会的可持续发展，落实科学发展观，是服务型民族地方政府所要坚持的原则和重要职能。

第一节　“可持续发展”理论的提出及其目标

一、可持续发展理论的提出

“可持续发展”（Sustainable Development）一语源于“可持续性”这一概念。1987 年，联合国世界环境与发展委员会的“布伦特报告”中，对“可持续”概念的解释是“满足当代人的需要而又不损害子孙后代满足其自身需要的能力。”“可持续发展”是以既满足当代人的需要，同时又要以不损害后代人为满足其自身需要而进行发展的能力为原则。

可持续发展理论是国际社会 20 世纪 90 年代提出的一种积极的发展思想。全球经济的发展，当代人类经济活动的不断扩大，对自然资源需求的增加，超过了自然资源的再生能力，生态环境被严重污染，造成生态系统净化能力及环境承载力下降的矛盾日益尖锐。全球性的资源被破坏和环境的恶化，严重地危及人类发展赖以支持的系统。人类在大自然连续不断报复面前，开始深刻地反思，认真寻求人与自然协调进化的发展道路。1980 年国际自然与资源保护同盟，发出要“确保地球的持续发展”呼吁。1987 年联合国世界环境与发展委员会发表了“我们共同的未来”宣言，首先提出了可持续发展的原则。此后，世界资源研究所（WRL）、国际环境与发展研究所联合声称：“以可持续发展作为我们的指导原则”。1992 年，在里约热内卢召开的联合国环境与发展大会上，包括中国在内的全球 100 多个国家的政府首脑通过了《里约热内卢宣言》，共同签署了生物多样性公约和《21 世纪议程》（即著名的《地球宣言》等重要文件），向全世界宣布，各国人民将为遵循可持续发展的模式而采取一致行动。从此，关于“持续发展”的问题逐渐引起人们普遍的重视和广泛的讨论。

1998 年 10 月，召开的亚太议员第六届环发大会，通过了《桂林宣言》，呼吁各国政府制定和实施旅游业可持续发展的战略和政策，要坚持可持续发展的原则，在实现旅游业快速发展的同时，对环境（包括自然环境、当地社会结构和文化遗产）加以保护。2002 年亚洲——太平洋会议通过了《海南宣言》，提出可持续发展必须遵循的原则和促进互动和友谊。2002 年定为“国际生态旅游年”，实施可持续发展旅游是现阶段旅游业发展的必然选择。

旅游可持续发展是在全球旅游业急剧膨胀、繁荣背后的危机日益暴露的现实下提出的，因而迅速得到了广泛的响应。旅游业可持续发展涉及自然生态、人类社会、经济发展、社会制度和技术革新等方面，并影响到人类今天与明天行为选择的最高发展目标。

旅游可持续发展首先要求经济的发展不能超越生态承载力、心理承载力、社会承载力和经济承载力。然而，旅游业的发展，往往更多考虑经济效益，而忽视对生态环境和社会环境的保护。2006 年 4 月，笔者去丽江古城考察时，感觉现在的丽江仿佛是王府井大街，两边全是商铺，早上七点半就人头攒动，人满为患，已经完全商业化。

泸沽湖摩梭人的房屋是由正房、花楼、以堂、门楼等组成的四合院，都是用木料搭建而成，是典型的“木楞房”。随着游客的不断增加，原来的旅店和“木楞房”不能容纳过多的旅客。为了向更多旅客提供住宿条件，到 1996 年底，约有 90% 以上的农户盖了新房，所修建的新房不再是摩梭人传统的“木楞房”。2006 年 4 月，笔者去泸沽湖里格村考察时发现，这里整个村子房子都被拆除，重新修建。传统的“木楞房”古建筑景观全部拆除，这与《可持续旅游发展宪章》中提出的要完整地保留民族传统的文化精神相违背。应该坚持开发利用与景观保护结合的原则，确保旅游资源的永续利用。

其次，旅游发展是一种公平发展的思想，即要社会公平、当代公平、世代公平。但有些开发商，只考虑本身利益，不考虑他人（或当地居民）利益，因而出现分配上的不公。

再次，有些地方资源开发的规模与速度没有与现有自然资源和生态环境相适应。个别景区或旅游经营者掠夺式地利用天赋旅游资源，获取局部或个人利益，肆无忌惮地消耗或破坏那些不可替代的或不可再生的旅游资源，破坏了环境、阻碍了经济、社会的协调发展。可持续发展是现阶段旅游业发展的必然选择。

二、旅游可持续发展的目标

旅游可持续发展强调旅游资源的世代公平分配、旅游过程的顺畅运行、旅游业发展的稳定健康。同时，强调人类在旅游发展上的伦理道德与责任感。从空间维度方面，旅游可持续发展则强调产业结构的均衡协调，强调旅游管理的整体有序。旅游可持续发展的具体目标如下：

（一）保护环境

要合理开发和利用资源，美化旅游资源环境，保护生态环境质量，促进自然美与人工美的完美结合。

（二）公平发展

确保当代人和世代人、各国各地旅游资源合理分配和公平使用，各国各地充分发挥各自的旅游资源优势，开发各自特色的旅游产品，为旅游者提供高质量服务，实现旅游资源互补和旅游消费多样化。通过国际旅游，增进友好往来，加强相互了解。

（三）提高效益

合理确定旅游客容量，保持容量动态平衡，高效利用旅游资源，高水平地进行经营管理，以实现旅游效益与生态效益相协调，实现高效益的旅游经济。

（四）向旅游者提供高质量的服务，改善旅游接待地居民的生活质量。

第二节　影响民族地区旅游可持续发展的因素

一、民族地区旅游可持续发展的必要性

实现少数民族地区旅游业可持续发展，是发展旅游业必须遵循的原则。实施可持续发展是现阶段旅游业发展的必然选择。依据《可持续旅游发展宪章》中提出的要求，旅游与自然、文化和人类生存环境要成为一个整体。在民族地区实施旅游业的可持续发展，就是要在旅游开发中保护少数民族的文化旅游资源，使民族地区游览地的生态环境和当地的少数民族风俗与民族传统文化得以完整地保留，不受破坏。

旅游资源是有限的，而且又具有脆弱性和不可再生性。人类应该与自然和谐共存，保护人类赖以生存的物质基础。为此，开发不能过度，要在承载力范围内。不能只考虑眼前利益，还要考虑长远利益，使民族地区的旅游业得以可持续发展。传统的旅游发展观在经济利益的驱使下，过度开发，忽视旅游承载力，破坏旅游资源环境。由于旅游资源的脆弱性和不可再生，若只以眼前利益出发，只会损害长远利益，损害子孙后代满足其自身需要的能力。

另外，旅游产品开发和旅游企业的经营管理不善，也会造成

环境污染、生态破坏、文化地方特色消失，导致旅游资源受到破坏。只有实施可持续发展，用长远的眼光从事旅游经济开发活动，解决好旅游承载力，提高旅游管理的能力，才能保护好民族地区旅游资源，人类生存的自然环境、生态环境得到保护，才能正确解决眼前利益与长远利益、局部利益与整体利益的矛盾，经济、社会、环境得以协调发展。

二、影响民族地区可持续发展的因素

（一）认识的误区

长期以来，对旅游业发展存在三大观念误区：（1）“旅游业即无烟产业”；（2）“旅游业是低投入，高产出产业”；（3）“旅游业为无资源耗竭产业”等。这三大观念误区主导着人们的意识形态，导致无节制地开发旅游资源，不注意环境的保护，忽视旅游资源与生态环境的固有价值，从而导致对旅游资源的破坏和旅游生态环境的污染，最终制约了旅游业的可持续发展。旅游环境污染的概念和类型，以及民族地区环境污染的表现如下。

1. 旅游环境污染的概念及其污染类型

（1）污染的概念

旅游对于自然环境和社会文化的消极影响，我们称之为旅游“污染”。准确地说，旅游污染是指由于旅游业的发展，对旅游接待地区自然环境的破坏和对接待地社会文化的消极影响。

（2）污染的类型

污染的类型以发生的方式划分，则分为直接污染和间接污染。根据旅游污染对象而分，则分为自然污染和社会文化污染。

2. 民族地区旅游业的直接污染

民族地区旅游业的直接污染，是指旅游活动或旅游业的发展直接损坏接待地的自然环境或社会环境。

（1）旅游业直接污染自然环境的表现

人们在旅游活动的过程中产生的生活污水和垃圾对环境的污染。2003 年，滇池由于生活污水的排入以及旅游船只排放的油污和重金属，池水被污染，影响水中动植物生长，比如，原生长在“滇池中艳丽的海菜花，已不存在了。”① 经过整治，现在才有所恢复。“云南西双版纳野生绿孔雀种群数量急剧下降，分布区域也聚减。”② 位于云南西双版纳景洪市勐罕镇的橄榄村，森林茂密，绿树丛中有 64 座村落，人们称之为“椰林下面的竹楼”，天然的大花园，原本很多蝴蝶因村民的大肆捕杀而数量剧减。据报道，“橄榄村那里的村民大肆采捕蝴蝶日捕量不少万只。”③ 一些昂贵的植物数种在减少甚至濒临灭绝。

云南西双版纳原始森林中的自然保护区有大面积的连片热带森林，比如，勐仑热带雨林植物园等处，生长着极多极珍贵热带、亚热带植物，深受国内外瞩目。然而，由于不合理利用、管理不善，有的物种数量迅速减少，其中，世界最昂贵的具有高效抗癌物种红豆杉树，已濒临灭绝。

云南大理苍山、洱海景点的生态环境也在恶化。由于开发旅游业，在苍山修建了游路、索道，造成对植被和山体的破坏以及水土流失。游客乱采花草、乱丢废弃物。甚至由于游客不慎，引起山林火灾，造成生态环境的严重破坏。

洱海的弓鱼大减，以至衰竭。洱海生长着弓鱼，是洱海独特风味名吃——沙锅鱼的原料。由于游人增多，弓鱼消耗量大增，洱海弓鱼捕捞量增大，弓鱼数量大减，以至衰竭，几乎绝迹。此外，洱海的游船，跑、冒、滴漏油以及游客产生的生活垃圾，也

① 吴玉树：《云南可持续发展生态学问题》，载《生态学杂志》1997 年第 6 期。

② 罗爱东：《西双版纳野绿孔雀种群数量及分布现状调查》，载《生态学杂志》1998 年第 5 期。

③ 吴玉树：《云南可持续发展生态学问题》，载《生态学杂志》1997 年第 6 期。

对洱海水环境造成污染。旅游的发展，饭店宾馆的增加，产生大量的生活废弃物，以大理古城为例，据报道1995年，大理“三月街”7天期间，接待游客100多万人次，折算这一期间污水量为4万立方米。另外，在洱海游船上产生的生活垃圾，通过折算，每年有151.65吨垃圾进入了洱海。当然近年来由于引起重视，采取措施，有所改进。

大理的大理石工艺品、家具等，享誉海内外，由于过量的开采，还有盗采，不但会严重影响苍山山体的景观及植物，还造成岩石裸露，加大了水土流失。雨季风水期，开山炸石产生的泥沙土石等随溪水冲入洱海，加快了洱海的沉积进程。

以上是云南省旅游业对自然环境污染的表现，其他民族地区同样类似的情况也会有所发生。

（2）旅游业对社会文化环境的直接污染

旅游业的发展如果管理不善，就会对社会文化环境造成污染。主要表现以下两个方面：

一方面是导致目的地传统文化商品化、庸俗化

在旅游开发过程中，文化常为资本所左右而成为商品，成为文化强制——活动强制和情景强制。例如，某国家级风景名胜区内，曾经举行让游客和哈尼姑娘举行“婚礼”的表演，之后向游客讨要“结婚费”。有的游客在某少数民族地区游览的一天内，就“‘结’了三次‘婚’，拿了三次给‘新娘’的彩礼（小费）”，使接待地的文化成为低俗的“机场艺术”的艺术品。“某些地区的民族旅游业不分时间地点，把本民族最严肃的婚俗、最庄严的宗教祭祀仪式等都进行商品化包装呈现给旅游者。结果“人们的经济意识增强了，同时淳朴之风也削弱了。”①

① 刘振礼：《旅游对接待地的社会影响及对策》，载《旅游学刊》1992年第3期。

随着旅游活动的开展，一些传统的民间习俗、庆典活动以及民族歌舞被搬上“舞台”，为游客了解旅游目的地的习俗和文化打开了一扇窗口，特别是近年来“云南印象”之类的原生态歌舞取得了巨大的成功。但是，为了迎合一部分旅游者的兴趣，有些活动的内容和艺术品的内容被压缩甚至篡改，在很大程度上已经失去了其传统意义和价值，失去了原有的文化内涵，成为可以赚钱的商品。

旅游对旅游目的地产生了强烈的文化影响。有积极的一面，又有消极、落后的一面。旅游发展过程中某些腐朽的生活方式或思想意识，给民族地区社会文化带来了严重的负面影响。例如，泸沽湖地区在过去民风淳朴，但是，近几年也出现了打架、斗殴、赌博等现象。过去人们以诚实为本，骗人为耻，而现在做买卖时以次充好，少给多收现象时有发生。

3．旅游业对民族地区的间接污染

旅游活动本身并不必然包含消极的现象，但旅游业的发展通过其他中介因素，或作为一种诱发因素对接待地产生了污染。

在旅游业发展过程中，管理不善，客观上就会为“黄”、“赌”、“毒”泛滥提供滋生的土壤，导致一些消极现象。这种类型旅游污染发生原因比较复杂，涉及问题很多。在治理污染时，要具体问题具体分析，既控制污染，又不影响和阻碍旅游业的正常发展。

（二）旅游业收益在各有关群体中分配不公

公平是可持续发展的原则之一。茵斯齐普（Inskeep）、瓦斯里昂（vassilion）以及巴特勒（Butler）在补充可持续发展旅游的概念时，都特别强调旅游利益在社会内的公平分配。茵斯齐普认为：“可持续旅游发展的本质是：继续维持环境系统和文化的完整性，以及对旅游业带来的各种社会经济效益在目的地社区的公平分配。”①

当前民族地区发展旅游业所产生收益分配的不公平，主要表现在旅游业产生的利润，大都未能使旅游目的地居民受益。目前民族地区的旅游开发正处在旅游开发的初级阶段，其投资者和经营者和管理者多不是本地居民，加之文化层次、管理水平和服务水平以及人员培训等方面的原因，经济收益大多进入了外地人的腰包。有的民族地方政府，在制定利用外资的政策上过于优惠，以致外商经营的旅游企业，只是外商得利，当地群众和国家得利很少或者不得利。所出现的一些外商投资的欺诈行为，造成国家和人民财产遭受损失。民族地区旅游资源开发有关群体分配的不公，不仅没有使当地群众摆脱贫穷，而且还在一定程度上威胁了旅游业的可持续发展。

第三节 民族地区旅游可持续发展战略

发展民族地区的旅游，其目标是要促进民族地区经济、文化和生态的全面协调发展，实现经济效益、社会效益和环境效益统一的目标，为实现这一目标需要确立以下可持续发展的战略。

一、合理开发资源，保护环境，维持生态平衡

合理开发旅游资源，才能保证自然、人文环境的质量。为此，要正确处理旅游资源开发与环境保护的关系，以保护为主，开发与保护并重。

---

① Inskeep Edward. Tourismplannigng: An Integrated And Sustainable Development Approach [J]. Van Nostrandreinhoid. New York. 1992.

旅游环境的保护，首先要解决好旅游承载力问题。“旅游承载力有的学者称为旅游承受力或旅游环境容量。它是指一个旅游区所能容纳的游客人数在客观上所存在的容量极限值和最适值。”① 指出旅游目的地接待游客的最大数量，以不破坏环境，不降低吸引力为前提。其次，旅游资源的开发要做到旅游资源的开发规模和旅游业的发展速度与现存自然资源和生态环境相适应，谋求区域社会、经济、生态三个方面的最佳综合效益。尤其是对世界遗产和国家级的风景名胜区、自然保护区、森林公园、历史文化名城、重点文物保护单位的开发利用，必须坚持“严格保护，合理开发，永续利用”的原则，对祖先和子孙后代负责。再次，必须严格实行功能分区的原则。风景区内的核心区严禁进行经济性开发和商业性建设，切实保护景观的自然与历史文化原作的真实性、完整性，以及风景区的自然度、美感度和灵感度，为游客提供最佳的景观，最大限度地满足旅游者精神文化消费需求。风景区的控制区内要限制经济性开发，尽量把旅游服务设施减少到最低限度。风景区外围开发区要积极开发旅游服务设施，大力发展第三产业，为核心区和控制区提供最好的食、住及娱乐服务，充分满足游客各方面的需求，形成景区内外功能分区明确，协调发展的格局，迅速改变目前错位开发，超载接待的状况。

二、强化旅游管理及进行管理创新

旅游管理是对旅游活动区社会经济行为进行管理，它涉及受旅游活动影响的各个方面。如对旅游者活动的管理，对风景旅游区的管理，对旅游资源环境的管理等。各有关部门，特别是旅游行政管理部门，应采取必要的管理手段和措施，切实强化旅游行

① 保继刚等：《旅游地理学》，高等教育出版社，1993 年版。

业管理，要宏观调控，统筹规划。要规范市场竞争，提高旅游资源配置效益。加强法制建设，建立环境保护的规章及处罚制度等等。但是，目前旅游行业管理体制仍然不能适应市场经济发展的需要，需要进行体制改革。例如，由于多头管理等原因，造成目前旅游管理体制效率不高，首先表现为旅游资源是国家所有，但实地开发和利用大多是当地政府行为，而由于地方政府（包括民族地方政府）管理中，条块分割严重（资源保护由自然保护部门负责，具体的开发经营由旅游部门负责，污染治理则由环保部门解决），导致各部门之间缺少协调机制，其结果是旅游管理部门只管旅游开发，环保部门只考虑污染治理，林业部门只负责林木管理，自然保护管理部门只强调保护，彼此间缺少协调机制，严重妨碍了旅游有效管理。此外，管理机制应是非营利性机构，但目前有的旅游行政管理部门仍然既是管理者，又是经营者。要严格执行风景名胜区管理者与经营者角色的分离，管理者和经营者各司其职，且经营者必须在有关法规的规范内进行经营。

要加强旅游环境保护的宏观管理，突出“防胜于治，防先于治”的管理思想。通过科学合理的环境预测和估计，对环境可能被破坏的程度和范围，以及景区超过环境承载力的情况进行有效调控等宏观管理。

三、开展保护生态的绿色旅游（生态旅游）

开展保护生态的绿色旅游（或者生态旅游）是旅游业可持续发展的必然选择。

联合国确定2002年为“国际生态旅游年”，说明自然与人文生态环境的保护是一个世界性话题。尽管生态环境退化现象在我国部分地区业已得到不同程度的遏止，但生态环境保护的任务依然十分艰巨。

经过20多年的努力，我国旅游业有了长足发展，与此同时，旅游发展的各种影响也在日益显现。实践证明，旅游业的发展依赖于良好的生态环境，它对生态环境的保护负有非常重要的责任。国际经验表明，和其他产业一样，可持续发展也是旅游业发展的必由之路，生态旅游为可持续旅游发展提供了一个可持续选择的范例，开展生态旅游是旅游业可持续发展的必然选择。

尽管生态旅游是一种负责任的旅游方式，对其管理、经营得当，既有利于生态环境保护，又有利于地方社会经济的发展，但是，它并不是可持续旅游发展方式的全部，其发展受到诸多相关因素的制约。因此，生态旅游的发展应当因地制宜，循序渐进，不能遍地开花，一哄而上，要严防任何打着开展生态旅游的幌子，从事违背生态环境保护原则的旅游活动。

生态环境即指自然环境。“生态”旅游，最初指的是以自然环境为基础的旅游。现代生态旅游的范畴不仅仅是局限在自然生态领域，它还逐步涉及社会人文生态的主题。生态旅游的目标是使游览地区的自然生态环境和当地的民族风俗与传统文化得以完整性保存，不受破坏，使旅游者领略世界各地的原始风光和原汁原味的民族风俗和民族文化。

我国的生态旅游目前尚处在发展的初期阶段。有人将生态旅游理解为自然旅游、乡村旅游、农业观光旅游，甚至有的论著将它解释为大众旅游，或者说它是自然旅游等一切与生态相关的旅游形式和旅游产品的总称，亦即所谓“在生态环境中的旅游活动与生态相关的旅游”，但这种泛化理解造成社会对生态旅游的严重误解，会影响生态旅游的健康发展。如何正确理解生态旅游，不同学者对生态旅游定义或解释有所不同，但都有相同或相近点。目前，有的学者对提倡生态旅游，认为还有待进一步探讨。

1．生态旅游的定义

1993 年国际生态旅游协会把生态旅游定义为：具有保护环境和维系当地人民生活双重责任的旅游活动。同年 9 月，在北京召开的第一届东亚地区国家与自然保护区会议上给出生态旅游的定义是："倡导增加对大众关注的旅游活动。提供必要设施，实行环境教育以使游人参观、理解、珍视和享受自然和文化资源，同时并不对生态系统或社区产生无法接受的影响。"

2002 年 11 月 25 日，在北京举行"2002 中国生态旅游论坛"。来自全国各地的研究者、实践者等 100 余人齐聚一堂，就中国生态旅游发展的理论与实践进行了广泛、深入的讨论。山西大学黄土高原研究所的程占红认为："生态环境是以大自然为基础，以生态学思想为指导，在保持基本的生态过程和社区整体完整性及稳步发展的前提下，通过环境教育和生态工程的实施，最终实现游客人地和谐美的一种旅游活动。"中国社科院陈佳贵副院长在发言中指出，"尽管人们对生态旅游这一新概念的含义还没有一个公认的定义，但是原则是很明确的，那就是开展生态旅游必须保证促进生态的协调发展，至少不破坏生态平衡，不造成环境的破坏。与此同时，开展生态旅游还必须获得经济收益，特别是要使当地居民在经济上得到好处。"世界旅游组织在 2002 年提出："生态旅游是持续发展的选择，可持续发展的关键。""2002 年中国生态旅游论坛"的全体代表，特向全国提出了八点倡议：1. 大力宣传生态环境保护的重大意义；2. 响应《魁北克生态旅游宣言》所提出的建议；3. 制定生态旅游发展的总体发展战略和相关政策，建立和完善相关的法律法规体系；4. 制定道德规范和行为准则；5. 支持有关生态环境保护和生态旅游的科研活动；6. 组织和个人都要提高自己的责任感和使命感；7. 旅游资源富集和生态脆弱的地方，都十分注意生态完整性的保护，尤其提高对人文生态的认识，要抢救和保护；8. 创建生态旅游实验区或示范区的活动等。

2. 民族地区开展生态旅游的优越条件和发展障碍

生态旅游作为现代旅游业的新产品，是民族地区旅游开发的亮点。我国少数民族多集中在西部，我国西部地区疆域辽阔，南北生态环境相差迥异，生物多样性特点突出，具有开发生态旅游潜力和优越条件。从自然旅游资源看，到1995年西部地区已拥有国家级自然保护区34个，国家级风景名胜区40个，国家级森林公园114个，分别占全国总量的34.3%、33.6%、27.7%。其中许多景区、景点在国内外有较高的知名度。比如"世界屋脊"青藏高原、四川九寨沟、贵州黄果树瀑布、大理苍山洱海、甘肃鸣沙山等等。从人文旅游资源看，截至1995年，在国务院公布的99座历史文化名城中，西部地区有31座，约占全国的31.3%。拥有国家级重点文物保护单位138个，约占全国总量的27.6%，其中如敦煌莫高窟、拉萨布达拉宫、成都都江堰、大足石刻、大理三塔、丽江古城等蜚声海内外。对这些资源进行科学、合理开发，就会成为保护生态的绿色旅游产品。例如，1999年推出了甘肃敦煌生态环境游，即为生态旅游的精品。随着人民生活水平的提高，节假日的增多，我国市场的进一步开放，国外旅行社逐步进入我国，将直接带来入境客源的增长，对生态旅游将会有更大的需求和市场。

但是，民族地区开展生态旅游依然存在着以下瓶颈问题："1. 基础设施薄弱，交通线路密度低，公路等级低、路况差，航空、铁路和内河航运网络薄弱，通信落后。2. 缺乏总体规划，粗放型经营方式造成旅游资源的低层次开发和重复建设，而且是掠夺型开发，对环境造成严重污染。3. 资金短缺和人才匮乏。4. 第三产业发展普遍落后，旅游活动的6个环节——'吃、住、行、游、购、娱'中，存在'小、散、弱、差'的状况。"①

3. 加快民族地区生态旅游发展的措施

（1）提高各级干部和企业经营管理者的生态保护意识以及

① 张丽英：《民族经济与社会发展》，中南财经大学经济学院2000年。

处理环境保护与经济发展关系能力的问题，在制定旅游总体规划和详细规划的过程中应加以体现。

（2）在旅游企业经营管理中要始终贯彻可持续发展的精神，并突出发挥其生态旅游的保护功能，考虑生态利益和经济利益的平衡。

（3）加强生态旅游规划工作。生态旅游是一个复杂的系统工程，涉及国家或地区经济、资源、社会和环境等多方面的因素，制订规划时需要各方人士广泛参加与合作，特别是当地居民的参与与合作。

（4）尽快将生态旅游资源的开发纳入法制化、规范化管理轨道。

（5）调整产业结构，加快基础设施和人才培养，加强生态环境的保护与建设。

（6）严格生态景观的现场管理，提高管理的科技含量，促进生态旅游资源开发与利用的良性循环，确保生态旅游景观地区环境和居民的利益。

（7）大力开发生态旅游新产品，包括自然生态和社会人文生态旅游新产品，把民族地区深厚的文化渗透到自然生态环境旅游中。

四、建立健全法律法规，加强管理

建立健全法律和法规，将有害于环境的行为置于法律和法规的监督之下，保证生态旅游的可持续发展。

民族地区旅游业的可持续发展，以及生态旅游的开展，离不开法律制度的保障。目前，我国已经制定了一些与旅游密切关联的环境保护法律、法规，如《环境保护法》、《森林法》、《文物保护法》、《野生动植物保护法》、《水污染防治法》、《风景名胜区管理暂行条例》等，但在资源的开发利用和经营管理方面，却缺乏相关法律制度的约束条款，尚没有专门的旅游环境保护法规，在旅游环境保护法律及规章制度出台方面也较为滞后。此外，现有的保护区法律、法规，多数只适用于绝对保护区，而缺乏针对开展生态旅游区域的相关环境法律、法规。这就使得旅游开发规划的各项工作及管理的各项指标要求缺乏适用的法律、法规作为依据。因此，有关立法部门应尽快制定和颁布《旅游法》、《旅游环境保护暂行规定或条例》等有关法律、法规。

当前，我国各旅游地区（包括民族地区）法制不健全的另一个表现是，有法不依，执法不严，导致法律的严重失效。为此，要建立强有力的旅游环境保护管理机构和完整的管理体系，做到有法必依，执法必严，监督和理好旅游开发和发展中的环境问题。

五、进行宣传教育、实现主客参与管理

旅游环境保护工作是个系统工程，需要政府部门（包括民族地方政府）、旅游管理部门，当地居民和旅游者的全体参与。因此，通过法制观念教育、全面观念教育以及长远观念教育，来提高全民族乃至入境游客的旅游环保意识。这对于持续发展旅游业具有十分重要的意义。通过教育使旅游者和当地居民了解法律法规和环保注意事项，知道哪些事可以做，哪些事不可以做。避免其危害环境行为的发生，共同参与环境保护工作。

六、正确处理发展工业与环境保护的矛盾

发展工业如果环保措施不力，同样会污染环境。工业产生大量的废气、废水、废渣未经处理排放，会污染人们赖以生存的环境，使大气、水体、土壤产生种种污染物。影响动植物的生长，危害人类健康。工业生产燃烧的煤和石油产生的二氧化物遇水蒸气形成酸雾、酸雨，腐蚀建筑物、钢材、石碑，使古建筑失去美

丽的色彩，铜像变绿，碑文模糊，风景变坏。还有一些矿产业，如云南省乡镇办的硫磺矿的开采，因设备陈旧、工艺落后，硫的利用只有50%，另一半进入大气形成酸雨，会腐蚀建筑物、钢材，酸雨进入土壤成为赤土，进入水体污染水域。贵州、云南少数民族蜡染手工业的废水也会污染水环境。因此，应从保护环境的角度来选择考虑工业的发展规模、类别、布局和用地，采用能够减少和没有污染的生产工艺。凡影响游览区风景美的企业，应迁到离风景区较远的地方，逐步消除工业“三废”的影响。

七、民族地区制定旅游业可持续发展措施——以云南省丽江市为典型案例

“十五”期间，云南丽江市坚持可持续发展，正确处理资源保护与旅游开发关系。所采取的措施是：1999年遵照国务院作出长江中上游天然林区禁伐的决定，从保护全市的生态环境出发，停止了对天然林的开发，完成了全市大部分森林企业的转产工作。比如，关停了战河纸厂、新华纸厂、南口纸厂及城郊砖瓦厂等一批有污染的企业。

在开发与保护好自然旅游资源的同时，注意搞好民族文化的开发与保护，按照《丽江世界遗产保护规划》，对丽江古城进行修旧如旧的恢复。特别加强了对古城的“三线入地”[①] 和排污系统工程的建设。丽江古城在世界遗产的保护与旅游开发方面的成功经验，使丽江在联合国在丽江召开的世界遗产论坛上得到了“丽江模式”的赞誉，受到了世界遗产保护专家们的好评，被视为旅游环境保护工作的典范。

“十一五”时期，云南省继续实施可持续发展战略，提出要科学认识和正确处理开发与保护的关系，各旅游管理部门要坚持

① “三线入地”：指将供电、通信及有线电视线路移入地下。

严格保护与合理利用并重的原则，加强对旅游资源及生态的保护，加大对自然生态环境和旅游集散地、旅游景区环境污染的治理力度。建立生态环境与旅游开发良性循环的可持续发展系统，实现旅游资源的可持续开发利用。

积极推进旅游产业与文化产业的互动发展，加强对自然文化遗产和文物古迹的保护，合理开发和有效利用民族文化资源。使旅游地的民族文化旅游资源得以长期开发和利用。

高度重视民族地区、贫困地区和城乡社区的旅游资源综合开发。积极探索旅游扶贫的新途径，采取有效措施满足旅游地居民对就业、生产和生活等方面的基本需要，提高他们的生活水平和质量，防止因贫困而造成对旅游资源掠夺型开发。云南省的“十一五”可持续发展战略目标，可供其他民族地区发展旅游业参考。

云南省提出的21世纪建设“绿色经济强省”的目标，是发挥云南优势资源，贯彻落实可持续发展的必然选择。

所谓“绿色经济强省”，就是要充分运用现代高新技术，开发具有比较优势的绿色资源，以实施生物资源开发创新工程为重点，巩固提高有利于维护良好生态的无污染产业。要在所有行业中加强环境保护，不断改善和优化生态环境，促使人与自然和环境相互协调、相互促进，实现经济社会的可持续发展。

云南建设“绿色经济强省”，就是要经过10年至20年的努力，使云南经济发展后劲不断增强，各族人民得到较多实惠，把云南建设成为发展条件优，自然环境好，生活环境佳的省份，保证可持续发展。

云南建设“绿色经济强省”要建成的9大支撑体系当中，绿色旅游为9个支撑体系中的一个体系。

云南省发展生态旅游绿色产业的主要优势条件有：

1. 丰富而独特的生物资源。云南素有“植物王国”、“动物王国”、“天然花园”、“香料之乡”的美誉。云南省生物资源综合指数居全国第二位，供观赏植物2100多种，脊椎动物1638种，昆虫1万多种，有79种动植物被列为国家一级、二级保护动物。

2. 交通基础设施较发达，全省公路有9万多公里，国际航线有7条，昆明机场是全国五大口岸机场之一。

3. WTO国际旅游组织的加入，给旅游业带来了挑战和机遇。

4. 有较广的投融资渠道。

地方政府加大了资金扶持力度，还吸引外资和调动使用了社会闲散资金。

云南省建设“绿色经济强省”（包括发展保护生态的绿色旅游）采取的措施是：“牢固树立可持续发展观，建立可持续发展机制；加快环保立法和资源立法。加大执法和执法监督的力度，坚决取缔严重浪费资源、污染环境的“十一小企业”；加快改革，创新机制、盘活土地等资产；大力推行名牌战略，加强对绿色产业（包括保护生态——绿色旅游）和产品的宏观引导，鼓励企业开发绿色名牌产品；扩大融资渠道，吸引各方资金；加大投入力度，恢复和重建生态环境；下大力气开发人力资源；大力发展绿色经济、绿色文化，走以绿色经济为支撑的城镇发展之路，认真做好宣传、动员工作，使全省上下对建设“绿色经济强省”的目的、意义和内容都有充分的认识和号召，并成为自觉行动。”①

旅游业实行可持续发展战略，是云南省建设“绿色经济强省”的重要内容。云南省发展生态旅游的措施，可供其他民族地区参考。

---

① 王文长：《西部特色经济开发》，民族出版社，2000年版，第146页。

第十四章　民族地区旅游公共部门的人力资源开发与管理

当今社会已由工业经济时代走向知识经济的时代，而且旅游业已成为当今许多国家经济增长最为迅速的部门之一。在知识经济的时代，旅游业的发展过程中，旅游人力资源的开发与管理起着核心的作用。人才是获取竞争优势的关键。公共部门人力资源管理是保证公共管理得以良好运行，实现管理目标的前提和基础。当今各国的公共部门在促进社会经济稳定与发展，协调及整合各种利益关系，解决矛盾，维护公正、公平等方面起着极大的作用。旅游公共部门对旅游企业获取利润和提高效率都起核心的作用。面对全球化时代日趋激烈的国际竞争等方面的重大挑战，要发展民族地区旅游业，则迫切需要以民族地方政府为核心主体的公共部门，高度重视和大力提高旅游人力资源的开发与管理。民族地区旅游公共部门的人力资源开发与管理具有特别重要的意义。

随着我国旅游业在经济和社会发展中的作用不断加强，在世界旅游业中的地位不断提高，旅游人力资源的开发与管理日益提到重要的战略地位。在知识经济时代，旅游业作为知识经济发展的行业，在行业内外部的竞争归根结底表现为旅游人才的竞争。国家旅游局于2000年初提出：中国2020年要实现从亚洲旅游大国向世界旅游强国的历史性跨越。实现这一宏伟的目标，高素质的旅游人才是基础和保证。根据国家旅游局编制的《中国旅游业发展“十五”计划和2015年、2020年远景目标纲要》的要求，中国旅游人力资源开发的总体目标是：“要在全面推进素质教育上下工夫，逐步建立健全并实施一套既与国际接轨，又适合中国国情的旅游人力资源开发机制，使旅游人力资源供给在数量、结构和素质上适应中国实现世界旅游强国的目标和参与国际竞争的需要。”①

最近，中共中央办公厅、国务院办公厅印发了《关于进一步加强西部地区人才队伍建设的意见》（以下简称《意见》）。

《意见》主要内容有：“指出要继续推进西部大开发；大力加强西部地区人才队伍建设；大力提高西部地区人才队伍的素质和能力；要发展特色优势产业……”②

我国西部地区是少数民族分布较多或少数民族聚居的地区，西部大开发实质是民族地区的大开发。西部地区地域辽阔、地貌复杂多样，有着丰富的自然旅游资源及人文旅游资源，具备了发展旅游业良好的基础和条件。民族地区的旅游业是方兴未艾的特色支柱产业，为发展速度快、潜力最大的新兴产业之一。

人力资源的开发与管理在旅游业的发展中起核心作用。《意见》指出：“西部大开发，人才是关键，人才建设是强国的重要战略组成，加强西部地区人才队伍建设，是保证西部大开发顺利实施的重要举措。”③《意见》明确指示我们发展民族地区旅游业，则要高度重视和大力提高旅游人才资源的开发与管理。

旅游局是民族地区旅游的行政管理部门，一般来说，旅游局能代表政府行使政府的职能。政府是公共管理主体之一，对旅游业的管理要体现公共性，要适应时代的要求，要改革传统的管理习惯和思维方式而实现现代人力资源的管理方式，从而逐渐步入

---

① 国家旅游局：《中国旅游业发展“十五”计划和2015年、2020年远景目标纲要》（总体篇），中国旅游出版社，2001年版，第107页。

② 中共中央办公厅、国务院办公厅：《关于进一步加强西部地区人才队伍建设的意见》，《人民日报》2007年5月14日新华网文稿。

③ 中共中央办公厅、国务院办公厅：《关于进一步加强西部地区人才队伍建设的意见》，《人民日报》2007年5月14日新华网文稿。

信息社会、知识经济时代。以下对民族地区旅游人力资源开发与管理作些探讨。

第一节　旅游人力资源开发与管理的基本概念

一、人力资源的含义与特点

1. 人力资源的含义

人力资源的概念，是由当代著名的管理学家彼得·德鲁克(Peter F. Drucker) 于 1954 年在其《管理的实践》一书中提出的。他认为，人力资源是一个与自然资源或物质资源相对应的概念，有广义和狭义之分。广义的人力资源是指一切可能成为生产性要素的人口，即有工作能力或将会有工作能力并愿意为社会工作的经济活动人口。狭义的人力资源是指一个国家、一个地区乃至一个组织在一定时期能够作为生产要素投入到社会财富创造过程中的所有具有劳动能力的人的总和。

在宏观意义上，人力资源由数量和质量两个基本方面构成。人力资源的数量是指具有劳动能力、能从事一定体力或智力劳动的人口数量构成。人力资源的质量是反映一个国家、地区或组织人力资源的体力、智力以及知识、能力的一般状况，它集中体现了人力资源的质的规定性。

2. 人力资源的特性

(1) 社会性

人类生存于社会。一个社会的政治、经济、文化背景不仅会影响人力资源，而且还会制约人力资源的形成、配置、使用、开发等。人力资源依赖于社会，同时受制于社会。

（2）能动性

人不仅能适应环境，还能主动地改造环境，使社会不断地进步和发展。

（3）资本性

人力资源是一种经济资源，具有资本的属性，是投资的结果。人力资源的投资能给投资者带来回报，人力资本往往呈现出收益递增的规律，但使用过程中也会出现磨损。

（4）时效性

构成人力资源的主要内涵是知识技能，知识技能随时代的发展而发展。随着知识、科学技术更新的速度不断发展和加快，人力资源时效性尤为突出。

（5）再生性

人的知识可以通过学习不断提高，体能的消耗，通过休息能恢复。人类种族不断繁衍，人力资源可以再产生。

二、人力资源管理与公共部门人力资源管理、旅游业人力资源管理等概念

人力资源管理

1. 国外有学者称人力资源管理为人力管理（Personnel management），或称职员管理（staff management）。人力资源管理是组织活动中的一项基本管理职能，要求组织把员工视为一种维系组织生存和发展的关键性的资源进行管理。

2. 公共部门的人力资源管理

公共部门指政府部门等履行管理社会公共事务职能的组织实体，政府部门是公共管理的主体。

公共部门的人力资源管理，是指公共部门（比如政府）为了履行公共管理职能，实现公共利益，而根据国家相关法律、政

策的规定，对公共部门的人力资源所进行的规划、获取、维持、开发、激励、评估等一系列的管理活动和过程。简单地说，公共部门为实现公共利益对人力资源的管理活动，被称为公共部门人力资源管理。

由于公共部门尤其是政府部门是一个相互联系的有机整体，因此，公共部门的人力资源管理可分为宏观和微观管理两个层面。

公共部门的人力资源的宏观管理，是指政府对整个公共部门的人力资源状况进行预测、规划、制定和实施相关的法律、法规、政策。

公共部门人力资源的微观管理，是指具体的政府工作部门、行政组织以及其他公共组织，依法对其内部人力资源所进行的管理。

在实践中，公共管理部门宏观与微观两个层面的人力资源管理是有机结合在一起的。

国外学者对人力资源管理的内涵也提出了看法，如托灵顿与霍尔（Torrington and Hall 1987）认为，人力资源管理可被定义为雇员管理形式。这种形式强调管理功能是对企业内部的员工进行规划、监督和控制，以实现组织（企业）的战略目标，即向消费者提供优良的客户服务。人力资源管理可以有“硬性”的人力资源管理方法和“软性”的人力资源管理方法。“硬性”人力资源管理是指以经济利益为驱动，加强对薪酬成本的控制，并且采取非常直接的方式，被认为是一种实用主义和管理主义。“软性”的人力资源管理是指关心员工的发展，将员工作为企业的资产或财富，根据各自不同的情况，比如，经营环境、组织规模、劳动力市场供给量和企业文化等众多因素采取务实的人力资源管理方法。

人力资源管理，是采用系统的方法对员工进行的管理。在旅游业这样一项由“人”参与的产业中，企业对员工素质要求相对较高，同时员工与顾客之间需要互动和交流。因此，将适当的人安排在恰当的岗位上就成为人力资源管理中一项关键工作。

3．旅游人力资源管理

笔者认为，旅游人力资源管理可理解为：旅游组织（如旅游行政管理部门、旅游企业、旅游中介机构等）的管理者，为实现其管理目标，而对其内部的员工进行规划、获取、维持、开发、激励、评估等一系列的管理行为所进行的管理。

三、公共部门人力资源开发和旅游业公共部门人力资源开发的概念

1．公共部门人力资源开发的概念

公共部门人力资源的开发，是公共部门为了实现管理目标而采取一定的形式和方法，对部门内部的员工进行的定期或不定期的教育、培养和训练活动。其含义与公共部门的人力资源培训很接近，但与传统的人事管理有重要区别。

“在一般意义上，培训与开发是两个内涵不尽相同的概念。培训往往是针对培训对象为获得当前工作所需的知识、技能和能力进行的，着眼于较短期目标，时间相对较短，阶段性较清晰。而开发则要使开发对象掌握当前工作和未来工作所需的知识、技能和能力，它着眼于中长期目标，时间较长，阶段性较模糊。人力资源开发不仅与人力资源密切相关，同时也与人力资源管理的其他职能，比如，人力资源的配置、激励、绩效评估等有关。所以，培训涵盖的职能范围相对较小，而开发的内涵则相对较宽，在公共部门人力资源管理活动的实践中，由于二者无论是实施的目的、内容，还是使用的方法都具有内在的一致性，往往培训中有开发，开发中有培训。因此，可以将这两个概念放在一起，相提并论。”①

① 滕玉成：《公共部门人力资源管理》，中国人民大学出版社，2003 年版，第 243 页。

2. 旅游业公共部门的人力资源开发概念

为旅游提供公共服务和公共产品的核心组织——政府组织，或行使政府职能的旅游局，是公共部门的主体，其他还有独立于政府之外，面向社会的其他公共组织，比如旅游企业等等。这些旅游组织中的管理者，对本行业中内部员工进行教育和培训，以提高员工的素质，搞好旅游服务，促进旅游经济发展，从而实现战略目标的活动，称之为旅游公共部门的人力资源开发。

第二节　民族地区旅游人力资源开发与管理的任务

公共部门人力资源管理是公共部门一项重要的专项管理。它有自身特定的任务，主要包括以下几个方面：

一、制定公共部门人力资源开发管理的规划

公共部门人力资源开发管理规划是旅游业总体规划的重要组成部分，是旅游业发展有关人力资源方面的纲领和蓝图，是政府部门、旅游企业和旅游相关部门在一定时期内有关人力资源的需求（如人才数量、人才类型、人才专业知识、人才层次、人才质量等的需求）、配置使用、培训，以及经费预算等内容作出中期、长期的计划安排和控制。这是一项极具战略性和前瞻性的工作，它的引入和应用，意味着人力资源管理理念的更新。现代人力资源管理更加关注组织的战略目标和可持续发展，立足于组织的长远发展。公共部门人力资源规划是保证公共部门顺利履行其职能，实现其目标的一个重要前提。正规完整的人力资源规划应包括招聘、选拔、配置、绩效评估、薪酬管理等，而且人力资源的规划

应是整个公共组织总体规划、总体战略的一个有机组成部分。

二、旅游业公共管理人力资源的工作分析与职位分类

工作分析与职位分类是公共部门实施人力资源管理一项基础工作，是保证公务员在行使职权时有章可循，有法可依，各司其职，各尽其责，职责分明，有利于工作顺利开展。

工作分析的内容是指：一、构成一项工作本身所包含的要素，比如，履行该项工作的方式方法，所需要的工具、设备，以及工作环境、工作程序等。二、从事该项工作的人的资格条件，比如，身体条件、心理品质、知识水平、工作经验、技术能力等。简单地说，工作分析就是确认某项工作的性质和任务，对由什么样的人承担该项工作最合适进行分析。

在工作分析基础上，还要进行职位分类。职位分类是指旅游行政部门、旅游企业或其他公共组织对人力资源进行业务定位，将工作岗位按工作种类、业务性质进行分类，分为若干职级，不同职级有不同职权范围。

三、人力资源的招聘、选拔和流动

通过招聘补充旅游公共组织职位空缺。通过选拔，把握住人员的质量关，但是，要坚持公开、平等、竞争和择优的原则，以保证旅游公共部门获得真正德才兼备的优秀人才，防止进入不合格人才。这是人才资源管理的重要环节。人才流动即试行柔性的流动人才引进新模式，从组织外部获取人选，也可以把组织内部的人员，在职务级别不变的情况下，从其原岗位调换到另一个岗位，这也是公共部门人力资源管理的基本职能或任务。

四、旅游业公共管理部门人力资源的开发或培训

旅游公共管理部门人才资源的开发或培训是指公共部门为了

实现管理目标，对公务人员采取一定形式或方式进行教育，旨在提高其思想素质、业务能力和工作绩效的教育、培训、训练活动。

五、旅游业公共部门人力资源绩效考核和激励

公共部门人力资源的绩效考核就是指公共组织依赖一定的原则和标准，对其成员的工作能力、工作表现和工作效果所进行的考察与评价活动。绩效考核是公共部门人力资源管理的一个重要环节。通过考核，对员工的工作绩效作出评价，为薪酬确定、职务调整以及奖惩、培训等提供客观依据。同时，考核也是一种激励因素，强化员工的责任意识和竞争意识，以利于员工改进工作。考核包括德、能、勤、绩等四个方面的内容。

激励是指旅游公共组织通过采取一定的措施，激发员工工作的动机，从而促进其努力工作，充分发挥其潜能的行为。激发人的行为动机，从而调动人的积极性为主旨的激励工作，是人力资源管理的重要手段，也是公共部门人力资源的任务之一。

第三节　民族地区旅游人力资源开发与管理的现状

“人才、干部是世界上所有宝贵的资本中最有决定意义的资本。”国家旅游局提出了中国2020年要实现亚洲旅游大国向世界旅游强国的历史性跨越。实现这一艰巨的宏伟目标，高素质的人才是基础和保证。

党和政府始终把培养和造就一支德才兼备的少数民族干部队伍作为维护祖国统一，实现民族振兴和各民族共同繁荣的重要措施。近年来，少数民族干部队伍得到发展壮大，少数民族专业技术人员（其中也包括旅游业的专业人员）数量也逐年增加，层次不断提高。2006 年，我国少数民族干部和各类专业人才总数达到 290 多万，成为建设中国特色社会主义事业的骨干力量。2001 年，少数民族普通高校在校生 56 万人，比 1991 年增长了 189%。全国 55 个少数民族都有了自己的大学生，有的还有了硕士和博士研究生，其中包括旅游专业人才①。新世纪新阶段，人才工作进入了一个新的发展时期。改革开放以后，民族地区旅游业的发展取得了巨大成就，凝聚着人才的智慧和力量，与民族地区旅游行政管理部门加强人才队伍建设分不开。“九五”、“十五”期间，民族地区人才资源开发与管理取得了明显成就。但是，《人民日报》评论员文章提出：“应该清醒地看到，当前西部地区人才工作和人才队伍建设中出现了大量新情况、新问题，还存在一些困难和问题，仍然制约着民族地区人力资源开发战略的深入实施。”② 而且，原有出台的一些政策措施需要修改和完善，以适应时代发展的需要。现将民族地区人力资源开发与管理所取得的成绩和存在的问题及其改进措施分述于下：

一、取得的成绩

1. 初步形成旅游人力资源管理机构和人力资源队伍

随着 1982 年中国国家旅游局正式成立，各省、市、自治区和不少地、市、县也相继成立了旅游局等旅游行政管理部门人力资源管理机构，建立了旅游行政管理人力资源队伍。以少数民族较多的四川省为例，截至 2002 年底，四川省旅游行政管理机关

① http：//www. mop. gov. cn/Desktop. aspx? PATH = rsbww/sy/xxll&Gid = b628b7b2 - 26b2 - 490d - 9b77 - 9ead10f80c4a&Tid = Cms_ Info。

② 《为继续推进西部大开发提供坚实的人才保证》，《人民日报》2007 年5 月14 日。

总数为 175 个，旅游行政管理人力资源队伍 1236 人。具体人员数量结构表如下：

表 14-3-1　四川省旅游行政部门旅游人力资源状况表

项目	省级旅游行政部门				市(州)级旅游行政部门				县级旅游行政部门		
	局(厅)级	处级	其他	小计	局(处)级	科级	其他	小计	局(科)级	其他	小计
数量(人)	9	17	7	33	60	91	127	278	380	545	925

资料来源：四川省旅游局人教处，《四川省旅游人力资源基本情况抽样调查统计汇总表册》。

总之，近几年来，我国旅游行业初步建立起一支与旅游业发展相适应的、门类齐全、结构较为合理的人力资源队伍，为旅游发展提供了有力的智力支持和人才保证。

2. 旅游人力资源队伍的建设和教育培训取得明显成就

再以少数民族较多的云南省为例，云南省形成了完整的旅游教育培训体系。共分为两部分：一是由各高等院校主要承担学历教育及部分在职教育岗位培训。二是省旅游局和各州市旅游局旅游培训中心，主要承担职业资格教育、年审培训及各地区的旅游行业在职培训教育工作。

从旅游学历教育情况看，按照云南旅游“九五”规划预测各类人才需求量，制定了四个层次的教育培训计划。云南大学旅游学院已于 1997 年初成立，负责硕士生、本科生层次的教育。六所高等院校开设了旅游系和旅游专业，负责大专院校层次教育。接收了地矿部直属的全国重点中专昆明地质学校，改建为省旅游局直属的云南旅游学校。旅游职业高中已遍布昆明、大理、西双版纳等重点旅游地区。总之，云南旅游院校教育整体规模快速扩张，旅游专业的院校数量和旅游专业在校生数量迅猛发展。

云南在职业资格教育方面也取得较好成效。在职培训是省旅游局对旅游企业、事业单位的员工进行培训的重要渠道。全省组织旅行社、饭店、旅游汽车公司总经理、部门经理培训班，各地、县旅游局长培训班、导游专业大专自学考试培训班、旅游大专专业证书班，组织导游资格和导游等级考试、饭店服务人员技术等级考试。在省教育培训处和培训中心办培训班，每年培训旅游行业在职人员，其中旅游专业管理人才1500人，旅游服务人员8000多人。全省已形成高、中、初级和在职培训的旅游教育培训体系。1997年，全省共培训各种旅游管理人员和从业人员共1.6万人。

云南省制定了《云南省旅游业管理条例》，实行先培训后上岗和持证上岗制度，运用法规制度保证了旅游从业人员素质的提高。

3. 建立了人员录用、绩效考评的人事管理制度

四川省以及其他民族地区实现对部分新进人员进行公开考试与选拔录用，对已经在岗的行政人员均实行年度绩效考评与竞争上岗制度，并对工作成绩优秀的人员，实行包括晋升职位在内的各种奖励。这是一种把培养人才和加强人才管理相结合的人才资源开发管理机制，也是一种把培养人才与人事制度改革相结合的管理模式。

二、存在的问题

1. 旅游业发展速度快，人才总量不足，地区发展不平衡

1992—2002年，我国旅游直接从业人员从79.59万人增加到612.63万人。虽然增加了7.7倍，但实际需要800万人，其间缺200万人。而且，人才大部集中在东部沿海地区，中西部地区尤其是少数民族较多的西部地区人才匮乏。2002年，西部12省区市的旅游从业人员的人数，只占全国的21.4%，严重制约民族地区旅游业的发展。以西藏为例，据第五次全国人口普查，西藏

全区大学（含大专）文化程度的人数为3.3万人，占西藏全区总人口的1.3%，低于全国1.42%的平均水平，而高中（含中专）、初中、小学文化程度的人数所占的比例分别是3.4%、6.1%、30.6%。在西藏从业人员中文盲和半文盲的比例高达67.5%，居全国之首，而且与人口综合素质较高的地区相比差距进一步扩大。西藏旅游专业人才90%以上都集中在拉萨地区，拉萨市以外沿旅游线路各市、镇旅游接待质量明显较差。这与当地经济文化发展状况和生活水平有很大关系，但也反映出一部分地区对旅游工作的认识不足，没有把旅游业的发展实实在在地作为地区经济腾飞的桥梁来抓。

2. 旅游业从业人员素质有待提高和加强

据中国旅游协会人力资源开发中心的调查表明，我国民族地区旅游业中高层管理者外语水平普遍较差，熟练操作电脑的人少，懂现代经营管理的人不多，管理人才专业结构单一，从基层成长、干起来的经验型的居多，而学管理、财务、营销、人力资源管理等科班出身的少，高级复合型经营管理人才更少。

以西藏自治区为例，管理人员多是半路出家，业务和理论水平不高；导游，翻译人员知识结构单一，综合素质较差；宾馆服务人员大多数未经过系统的、科学的正规培训，服务技能长期停留在较低档次上。区内高等院校培养出来的旅游人才也存在能力欠缺、基础知识薄弱等问题，不能适应西藏旅游现代化的发展。

3. 国家公务员制度尚不完善，法制化程度有待提高

国家公务员制度是现代公共部门人力资源管理的核心内容，国家公务员是公共管理部门人力资源最重要的组成部分。我国的公务员制度是在总结和吸收中国共产党十一届三中全会以来干部人事制度改革的经验，并借鉴其他国家公务员管理的实践经验的基础上逐步形成的。1993年8月国务院颁布的《国家公务员暂行条例》，标志着中国公务员制度正式诞生，取得了一定成效。

但是仍存在制度不完善，公务员运行机制不健全，以及法治化程度较低等问题。

4. 旅游行政管理人员学历结构偏低

以四川省为例，2002 年四川省旅游行政管理部门人员学历结构中，初中及初中以下的人员 83 人，高中学历人员 156 人，中专学历人员 169 人，大专学历人员 572 人，大学本科及其以上学历人员 256 人。在大专以上学历的人员中，全日制大专院校毕业人数占总数的 26.92%；通过成人教育、自学考试、电大等方式获取文凭的人员占总数的 34.62%；通过各级党校获取大专文凭的人员占总数的 38.46%。由此可见，四川省旅游行政管理人员队伍学历整体偏低，大学本科以上的管理人员太少。详见下表：

表 14-3-2　四川省旅游行政管理部门人员学历结构表

项目分类		初中及其以下学历(人)	高中学历(人)	中专学历(人)	大专学历(人)	大学本科及其以上学历(人)
省级旅游行政部门	局(厅)级				1	8
	处级		2		7	8
	其他				3	4
	小计	0	2		11	20
市(州)级旅游行政部门	局(处)级	1	2	2	25	30
	科级	1	4	3	59	24
	其他	5	14	15	65	28
	小计	7	20	20	149	82
县级旅游行政部门	局(科)级	12	42	38	187	101
	其他	64	92	111	225	53
	小计	76	134	149	412	154
总计		83	156	169	572	256

资料来源：四川省旅游局人教处 2002 年《四川省旅游人力资源基本情况抽样调查统计汇总表册》。

5. 旅游企业中高层次、高素质的专业人才紧缺

旅游企业是独立于政府之外的其他公共组织，企业的人才对企业的生存与发展至关重要。尤其是高层次高素质专业人才，对企业经营效益影响最大。我国高层次、高素质旅游管理人才比重比较低，而国外较高。“目前在美国的饭店经理中本科以上学历的占总数三分之二以上，而我国目前仍有较大差距。据对昆明市36家饭店1万余名从业人员的调查，具有大学本科学历的170人，只占抽样调查总人数的8.3%；在管理层干部中，部门经理有大学本科学历的47人，大专学历的166人，其中旅游本科毕业的仅5人，旅游大专毕业的只有98人。另外，据对69家旅行社1715名从业人员抽样调查，具有大学本科学历的224人，占抽样检查总数的10.78%；专科学历的741人，占抽样调查总数的35.68%；旅行社部门经理以上人员，大学本科生72人，大专毕业177人。调查表明，管理人才特别是高层管理人才紧缺”①。以上抽样调查数据虽是在“九五”期间，经过“十五”规划有所改变提高，但仍然赶不上形势发展的需要。从业人员的学历层次来看，专科以下层次人员仍占很大比重。2004年，“上海市旅游事业管理委员会对行业内的10002名中高级饭店经营管理人员的统计调查获悉，中高级经营管理人员的学历处于较低水平，大专以上学历的从业人员平均不足20%。学历偏低。以‘经验型’和转行或半路出家为主的中高级管理人员已经不能适应现代饭店业的发展。”②

旅游企业发展过程中所需要的人才有三类：核心人才、支持

---

① 符江红：《云南省旅游人才培养现状与对策》，载《玉溪师范学院学报》2000年第16卷，第6期。

② 张建业、朱水根：《论饭店管理人才培养的新型——“双轨制——定向式”组合模式》，载《桂林旅游高等专科学校学报》2005年10月第16卷，第5期。

人才和辅助性人才。核心人才是负责企业战略管理、营销策划，专业性最强、层次最高的人才，而这类人才稀缺，不能满足企业的需要。其他两类人才供给一般。

此外，还有一些新的专业人才，比如，从事电子商务、分时度假旅游网络管理、会展旅游、旅游资本运营等人才也较为短缺。

目前，一些企业的高级管理职位从业人员，虽有丰富经验，但缺乏系统的管理知识，缺乏全局眼光，缺乏对员工进行科学的培训和管理的才能。

6. 多数旅游专业毕业生实际操作能力差

目前，我国旅游教学理念只重视理论而忽视实际操作，大多数本科毕业生虽接受了系统理论教育，但实际操作能力差，综合素质有待提高。而国外的旅游教育相当重视实际操作。以瑞士凯撒里兹酒店管理学院为例，餐饮服务课程（food & beverage）的周课时是4学时，而与此课程相应的实际操作是每周12个学时。除此之外，学生们还要每学期自己组织一次主题晚宴（Theme Night），除了晚宴间的餐间服务外，从餐饮材料及装饰材料的购买，餐厅和菜单的设计和制作，餐桌的装饰和餐具的摆放等等，从头到尾都是学生自己设计和制作。学生要组成团队（team），在队长（team leader）的带领下完成各项任务，餐后由就餐客人打分评估。期中和期末考试实际操作所占的分值很高。

7. 高等学历旅游专业人员毕业生人才流失严重

根据对云南部分本科院校旅游专业毕业生的调查，选择旅游企业单位就业的毕业生占旅游专业毕业生总量的不到10%，这无疑是一种教育资源的浪费。旅游企业人才需求和就业导向之间的矛盾，是亟待解决的问题。

8. 有的院校办学目标不明确，定位不准确

一些院校办学目标不明，定位不准，考虑生存因素多，考虑

发展因素少。对旅游行业应培养人才的类型尚不十分明确，以致教学计划、课程设置针对性差，“因人设课”现象较多，造成培养出的人才在知识结构、能力结构方面难以适应旅游行业相关岗位的任职要求。

此外，不少院校关门办学，与行业管理部门、旅游企业等缺乏联系，使得旅游院校中本科教育“理论化”，专科教育“本科化”，职业教育“普教化”的状况较为突出。教学内容与行业实际脱节现象严重，学生能力与用人单位的要求存在一定差距。

9. 旅游高等院校的素质教育与时代要求有差距

具体表现在：

（1）对学生德育教育重视不够

时代要求旅游人才要具有较高的素质，它包括思想品德素质、知识业务素质、心理素质等三个方面。有些高等院校对学生往往多重视知识业务素质的培养，而较忽视思想品德的教育和培养，致使有些从学校毕业刚走上工作岗位的学生缺乏敬业和吃苦耐劳精神，尤其是缺少产业簇群①意识，组织能力、协调、沟通等能力不强。比如，“白天鹅宾馆的总经理杨小鹏在中山大学的一次报告中对酒店人才的看法提到：“近几年招聘的大学生，水平一年不如一年，原因主要是目前大学生的职业道德、社会公德心不够强，而且缺乏实干精神。”②

有的旅游专业学生，毕业后不愿从事旅游行业的工作，更不愿去边远的、贫困地区从事旅游行业的工作。以云南省某高校2001 年毕业生就业状况为例，“毕业生从事旅游业的只占 20% 左

① “产业簇群”是一个新名词，指多种产业构成系统，这些产业构成一定的相关性，其关联程度可高可低，一个产业的发展会影响系统内其产业的发展。

② 符江红：《云南省旅游人才培养现状与对策》，载《玉溪师范学院学报》2000 年第 16 卷，第 6 期。

右，其中10%左右在旅游局等行政单位工作，10%左右在酒店和旅行社工作，而其余80%的毕业生流向了其他各种各样的行业。”①

（2）对青年教师德育素质教育考虑不够

教育部门除了应加强对学生的德育素质教育外，对教师的德育教育也应考虑。要对从事旅游行业教学工作的青年教师进行德育教育，提高政治素质，使其具备高的道德水平，热爱旅游行业的教学工作，尽职尽责忘我工作，有为旅游教育事业无私奉献的献身精神。从而提高旅游教育部门师资队伍整体素质，以适应形势对人才素质的要求。

10. 旅游业人才培养多元化发展不够

目前，各地办教育的投资主体仍主要以政府为主，各旅游企业投资旅游教育的积极性不高，而且未能在旅游行业中得到普遍认可。

第四节　民族地区旅游人力资源开发与管理的发展趋势

一、管理体制向灵活性、适应性、人性化的管理方式发展

随着当今全球化趋势的加强，国际竞争日趋激烈，人类社会向着多元化和复杂化方向发展。在工业化时代发展起来的传统公务员制度越来越难以适应时代的各种挑战。20世纪80年代开

① 马创、马英：《云南旅游业人才流失现象分析》，载《昆明大学学报》（综合版）2004年第1期。

始，很多国家特别是西方国家纷纷掀起一场政府改革运动，改革目标是构建服务型政府。以公务员制度改革为主要内容，改革措施主要有：改变国家公务员的终身雇佣制度，开始逐步实行有弹性的入职和离职制度、合同雇佣制度和临时聘用制等，这些逐渐成为公共部门、政府机构用人的常见方式；改革传统的等级工资制，实行以绩效工资为主的灵活工资制度；建立以工作表现为基础的激励制度；在人事录用方面解除人事选拔的繁琐规则，减少层级控制，消除繁文缛节，赋予部门管理者有录用、提升、奖励、辞退公务员的自主权，以改变公务员终生雇佣制度。这些制度改革取得了一定成效，有的已经应用于我国公共人力资源管理，包括旅游业公共人力资源管理之中。例如，在民族地区旅游业行政管理部门选拔领导干部时，引入了竞争机制，实行公开聘用、中层干部竞争上岗，以及领导干部任期制、试用期制、责任追究制和自愿辞职、引咎辞职、责令辞职等一系列制度的改革，建立健全了干部能上能下、能进能退和有利于人才合理流动的科学机制，进一步优化了少数民族地区旅游业行政管理机构和旅游企业干部队伍。在“管住、管好、用活”方面下工夫，提高工作效率，树立“勤奋、廉洁、高效、务实、创新”的工作作风。西方的公务员制度的改革，有许多经验值得我们学习，不少地方是我们改革的方向。但必须根据我国国情实际灵活运用，进一步发展完善。

二、利用现代信息技术，实现人力资源管理网络化

人类社会已经逐步进入信息化社会，互联网快速发展和普及。利用现代化技术，应用网络技术优势对民族地区旅游业的人力资源进行管理，是民族地区旅游业人力资源管理发展的趋势和方向。

应用网络技术进行人力资源管理，不但能提高工作效率，还

能节约管理成本。例如，网上电子招聘能够简化招聘程序，更快捷地完成任务。远程网络教育，使人力资源培训的形式更加丰富。网络培训将是旅游培训中的新亮点。借助多媒体强化培训中的直观教学，也是未来旅游培训中提高质量的重要一环。采取网络教学、电化教学、多媒体等教学方式，将现代信息技术和网络技术等技术手段应用到旅游人才的培养当中，是民族地区旅游业人力资源管理的方向。

网络技术在旅游人力资源管理方面的应用，不仅可以使旅游公共组织在薪酬的计划、统计、更改、发放等方面更加灵活，更加透明。也可以使沟通更为便捷、直接、广泛和有效。总之，旅游人力资源管理的所有环节，从人员应聘、录用、考核、奖惩，直到退休的整个过程，其中涉及人员基本信息、档案管理、职务任免、薪酬管理、调动等业务，都可以在不同程度上通过网络技术的运用而简化程序，提高效率。为此，民族地方政府、旅游局等行政公共管理组织以及独立于政府之外的其他公共组织——旅游企业，引入和建立人力资源信息综合管理网络系统，是现代人才资源开发与管理方向。

三、“以人为本”的管理理念

“以人为本”是创新的理念，是公共部门人力资源管理的方向之一。

“以人为本”的基本含义是把人的因素当作管理的首要因素和本质因素。其出发点是人，强调把“人”作为管理活动的核心和组织最重要的资源。重视人的作用，尊重员工的需要，注重员工的个人发展，把组织目标与员工的个人目标结合起来，通过充分发挥员工的主动性、积极性和创造性，推进组织目标的实现。

“以人为本”，首先体现在对员工的尊重和信任方面。尊重员工的劳动，尊重员工的一切合法权益，包括知情权、参与权、批评权、平等竞争权、取酬权和利益共享权等等。

其次，“以人为本”还需要管理者突出服务意识，强化服务功能，实现由以控制为主的管理职能向以服务为主的管理职能的转变。不是把员工当成可以“管束”、“限制”的对象。而是把员工看成是能充分发挥其创造力和潜能的一种关键性的资源和能高效增值的资本。这样才能在实现旅游公共组织（比如旅游局或企业）目标的同时也关注员工自我价值的实现。把企业员工的发展和旅游公共组织（旅游行业行政管理部门或旅游企业）的命运联在一起，互相信赖，共同进步，共同发展，实现人才培养的双赢。

再者，“以人为本”，还表现在对人才的引进和管理上采取纵向机制。一方面大力引进中高级人才，拾遗补缺；另一方面对现有的人才要有计划性的培训。对待人才一视同仁，依托旅游人才市场及设在各地的劳动力和人才市场采用公开、平等、竞争、择优市场机制，探索并逐步建立起“户籍不迁、关系不转、来去自由、智力投入”柔性流动的人才引进新模式，并建立旅游人才资源网及人才数据库。网上发布资源状况，让用人单位和公务员双方可以选择。把“以人为本”的管理理念贯串于公共部门人力资源管理的始终，这亦是公共部门人力资源管理发展的趋势。

四、造就旅游业公共部门有高素质的公务人员、推进教育部门素质教育

实施西部大开发，就要发展民族地区经济，把旅游业作为支柱产业，全面建设小康社会，让民族地区赶上全国经济发展的步伐。为此，要在民族地区旅游业公共管理部门造就一支政治素质高，又掌握旅游专业系统理论知识和实际技能的德才兼备的高素

质的民族旅游管理人才队伍。

旅游公共管理人才队伍的公务员，必须与时俱进，学习和领会“三个代表”的重要思想，加强修养，在履行公共管理职能和从事公务活动、为社会公众服务中遵守职业道德规范，廉洁奉公。不滥用职权，杜绝贪污腐败等不道德行为。为此，必须在旅游公共管理公务员队伍中进行美德教育，提高道德水平，并建立管理机构，监视和防止旅游公共管理机构的公务人员滥用权力，影响政府形象的行为。公共部门要人道化，除具有专业才能外，公共部门公务员还要具有较高的政治素质和道德水准。

在民族地区要注意培养少数民族的旅游公共管理的人才。旅游公共管理公务员中的少数民族干部，同其本民族群众有着血肉联系，熟悉和了解本民族地区的历史、现状、风俗习惯和宗教信仰，通晓本民族的语言文字，了解本民族心理。为此，在旅游公共管理机构公务员队伍中积极培养一些素质高的少数民族公务员，更有利于民族地区的旅游业的发展，也充分体现各民族的平等。

此外，在教育部门要全面推进素质教育，提高旅游人才培养的质量。加强对学生的创新精神和实践能力的培养是素质教育的重点。除学历文凭教育中要推行素质教育之外，在旅游行业中，每一个企业、每一个部门中的公务员队伍的教育，也都要强调素质教育，以提高旅游企业管理者队伍和导游员队伍的整体素质。

最后，要实现职业人员培训的集团社会化。将民族地区的职业人员培训，交给社会专业组织，使民族地区职业人员的培训，逐步向市场化和社会化方向发展。还可以通过中介服务机构培训人才，将旅行社、导游服务公司和艺术团体、基层文化馆等作为培训基地。

第五节　民族地区旅游业人力资源开发与管理的措施

目前，民族地区旅游人力资源状况与当前形势发展不相适应。在信息高速发展的时代，旅游业要适应竞争新形势，培养出足够数量的能掌握各种知识的复合型人才，包括掌握信息网络技术，并具备一定开拓创新能力的专业的高素质人才。民族地区旅游业人力资源开发与管理方面的措施如下：

一、科学制定民族地区旅游业人才建设整体规划

旅游业人才建设规划是旅游总体规划的一部分。民族地区要按旅游业发展总体规划的要求编制旅游业公共管理人才建设的规划。规划要符合当地旅游业发展的要求，坚持人才的市场需求导向，做到实事求是、因地制宜、突出特色、合理利用各类人才资源，真正成为民族地区旅游业开发和管理的指南。正规而完整的旅游业公共组织人才建设整体规划通常包括以下内容："制定规划的指导思想和基本原则；当地旅游业发展和社会经济概况描述；当地旅游业人力资源现状评价和差距分析；当地旅游业未来发展对各类人才的需求预测；旅游业人力资源开发的总体目标和主要思路；旅游业人力资源培养和开发的具体步骤；旅游业人力资源培养和开发的政策和措施保障；对规划的有关说明和相关基础资料。"①

在改革开放以后，民族地区旅游业的发展虽已初具规模，但

① 张俐俐：《旅游行政管理学》，高等教育出版社，2002 年版，第 248 页。

由于民族地区教育水平低，人才有多向东南沿海流动的情况，致使目前民族地区旅游人才数量满足不了旅游业发展的需要。从民族地区公共组织内旅游人才层次结构来看，缺乏高层次的人才，从旅游发展趋势看，核心人才需求量逐步加大，而供给却存在相当大的缺口。为此，民族地区制定旅游业人才建设整体规划应针对以上矛盾采取如下措施：

（一）建立民族地区吸引人才的政策支持

民族地区政府要制定具体的吸引人才优惠政策，给予特殊的优惠条件，改善和提高旅游高级人才的工资和生活待遇，力争逐步减少旅游业人才的外流数量。对旅游专业毕业生，应加强就业指导和教育，使他们更新观念，热爱旅游事业，避免产生旅游企业人才需求和就业导向的矛盾。

（二）大力培养和吸引少数民族的旅游人才

少数民族的旅游人才有着良好的民族背景，对本民族的文化和习俗比较了解，对本民族地区的人民有着深厚的感情，对本地区的旅游经济的发展、生态环境以及传统文化的保护有着较强的责任心，要大力培养少数民族的旅游人才，采取一些优惠措施吸引少数民族旅游人才参加民族地区的旅游开发。

（三）营造民族地区良好育人机制

要坚持旅游人力资源开发四结合原则：行业、企业、学校与社会培训相结合；院校培训与在职培训相结合；国内外引进与本地培训相结合；培训与就业人事管理制度相结合。

（四）建立考核、激励机制

对员工的考核也称绩效考核或绩效评估，又称人事评估。是“一种衡量、评价影响员工工作表现的正式系统，以此来揭示员工工作的有效性及其未来工作的潜能，从而使员工本身、组织乃至社会都受益。”①它对企业管理人员或相关人员对员工的工作做系统的评价。绩效考核是一种人力资源管理行之有效的措施，具有以下优点：

首先，它能调动员工的积极性，提高企业生产率和竞争力。员工积极性的提高表现在出勤率高、工作态度好、完成工作任务达到指标等方面。

其次，员工考核或绩效评估的结果，可作为人事决策的指标。考核的状况可以作为员工的升降职、职务任免、工作调任、加减薪等人事决策的评判标准。而且，通过绩效评估，还可以使员工明确自己工作中的成绩和不足，发掘员工的潜能，明确工作目标和工作要求，增强责任心，加强员工的自我管理，进一步提高工作绩效。绩效考核还可以帮助实现员工与上级管理人员的更好沟通，使上下级之间目标一致，配合默契。

激励：激励也是旅游人才建设整体规划中的重要内容。激励的目的在于引导员工使自己全部的力量用于为实现企业的目标而努力。激励机制直接影响企业的管理效率和结果。激励机制包括有：1. 薪酬，薪酬体现了员工的价值。它是人们充分发挥工作能力的物质动力。较高的薪酬能满足员工实现自我价值的需要；2. 多样化的福利。比如，带薪假期、住房补贴、进修资助、医疗及退休保障计划、团体人寿保险、俱乐部会员资格、高级医疗保险等；3. 利润分享，是让技术、智慧、知识、管理等要素参与分配，完善、规范分享成功的激励方案，让员工感到自己是与企业共同发展的，以调动员工积极性。

（五）建立防止人才流动的应对机制

人力资源是旅游企业最主要的资本。尤其在少数民族地区，人才紧缺，更要珍惜人才、留住人才。通过内部的文化与组织环

① 陈凌芹：《绩效管理》，中国纺织出版社，2004 年版，第 7 页。

境，企业外部的监督、约束与仲裁机制留住所需人才极大限度的满足员工的需要。为人才创造良好的发展环境而留住人才，以促进民族地区旅游业的可持续发展。

二、加强旅游教育管理

加强旅游教育管理，则要实施学历教育和成人培训工程，培养新型旅游人才，其措施是：

创新教育培养体制

1．建立和完善旅游教育培训管理机构

民族地区各级旅游管理机关要尽快建立健全旅游教育培训机构。地、市级旅游局应建立教育培训处（科），县级旅游局要安排专人负责培训工作，制定培训计划、制度和目标，指导下属单位的人员培训工作。

大型旅游集团内部应设立培训部门。建立以旅游管理部门和行业协会为主负责全行业的教育培训工作，各企业负责本单位的在岗培训，形成一个完整的旅游职业培训体系。

2．办好旅游院校，组建旅游学院

“十一五”期间，民族地区高等院校应加强建设现有的旅游系（专业），根据旅游市场的发展增加新的专业，扩大招生规模，使各民族地区各高校成为高级旅游人才的培养基地。

民族地区各旅游院校要加强合作、实行强强联合；促成中外合资（合作）办学，鼓励民间办学。

旅游院校要加强师资队伍建设，重视教材、实验室和计算机教学设施建设，努力提高教学质量。

3．建立多层次的教育培训体系，梯度开发人力资源

多层次的教育体系应针对不同的培训对象，实施不同的培训内容和培训方式。主要的分工是：教育部门负责正规化旅游专业教育，旅游部门负责职工岗位培训，使学历教育与非学历教育相

结合。

培训内容包括：对高级人才的知识更新与提高，对中级技术人员的管理水平及业务能力的培训和对普通员工的操作技能的培训。对员工的培训以提高服务技能为主，实行“就业前培训、换岗前培训、上岗后再培训”的阶梯培训方式，针对旅游市场的需求进行岗位练兵，实施行业工人技术培训等级考核制度。

4. 建立职后教育动态培训体系

职后动态教育培训体系是以企业内部每一个工作岗位为基础，对必要的岗位进行修正和调整，界定工作职责，员工可根据职责标准报考其中某一个岗位，由企业的考评委员会进行评估，认定职工是否胜任该岗位，对不能胜任者，要参加企业的培训班，经培训合格方能上岗。职后教育动态培训体系改被动教育为主动学习，调动了企业与职工两个积极性。

5. 重视抓好成人教育、继续教育和终身教育

旅游企事业单位应鼓励本单位的干部和职工参加各类成人教育，开展继续教育，提倡“终身教育”，鼓励自学成材。对自学成材的员工，要大胆提拔，量才使用，在企业形成好学上进之风。

6. 引进和招聘高层次的人才，建立旅游专家库

采取有力措施，用公开招聘的方法，向民族地区引进旅游行业所需要的各类人才。如饭店经营管理专家、旅游公关、策划人员、导游人员、旅游景区规划、开发及各类工程技术人员，高级销售人员等。旅游院校也要招聘和引进海内外高级教育研究人才。

聘请旅游及相关学科的专家，建立民族地区旅游专家库，定期或不定期地就民族地区旅游业中的重大问题进行研讨、咨询，提供智力服务。

7. 国内外进修和培训

根据旅游业的发展，采取送出去、请进来的方法，选送一部分人到国内外的旅游院校进修学习、深造，培养跨世纪的旅游业骨干力量。同时聘请有关专家到民族地区讲学或办培训班。

8. 建立旅游专业人才信息库和导游公司

建立民族地区旅游专业人才信息库，把旅游业所需要的专业人员分类上网，实现人才资源产业化、社会化，为旅游企事业单位选用人才提供便捷条件。

成立旅游导游公司，统一培训、管理、储备导游员。

9. 加强全民旅游教育

通过报刊、广播、电视和信息网络及知识竞赛等方式，开展群众性的旅游宣传活动，提高民族地区的全民旅游意识，培养文明待客、文明旅游观念。为重点民族旅游自治区县乡镇的中小学编写旅游常识读本。

10. 加强对旅游后发展地区的人才培训

加强对民族地区旅游教育培训工作的指导和帮助，专门为“老、少、边、穷、山”民族地区举办旅游管理和服务人员的培训班，组织旅游后发展地区的旅游干部到沿海发达地区和山区旅游先进地区培训，鼓励民族地区相对发达和相对落后地区的旅游行业管理干部到对方互相挂职，旅游企业（饭店、旅行社和景区景点）的管理人员也可结合业务合作，开展对口支援。

（二）重视素质教育，提高旅游人才的质量

进行素质教育包括两方面的人员，一是高层管理人员；二是旅游服务人员。

1. 对高层管理人员的素质培养

对高层管理人员的培养不能仅限于对业务技能的培养，还要注重思想道德、心理素质、领导素质的培养，使其始终具备敬业、爱业，能将旅游业公共组织的利益放在第一位的精神，并使他们在工作中不断学习与提高，形成主动学习的习惯。可以有计划地选派优秀人才到国内或国外进修、学习、考察，可以让优秀人才在外企锻炼，在实践中学习管理方法，创造条件和机遇让旅游高层管理人员有自我提高参与国际旅游竞争的经验，造就有现代经营观念的高素质人才。

2. 对旅游服务人员的培养

对旅游服务人员的素质培养，主要包括政治思想素质、业务素质和心理素质的培养。大部分旅游企业举办的各类培训，往往多注意业务素质的培养，比如，各种服务技能、外语水平和礼仪培训等方面，却忽视对政治思想教育和心理素质的培养，忽视了职业道德素质和职业养成意识的教育。在招聘旅游服务人员时，必须注意挑选政治思想素质和心理素质俱佳的人员。因为政治思想和心理素质比业务素质培养的难度要大得多。在旅游服务企业中，员工面临的是各种各样的服务对象，他们的文化背景、性格、风俗习惯、政治观点、从事的职业各不相同。因此，坚定的政治信念，良好的心理素质及较强的承受能力，对旅游服务企业的员工来说非常重要。

（三）积极改进目前旅游院校教育存在的问题

中国旅游教育是改革开放以后，随着旅游业的发展而快速发展起来的，现已形成多渠道、多方位、多层次的旅游教育格局。其中高等旅游教育是培养旅游高级管理人才的重要途径，在旅游人才资源开发中发挥着重要作用。然而，在旅游教育中，高等旅游教育的问题最为突出，许多旅游院校培养人才目标定位不明确，课程设置不够合理，加之旅游学科是一门新兴的学科，许多旅游专业的教师都非科班出身，旅游企业营运知识相当匮乏，只能对学生照本宣科。同时，高校旅游专业与实践脱节的培养方式，学生动手能力差，导致培养出来的学生大多是什么都会一点，但什么都“不精”，无论是知识结构，还是能力结构都难以适应相关岗位的需求。而且教育方式上重专业知识培养，轻思想道德素质教育，而且教学的“硬件”、“软件”都与现代高等旅游教育要求相距甚远，比如，教学设备欠缺且落后、师资力量不足。要改进旅游院校的教育，以适应现代旅游业的发展，应采取以下措施：

1. 正确定位，明确培养目标，突出办学特色，建立教学评估体系

专科层次的旅游教育应培养中高级应用型人才；本科层次的培养过程应强调“宽口径，厚基础，重应用，高素质”的综合型管理人才；研究生层次主要面向科研、教学部门和企业决策层，强调培养学术研究型和专门管理人才。旅游经济活动涉及各科专业技术人才，各院校应根据各自的条件和优势，突出办学特色和专业技术特长。旅游业的综合性很强，需要多方面人才。既需要善于经营、擅长开发的业务经理人才，也需要能动手，善操作的专业技术人才；既需要高层管理人才，也需要在第一线能做出业绩的服务人才；既需要理性思考，宏观策划的研究型人才，也需要精于运作、埋头实干的务实型人才；既需要一专多能的复合型人才，也需要在一个领域具有精湛技艺取得突破的专门人才；因此，各院校应该在专业设置上要瞄准市场，突出重点，发挥优势，办出特色，形成品牌，避免低水平重复。特别要把旅游企业和旅游市场反映的紧缺人才，如市场营销人才、国际导游人才、景区规划管理人才、旅游财会人才、电子商务人才等，通过重点学科专业加以培养。

2. 加强素质教育，注意培养学生综合能力

素质教育的内容包括：健康的体质，较高的道德思想水平，较好的心理素质，扎实的业务知识基础，熟练多样的实际服务技能等各个方面。加强素质教育的具体措施如下：

(1) 坚持德育首位，加强职业道德教育

德育教育，就是在民族地区的旅游院校对学生进行思想品德

教育，引导学生树立正确的人生观。要突出爱国主义教育，树立爱国主义精神、民族精神和民族自尊心。新时期的人才质量标准已由过去单纯倡导的那种踏实肯干、服从命令类型转向复合型、适应型、开拓型人才。因此，在德育教育上要培养学生强烈的事业心和创新意识、竞争意识、公关意识、法制意识以及科学意识，培养有应变能力复合型人才。同时要加强学生心理健康教育。

（2）掌握专业知识，提高工作适应能力

民族地区各院校要开设民族旅游发展急需而又紧缺的新学科、新专业和新课程。注意引进和推荐国内外优秀教材和教学参考书。重视音像教材和多媒体教材的建设，提高专业教材的质量。要科学合理安排课程，而且，在有条件的院校毕业生中推行双证制或多证制，提高学生就业竞争能力和工作适应能力。

（3）强化实践环节的教学，培养学生实践能力

素质教育必须强化实践环节教学，处理好知识与能力、能力与态度、教学与实践的关系。对学生进行动手技能教育，培养实践的能力。其途径和手段是让学生深入社会参加生产劳动和社会实践，以提高能力，增长才干。

此外，民族地区旅游院校也可建立校内实习基地和实验室，加强对实践经验的培训和锻炼。

3. 造就新世纪的旅游专业师资队伍

造就新世纪的旅游专业师资队伍，是造就新世纪旅游专业人才的基础。一流的教师队伍才能培养出一流的学生。为此，要求教师要有良好的道德素质结构、扎实而广博的专业知识结构，以及良好的劳动观念和服务意识。旅游专业涉及政治学、经济学、地理学、心理学、人类学、人文学、管理学等等众多的学科领域，要求教师除掌握本专业知识外，还能掌握些其他非本专业学科的跨学科的知识和联系实际的本领，包括较多的见识。在师资

培养方面要和国际接轨，旅游专业的教师要有一定的旅游管理实践经验，至少每年花一定时间到旅游第一线去学习或者体验生活，从而提高教师专业素质。

4. 企业与教育机构相结合

企业与教育机构相结合，即实施校企联合，使旅游管理院校作为企业培训员工的摇篮。首先，企业管理人员及技术人员和员工可以定期到学校去进修，将实践带到课堂上去验证并上升到理论高度，再反过来指导实践。

其次，旅游企业可以作为学校实习基地，学生定期到企业去实习，熟悉企业的具体运作过程，深刻感受实际工作气氛，将学到的知识应用到实践中，并在实践中发现问题。

再次，旅游企业人员可以参与到学校的教学工作中，可以解决院校师资不足的问题。校企联合，互惠互利，是新型的教育与产业一体化机制，是旅游企业发展的动力。

5. 民族地区运用民族文化产业优势

开发人力资源，发展旅游产业，实现旅游经济腾飞。

6. 加强立法、重视依法旅游管理

依法管理旅游业就是要求，旅游行政管理部门、旅游院校、旅游企业等旅游行业各部门要按规则办事，依照法定权限、法定方式、法定程序来实施行政管理行为。行为要受到规则严格约束，要在法律允许的范围内行事。改变以往依靠行政手段、行政命令、行政指示的方式，而必须按法律要求去管理旅游业。这既是加入 WTO 的现实需要，又是西部大开发的实践要求，是民族地区地方政府按宪法原则“依法治国”思想实现的方式。

通过以上措施的实施，搞好民族地区旅游人才队伍的建设，加速旅游业的发展，实现民族经济的腾飞。

第三编　民族地区非政府组织公共管理及发展旅游的特殊政策

公共管理作为公共行政的新发展，政府并非是唯一的行为主体，非政府的公共部门也是公共管理的重要主体。笔者在第二篇里探讨了民族地方政府的公共管理，本篇主要探讨非政府组织的公共管理。民族地区旅游业实现公共管理的环境条件与汉族地区有差别，为此，作者在本编最后论述了党和政府制定民族地区发展旅游业的特殊政策。

第十五章　少数民族地区非政府组织的公共管理

本章在探讨少数民族地区非政府组织的公共管理之前，对非政府组织的一些基本概念先作阐述。之后再探研少数民族地区旅游业非政府组织（民间组织）的公共管理。

第一节　非政府组织的基本概念及其发展特点

一、非政府组织的基本概念

非政府组织，英文全称是 Non Governmental Organization（简称 NGO）或 Non Profitable Organization（简称 NPO），也叫 Third Sector（第三部门）。不同国家对“第三部门”选用不同名称，“讨论中国非政府组织与公共管理问题，难度较大，因为哪些组织可以算作中国的非政府组织，并没有权威的说法。”①

目前，“第三部门”所指的社会组织相当庞杂，很难对其下定义。作者将在本章介绍国际上有关第三部门的几种定义以及国内学者对作为第三部门称谓之一的非政府组织概念及非政府组织公共管理问题的一些见解。在国际上第三部门有许多称谓，比如“非营利组织”、“非政府组织”、“第三型组织”、“慈善组织”、

① 刘熙瑞：《中国公共管理》，中共中央党校出版社，2004 年版，第 21 页。

“志愿者组织”、“免税组织”、“自治组织”、“有社会兴趣的民间组织”、“社会基层组织”、“民间自愿组织”、“跨国社会运动组织”、“社会团体”、“公民社会部门”、“非国家部门”等等。① 这些国际上流行的对“非政府组织”的种种称谓，实际上就是我们国家日常所称的民间社会组织。西欧和北美按习惯选称“非营利组织”；东欧和苏联习惯选称慈善和非营利组织；第三世界则指的是民间组织。有的国家是按需要强调相对属性而选名称，比如，强调不是为了营利，与企业有区别而选称“非营利组织”，在强调组织的资金来源是私人慈善性捐款时，则使用“慈善组织”，而强调与政府相对独立时，则选称非政府组织。为此，非政府组织是“第三部门”的称谓之一。从组织角度看，应该把第三部门称非政府组织，或是说“非政府组织”是属于“第三部门”（Third Sector）组织。本文采用将第三部门称为“非政府组织”这一称谓，实际上就是我们日常所说的民间社会组织。“民间组织是从非政府组织（Non－Governmental Organization，NGO）的翻译过程中形成的意译词，它主要是指独立于国家之外的，由众多旨在保护与促进自身利益或价值的社会成员结合而成，从事非营利活动的社会组织。”②“民间组织的显著特征主要有非官方性、非营利性、相对独立性、自愿性等。”③ 目前，我国的民间组织主要包括“社会团体”与“民办非企业单位”两大类。20 世纪 90 年代初，随着体制改革的逐步深入，过去完全由国家兴办的事业单位开始部分地转向由私人或社会资金兴办，在政府与市场组织之外，开始出现一种有别于“社会团体”的

---

① 陈振明：《公共管理原理》，中国人民大学出版社，2003 年版，第 334 页。

② 黄浩明：《加强民间组织能力建设的有效途径》，人大复印资料，社会学 2004 年第 1 期。

③ 俞可平：《中国公民社会的兴起与治理的变迁》，社会科学文献出版社，2002 年版，第 190 页。

民办事业单位与“社会团体”相并列。

“非政府组织”的最大特征在于它们是以‘非营利为目的的组织’（Non－profit Sector）。”① 非政府组织虽然也许有经营性活动，但最终目的是为公益事业服务，以非营利为根本特征，属于“公益组织”。此外，按照国际学术界的观点，“非政府组织”不拘于地域和行政区划，不拘于参加者的职业身份，而仅仅出于志同道合的志趣而组织在一起，因而是“志愿者组织”。②

非政府组织是第三部门的称谓之一。“第三部门”这个概念最早是由美国学者莱维特（Levitt）使用的。莱维特认为一批处于政府与私营部门之间的社会组织。它们所从事的是政府和私营部门“不愿做、做不好或不常做”的事情，这类组织统称为“第三部门”（The Third Sector）。“有一些组织以实现私人利益最大化为目标，而有一些组织以服务于公共利益并不以营利为目的。人们通常称前者为私人组织，后者为公共组织……还有一些组织其公共程度居于两者中间，比如，收费的服务机构、私人的非营利性组织等等。这些组织既区别私人组织，又不同于纯粹的公共组织，人们将之称为第三部门组织”。③

有时候人们也用“社会中介组织”来称呼非政府组织。由于非政府组织的非营利性，要注意非政府组织与一般中介组织的区别，因为有些中介组织，如市场中介组织严格来说仍属于营利性组织的范畴，因而，“非政府组织是致力于公益事宜的社会中介组织。它介于政府组织与经济组织之外的非政治组织形态。”

（一）国际上对非政府组织概念的论述

① Lester M. salamon & Helmut k. Anheier, The Emerging Non－Profit. Sectorian Oierview. Manchester：Manchester Vniv. Press. 1995：14－15.

② （Volunlcary Organizations）（注）Wolfenden Committee, the Future of Voluntary Organizations, London; Croom Helm, 1978.

③ 陈振明：《公共管理学》，中国人民大学出版社，2003 年版，第 41－42 页。

"目前，'第三部门'所指的社会组织相当庞杂，因此，对其下定义就显得很困难。国际上有关第三部门的定义主要围绕以下几个方面"。①

第一，法律的定义。

法律上对"第三部门"作相应的界定，比如，美国税法501（C）规定，免税组织必须符合三个条件：一是该机构的运作目标完全是为了从事慈善性、教育性、宗教性和科学性的事业，或者是为了达到该税法明文规定的其他目的；二是该机构的净收入不能用于使私人受惠；三是该机构所从事的主要活动不是为了影响立法，也不干预公开选举。

第二，依组织资金的来源加以定义。

联合国的国家收入统计系统认为，第三部门与其他社会组织的区别在于，它的收入主要不是来自市场价格出售的商品和服务，而来自其成员的会费和支持者的捐款。

第三，强调组织的目的和功能。

依沃尔夫（Wolf）提出第三部门具有如下5个特征：一是服务大众的宗旨；二是有不以营利为目的的组织结构；三是有一个不至于令任何个人利己营私的管理制度；四是本身具有合法免税地位；五是具有可提供捐赠人减免税的合法地位。凡符合这5个特征的组织一般认为是第三部门。

第四，"结构——动作定义"。

由美国约翰——霍普金斯大学非营利组织比较研究中心推荐。该定义着眼点在于组织的基本结构和运作方式，提出具有以下5个特征的组织可被视为第三部门的一部分，即组织性、民间性、非营利性、自治性和志愿性。

综上所述，国际学术界认为，"第三部门就是指介于政府与

① 陈振明：《公共管理学》，中国人民大学出版社，2003年版，第386页。

营利性部门之间，依靠会员缴纳会费、民间捐款或政府财政拨款等非营利性收入从事前两者（私人组织和公共组织）无力、无法或无意作为的社会公益事业，从而实现服务社会公众、促进社会稳定与发展为宗旨的社会公共部门。其组织特征是组织性、民间性、非营利性、自治性和志愿性。”① 以下论述我国非政府组织的特征及国内学者对我国非政府组织概念及范围的见解。

（二）我国非政府组织特征及其概念的论述

1. 我国非政府组织的特征

我国社会经济正处在转型时期，在转型过程中我国的非政府组织既具有作为国际上第三部门称谓之一的非政府组织所具有的国际规约的一般特征，同时又受我国历史文化以及现阶段经济社会条件的制约而带有一定的中国特色。

我国的非政府组织具有半官方性特征，这是指非政府组织受政府组织的影响，造成独立性、自主性、自愿性不强。其半官方性表现：

首先，我国非政府组织的出现是政府（包括民族地方政府）权力的下放和职能的延伸。政府把一些新兴的市场不愿做、不会做的“非政府”的事情让非政府组织来处理。是通过津贴等方式，扶持非政府组织成立。我国的非政府组织，是自上而下形成的，是在政府已经发挥过和仍在继续发挥作用的社会空间中成长，带有浓厚的“官方”色彩。

其次，我国政府在经济社会中具有一定的强势地位，在资源分配以及相关政策（如免税政策）的制定上，政府机构具有资源分配的主导权，使得非政府组织对政府具有很强的依赖性。

此外，我国非政府组织具有非完全组织性的特征。我国法律规定任何正式注册的非营利（非政府）组织都要有业务主管单

---

① 陈振明：《公共管理学》，中国人民大学出版社，2003 年版，第 41 - 42 页。

位，这就不具有“民间性”和“自治性”；而那些真正具有“民间性”和“自治性”的非政府组织，很可能又不满足“组织性的要求，它们或是未经注册，或是没有法人资格，或是不得不以企业法人的身份存在；而一些营利性的培训机构等却登记为民办非企业单位，在名义上却成为非营利组织或非政府组织。这样，一方面极大地制约了非政府组织的发展，也加大了对非政府组织的监管难度。

2. 我国学者对非政府组织的概念及其范围的界定

我国学者对非政府组织的含义及其分类有多种见解，他们从不同角度对“非政府组织”进行了阐释，有的与国际上的规约基本一致，有的则有些差异。比如，国际规约第三部门基本准则之一，是不追求利润为目的，而我国部分学者把国有企业和事业单位也列入了非政府组织。企业是盈利的，事业单位不是民间组织，按国际规约不应包括在内，然而，这些学者认为这是根据中国实际情况提出的。他们认为，计划经济时代整个国民经济都属于“非营利性”，“在计划经济，高度集权，社会国家化的时代，中国奉行的是一种高度一元化的组织和领导体制，公与私、国家与社会、政府与民间几乎是完全合为一体，或者说，公吞没了私，国家吞没了社会，政府吞没了民间。”① 转轨时期，经济体制在很大程度上还受计划经济影响，这样就把国有企业，划归到非政府部门。持有这种见解的学者认为，“概念问题，要既考虑到与其他国家的相通性，更要考虑到在自己国家的特定含义，以及语言发展中的前后衔接性和稳定性。这里我们应有一个原则，即古今比较，应以现在为主；中外比较，应以中国为主，以此来确定某些有歧义，概念的现代含义。尤其是后者更需注意，因为

① 俞可平：《治理与善治》，社会科学文献出版社，2000 年版，第 333 - 334 页。

尽管我们有与国际接轨的问题，但同时又有保持汉语纯洁性的问题，不可不慎重考虑。”①

作者认为，此种与国际规约有差异的非政府组织概念与分类观念提出是有一定理论依据的不应将它排斥在外。目前，我国学术界对非政府组织概念及其分类法（范围）主要分为以下两大类：

第一类，从法律规定来阐明非政府组织的概念及其分类

非政府组织或称非营利组织的概念“是指不以营利为目的，为社会提供公共服务的处于政府体系和企业部门之外的社会组织。凡符合我国下述现行的法律法规体系进行合法登记的组织都称之为非政府组织。具体的现行法规条例有：《社会团体登记管理条例》、《民办非企业单位登记管理条例》、《基金会管理条例》，还有未登记或转登记社会团体以及事业单位都可划入广义的非政府组织范畴。依上述标准，我国非政府组织的分类有的学者提出，“目前比较符合我国国情的分类标准是大体参照我国现行的法律法规体系而进行分类。”② 具体如下：

（1）社团法人

1998 年国务院颁布的《社会团体登记管理条例》规定，社团是指公民自愿组成，为实现会员共同意愿，按照其章程开展活动的非营利性社会组织。成立社会团体，应经其业务主管单位审查同意，按该条例规定进行登记。

我国目前的社团主要包括三类：一是社会团体。如各种学会、协会、同学会、促进会、志愿者团体等，是在文化领域开展各种活动的非营利组织或非政府组织。它涉及文化、科学和社会生活，包括文化、艺术、体育、科技、学术等方面。二是经济团

① 刘熙瑞：《中国公共管理》，中共中央党校出版社，2004 年版，第 1 页。

② 成志刚：《非营利组织管理研究》，湖南人民出版社，2005 年版，第 12 – 15 页。

体。如旅游等各种行业协会、商会、工会、各种打工者团体等，是在经济领域开展各种活动的非营利组织。三是政治团体。如共青团、妇联以及台联、侨联等团体，是以政治任务为中心。

（2）民办非企业单位

1998年，国务院颁布的《民办非企业单位登记管理条例》规定，民办非企业单位，是指企业事业单位，社会团体和其他社会力量以及公民个人利用非国有资产举办的，从事非营利性社会服务活动的社会组织。成立民办非企业单位，应经其业务主管单位审查同意，依照该条例的规定进行登记。

我国的民办非企业单位，有的学者认为是指“各种民办的医院、学校、剧团、养老院、研究所、图书馆、美术馆、宗教类组织、其他社会服务和福利机构等。”① 也有的学者认为，“我国目前民办非企业单位分为：1. 科技类（如不以营利为目的民办科研机构）。2. 体育类（利用非国有资产，不以营利为目的举办的中心、院、社、俱乐部、场馆等开展体育活动）。3. 文化类，包括从事舞台艺术创作、演出和传统艺术整理、加工和保护的民办艺术表演团队、从事艺术人才培养和教育的民办艺术院校、从事老年人文化活动的老年大学，还有从事群众文化生活的民办文化馆或活动中心（站）以及民办图书馆（室）民办博物馆（院）、民办美术馆（室）、书画雕塑馆（室）、名人纪念馆、名人故居纪念馆、收藏馆、民办艺术研究院、文化网络中心等。4. 教育类，利用非国有资产举办各类不以营利为目的教育机构。5. 医疗机构。指非营利医疗机构。”②

（3）基金会

2004年，国务院颁布的《基金会管理条例》所称的基金会，

① 成志刚：《非营利组织管理研究》，湖南人民出版社，2005年版，第13页。

② 刘熙瑞：《中国公共管理》，中共中央党校出版社，2004年版，第8页。

是指利用自然人、法人或者其他组织捐赠的财产，以从事公益事业为目的，按照该条例规定成立非营利性法人。该条例规定基金会依照章程从事公益活动，应遵循公开、透明的原则。基金会分为面向公共募捐的公募基金会和不得面向公众募捐的非公募基金会。还有按募捐地域范围分，则分为全国性公募基金会和地方性公募基金会。成立基金会应向国务院或国务院授权组织进行登记。

（4）未登记或转登记社会团体

社团法人、民办非企业单位和基金会都是依据现行法规进行合法登记的非营利组织（非政府组织）。我国还存在着大量没有依法登记的非营利组织。它们由于找不到业务主管单位，无法到民政部门登记注册，于是采取多种变通的方式以便生存和活动。对于这类组织，不应视为非法而加以取缔，而应依照法律法规引导和规范它们的活动。

（5）事业单位

事业单位是指依赖国家的财政预算，不以盈利为目的组织。事业单位一般不具备物质生产的职能。在我国政府公布的产业分类中，事业单位一般划为"第三产业"，大都从事社会公益、福利事业。同时事业单位不具备行政管理权力，"随着改革的深入进行，行政单位与事业单位已完全成为两个不同的概念了"。[①]由此可见，事业单位具备非营利性和非政府性两个基本特点。我国的事业单位包括的范围很大，比如，学校、医院等庞大的事业单位体系。

但有的学者认为，从中国有关法律规定看，"中国的非政府公共组织中，主要包括社会团体和民办非企业单位两种形式。"[②]

① 朱小平：《关于非营利组织与事业单位的异同》，载《财会月刊》1997年第3期。

② 王名：《中国非政府公共部门》（上），载《中国行政管理》2001年第5期。

也有的学者据“非政府公共组织”的一般定义和属性，提出的见解是：“认为中国的非政府公共组织的范围主要有三类：

（1）社会团体

是指中国公民自愿组成，为实现会员共同意愿按照其章程开展活动的非营利性社会组织（《社会团体登记管理条例》第2条）。社会团体成为公共管理组织需要按照《社会团体登记管理条例》进行登记；还需要经过法律、法规授权或委托。我国的社会团体如消费者协会。

（2）非营利性社会中介组织

非营利性社会中介组织如行业协会、商会等，性质上属于社会团体。经合法登记后成为公共管理组织，参与公共管理，为社会公众提供中介服务，并据法律、法规授权或行政机关委托后为社会公众提供中介服务。我国非营利性社会中介组织，如中国科学技术协会、中国注册会计师协会等。

（3）民办非企业单位

“民办非企业单位是指企业事业单位，社会团体和其他社会力量以及公民个人利用非国有资产举办的，从事非营利性社会服务活动的社会组织（参阅中华人民共和国国务院1998年第251号令《民办非企业单位登记管理暂行条例》）。民办非企业单位同样要进行登记，经法律、法规授权或行政机关委托后成为公共管理主体。”①

以上对非政府组织的种种分类或非政府组织范围的划分，都是从中国的法律法规的角度提出，尤其是把非政府公共组织，主要分为社会团体和民办非企业单位两种形式的分类法，其内涵与国际规约的定义基本上是一致的，比如，非政府性、非营利性、

① 任进：《中国非政府公共组织的若干法律问题》，载《国家行政学院学报》2001年第5期。

非政治性和非宗教性，另外三种属性，即组织性，自治性和志愿性，在有关规定中也不同程度地反映出来。

第二类，从组织角度对非政府组织概念和分类作阐释

非政府组织的概念是指政府以外的其他公共组织。认为，“考虑到中国的国情和实际情况。中国的第三部门主要包括：(1) 国有企业；(2) 事业单位；(3) 社会中介组织；(4) 民间公益组织；(5) 基层群众自治组织；(6) 作为公共管理参与者的私人部门。”① 这种分类法不太符合国际上“非政府组织”的一般属性，如非营利性、民间性、因企业单位是从事生产经营活动，以营利为目的的组织，事业单位是国家为了社会公共利益，由国家机关举办或其他组织利用国有资产举办的，从事教育、科学、文化、卫生等活动的社会服务组织，不是民间的服务组织。然而，这些学者认为结合中国实际，把政府以外的其他公共组织，包括企业、事业单位都划归为非政府组织，不仅仅是因为较为简明，而且还因为转轨时期计划经济的影响还存在，计划经济视整个国民经济都属“非营利性”。同时“中国的公共管理发展，又呈现了比较复杂局面，一方面，中国处在计划经济刚刚破除，高度集权的管理体制刚被抛弃，公共行政体制正在提倡时期；另一方面，中国加入 WTO 后，大大加快了和国际接轨的步伐，受国际影响，公共管理思潮又开始倡行，许多公共行政的思维又面临被超越的局面。因此，就有个如何把二者结合的问题。”②

为此，国外的理论应与我国的实际情况相结合，国外的理论与我国的观点某些地方是会有差异的。

---

① 刘熙瑞：《中国公共管理》，中共中央党校出版社，2004 年版，第 57 – 60 页。

② 刘熙瑞：《中国公共管理》，中共中央党校出版社，2004 年版，第 49 页。

二、非政府组织在旅游业中的作用及其发展的基本思路

(一) 非政府组织在旅游业中的作用

非政府组织是历史阶段的产物，20世纪90年代，随着罗宾逊所称的“新政策时代”的出现，非政府组织被看做是公共角色。被看做是比政府更能提供更有效的服务，基于市场的重要新角色。随着社会经济的发展，非政府组织在社会各个领域中发挥着越来越重要的作用，在旅游业中所起的作用如下：

1. 承接政府转移出的职责为市场和社会服务

我国在计划经济体制时期，整个国民经济都属于“非营利”性质，非营利经济由政府统包统揽，造成政府机构过于臃肿，财政负担过重，办事效率低下。随着社会主义市场经济体制的建立，政府职能的转变，将一些本来由政府管理的公共事务转移出政府，把政府的一部分职能交给非政府组织。以中国旅游协会为例，自协会1986年创办以来，发挥桥梁纽带作用，积极为政府和本行业服务，做了大量的工作。在整顿和规范市场秩序方面，协会在全行业发出倡议，发挥行业自律的作用，加强诚信建设。协会参加了“黄金周”期间国家旅游局组织的旅游市场检查、督导和A级景区、工农业旅游示范点的验收工作。并利用网站和会刊，搭建信息交流的平台，为我国旅游事业的发展做了大量的工作和贡献。这样，非政府组织在很大程度上分担政府的一些职能，使政府从繁杂的微观管理中解脱出来，集中精力抓好宏观管理，进而提高政府的宏观管理质量。非政府组织便成为政府在管理社会公共事物方面的得力助手，为政府服务。

2. 在政府与企业和社会间搭建桥梁

非政府组织是政府和企业以外的第三部门，例如，旅游协会，它能联合本行业的力量，将本行业的要求、意愿及时地反映到政府（旅游局），使政府制定政策、方针及法规、法令时作参

考。同时，旅游协会能使旅游行业企业内部加强沟通，为旅游企业自身管理提供服务。政府（旅游局）可以通过旅游协会履行对旅游企业的管理和指导职能。旅游协会还能够协助政府宣传、指导、监督企业更好地遵守、贯彻国家的方针、政策、法律和法规等。是协助政府管理企业的得力助手。

1986 年 1 月 30 日，国务院批准成立了第一个由中国旅游行业的有关社团组织和企事业单位在平等自愿基础上组成的全国综合性旅游行业组织——中国旅游协会，会员是各省、市、自治区旅游协会、国内大型旅游集团、国际旅行社、世界自然文化遗产、著名旅游景区、旅游院校和研究机构，现有团体会员 196 个。民族地区和全国其他地方一样，也多建立了各级旅游协会和各类分会。

中国旅游协会共有 6 个分支机构：旅游城市分会、妇女旅游委员会、民航旅游专业委员会和正在筹备中的旅游景区（点）分会、旅游教育分会、旅游商品与装备分会。国家旅游局委托中国旅游协会管理的四个一级协会是：中国旅行社协会、中国旅游饭店协会、中国旅游车船协会、中国旅游报刊协会。

在政府和社会之间发挥桥梁和中介作用，把自己成员的要求、建议和批评传达给政府，把政府的政策意图和对相关问题的处理情况反馈给成员，促进成员对政府政策的理解和支持，使政府政策变成群众的行动方面，它们起到了重要的作用。

3．保护旅游地的生态环境

旅游地是游客的暂时居留地，而对旅游地居民来说，旅游地则是当地居民生活和工作的场所。旅游地资源和环境保障对社区居民有重要意义。同时，保护旅游地的生态环境，是实现旅游地可持续发展的关键。为此，如在旅游地建立一个旅游环保协会组织，这种民间组织，一方面，可以以各种方式动员旅游社区（旅游地）的居民参与旅游生态环境的保护活动，参与环保政策的制定，监督和参与环境政策的实施，敦促旅游企业在开发和经营活动中不要污染和破坏环境；另一方面，把政府的政策、法规，通过宣传变成社区成员的行动，让保护旅游区的生态环境，成为全体旅游地居民的义务，尤其是居住在民族地区旅游资源富集的社区，例如，西双版纳傣族社区（允景洪镇）、大理白族社区（喜洲镇）、丽江纳西族社区（大研镇）、香格里拉藏族社区（香格里拉中心镇）等具有少数民族传统的旅游地，有特色旅游产品，更要建立旅游环保协会组织，做好政府与民众的桥梁，开展好环境保护工作，使民众认识环保工作的重要性。

4．充分利用自然和社会资源

首先，充分利用社会上过去闲置或未能利用的各种资源，增加了资源运用的透明度和合理性。由于广大群众参与，这一部门在人民群众的直接监督下运行，能较好地避免贪污、浪费。其次，非政府组织能通过社会捐助，动员社会各方面的资源参与社会发展。最后，非政府组织能降低社会管理成本，减少政府机关管理人员，提高社会公共服务效率，减轻社会对政府的压力。

5．稳定协调的功能

我国现阶段处于社会主义初期阶段，市场经济还不十分完善，存在多种所有制成分，必然存在不同利益群体之间的矛盾。通过协会这个“小团体”的优势来合理协调，消除矛盾较容易，有利于群众内部的和谐与稳定。

（二）我国非政府组织发展的基本思路

当前，我国非政府组织的发展具备了良好的环境条件和机遇。第一，非政府组织的发展得到了党和政府的认同和支持。第二，政府体制改革为非政府发展提供了广阔的空间，经济体制的完善为非政府组织提供了经济基础。第三，加入 WTO 为非政府组织的发展提供外部支持。第四，公民社会的进一步发展为非政府组织提供了社会条件。非政府组织要把握好这个机遇，充分利用好的条件，实现自身的健康发展，“我国非政府组织发展的基本思路取决于政府和非营利组织（非政府组织）两个方面，特别是政府与非营利组织的良性互动。

从政府的视角来看，政府要：第一，转变观念；第二，加快职能转变；第三，建立完善的非营利组织法律体系；第四，要科学规划，引导非营利组织健康有序的发展；第五，政府要深化各项配套改革。

从非营利组织的视角来看，非营利组织要：“第一，努力培养志愿精神、利他主义和使命感；第二，处理好与政府关系，促进和维护合作关系；第三，在与政府建立合作关系基础上，保持独立性，增加代表性；第四，完善非营利组织内部管理机制，确保非营利性，提高公信力。”①

政府与非政府组织应本着良性互动的途径方向发展。首先，从政府的角度来看，政府的职能要合理定位，要充分发挥非营利组织（非政府组织）的中介服务功能，把不属于政府的职能分离出来，把原来由政府包揽的部分社会公益事业转移出来交给非营利组织承担，并理顺政府与非营利组织的关系，改革我国双重管理体制。政府要建立和完善非营利组织法律体系、深化各项配套改革，同时还要帮助非营利组织建立健全自律和他律机制，规范非政府组织行为，科学规划，引导非政府组织有序健康地发展。其次，从非营利组织的视角来看，非政府组织要主动又谨慎地处理与政府的关系，明确自身定位，即做好政府的助手和参谋，主动为政府分忧。在一定程度上可批评和监督政府，但应保持友好合作的关系，而不是相互对抗或相互取代的关系。但二者在合作基础上，非政府组织要保持独立性、增加代表性，还要遵

① 成志刚：《非营利组织管理研究》，湖南人民出版社，2005 年版，第 98 – 103 页。

守国家法律和规章，依法办事和接受政府指导，并建立自我约束、自我发展、自我服务的自律机制，内部管理要实行民主化、公开化、实现信息公开和增强透明度，防止腐败。对收费业务进行严格规定，对资源要做统一配置，对管理者的权利和义务做出明确的规定。

政府和非政府组织要共同努力，推动非政府组织向正确、完善方向发展，为我国非政府组织的发展贡献一份力量。

第二节　我国非政府组织的兴起及旅游非政府组织的主要形式

一、我国非政府组织的兴起

新中国建立以来，一直有社会团体这种组织，民政部门为此成立“社团管理司”。1998 年 6 月，民政部把“社团管理司”更名为“民间组织管理局”。为此，我们一般用民间组织对应非政府组织。

20 世纪的社会团体数量少、规模小，改革开放以后开始发展。20 世纪 80 年代后，我国行政体制、领导体制、监督制度以及税制等都进行了改革，人民的结社自由得到了法律的认可。政企分开，政府职能转变，一些生产、经营、文化艺术等机构逐步移交给行业协会、志愿者团体以及有关社团，促进了民间组织的发展或非政府组织的发展。2002 年以来，随着中国建立公共服务型政府的呼声的高涨，政府要转变职能，更多的职能将以多种形式下放给非政府组织，非政府组织将不但提供公共产品与公共服务，而且将承担对社会公共事务的管理。“1989 年，全国性社团 1600 个，地方性社团达 20 万个。到 2002 年，全国登记社团达 13. 3 万个（经整顿重新登记后），其中全国性社团 1712 个，民办非企业正式注册 11. 1 万个（不含教育、卫生类民办非企业单位未登记的组织）。”①

二、旅游非政府组织的主要形式

相对于政府和企业，非政府组织在我国官方正式文件被称为“民间组织”，属于第三部门。从法律上讲，根据民政部于 1998 年公布的《社会团体登记管理条例》、《民办非企业单位登记管理条例》和《事业单位登记管理暂行条例》，现在我国的第三部门可以分为社会团体、民办非企业组织以及事业单位。② 行业协会在性质上属于社会团体。③

1. 社会团体

1998 年，国务院颁布的《社会团体登记管理条例》第 2 条规定：社会团体是指中国公民自愿组成，为实现会员共同意愿、按照其章程开展活动的非营利性社会组织。④ 社会团体成为公共管理组织，需按照《社会团体登记管理条例》进行登记，还要经过法律法规授权或行政机关委托。该管理条例规定协会、联合会、商会等属于社会团体。

在我国当前的社会体制下，社团可以说是一种从组织特征最接近非营利组织的社会组织。行业协会、商会等亦为非营利性中

---

① 刘玉浦：《公共管理与社会发展——广东省高级公务员公共管理研究论文集》(2)，中央编译出版社，2005 年版，第 450 页。

② 陈振明：《公共管理原理》，中国人民大学出版社，2003 年版，第 355 页。

③ 任进：《中国非政府公共组织的若干法律问题》，载《国家行政学院学报》2001 年第 5 期。

④ 王名、刘国翰、何建宇：《中国社团改革：从政府选择到社会选择》，社会科学文献出版社，2001 年版，第 7 页。

介组织，参与公共管理，为社会公众提供中介服务，在性质上属于社会团体。私人部门和公民在参与某些公共事业时，也可以成为非政府公共管理的力量。我国的旅游行业协会，也应该是社会提供公共物品和服务的“民间组织”，或称非政府组织，旅游行业协会我们将在第二节单独进行探讨。

2．民办非企业单位

1998 年国务院颁布的《民办非企业单位登记管理条例》规定，民办非企业单位，是指企事业单位、社会团体和其他社会力量以及公民个人利用非国有资产举办的，从事非营利性社会服务活动的社会组织。“我国的民办非企业单位指各种民办医院、学校、剧团、养老院、研究所、图书馆、美术馆、宗教类组织，其他社会服务和福利机构等。”① 文化类民办企业单位，如民办艺术表演团、民办展览馆、博物馆（院）、民俗馆等等，也是非政府公共管理的形式之一。

3．事业单位

在《现代汉语词典》中，事业单位是“特指没有生产收入，由国家经费开支，不进行经济核算的单位”，事业单位依赖国家的财政预算，不以盈利为目的。事业单位是中国的特殊称谓，国外没有相应的名词。中国在对外宣传资料中通常把事业单位译为 institution 或 institutional Unit。与其相似的组织，在国外也大多称为非营利组织（NPO）、非政府组织（NGO）等。“事业单位具有公益性、非营利性、独立性以及投资主体多元化的特点。所谓多元化，即有政府出资举办、私人举办、合资举办等形式。② 中国事业单位在不同的历史时期有不同的内涵和属性。“现行事业单位是从事科研、教育、文化、卫生等非生产活动，需要国家财

① 成志刚：《非营利组织管理研究》，湖南人民出版社，2005 年版，第 13 页。

② 刘熙瑞：《中国公共管理》，中共中央党校出版社，2004 年版，第 241 页。

政供养的单位。”①

国内学术界认为，首先，由于事业单位不以营利为目的，一般不具备物质生产的职能（尽管有些事业单位所提供的服务与社会生产相关，但多为间接性服务），且多从事社会公益、福利事业，因而应该把事业单位看作非营利组织。其次，“事业单位现已不具备行政管理的权力，尽管在过去有些事业单位曾代行行政单位的职权，造成行政、事业单位概念不清，但随着改革的深入进行，行政单位与事业单位已完全成为两个不同的概念。”② 因而，事业单位除具非营利特点外，还具有非政府的特点。

第三节　我国民族地区非政府组织中的社团组织管理现状与改革——以旅游协会为例

一、我国民族地区旅游行业协会的现状

“行业协会是一种在市场中开展活动的、以企业家为主体并具有一定的经济关联性（地缘、业缘或身缘）的、会员制的、非营利性的、非政府的、互益性的经济组织。其基本属性是民间性、会员制、政策性、中介性、非营利性、局部公益或互益性。③

前面已提到行业协会的性质是市场中介组织的一种，也是社

① 成思危：《中国事业单位改革模式选择与分类引导》，民主与建设出版社，2000 年版，第 3 页。

② 朱小平：《关于非营利组织与事业单位的异同》，载《财会月刊》1997 年第 3 期。

③ 王名：《加强立法、加强监管、促进行业协会的健康发展》，载《讲座报告》2005 年第 9 期。

会中介组织的一种。其本质属性是依法建立的民间的、自发的、自律的组织。这一本质属性是推动行业协会生存和发展的根本因素，这已为许多国家的经验所证实。

行业协会在整个行业管理体制中起着政府和企业之间的桥梁和纽带的作用。行业协会突出的特征是具有中介性、自律性、民间性。它通过自律机制做大量的基础性管理服务工作，接受政府管理的信号，自律管理，又把企业的要求反馈给政府，以求宏观指导。行业协会的服务、沟通、公证、监督作用是共同的。

中国旅游协会自 1986 年创办以来，发挥桥梁纽带作用，积极为政府和本行业服务，做了大量的工作。在整顿和规范市场秩序方面，协会在全行业发出倡议，发挥行业自律的作用，加强诚信建设。协会参加了“黄金周”期间国家旅游局组织的旅游市场检查、督导和 A 级景区、工农业旅游示范点的验收工作，并利用网站和会刊，搭建信息交流的平台。20 年来，协会为我国旅游事业的发展做了大量的工作和贡献。但是，由于我国行业协会起步较晚，处于转型期的这个市场经济、新旧体制之间，多种利益主体之间矛盾交错，目前我国民族地区旅游协会仍存在着以下亟待解决的问题：

（一）行政色彩浓厚，缺乏独立性和代表性

我国民族地区旅游行业协会组织和全国其他地方一样，大都是自上而下组建的而不是由旅游企业自发组成的，因此，旅游协会官方色彩浓厚。它主要履行行业调研与政策宣传，政府与企业间的联系与协调等职能，而没有管理的职能。这样的协会对企业的吸引力有限。政府组织对“非政府组织”过度干预。目前我国民族地区各级旅游协会都分别受同级旅游局领导，旅游协会的领导都是由同级旅游局的领导担任，各级旅游协会都称旅游局为“上级主管部门”或者“业务主管单位”，带有浓厚的“行政”、“官办”色彩，类似“第二旅游局”。例如，云南省旅游协会本届会长即由云南省旅游局党组书记刘建华先生担任，四川省旅游协会会长为四川省旅游局局长刘捷兼任。

中国旅游协会章程第二章“任务”中的第一条就是，“向业务主管单位反映会员的愿望和要求，向会员宣传政府的有关政策、法律、法规并协助贯彻执行。”在15条任务中，有11条出现了“协助业务主管部门”或者“接受主管单位委托”等字样，政府对非政府组织的管理和控制程度可以略见一斑，非政府组织的政府性非常明显。

从以上情况可以看出，转轨时期中国旅游协会尚不能很好地发挥管理的职能，一般是作为政府附庸存在，民间社会发育尚不成熟，旅游协会的工作定位尚不明确，而且协会的种类和数量都很少。但是，随着社会、经济转型，旅游企业的发展，有些民族地区，如云南省丽江市旅游协会的工作大有改进，成效很好。2005年丽江旅游协会改选了领导班子，增加了旅游协会数量。现旅游协会下设五个分会，比原来增加两个分会。丽江旅游协会及各分会委托监理公司，对旅游服务质量接待标准等自律约定的执行情况进行监督管理，并对违规违约单位进行违约处理通报或上报市旅游协会处理，不断完善自律管理规定。2005年协会还遏止了一场旅游饭店业间不正当削价竞争，充分发挥了协会的管理职能。但是，不同民族地区，旅游业发展的内外环境不同，改革的进程不同，有的地区旅游业的发展和体制改革较为滞后于丽江市，协会的工作难免不存在问题，不一定都能像丽江市那样能充分发挥协会的管理职能，仍需进行改造。

（二）工作目标模糊，经费不足，人员素质偏低

“面对企业、行业和政府的多种需求，行业协会对于自己应该和能够提供哪些服务、协会的服务与政府的服务有哪些不同、

现阶段协会服务对象最急需的是什么等，认识的似乎并不是很明确。"① 目前旅游协会所承担的由国家旅游局移交的主要任务只有：星级饭店的评定、优秀旅游城市、4A 景区以及工农业旅游示范点的验收工作等。今后在旅游行业协会改造和建设中，应考虑落实协会的管理职能。"走在全国前列的京、沪、粤三地的旅游协会，都存在着工作目标模糊，经费来源困难，人员素质偏低等问题……"② 一般来说，在民族地区旅游业的发展后进于上述三地，其旅游协会的工作，难免会同样存在工作目标模糊、经费不足、人员素质偏低的问题。一些旅游协会在自身的人才和组织建设上与当前的经济发展要求不相适应。一方面各地旅游行业协会大多未建立正常而必要的人员录用、考核、培训、晋升、淘汰和退休机制，更没有形成一套科学有效的激励约束机制。另一方面各地旅游行业协会的人员结构不尽合理，没有考虑专业和职业化的需要，专业化培训严重匮乏。

民族地区的旅游协会工作人员年纪较轻，充满活力，但学历偏低。以大理州旅游协会（旅游监管中心）为例，在 52 名工作人员中，39 岁以下的工作人员占总人数的 85% 以上，而且所有人员都在 49 岁以下。但是，协会本科学历工作人员所占比例还不到十分之一，高中、初中、中专、职高和中技学历的人数占总人数的 65.4%。大理州旅游协会（旅游监管中心）是笔者考察的 6 个旅游协会中最有活力有朝气的旅游协会。详情请见图15－3－1大理州旅游协会（旅游监管中心）工作人员基本情况统计表。

从大理白族自治州旅游协会工作人员学历状况看，民族地区

① 唐洪广、张浩、张越：《中国旅游协会发展的思考》，载《中国旅游报》2003 年 1 月 3 日。

② 唐洪广、张浩、张越：《中国旅游协会发展的思考》，载《中国旅游报》2003 年 1 月 3 日。

旅游协会中专业的高素质的业务骨干人才不多，甚至缺少。

图 15-3-1 大理白族自治州旅游协会（旅游监管中心）工作人员基本情况统计表①

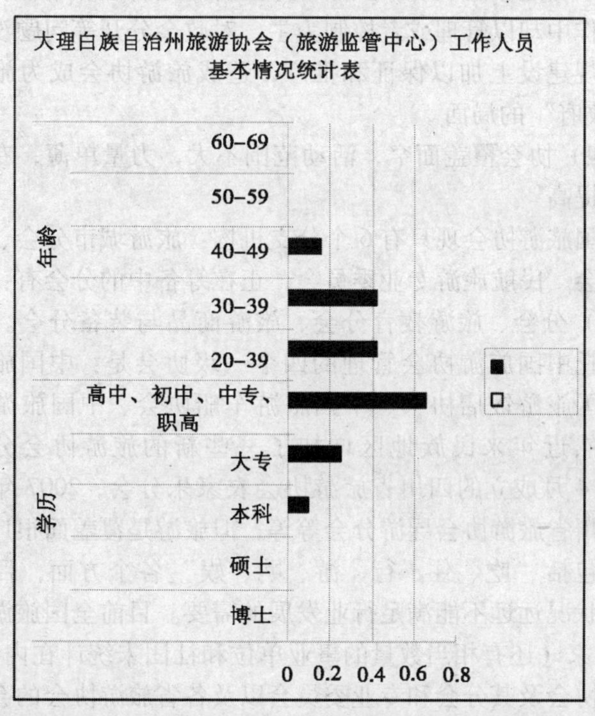

中国旅游协会（总部）拥有100多个会员，每个会员会费有500元、1000元、3000元不等，每年的经费只有十几万元，民族地区旅游协会的经费更是严重不足。由于经费欠缺以及思想观念等方面的问题，只有北京、上海等大城市旅游协会的高层管理人员才有机会得到一些较少的专业培训，而民族地区机会更少。以上问题已直接影响到协会服务质量的保障与协会的持续发展。

① 大理白族自治州旅游协会（旅游监管中心）工作人员内部资料。

（三）相关法律、法规建设亟待完善

目前我国非政府组织的立法控制过严，对于非政府组织的社会地位缺乏足够的认识，虽然口号上讲的是管理和培育，但是在实际工作中却以管理或者控制为主，对政会分开等问题没有从法律、法规建设上加以保证和推广，造成旅游协会成为旅游局的“第二政府”的局面。

（四）协会覆盖面窄，活动范围不大，力量单薄，专业化程度有待提高

中国旅游协会现只有6个分支机构：旅游城市分会、妇女旅游委员会、民航旅游专业委员会，正在筹备中的分会有：旅游景区（点）分会、旅游教育分会、旅游商品与装备分会。国家旅游局委托中国旅游协会管理的四个一级协会是：中国旅行社协会、中国旅游饭店协会、中国旅游车船协会、中国旅游报刊协会。虽然近年来民族地区增加了一些新的旅游协会分会，如2008年4月成立的四川省旅游协会农家乐分会，2007年6月成立的四川省旅游协会导游分会等等，但旅游是覆盖面很广的服务领域，包括“吃、住、行、游、购、娱”各个方面，目前旅游协会的状况远远不能满足行业发展的需要。目前全国旅游企业有20多万家（还有相当数量的事业单位和社团未统计在内），而中国旅游协会及其分会和专业委员会以及各省旅游协会的会员数总共只有1.2万。①

表15－3－1　旅游协会会员与旅游企业数量对比图　单位：万

旅游协会会员总数	旅游企业总数	百分比
1.2	20	6%

另外，根据目前作者对云南旅游协会发展现状的考察发现，

① 唐洪广等：《中国旅游发展笔谈》，载《旅游学刊》2002年第5期。

地方上的旅游协会覆盖面更窄，例如，素有“扎染之乡”美誉的大理喜洲镇周城村，只有旅游协会餐饮分会，而没有传统手工艺（扎染）旅游商品协会等类似的协会。造成同行间恶性竞争严重，不得不以降低产品质量的方法降低产品价格以应对竞争。根据作者对大理、丽江古城所做的问卷调查，对是否同意成立本行业旅游协会的回答，有66.7%的人表示非常同意或者同意、3家表示一般、1家表示不太同意，没有1家表示很不同意。非常同意或者同意建立行业协会的积极性还是比较高的，只是缺乏自觉性和政府部门的引导。

表15－3－2　当地居民对是否同意成立本行业旅游协会统计表

同意级别	非常同意	同意	一般	不太同意	很不同意
数量	19	38	8	7	14
所占百分比	66.3%	9.3%	8.1%	16.3%	

资料来源：根据笔者实地考察所得资料分析得出。

目前全国大多数地方上的旅游协会专职工作人员不到10人，一般2－3人（云南省旅游协会3人、丽江市旅游协会2人），少数规模较大的协会30－50人。由于协会工作人员有很大一部分是政府机构改革分流的人员或退休返聘人员，无论从知识水平还是服务意识方面专业化程度都有待提高。

二、我国民族地区旅游行业协会改造的必要性

我国现行旅游行政管理体制是在市场经济体制的基础上实施政府主导型发展战略，政府主导作用非常明显，行业协会作用不明显。而经济市场化程度高的国家，如美国、德国旅游市场的经营活动完全由市场机制调节，两国行业协会发挥重要作用，协会代表行业利益，服务会员，履行自律，监督和协调等职责，一些行业协会甚至参与或影响国家相关立法。两国旅游行业协会还代

替政府负责部分法律法令的具体实施。说明了越是经济市场化程度高的国家和地区，政府在旅游行业管理中越“无所作为”，行业协会等民间组织的作用突出。而我国行业协会力量弱小，作用不明显，这是因为我国旅游行政管理范围广、管理细、政府主导。我国现行旅游行政管理制度是适应我国特殊的旅游发展道路，在经济转型的背景下建立的，随着市场经济体制的不断建立和完善，对外开放进一步扩大，以市场为导向的经济体制改革不断深化，特别是我国已是世界贸易组织成员国，在被誉为“世界行政法典”的 WTO 规则约束下，我国各级旅游行政管理部门必须从管理旅游经济微观环节中抽身出来，发挥市场在资源配置中的基础作用，把行政管理的职能集中指向宏观调控、社会服务和公共管理，把一些属于企业自治权内的事情交还企业，把一些政府管不好，管不了事情交由社会管理。真正实现“小政府，大市场”，扩大旅游行业协会的职能。①

中国民族地区旅游行业协会必须进行改造，以加快市场化的步伐，使之成为政府宏观管理和企业微观运营管理的中介工具，以减少“市场失灵”和“政府失灵”。

三、我国民族地区旅游行业协会改革的措施

针对目前中国的旅游非政府组织发展存在的问题，我们要采取以下对策：

（一）旅游行政管理部门放权，尽快与政府部门脱钩

进一步加快旅游行政管理体制改革，转变政府职能，把应该由协会履行的职能尽快移交给协会，把适宜旅游行业协会行使的管理职能委托给旅游行业协会，其承担的职能要逐步落实。旅游

---

① 孙钢：《WTO 有关知识以及入世对旅游业的有关影响》，载《旅游调研》2002 年第 2 期。

行业协会要在机构、人员、资产上与政府部门脱钩，办事机构也要尽快与政府部门分开办公，解除现职党政公务人员在行业协会兼任的领导职务。

（二）制定明确工作目标、改革协会经费制度

政府管理经济的职能由微观管理尽快向宏观管理转变，行业协会经费要逐步过渡到自给为主，政府支持，社会捐助为辅，对协会有偿服务和创办三产，给予一定免税优惠政策的支持。

国外行业协会的会费一般都是按照企业销售收入的一定比例缴纳会费。我们要参照国际通性规则，适当提高会费标准，逐步过渡到协会按照民主程序自己制定会费标准。同时建立政府与行业协会的委托和购买制度，将一些微观管理的职能由政府向协会实行购买服务。云南大理、丽江地区目前使用的“一卡通”服务①，对解决经费来源问题做出了有益的尝试。

工作目标定为：其服务从主要为政府转为主要为企业，协调行业与企业关系，承担其自律、维权等。

（三）加强相关法律法规建设，加快立法步伐

必须尽快制定行业协会的专门性法规，通过立法对协会的地位、功能、权利和义务予以明确，把有关旅游行业协会重大原则问题通过《行业协会暂行条例》确定下来。应允许其以合法的方式在社会中自由地发挥作用。应实行改革和创新双重管理体

---

① 2005年大理旅游利用信息技术，建立了“一卡通”的结算模式，将吃、住、行、娱、购、游集中于一张IC卡中，实行全面的旅游接待刷卡消费。组团社在先行付款，获得一张对应团队相关细节的IC卡后，就能获得团队优惠，并让消费者既能透明了解自己的花费及所得服务，而且组团社、地接社、景区、酒店、餐厅、车队和商场等，均可从“一卡通”系统中明确自己的义务和服务内容，并确保自己所提供的服务能够及时地从系统中获得费用支付，从而根本上杜绝了三角债的发生。这种创新性的管理办法，在全国旅游市场上还独此一家，因其管理效率及有效性，已经吸引了超过90%的各种大理、昆明地区旅游服务机构的参与，也获得了大型组团社的支持。

制，将行业协会从部门的隶属中解脱出来，使其成为真正的独立法人。

（四）加强协会自身建设、提高人员素质，吸收优秀人才

一方面要采取切实措施，尽快实现协会队伍的年轻化和知识化，大胆起用优秀年轻干部并充实到旅游行业协会主要岗位。另一方面政府有关部门应当为加强非政府组织人员培训创造条件，全面提高协会从业人员的理论水平和业务素质。还要建立一整套选人、用人的合理机制、提高工作人员待遇和社会保障，引入竞争机制，吸引优秀人才来协会工作。

（五）扩大协会覆盖面，拓展协会的活动空间

目前旅游协会的覆盖面和活动空间都太窄，远远不能满足日益发展的旅游业的需要。要增加旅游协会的名称和数量，拓展协会的活动空间，一是要突破地区和所有制限制，尽可能多的吸收企业入会，二是要扩大旅游协会的服务范围。在旅游服务所涉及的“吃、住、行、游、购、娱”以外，与旅游相关的环境保护和文化遗产的保护等各个方面都可以设立旅游协会。

（六）大力协助和扶持基层民族地区旅游协会的成立和建设

由于我国几千年的封建统治，公众参与管理的自觉性不是很强，非政府组织的公民基础薄弱。加之在计划经济条件下，非政府组织被完全行政化为政府或半政府性质。所以，公民自觉成立非政府组织意识并不是十分强烈。这种现象在经济落后地区和民族地区表现尤其显著。作者通过对民族地区旅游协会发展现状的考察认为，在基层民族地区，由于没有旅游行业协会，导致本行业恶性竞争，以致同时危害旅游从业者和消费者利益的例子屡见不鲜。因此，旅游协会的成立还需要政府的大力扶持和引导。

第四节　我国民族地区旅游事业单位的现状与改革

一、民族地区旅游事业单位的现状

事业单位是计划经济时代的产物，其实践应用已50年，在不同历史时期含义不同。1998年国务院颁布《事业单位登记管理暂行条例》规定，“事业单位指国家为了社会公益事业的目的，由国家机关或者其他组织，利用国家资产举办的，从事教育、科技、文化、卫生等活动的社会服务组织。”①

从社会经济文化发展需要出发，建立各种事业单位，发展公共事业，是我国政府向社会提供公共产品和公共服务，实现政府的社会管理和公共服务职能的主要方式。

我国公共事业门类齐全，规模庞大，承担各项公共事业服务的事业单位也种类繁多。在规模上，事业单位的机构、人员和资产占有数量在政府、企业、事业、社团四大社会活动单位中的比例仅次于企业单位，位居第二。

根据国家统计局的统计分类，事业单位的具体种类和行业分布，可以分为13大类，百余种小类。13大类是：1. 教育事业类；2. 科技事业类；3. 文化事业类；4. 广播电视事业类；5. 新闻出版事业类；6. 体育事业类；7. 卫生事业类；8. 社会福利事业类；9. 地质勘探、水利管理\ 环保事业类；10. 水、电、煤、气管理等事业类；11. 交通运输仓储及邮电通信等事业类；

① 刘熙瑞：《中国公共管理》，中共中央党校出版社，2004年版，第240页。

12. 社会服务事业类；13. 公共安全事业类等。①

民族地区各类培养旅游业管理人才的学校、研究机构以及作为旅游资源的博物馆、文化馆、群众艺术馆、文物馆、展览机构、美术馆等单位都属于旅游事业单位。以云南省为例，1978年云南省成立旅行游览事业管理局，1982 年国家旅游局成立后，云南省也成立了省旅游局，还有园林部门、文化部门等对旅游景点、饭店、车辆进行管理的事业单位，还有西双版纳的热带植物研究所、勐仑植物园、曼厅公园等等，云南大学旅游管理学院等培养旅游专业人才的教学单位都属于事业单位的范畴。

我国民族地区的事业单位是传统计划经济体制的产物，与国有企业的不同在于："企业是从事物质生产活动，并通过纳税及上缴利润的方式将其赢利上缴给国家财政的单位；而事业单位则是从事科技、教育、文化、卫生、体育等非生产活动，需要国家财政供养的单位。"② 由国家统包统揽的事业单位管理体制，曾为我国各项事业的发展作出贡献，但随着我国经济体制改革的逐步深入，社会主义市场经济体制的逐步完善，更多的社会资源需要而且能够通过市场的方式来配置，很大一部分产品和服务也能够实现商品化和市场化。不应当再由政府直接举办各种事业行政或计划的方式进行配置或提供，同时随着我国民族地区事业单位体系中多种所有制的发展和市场主体的多元化，大一统的事业单位在管理体制、机构编制和运动机制等各个方面，都出现了与社会发展不适应的地方，所存在的主要问题是：

1. 政事不分

---

① 国家教育学院编著：《建设中国特色公共服务型政府》，中央文献出版社，2005 年版，第 136－137 页。

② 成思危：《中国事业单位改革——模式选择与分类引导》，民主与建设出版社，2000 年版，第 3 页。

我国的民族地区的事业单位由国家出资兴办，政府对事业单位采取直接管理，对其资金、计划、项目计划、工资福利、人事等都实行严格控制，致使事业单位自身缺少独立性，成为党政机关的附属物。另一方面，部分民族地区的事业单位在承担社会服务功能的同时，还享有一定的行政权力，发挥着“准行政机关”的作用。致使事业单位行政化，丧失了事业单位的事业服务的属性。

2. 行政化管理

行政化是我国事业单位的基本特征之一。民族地区的事业单位和我国其他地区的事业单位一样，都有一定的行政级别，实行机关化管理，按照国家机关的级别确定自己的级别，国家级的事业单位，主要领导享受部级待遇；部属、省属的事业单位，主要领导享受司局级待遇。事业单位的领导人员由上级主管部门任命，事业单位的干部按照国家机关的干部级别配备，事业单位在其内部的劳动、人事、工资、财务以及机构规格、名称等方面也采用国家机关的管理方式。民族地区事业单位的浓厚的行政色彩，不利于事业单位的发展。

3. 经济观念不强

民族地区旅游行业的事业单位，普遍存在非经济的传统观念。认为事业单位不是经济组织，为此，未能将其劳动产品很好地转化为生产力。随着现代社会的发展，知识经济时代的来临，知识产品对国家和社会发展的作用会越来越大，因此，现代事业主体也必须具有为市场服务的观念，科研和教学单位都必须以市场为导向开发新产品和新技术，为社会提供知识型产品和专业性服务。同时，我们的教育，不应该是为了教育而教育，应该是为了社会和经济的发展而教育，要使我们的学校培养出来的学生能够尽快适应现代社会和经济的发展现状和未来。为此，在民族地区旅游事业单位必须改变传统的非经济观念，更多更好地为国家社会的发展提供技术和知识支持和保障。

4. 财政负担过重

"目前，我国事业单位中，国有事业单位占90%以上，其他性质的事业单位不足10%。由于事业单位的经费来源主要依靠国家的财政拨款，所以，庞大的事业单位经费开支已经成为国家财政的沉重负担。提供每年开支的高达上千亿元的事业费，几乎占国家财政总开支的1/3。"① 就以民族地区为旅游发展急需人才和技术的支撑所需要的事业费开支来说，也很庞大，而国家财力有限，教育和科研经费的问题已经成为制约我国民族地区旅游事业发展的瓶颈之一。

5. 工作效率有待提高

民族地区分布在旅游教育、科研的事业单位和旅行游览管理的事务管理单位，是由政府设立、政府直接组织全部事务的单位，其资金、工作计划、内容都是由政府确定，要保证政府意志的贯彻。事业单位业务活动受政府计划严格控制，缺少独立性。"各事业单位仅是政府部门的附属物，事业发展和运营直接受制于政府部门，各事业单位既无自主权又没有实质性责任，更无'断炊'之虞。因此，就形成各事业单位对上级'等、靠、要'，吃国家财政'大锅饭'的格局。"② 这种组织形式必然导致工作效率低下。

6. 公共服务匮乏

我国民族地区旅游事业单位，人事管理上的评估机制，竞争机制、淘汰机制不够健全，工作人员按级别、工作数量和质量的

---

① 张志坚：《中国行政管理体制与机构改革》，中国大百科全书出版社，1994年版，第124页。

② 成思危：《中国事业单位改革——模式选择与分类引导》，民主与建设出版社，2000年版。

待遇指标不是十分严格。没有制定制度，提出要求，必然会影响公共服务的数量和质量。

二、民族地区旅游事业单位的改革

民族地区的事业单位是公共管理的重要部门，在提供公益性社会服务方面起着重要作用。但民族地区事业单位是计划经济时代的产物，其管理体制存在一系列弊端，其改革势在必行，应按照社会化、政事分开、公益性以及管理科学化的方向发展。旅游事业单位要面向社会服务，要动员各个方面的社会力量兴办旅游行业各种事业单位，一些社会事业单位如旅游学校、旅游研究机构、旅游游览管理机构、供游人参观的博物馆、展览馆、公园、动物园、植物园和各种文艺团体等要实现社会事业社会办，应有一定的社会力量来支持。

事业单位的改革是继国有企业改革和政府机构改革后的第三大公共部门的改革，是我国体制改革的重要组成部分。我国民族地区旅游事业单位的改革措施主要有：

1.“放权、搞活、脱钩、转制”等措施

所谓“放权”，就是政府或是作为行政机关权力代表的旅游局，不要过多、过细地干预旅游事业单位微观事务性的管理。民族地方政府或旅游行政管理部门只履行“掌舵”等宏观调控职能，而一些技术性、服务性的微观方面的旅游管理工作，则应放权交给旅游事业单位管理，做到政事分开、机构分开、管理方式和管理手段分开。要提高事业单位在市场经济中的自主能力；政府把管理事业单位的出发点和立足点，从单纯的行政控制转向激发事业单位活力上。还可以通过旅游行业协会和法律、经济的手段对旅游事业进行间接管理。同时对那些实行政事合一的机构从组织上进行分离。对仍在执行政府的行政管理、计划、协调职能成为政府职能延伸的事业单位，应尽快将这些部门所承担行政管理职责的职能转移归还政府部门。另外，有的旅游事业单位，如公园，事企不分，还要尽快转变事企不分的旅游事业单位管理方式，让事业单位有更多的自主权，实行自负盈亏。若具备产业性质，有条件的事业单位可以由事业单位转换为企业机制。在这方面，民族地区已经取得了一定成绩。例如，云南省丽江市丽江民族歌舞团，原为事业单位，长期陷入困境，2003 年整体转为股份制企业后，同年 11 月推出大型民族舞蹈“丽水金沙”，收入超过 1 亿多元，杨丽萍的《云南印象》政府只出了 100 多万元，但现在收入超过 6000 多万元，世界巡演的收入超过 1600 万美元。取得了很好的经济效益，减轻了国家的财政负担。

2．改变财政运作方式

首先，要总体收缩，严格控制接受国家财政全额拨款的单位（指生产纯公共产品和服务的事业单位）。其次，要逐步改变国家包办所有事业单位开支的格局，将财政供养制由“全额拨款”变为“全额补助，差额补助，自收自支”三种形式的预算管理方式，在此基础上实行“定额或定项补助”的“收支统管”的预算管理体制。近几年，以部门预算为核心的财政支出体制改革，初步建立了公共财政体制框架和公共支出管理模式，开始规范了事业单位财政资金的使用和管理，以提高政府公共服务的能力。政府公共服务有效性包括人、财、物资源的合理配置，服务的成本与效益比的改善，以提高政府公共服务能力。

3．进行分类改革

中国共产党十六大报告指出：按照“政事分开原则，改革事业单位体制”，要从直接管理转到间接管理，从仅管理政府部门的公共事业转到管理全社会的公共事业上来。分类界定是事业单位改革的前提和基础，时代的发展要求我们的事业单位进行重新分类，重新定位，进行结构性改制调整。

事业单位有不同的分类法，有的把事业单位分为四类，而四类分类法，又有三种分类方法：一、分为行政管理型、纯公共产品型、准公共产品型和营利经营型；二、分为行政执法类、完全公益类、公益服务类和经营开发服务类；三、分为监督管理、社会公益、中介服务、生产经营等。而有的将事业单位分为三类，有毛寿龙教授提出的："有执行政府职能的法定单位、提供公益服务的公益单位、可以企业化运作的营利单位等三个类型。这三个类型中，公益单位可保持事业法人的身份，法定单位可以转变成政府机构、机关团体法人，营利单位则变成企业法人。除了法定机构外，所有单位都取消行政级别。"①

三类型的划分法，目前已为中央部委的事业单位改革所采用。2004 年国务院有关部门对事业单位进行分类排查，法定单位恢复其政府部门性质，纳入行政编制。营利单位改制转企，推向市场。公益单位进一步划分为三种类型，其中：公益 1 类相当于纯公益组织，政府全额拨款支持；公益 2 类相当于准公益组织，政府差额拨款补贴；公益 3 类相当于半公益组织，以自收自支的方式运作。

上述对事业单位的分类改革，是事业单位组织体制结构性改革，是涉及事业单位本身的改革，是在中央部委首先进行的，之后一些省、市地方政府也在进行中，民族地区旅游事业单位的分类改革的方案也可进行尝试，在理清民族地区旅游事业单位组织的结构状况后，进行清理甄别，重新定位，改制调整。

我国一些学者认为应以非营利组织模式作为我国事业单位改革的目标模式，但也有部分学者提出，这一模式并不是当前推进事业单位改革的最佳选择，认为这仅仅是一个理论上的目标模式。这些学者认为，以"非营利为主导改革事业单位的理论准备不足，宏观环境还不完善，非营利组织自身的'失灵'以及事

① 毛寿龙：《中国政府治道变革的又一重大进展》，人民网 2004 年 9 月 21 日。

业单位的组织性质与非营利组织性质不对称等方面来看，事业单位改革的方向要重新加以审视”。

对民族地区旅游事业单位的改革，要防止两种偏向，一是纯粹为减轻国家财政负担，而将一些能为社会提供最基本公益服务的部门推向市场化、企业化。二是防止将一部分可以直接从事生产经营活动，其产品和服务可以通过市场交易行为换取收入，其公益性弱或不具备公益性的机构，如文物商店、演艺团体等具备转企条件而不转企，反而列入事业单位。对涉及公众基本利益和政府基本职能的旅游事业单位，如那些具有较强社会公益性，承担旅游科学研究和旅游教育，从事旅游文化遗产保护的事业单位，应该定为公益类的事业单位，避免推向市场。

4. 事业单位设置社会化

公共服务社会化是当今世界各国公共事业发展的共同趋势。虽然我国的公共产品和公共服务情况经过 20 多年的改革有所改善，但迄今为止仍然处于主要由政府提供，社会力量的作用尚很微弱的局面。为此，实现事业单位设置社会化，是全国也是民族地区旅游事业单位改革的基本方向或目标。

民族地区事业单位的社会化有两层含义：一是民族地区旅游事业单位要面向社会为社会服务；二是要动员各个方面社会力量兴办各种事业单位，调动各方面的积极性，不断拓展服务范围和扩大规模。贯彻为社会服务的事业，除国家办外，集体、个人也可以办，内资、外资都可以一起上的方针。

笔者在 2006 年 5 月到云南省昆明、大理、丽江、泸沽湖等地实地考察了解到，云南丽江市在事业单位体制改革方面取得了一些成效，如丽江歌舞团 2003 年的整体转制为股份制企业，以及私人创办了旅游文化企业，“东巴宫”股份有限公司和私人的文艺团体——“大研纳西古乐会”民间艺术团体的成立等等。至 2005 年丽江市私人经营旅游文化产业的商家已达 1000 多个，从业人员达1万多人。丽江大研纳西古乐会，经十几年的努力，演出年收入近1000万元，实现利润500多万元。在只有110多万人口的丽江市，不靠国家投资，创建了全靠市场生存的民间艺术团体，是实现事业单位向社会化方向发展的较好先例。

时代要求人们不仅要树立公共服务社会化的观念，还需要培养社会分担自主管理的观念。政府必须从无限政府走向有限政府，真正做到有所为有所不为。有些旅游公共服务事业可推动其走向市场、走向社会。如，娱乐旅游的滑冰场、保健旅游的温泉池等机构，可实行国有资产，私人承包，即可实行民营机构承包国有公共服务事业的方式进行独立经营，用市场竞争取代政府津贴。还有一些公共服务的旅游事业单位，如从事教育培养人才的学校、文物商店、文娱体育表演团等，甚至一部分旅游科研机构，可逐步或部分走向市场，不再全部列入公共支出的范围。而有些旅游公共服务事业可脱离政府部门，交给社会去办，或者政府、社会共同办。

5. 完善事业单位的管理制度

事业单位管理应该向科学化方向发展，逐步建立适应市场经济与现代公共服务要求的事业单位管理机制和运作模式。事业单位的内部管理制度包括：科学民主的事业领导体制与决策体制；竞争性的人事管理制度；有效的成本核算与规范性的经费收支财务管理制度；科学化的绩效评估机构以及多元化的监督机制等。

6. 完善的事业单位法律体系

完善的事业单位法律体系是事业单位健康发展的法律保障。现阶段我国事业单位的法律环境存在立法位阶较低，体系不够健全等问题，应尽快对现行法律法规进行增补、调整和修改。[①]

---

① 吴东民：《我国事业单位非营利组织化改革的冷思考》，载《中国行政管理》2005年第4期。

第五节 民族地区旅游民办非企业单位现状与改革

一、旅游民办非企业单位的范围及类型

有学者据1998年国务院颁布的《民办非企业单位登记管理条例》的规定，认为“民办非企业单位是企事业单位、社会团体和其他社会力量以及公民个人利用非国有资产举办的，从事非营利性社会服务活动的社会组织。”① “目前中国的民间非营利组织主要包括两类：一类是社会团体，另一类是民办非企业单位。在这两类组织中，都既存在那些主要为其会员提供服务的互益性组织，也存在以社会公众为服务对象的公益组织。”② 由此可见，民办非企业单位被列入非营利组织或民间公益组织的范畴。有学者将民办博物馆（院）、从事艺术收藏、展览及交流的民办美术馆（室）、书画雕塑馆（室）、名人纪念馆、名人故居纪念馆、收藏馆，从事艺术发掘、整理、研究、咨询及艺术科研开发的民办艺术研究院等单位，列入旅游民办非企业组织范畴。

以本人实地考察过的云南省大理白族自治州喜洲镇为例，白族民办非企业单位有县文化馆、文化站、周城农民文化宫和“洞经会”等。文化馆原是1939年由严子珍（号苍逸）捐建的“苍逸图书馆”，为借阅图书职能；文化站原属民办公助性质，1984年转为乡（镇）政府文化事业机构，其主要职能是在重大节日

---

① 成志刚：《非营利组织管理研究》，湖南人民出版社，2005年版，第13页。

② 刘熙瑞：《中国公共管理》，中共中央党校出版社，2004年版，第307页。

及民族节日组织群众开展文化活动，并培训农村业余文艺骨干和对社会文化进行市场管理。在站内除开展图书借阅、报刊阅览外，还开展群众服务的台球、乒乓球、录像放映及棋艺等多项文化娱乐活动。周城农民文化宫，是1980年1月由大队自筹资金，州、市资助，村民投入义务劳动力29万余个工日建立的，建成之后组织了业余吹吹腔训练班、业余吹吹腔剧团组织、传统栽秧会、山歌对唱和大本曲演唱等，开展了丰富多彩的文化活动。1984年组织市民间业余文艺汇演，1985年组织省农民文化汇演。1983年至1991年平时每晚为群众放映电影。还组织村民搞摄影展览、文学创作、书画学习、收集整理村史、文艺演出等等。“洞经会”组织，主要是在节日及开展群众文艺活动，如组织演唱经卷，其音乐是经文的“哼腔”、“牌子曲”。

以上说明，民办非企业组织性质是以从事经常性、连续性服务的实体性社会组织为基本特征，它区别于社团组织。

二、民族地区旅游民办非企业单位现状

（一）总量不足，发展不平衡

目前民族地区旅游民办非企业单位总量不足，发展不平衡。它相对于中国汉族地区发展较为滞后，我国民族地区的民办非企业单位无论在规模上还是在分布结构上，都明显不足。目前中国已有的民办非企业单位多分布在东南沿海一带和大中型城市中，广大的民族地区几乎空白。大理白族自治州喜洲镇文化站曾被评为云南省一级文化站，但这种文化站数量不多，不能代表整个民族地区旅游非民办企业的整体情况。目前我国民族非企业组织发展整体速度较慢，其规模和数量尚不能满足我国民族地区旅游的飞速发展。

（二）资源匮乏

民办的旅游非企业组织物质资源的筹集主要来源于民间的自

愿捐助，这在很大程度上取决于公民的自愿性和经济发展水平。目前我国仍属于发展中国家社会主义初级阶段，经济发展水平和公民收入不高，对非政府组织进行捐助的能力有限，致使我国民族地区非企业组织资源匮乏，难以开展工作。

（三）登记注册尚不规范

根据中国的现行法规，民办非企业单位的登记机关是政府民政部门。登记者主要包括民办的医院、学校、研究机构、咨询机构、社会福利机构、中介服务机构等。由于企业登记注册标准较宽，一些理应作为民办非企业单位登记注册的非政府组织（非营利组织）转而作为企业登记注册，而一些社团性质的非政府组织到民办非企业单位登记注册，还有一些非政府（非营利）组织没有办法登记注册为任何一种类型，登记注册存在混乱现象。目前非政府组织登记注册管理急需加强。

（四）组织自身的局限性

"市场有市场作用的盲区，政府有政府效用的先天不足，同样，非政府组织中的民办非企业单位也有自身的局限性。"[①]目前我国民族地区民办非企业单位能力欠发达，缺少管理资源的经验和发展潜能，也不具备合理制订工作方案和实施工作方案的能力，工作效率低、服务质量不高，缺少变革的动力与活力。

三、发展民族地区旅游民办非企业单位的对策

发展旅游民办非企业组织对政府、市场和社会都会起到很好的作用。他们能分担政府的一些职能，使政府从繁杂的微观管理中解脱出来，集中精力搞宏观管理，成为政府在管理社会公共事物中的得力助手。同时，还能够为市场提供公共物品满足社会的

---

① 郭小聪：《发展中国非营利组织的依据、困境与对策》，见《21 世纪的公共管理：机遇与挑战国际学术研讨会文集》，第 355 – 356 页。

特殊需要。他们能发挥拾遗补缺的作用，提供多样化的物品。政府的体制改革，市场经济的进一步完善等等，可以为旅游民办非企业单位的发展提供政治保障和发展的经济基础。针对目前民办非企业单位的现状，我们应该做到：

（一）建立“民办官助”的良性互动的关系

一方面，政府不干预、不包干民办非企业单位的具体业务，让民办非企业单位充满活力，独立自主开展业务。事实证明，中国的非营利组织还不可能完全独立于政府而存在，他们都会在某种程度上依赖政府，尤其在财政上对政府的依赖性更强。我国尚处于社会主义初级阶段，经济不发达，公民个人收入不高，尚没有余力进行捐助。同时，非营利组织自治能力差，经费筹集能力弱，因而政府应该从公款消费中拿出一部分资金资助旅游民办非企业组织，以解决非营利组织的财务危机，为旅游民办非企业组织创造生存和发展的经济环境。另一方面，民办非企业单位要做好政府的助手和参谋，主动为政府分忧，甚至在一定程度上做好政府的监督，建立良性互动关系。

（二）搞好服务，争取社会支持

旅游业的民办非企业组织既没有行政指挥权，也没有经济手段，搞好服务是生存和发展的前提和基础。此外，除政府拨款外，积极争取企业和全社会对社会公益事业的支持，通过捐赠、会费、有偿服务和承接项目等方式扩展资金来源的渠道。

（三）完善法律体系

我国目前非营利组织仅有《社会团体登记管理条例》、《事业单位登记管理暂行条例》、《民办非企业单位登记管理暂行条例》等几部行政法规，法律法规尚不健全。而且，有的法律对非营利组织限制过严。完善的法律体系是民办非企业组织发展的法律保障。

（四）合理分工，相互合作与制约

“合理分工”是指政府只去履行市场和民办非企业单位都无法完成的职能，只在宏观或全局上的关键事件中承担更多的责任，而将微观的管理更多地交给民办非企业组织去完成。将政府不能或不愿做的事情让给民办非企业单位去做，发挥其作用，政府给予充分的授权和支持。

民族地区旅游民办非企业单位如果承担部分原来政府的职能，可同时从政府处获得相应的资源，政府也有责任为他们的发展和规范创造良好的法律政策环境，并在宏观上对经济发展和对公共物品的提供进行调控。政府与民办非企业组织要进行互相合作与制约、互相监督、互相促进，共同增进社会公共利益。民族地区民办、非企业组织应通过增加公开性、透明性和竞争性等手段实现对政府的社会监督。同时，民族地区旅游民办非企业组织要完善自律和互律机制，并接受社会的评估和监督。

第十六章　党和政府对民族地区旅游发展的特殊政策

第一节　党和政府制定少数民族地区旅游特殊政策的原因

一、少数民族地区和汉族地区的差别

少数民族主要聚居在我国的西部地区。西部地区和东部、中部汉族聚居区发展上有三大差距，即经济发展差距、人类发展差距和社会发展差距。我国人类发展较落后的地区主要集中在少数民族聚居地区，有许多因素制约少数民族地区的发展，致使少数民族地区的经济、社会发展水平不高。国家制定了西部大开发战略，以加快少数民族地区经济和社会的发展。西部民族地区蕴藏着独特的自然风光旅游资源和极为丰富的人文旅游资源，将其旅游资源优势转化为旅游产业资源优势，是发展民族地方经济，走“共同富裕”道路的重要途径。为适应国内外形势发展的需要，党和政府制定了少数民族地区发展旅游业的优惠政策，以促进民族地区旅游业的发展，缩小少数民族地区与汉族地区的差距。

二、少数民族地区经济、社会发展相对滞后的形成因素

1．历史因素

从历史来看，少数民族新的社会主义制度是在资本主义以前的各种社会经济形态的废墟上建立起来的。新中国成立前，少数民族聚居区大体分别处在资本主义以前的各个社会形态的不同发展阶段。

2. 自然条件

少数民族地区自然地理环境多自然条件较差、交通不便。我国少数民族聚居区有四个自治区和省份（新疆、宁夏、甘肃、青海）位于祖国西北部，那里的气候干旱，有高山和高度不超过2500米的多属石质荒漠性山地，对周围平原供给物质较少。新疆等省区有多处成片沙漠和荒漠盆地，而冲积平原的范围较小。内蒙古自治区地处蒙古高原，有多处沙漠。西藏位于青藏高原的西部，除有高山、雪域、草甸、草原外，还有高寒荒漠。云南、贵州地处云贵高原，虽气候温和但全境以山地、丘陵地为主，地势起伏较大。广西以山地为主，有“八山一水一分田”的地貌。西部地区（民族地区）较差的自然条件，影响了少数民族经济的发展。

3. 改革开放晚于东部沿海地区

我国的改革开放是由东部沿海地区向内陆地区推进的。20世纪70年代，国家当时对全社会的固定投资额，东部比西部地区高三倍。从1980年起，我国先后在广东省的深圳、珠海、汕头，福建省的厦门和海南省分别建立了5个经济特区；1984年又进一步开放了大连、秦皇岛、天津、烟台、青岛、连云港、南通、上海、宁波、温州、福州、广州、湛江、北海14个沿海城市；1985年后又陆续将长江三角洲、珠江三角洲、闽南三角地区、山东半岛、辽东半岛、河北、广西辟为经济开发区，从而形成了沿海经济开放带。1990年，中国政府决定开发和开放上海浦东新区，并进一步开放一批长江沿岸城市，形成了以浦东为龙头的长江开放带。直到1992年，才决定对外开放一批边疆城市和进一步开放内陆所有的省会、自治区首府城市。

4. 1994 年的分税制改革不到位抑制了西部经济的发展

我国自 1994 年起实行了分税制体制，但在具体操作上又保留了原财政包干体制的因素。随着市场化改革的深入，这种过渡性的分税制体制已经不适应地区经济均衡发展的要求，特别是对西部经济发展形成严重制约。一是税种配置不到位。企业所得税仍按隶属关系划分，不符合分税制体制要求，而且西部地区以中央级国有大中型企业为主，随着经济发展，企业实现利润在不断增长，西部地区不能从中得到好处，而地方企业尽管效益不佳，但出于地方经济利益的考虑，地方政府不得不提供保护，产生“诸侯经济”。二是税权划分不到位。这次分税制改革为了确保国家的宏观调控能力，将地方税权完全集中于中央政府，地方政府只拥有个别税种有限的税权。这样一来，作为西部资源重地，地方政府无法通过资源税率、税收减免等手段，对本地资源开采及销售实施有效调节，也无法通过调高税率，防止利益外流，严重影响了西部资源开发的积极性。三是地方税体系不完善。分税制体制客观上要求建立起中央与地方两级独立运行的理财机制，这必然要求建立起两套完善的税收体系（中央税体系和地方税体系）。从目前来看，中央税体系相对比较完善，而地方税体系则很不健全，地方税收入远远满足不了地方政府支出的需要，财政自给率不断下降，西部地区尤为突出。与此同时，西部地区为了完成中央“两税”任务和缓解财政入不敷出的状况，年年加大税收任务指标，不断加重企业税负，导致税基萎缩，反过来又进一步加剧了西部财政紧张局势。

第二节　缩小少数民族与汉族地区旅游发展差距的意义及其措施

一、缩小少数民族与汉族地区旅游的发展差距的意义

新中国成立以来，民族地区旅游业的发展取得很大的成绩，但是，由于经济基础薄弱、自然生态条件差，社会和经济的发展一直处于相对滞后的状态，总体看来，旅游业的发展在全国比较滞后。

党和国家提出西部大开发战略，为民族地区发展旅游经济和带来了机遇和挑战。

中国共产党十四次全国代表大会首次提出建立社会主义市场经济体制的改革目标，党的“十六大”明确规定了中国现代化发展目标是全面建设小康社会，走“共同富裕”之路。这要求少数民族地区要加快经济的发展，缩小少数民族地区和汉族地区的差距。这是我国社会主义事业的本质要求，也是党的民族政策的基本出发点和归宿。加快中西部地区的发展，特别是实施西部大开发战略，是缩小两类地区差距的重要措施。随着今世界经济全球化、信息化和市场化，我国加入WTO，要与国际接轨，参加国际竞争，必须加快发展民族地区旅游业和发展民族地区经济，以缩小与汉族地区的差距，使少数民族地区旅游业在参与国际竞争中也能立于不败之地。

但是，“共同富裕”并不是平均富裕。由于地区之间发展条件差异甚大，而且人群之间人力资本互有差异，这就决定了民族地区全面建设小康社会的模式、途径以及道路选择不同于东部地

区，或者说不同于汉族聚居地区。“共同富裕”的核心是“共同”，要使民族地区各族人民与全国人民一起能够有共同参与发展的机会、有共同提高发展能力的机会、有共同促进发展水平的机会、有共同分享发展成果的机会。

民族地区全面建设小康社会的含义就是“以人为本”，要提高人均收入水平，提高人类发展能力，提高参与和分享全球经济化及其成果的机会。民族地区全面建设小康的社会基本宗旨是“以人为本，富民为本”，应改变以往以追求 GDP 增长为核心的单一经济追赶方式，改变把民族问题经济化、绝对化和以开发自然资源为中心的传统追赶战略，实施“以人为本”、社会发展优先、投资于人民的新的现代化发展战略。

二、党和政府缩小两类地区旅游业的差距的措施

“政策”概念上人们用了多样的词汇，比如“路线”、“战略”、“方针”、“策略”、“计划”、“措施”等。人们往往把“路线”、“战略”看做是总政策，将“政策”、“方针”看做是“基本政策”，将“策略”、“计划”、“措施”看做是“具体政策”。

长期以来，少数民族地区由于自然、历史、社会发展等诸多因素，一直处于贫困落后状况。为加快民族地区经济的发展，缩小少数民族地区与汉族地区的差距，党和国家制定了很多优惠政策，因旅游业被列为新的经济增长点而制定的相应配套政策如下：

1. 财政方面

（1）国家对民族地区的支柱产业、优势产业和地方特色产业等给予信贷支持和投资支持，发放无息和低息贷款。

以云南丽江为例，为执行中央对民族地区投资、贷款的支持决定，2001－2004 年上半年中国人民银行云南丽江市中心支行丽江银行共发放支持贷款 14.6331 亿元。每年筹集发展旅游专项

资金400万元用于旅游业的发展。

（2）税收、创汇、奖励等方面

国家税务局制定对少数民族新办旅游企业的优惠政策为：一、新办的旅游企业，经过税务机关批准，可以从开始生产经营之日起，减征或者免征企业所得税3年。二、需要鼓励和照顾的，经省（自治区、直辖市）人民政府批准，可以定期减征或者免征旅游企业所得税。三、设在不发达地区的外商投资旅游企业，在法定减免税期满之后，经过国家税务总局批准，在以后的10年中，还可以按照其应纳企业所得税额减征15%－30%。

云南省丽江市认真落实国家税务总局关于落实西部大开发的有关税收政策，由市招商引资局制定了《关于进一步扩大开放、加快发展若干优惠政策》。

（3）制定增加民族自治地区资金投入的倾斜性政策

党和国家制定了以多种方式增加民族自治地区资金投入的政策，使旅游企业包括民营旅游企业获得资金的扶持。

据《中国的民族区域自治》白皮书说，中国政府通过一般性财政转移支付、专项财政转移支付、民族优惠政策财政转移支付以及国家确定的其他方式，增加对民族自治地方的资金投入，促进民族自治地方经济发展和社会进步，逐步缩小与发达地区的差距。

白皮书说，随着国民经济的发展和财政收入的增长，中国各级政府逐步加大对民族自治地方财政转移支付力度。从1995年起，中国政府就设立“民族地区补助费”。1964年设立“民族地区机动金”等专项资金，并采取提高少数民族地区财政预备费的设置比例等优惠政策，帮助民族自治地方发展经济和提高人民生活水平。白皮书说，1980—1988年，中央财政对内蒙古、新疆、广西、宁夏、西藏5个自治区以及云南、贵州、青海3个少数民族比较集中的省实行财政递增10%的定额补助制度。1994年，中国实施以分税制为主的财政管理体制改革，原有对少数民族地区的补助和专项拨款政策全都保留下来。

白皮书还说，中国在1995年开始实行的过渡期转移支付办法中，对内蒙古、新疆、广西、宁夏、西藏5个自治区和云南、贵州、青海3个少数民族比较集中的省以及其他省的少数民族自治州，专门增设了针对少数民族地区的政策性转移支付内容，实行政策性倾斜。政策性转移支付随着国家财力的增长而不断增加。1998年，中央对5个民族自治区和少数民族较为集中的云南、贵州、青海省的一般性转移支付额近29亿元，占全国转移支付总额的48%。

2. 可持续发展方面

可持续发展的政策，也是民族地区发展旅游业的基本政策。可持续旅游发展战略已成为全球旅游发展的共识。它的实质是要求“旅游与自然文化和人类的生存成为一个整体”。①

可持续发展是联合国世界环境与发展委员会在《我们共同的未来》中提出，并在1992年巴西里约热内卢联合国环境与发展大会上得到公认的。其本质内涵是既满足当代人民的需要，又不损害后代人满足其需要能力的发展。它要求人们既要通过发展旅游对当地经济起到积极的促进作用，又必须充分考虑旅游对当地文化遗产、传统习惯和社会活动的影响。

众所周知，旅游业的发展一方面依赖于环境；另一方面由于旅游环境的脆弱性，旅游业发展又给旅游环境带来破坏和影响。因此，对旅游环境不妥善管理和系统保护，势必影响到旅游业发展的持续性。旅游业发展与旅游环境保护这对矛盾对立面应寻求完美和谐的统一，使旅游业得以持续发展。实现经济、社会价值

① 王春峰译：《可持续发展宪章和行政计划》，载《中国旅游报》1995年9月7日。

的同时，维护和发展资源价值和社区文化，从而不但能使旅游目的地当地的居民成为旅游的直接受益者，而且，那里的文化也得以持续发展，反过来进一步促进旅游业可持续发展。

我国少数民族地区被认为是当今旅游资源相对富集的地区，旅游业发展的潜力巨大，有大力发展旅游业的优势。但是，目前少数民族地区在旅游开发贯彻党和国家可持续发展的政策中暴露出一些问题，出现了与旅游业可持续发展相背离的现象。这主要由于目前少数民族地区人们的科学文化素质不高，在开发过程中由于经济利益的驱使，加上对民族文化旅游资源认识不足，以及规划滞后、资金短缺、管理乏力等多种原因，又加之在发展旅游业的过程中急于求成等因素，往往造成对生态环境的破坏，导致民族文化商品化、庸俗化，甚至消失，还会促使人们价值观的退化或遗失等，从而使民族地区未能很好地贯彻执行党和国家制定的旅游业可持续发展的政策。为此，必须提高民族地区人们的环保意识，实现主客参与管理，通过法制观念的教育，提高认识。要求政府部门、管理部门、当地居民和旅游者的全体参与旅游环境保护系统工程。在西部民族地区建立合适的、高效率的旅游业可持续发展管理体系，加强对旅游环境保护的宏观管理，建立、健全与可持续发展有关的法律规范和政策体系；逐步建立并实施西部民族地区旅游业可持续发展评估指标体系；充分发挥“政府主导型”管理模式在实施旅游业可持续发展中的主渠道作用，有步骤地实施旅游业可持续发展战略；加强国际交流与合作，吸取国际先进经验；加强与周边兄弟省、市及沿海发达地区的合作；多途径筹资，以保证充足的旅游环境保护经费；加强科学研究，大力开发生态旅游，以促进西部民族地区旅游业的可持续发展。

可持续发展战略是发展旅游业的重要政策，党和国家十分重视，认真对待。比如，近年来有的学者提出在怒江建坝，进行水电开发，以发展当地的社会经济。国家对此很重视，组织专家进行讨论。在讨论中有的主张建坝，有的反对建坝，很多人士联名呼吁：请保留最后的生态河——怒江。这表明，我国科学技术界正在开始对修水坝和水电站进行反思。经过争论，怒江暂时不开发。这说明党和国家对旅游资源的开发与环境保护的问题很重视。旅游资源既要开发又要保护这一对对立的矛盾要协调统一。

3. 少数民族干部培养方面

党和国家十分重视民族地区旅游人才的培养，因旅游业是西部大开发的重点工程，而旅游业的发展离不开科技的发展和人才的培养。为此，当前西部大开发中旅游业的开发急需旅游人才，“人才、干部是世界上所有宝贵的资本中最有决定意义的资本”。由于社会历史的原因，民族地区干部队伍（包括旅游行政管理干部和旅游专业人才）的素质及总量、结构不能适应当前旅游业发展的需要，尤其是缺少由各少数民族出身的德才兼备的旅游人才。

来自少数民族人民群众中的人才，熟悉本民族的历史和现状，通晓本民族的语言文字，懂得本民族的生活方式和风俗习惯，易于了解本民族人民的疾苦和要求，同本民族人民有着密切的联系和天然的情感，对改变本民族地区落后面貌，建设社会主义现代化，奔小康，走“共同富裕”道路有强烈的愿望。通过少数民族干部能够最好地动员各民族群众参加西部大开发的积极性，使现代化建设顺利进行。对改革开放、民族团结、国家稳定有重要意义，是社会主义事业取得胜利的保证。党和国家十分重视在少数民族地区培养各级干部，尤其是少数民族出身的民族干部，制定了一系列的措施。

（1）构建人才培养体系

构建人才培养体系，也可以说是广辟民族地区培养人才的阵地，目前已形成有高校、大专、职校、旅游培训中心为载体的人才培养体系。

新中国成立以来，已在北京设立中央民族大学，并在西北、西南、中南各设中央民族大学分校一处。原新疆学院已改为民族学院，其他各有关省份也设立民族学院以及少数民族干部专修班、训练班。有关各级人民政府有计划地逐步地整理或设立少数民族的中小学、高等学校等培养阵地。

在我国高等教育结构中，从20世纪50年代开始，创办了一批民族院校，以培养少数民族专门人才为主要任务。此外，非民族院校的其他高校，从20世纪80年代初开始，以近百所高校为主体，承担了少数民族预科教育。对这两类高校的特殊群体——少数民族大学生，高教部指出，应当从“育人为本”的思想理念出发，实事求是地看待、认识和解决他们在学习、生活和成长过程中的诸多现实问题，满足他们一些合理要求。

(2) 实施学历教育和成人培训工程

高校应着力实施旅游高级人才培养计划，重点解决西部民族地区旅游产业发展所需要的领导、管理、策划、规划等高级人才：中等专业学校（含职校）要着力培训（培养）旅游专业从业人员；中小学要着力培训（培养）民族文化的承传人和提高少数民族中小学生的旅游意识。

(3) 对干部进行任前、任职、上岗、转岗等培训

对旅游企业在职员工应进行新技术知识和服务创新的再培训，以提高人才的素质。

(4) 教育部制定了《关于加快少数民族和民族地区职业教育改革和发展的意见》

该《意见》提出了中等职业学校面对农村进城务工人员开展职业教育与培训的措施，提出了《职业教育法》的规章。加快了少数民族地区职业教育的发展。

(5) 加强少数民族教育行政管理干部建设

为培训少数民族教育行政管理干部，国家民委印发了《关于

加强民族教育工作若干问题的意见》，提出了加强对培训少数民族教育行政管理干部的措施，即对少数民族行政管理干部要采取进修、实习、挂职锻炼、干部交流、参观考察等形式，抓紧培养各级民族教育干部，尽快提高管理水平和决策能力。并把锐意改革、政绩突出的干部充实到各级教育部门的领导岗位上来，从中造就一批少数民族的教育家。

（6）国家加强少数民族师资队伍建设

加强少数民族师资队伍的建设，是发展少数民族教育事业，提高教育质量的关键。党和国家十分重视加强少数民族师资队伍的建设，国家民委印发《关于加强民族教育工作若干问题意见》，明确指出："要优先办好民族师范学校，尽快提高民族教师队伍的水平。"为此，国家制定了特殊的政策和措施，主要有：大力发展民族师范教育；加强在职教师的培训提高工作；提高民族地区教师的待遇，对民族学校教职工编制适当放宽；安排内地支援民族地区师资队伍的建设。

（7）教育部制定普通高等学校举办少数民族预科班

民族班是党和国家加快少数民族地区人才培养的特殊政策，对促进民族地区稳定和可持续发展，增强民族团结，维护国家统一具有重要意义。教育部印发了《普通高校少数民族预科班、民族班管理办法（试行）》通知，要求各高校遵照执行。

4．学历文凭与职业资格方面

坚持先培训、后持证上岗，运用法规制度保障旅游业人员素质的提高。

5．引入竞争机制

进行人事制度改革，推进领导干部公开招考和中层干部竞争上岗以及领导干部任期制、试用期制、责任追究制和领导干部自愿辞职、引咎辞职、责令辞职等制度。建立健全干部能上能下、能进能退和有利人才合理流动的科学机制。

6. 对少数民族报考公务员实行政策性倾斜

少数民族人员在报考国家公务员时，对年龄学历还可适当放宽，在笔试、面试、体检、考核等各个环节优先考虑；在预留编制的前提下，少数民族高等学校毕业生到少数民族自治县挂职，经考核合格后，录用到机关工作。

7. 少数民族教育资金的优惠政策

党和国家设少数民族教育资金并进行切块管理，每年拿出一部分资金加强少数民族村、街学校的基础设施建设，提高少数民族教育水平，全面提高少数民族素质。同时安排部分资金免费为少数民族市县义务教育阶段特困生提供教科书，并给民族班寄宿学生发放生活补贴。

8. 加快发展民族教育方面

2002年国务院制定《关于深化改革加快发展民族教育》的决定，其内容：

(1) 民族教育工作确定，以“三个代表”重要思想为指导，其发展目标任务是确立“两基”，即普及九年义务教育和扫除青年文盲。(2) 新时期民族教育工作的基本方针和原则是：坚持实事求是，从实际出发，因地制宜；坚持宗教与国民教育分离原则；自力更生为主，国家扶持与发达地区有关高校对口支援相结合；统筹兼顾，突出重点，与东部和中部地区教育协调发展等原则。(3) 深化改革，其政策措施有：改革办学体制——改变办学主体单一局面，鼓励和支持社会力量办学；支持东部和中部地区社会力量在少数民族地区和西部地区办学；鼓励和引导民族地区群众自费送子女到东部和中部地区求学就读；加快“两基”步伐，增强对民族教育的扶持力度，比如，做好民族预科班的招生工作，采取特殊措施培养少数民族博士、硕士人才。国家公派留学人员工作也向少数民族和西部地区倾斜，重点支持办好中央民族大学；加大对民族教育的投入，贷款向少数民族和西部地区倾斜；进一步加强对民族教育的支援，组织实施“东部地区学校对口支援西部贫困地区学校工程”和“西部地区大中城市学校对口支援本省（自治区、直辖市）贫困地区学校工程”；帮助西藏、新疆加强双语师资特别是汉语教师的培养和支持工作；加强内地西藏班（校）和新疆高中班的工作；加强师资队伍建设；大力推进民族中小学“双语”教学；积极推进民族教育手段现代化进程；大力加强民族团结教育和学校德育工作。（4）加强对民族教育工作的领导，各级人民政府要把民族教育列入政府工作的重要议事日程；加快民族教育立法工作，把民族教育工作纳入法制化轨道。

9．民族贸易和民族用品生产方面

国家为尊重少数民族的风俗习惯和宗教信仰，1963 年确定了 16 个大类、4000 余个民族用品的品种，其中包括与发展旅游业有关的产品，如服装、手工艺旅游商品、乐器等产品，优先保证这些产品生产资金和原材料的供应、减免税收、低息贷款、运费补贴等优惠政策，并帮助建立生产基地。1991 年以来，国家结合改革开放的新形势，对民族贸易和民族用品生产的优惠政策进行了相应调整。1997 年 6 月，国家出台了新的民族贸易和民族用品生产的优惠政策，其中包括在“九五”期间（1996－2000 年）每年由中国人民银行安排 1 亿元贴息贷款用于民族贸易网点建设和民族用品（应包括旅游商品）定点生产企业的技术改造。

10．扶贫方面

国家对少数民族的扶贫政策是：

（1）扶贫资金和物资分配重点向少数民族贫困县倾斜。

（2）安排专项扶贫资金。

（3）扶持开发旅游业。

旅游开发扶贫是一种特殊的开发扶贫方式。民族地区一般具有丰富的旅游资源，其地理分布绝大部分地处边疆地区，并与东南亚、南亚、中亚和东北亚地区的10多个国家接壤。为此，对外开放具有得天独厚的优越条件。国家除了对少数民族地区的补助和专项拨款政策全都保持下来外，还制定支持民族贫困地区开发旅游区政策，推动民族贫困地区发展旅游业，以增强自我发展能力。国家制定协助民族贫困地区积极开展同国际组织在少数民族贫困地区扶贫开发的合作政策，并组织东部省、市同少数民族地区开展扶贫协作，促进旅游业发展。

三、执行民族地区旅游业优惠政策存在的问题和建议

（一）执行民族地区旅游业优惠政策存在的问题

党和国家为促进民族地方经济发展，制定了许多优惠政策，如财税优惠（“补助费”、“机动金”、“转移支付”、“专项拨款”、“减免税收”），金融优惠（发放无息和低息贷款），民族贸易和民族用品（包括旅游商品）优惠（利润留成和价格补贴），扶贫优惠（贴息贷款倾斜政策），教育经费照顾等政策。以上这些优惠政策虽不是全为旅游业制定，但是，与旅游业有关，旅游业可以享用。尤其是1999年的中央经济工作会议，旅游业被列为新的增长点之后，各地方政府进一步贯彻中央对民族地区旅游业的财税优惠政策，加大了对旅游业的投资力度和信贷支持，并通过以税收等财政机制给予多方面支持，以减税让利为主要内容，形成了优惠幅度大、针对性强、内涵丰富的旅游业优惠政策体系。主要税式支出有：税收豁免、税收扣除、税收抵免、优惠税率、优惠退税、直接补贴与财政奖励等，有力地推动了当地旅游业的发展取得很大成绩。但改革开放，建立社会主义市场经济，国家给予民族区域自治地方的优惠政策，在实施过程中也遇到些困难，存在些问题，主要表现在以下几个方面：

1. 财税优惠政策贯彻落实不够理想

国家对少数民族地区财税方面制定了许多优惠政策，有些地方贯彻落实得不够好。以广西壮族自治区贯彻民族贸易和民族用品（包括旅游商品如民族服装、鞋帽、手工艺品等）的生产优惠利率贷款执行情况为例，据调查，“目前大部民族贸易企业及民族特需品定点企业没有新增的扶贫贴息贷款”。① 根据2002年国家民委《关于确定“十五”期间第一批全国少数民族特需用品定点生产企业的通知》精神，“广西有129家民族用品生产企业列入享受优惠政策范围，比‘九五’期间减少64家。到2003年6月末止，有正常贷款发放额能获得利息补贴的企业仅有39家，占比例仅为30.23%。2002年末，全区民族贸易和民族特需用品贷款余额为7427.3万元，比上年减少1916.64万元，减0.21%，人民银行共补贴利息257.66万元”。② 民族贸易民族特需用品贷款发放处于下降趋势，说明了有些企业没有享受政策优惠，金融优惠政策贯彻落实的不够好。其原因作者认为有以下几点：

（1）民族地区资金实力所限

《民族区域自治法》第五十七条规定：“国家鼓励商业银行加大对民族自治区地方的信贷投入，积极支持当地企业的合理资金需求。”但是，这条规定没有具体实施细则，目前一些商业银行仍实行全国统一的无差别的信贷政策和管理体制，而民族地区经济基础比较薄弱，资金实力有限，注册资本往往成为民族地区得到优惠贷款的限制条件，以致获得贷款难度大。

---

① 人民银行南宁中心支行课题组：《切实加大银行信贷投入，积极支持广西经济发展——浅议民族区域自治法的有关金融优惠政策》，载《广西金融研究》2003年第11期。

② 人民银行南宁中心支持课题组：《切实加大银行信贷投入，积极支持广西经济发展——浅议民族区域自治法的有关金融优惠政策》，载《广西金融研究》2003年第11期。

(2) 银行经营商业化目标与优惠贷款政策错位

市场经济条件下信贷资金必须坚持有效性和偿还性，银行发放的优惠贷款采取“谨慎发放，逐步收缩”的态度，尤其是对那些拖欠贷款本息严重的、不符合商业银行贷款要求的就停放优惠贷款。然而，民族地区，往往是边远地区、贫困地区、条件差、技术力量弱等各方面因素，造成管理不善，亏损而不具备贷款条件。

(3) 宣传、检查、督促不到位

据调查了解，有些民族地区民委、企业不了解也不重视优惠利率政策，一直没有提出申请，银行方面也没有积极宣传，促进优惠政策的落实。比如，广西玉林市 2001 年至 2003 年期间有 5 家具备正常贷款的民族特需用品企业而没有一家提出申请利息补贴额。

2. 国家尚未制定小旅游交通的税收优惠政策

目前，西部民族地区交通普遍滞后，假日期间交通紧张。为此，必须加快建设民族地区城市通往景区的交通以及景区内部的交通、景区之间的交通等小交通。而“目前国家在这些小旅游交通上根本没有税收优惠”。①

(二) 加大对民族地区旅游业优惠政策的建议

1. 做好宣传服务工作

民族地区各级政府要认真做好现有金融优惠政策的宣传工作和配套服务工作。

民族地区地方政府、民委、银行等机构积极开展旅游业的优惠政策宣传，使民族地区旅游企业对优惠政策的申请程序、利差补贴、税收优惠等政策有所了解，以促进优惠政策的执行。

---

① 匡林：《旅游业政府主导型发展战略研究》，中国旅游出版社，2001 年版，第 360 页。

2．放宽标准

商业银行适当降低对民族地区企业资本金和资产负债率的要求，放宽标准，降低对民族地区企业资信等级的要求，适当降低民族地区商业银行在总行的评级标准，使得更多的旅游企业享受优惠贷款。

3．东部地区支援西部民族地区旅游企业发展

组织东部地区给予西部民族地区人力和技术上的帮助，提高西部民族地区旅游企业的技术水平和管理水平，使企业在严峻的市场经济中经得起考验，扭亏为盈。国家制定的优惠政策既符合社会主义经济运行规则要求，同时还得考虑民族区域自治地方的特殊性，避免“一刀切”，体现党和国家对民族地区旅游业的政策是采取“特惠制”而不是“普惠制”。

4．开展扶贫协作

国际组织或东部省、市与少数民族地区开展旅游项目开发协作，实施合作项目，以加快旅游业发展。

5．适当增加少数民族地区扶贫贷款

据说“广西多年来扶贫贷款一直保持8亿元左右，远远不能满足需求。据预测今年广西扶贫贷款的需求达20亿元，资金缺12亿元。”① 为此，建议对少数民族地区，尤其贫困地区应适当增加扶贫贷款。

---

① 人民银行南宁中心支行课题组：《切实加大银行信贷投入，积极支持广西经济发展——浅议民族区域自治法的有关金融优惠政策》，载《广西金融研究》2003年第11期。

结 语

构建服务行政，实现旅游业的公共管理是为了完善民族地方自治制度，加快旅游业的发展，从而以发展民族地方经济，奔向小康社会，实现现代化，走共同富裕的道路。

在20世纪的最后20多年，伴随着全球化、信息化、市场化以及知识经济时代的来临，西方各国进入公共部门管理，尤其是政府管理改革的时代。20世纪末，西方国家“新公共管理运动”的思想理论开始大量传入我国，对我国的政府管理带来了日益巨大的冲击和挑战。新的历史时期对党和政府的各项工作提出了新的要求，新时期要建立适应社会主义市场经济的公共管理体系，要进行政治体制改革和经济体制改革，要构建服务型政府和服务型旅游行政管理。国有企业体制要改革，打破独家经营方式，实现经营主体多元化的公共管理。旅游业的公共管理，除行政管理部门的职能要建立“以人为本”的服务形式外，还要鼓励和引导民营部门积极参加旅游业的管理。

民族地区在转轨时期在体制改革，构建服务行政，创建旅游业公共管理方面取得了不少经验。笔者文中总结归纳了其主要采取的对策是：首先解决好理论层面问题以及政府管理体制问题；协调好政府与市场、政府与企业、政府与社会、中央与地方的关系；推行电子政务；科学合理开发与人力资源开发并实施可持续发展战略等等。

构建服务型政府，实现旅游业的公共管理，则要大力发展社会主义市场经济，要逐步由计划经济走向市场经济，为市场经济发展创造了良好环境条件，使经济增长方式，由政府主导逐渐向市场主导转型，发挥市场在资源配置中的作用。有的民族聚居地区或民族较多的省份，比如，云南省经过“九五”、“十五”规划实施政府主导战略，促进旅游市场发育，使市场发育由初期阶段进入了中期阶段，具备了由“政府主导”向“政府引导”转型的条件，为尽快向市场主导转型创造了良好的环境条件。由于民族地区旅游业发展不平衡，有些地方旅游业发展相对滞后，市场发育仍停留在初期阶段，旅游业应继续实施“政府主导”战略。

民族地区旅游业的发展要遵循社会主义的市场经济规律。所谓社会主义的市场经济，即指以公有制为主的，经营主体多元化的市场经济。笔者认为，民族地区改革开放以来，旅游业的发展之所以取得新的成效，其成功的经验，主要是依据市场经济的规律来发展旅游业。市场经济是通过市场经济机制的作用进行资源配置。市场机制是通过价格机制、竞争机制、风险机制、供求机制等来发挥其对资源配置的自动调节器的作用。关于民族地区旅游业如何依据社会主义市场经济特点与规律，笔者谈了以下几个方面的问题：

1. 发挥市场在资源配置中的基础性作用

要完善社会主义市场经济体制，最重要的就是要更好地发挥市场在资源配置中的基础性作用，使企业成为真正的市场主体，实现政企分开、政资分开。政府要进一步转变职能，不再充当资源配置主角，不直接干预企业的生产经营活动，而是要尊重价值规律。价值规律是商品经济或市场经济运行的基本经济规律。价值规律会对整个社会经济运行产生基础的调节作用。在计划经济时代，价值规律不起作用，调节的是国家的指令性计划。实行计划经济在20世纪改革开放以前发挥了一段积极作用，但是，社会在发展，计划经济的弊端日显突出。为进一步解放生产力，1979年改革开放以来，用市场经济取代计划经济，运用支配经济运行的客观规律——价值规律，来调节社会生产和流通。事实证明，价值规律会更有效地利用和配置资源。改革开放后的近30年间，经济发展平均增速达9.4%，这足以证实，以市场经济取代计划经济的必要性。

什么是社会主义市场经济中支配经济运行的客观规律中最主要的价值规律呢？其含义是商品和服务的价格随着供求关系的变化而波动。供过于求时下跌，供不应求时上涨。各个企业根据市场价格的变动，决定和调整自己的生产和经营，从而维系社会生产和社会需求的平衡。恩格斯在《反杜林论》中说过，“价值规律正是商品生产基本规律。”① 为此，经济工作要遵循客观规律，首先就是要遵循价值规律以及相关的供求规律、竞争规律等。

2. 通过竞争机制发挥其对资源配置自动调节作用

竞争是效率的保障。竞争机制是指通过市场主体为追逐自身的最大经济利益而展开的利益争夺行为和优胜劣汰的竞争结果来实现资源最优配置的机制。竞争机制的存在及其发生作用，是价值规律和市场机制发挥作用的基本条件，是社会资源有效配置的必要前提。在市场经济中，竞争具有普遍性。这里试以民族分布较多的省份——云南省为例，介绍其遵循市场经济规律，提高旅游业竞争能力所采取的主要措施：

(1) 整合旅游资源，向着培育和建设旅游大企业目标迈进，具体措施有：

a. 加快国有资产的改革步伐，加大旅行社的整合力度。

例如，将西双版纳傣族自治州原有的61家旅行社，重组成4家旅行社集团；昆明市探索性地把盘龙江旅行社整体资产以拍卖的方式出让给个体经营者；首家导游服务公司在昆明成立，同时加快推进全省旅行社批零体系的改革工作，正拟订出台《旅行社

① 《马克思恩格斯选集》第3卷，人民出版社，1972年版，第351页。

批零体系的改革方案》。

b．加大旅游集团公司整合力度

除对省三大旅游集团整合外，还应制定全省旅游行业指导性整合方案。

c．积极推进政企分离的宾馆饭店改革，目前已有金山宾馆、金利酒店、锦华酒店等宾馆通过股权转让或出售方式进行改造。

d．推进景区景点经营权和所有权分离

鼓励多种所有制和外来资金参与开发，改变景区管理模式和经营体制。

（2）加大旅游开发建设力度，不断培育旅游精品

首先抓规划，其次以大项目带动大发展。2004 年全省确立 36 个旅游重大招商引资项目，旅游投资正逐渐向外资和民营等多元化投资方向发展。再次加大区域旅游合作。全省旅游行业抓住建设中国——东盟自由贸易区等机遇，积极邀请东盟国家来滇参加中国昆明国际旅游文化节，参加大湄公河次区域旅游工作组第十五次会议和第九届湄公河论坛，参与澜沧江——湄公河跨国旅游线、越南北部三省的旅游合作考察，积极落实中泰联合之旅的有关合作协议内容，与泰国共同组织了 50 多辆的昆曼自驾车旅游考察团，支持省内有关单位组织了中南半岛自驾车旅游的考察等。鼓励州市积极开展国际旅游区域经济合作，比如，委派西双版纳傣族自治州参加万象经贸洽谈会、德宏与缅甸成立了中缅跨境旅游协调领导小组，加强边境旅游的互动管理，云南省与东盟国家以及大湄公河次区域的合作得到进一步加强。与此同时，在国内也开展区域合作，如川滇藏“中国香格里拉生态旅游区”合作，还形成《泛珠三角区域旅游合作（广州）宣言》。

3．供求机制

供求机制是指在供求双方的矛盾运动中，通过供给不断追逐和适当需求而达到供求均衡的机制。要灵敏地、及时地反映社会

经济运行的内在矛盾，为生产者和消费者生产行为和消费行为提供信号，指示方向，并通过其他机制的交互作用，来实现社会资源的有效配置。供求机制也是市场机制的规律，要遵循这个规律。影响供给与需求的因素有多种。2004 年，云南省丽江市星级酒店不断增加，在淡季出现接待量大于客源量，供大于求的现象，应通过其他机制，实现供求均衡。

笔者认为，民族地区旅游业发挥市场机制作用必须具备以下条件：

首先，旅游市场运行要规律化、秩序化，要依法规范市场经济活动。

市场机制的正常运行，需要全方位的市场运行规律来保证正常的市场秩序。如果经济运行缺乏规则或规则不健全，势必引起市场的无序和混乱，干扰正常的市场竞争环境的形成。因而市场机制充分发挥作用需要社会和民族地方政府运用经济政策和经济法规，规范市场主体特别是生产经营主体进入市场的资源条件，参与竞争的行为和退出市场竞争的条件及其善后措施。因为现代市场经济是法制经济，社会主义市场经济也是法治经济。市场经济只有在法治轨道上运行，才能比较有效地发挥其积极作用，减轻因其自发调节带来的种种消极作用。市场经济是竞争经济，实行公平竞争，以提高效率。这就必须对如何竞争进行规范，形成有效的竞争规则。社会主义市场经济只有在法治轨道上运行，才能保证其健康发展。

1997 年，党的十五大确定了依法治国的方略，这是我国从人治转为法治的重大转变。与此相适应，党的十六大提出，要适应社会主义市场经济发展，社会主义全面进步和加入世贸组织的新形势，加强立法工作，提高立法质量，到 2010 年形成有中国特色社会主义法律体系。这个法律体系要符合市场经济规律的要求，为巩固社会主义市场经济这个经济基础服务。

民族地区或民族分布较多的省份，以云南省为例，认真贯彻党的十六大精神，在加大旅游市场秩序整治，依法行政方面做了大量工作，比如，下发了《2004 年云南省整顿和规范旅游市场秩序工作方案》等有关文件，修订了《云南省旅游业管理条例》，还出台了《云南省旅游行政主管部门行政许可监督检查暂行规定》和《云南省旅游行政主管部门实施行政许可责任追究暂行规定》等一系列配套制度，提出了规范化的行政决策和制度，用法律法规确定大家的共识和行为准则。

其次，加强国家宏观调控，落实科学发展观，促进民族地区国民经济平稳、较快发展。

现代市场经济并不是完全放任由市场机制调节，而是要有国家的宏观调控。社会主义市场经济也是这样。宏观调控是发挥市场机制具备的条件之一。

什么是宏观调控？国家的宏观调控，可以概括为：是要促进国民经济的平稳发展。因在经济稳定条件下，市场信号比较稳定、准确，市场有效配置资源的功能可以较好地发挥，从而有利于促进经济增长，实现旅游业较快发展。

国内外实践表明，在市场经济条件下，要很好处理增长与稳定的关系，既要促进经济增长，又要保持经济稳定。从长远看，要在经济稳定中求增长。

在社会主义市场经济中，要搞好宏观调控，就要树立和认真落实科学发展观，实现全面、协调、可持续发展。

在市场经济条件下，主要采用经济和法律手段进行宏观经济调控。这同在计划经济条件下国家主要运用行政手段调节社会经济活动有根本区别。市场经济条件下，政府（包括民族地方政府）在发展旅游产业方面，可以运用制定产业政策，以改善产业结构，加强薄弱环节来实现宏观调控。现以西部地区产业结构调整的政策选择为例。

西部地区是少数民族聚居区或少数民族分布较多的省份，地方政府抓住中央实施西部大开发的历史契机，分析自身条件，突出地区优势，以发展为主题，结构调整为主线，以创造竞争优势为出发点，西部各省区市产业结构的调整对策是：优化第一产业，强化第二产业，发展第三产业。第三产业是庞杂的产业部门，必须突出重点，选择突破口，才能将有限的财力资源，以较低的投入成本带动较多的产业发展，才能实现良性循环，而旅游业正是发展第三产业的突破口。

民族地区地方政府对旅游业实行宏观管理，是指要从促进国家旅游事业发展的角度来管理旅游活动。在旅游行业管理方面，要制定促进旅游业发展的各项政策，对旅游服务企业要进行间接调控与管理。例如，制定对景区、景点和服务设施采取经营转让、特许经营、土地优惠等政策，并鼓励国内外投资者参加景区的成片开发和线路改造，保护景区生态环境。开放旅游产品市场，对国内外参与旅游景区建设和兴办旅行社的经营者要放宽政策，降低门槛成本，鼓励兴办中外合资、外商独资的旅行社以及经营旅游部门等等的政策，调整旅游产业的结构，使由国有企业独家经营向形成多种所有制形式的旅游企业并存和相互竞争的格局转换，促进旅游业的发展。

通过发展旅游产业，增加旅游产业从业人员，转移农村剩余劳动力，增加就业率，以旅游业拉动服务业为主体的第三产业发展，实现调整和优化产业结构，稳定物价，保持国际收支平衡，也是宏观调控的主要目标。

参考文献

一、英文

1. Bozeman, B. & stranssman, D. J (1990) Public Management strategies: Guidelines for Managerial Effectiveness, San Francico Jossey - Bass Publishers. P214.

2. Choy, Dexter J. L, Alternative Roles Of National Tourism Organizations, TOURISM MANAGEMENT [J] 1993. 14/5. P 357 - 365.

3. Dieke, Peter U. C. Rejoinders And Commentary: Tourism Development Policies In Kenya, ANNALS OF TOURISM RESEARCH. [J]. 1992. 19/3. 5 P 58 - 561.

4. Duncan Tyler, Yvonne Guerrier, Martin Robertson, Managing Tourism in Cities: Policy, Process and Practice Elliott, James, Government Management of Tourism - - A Thai Case Study, TOURISM MANAGEMENT. 1987. 8/3. P 223 - 232.

5. Graburn H H Nelson. The Ethnographic Tourist [J]. Dann G M S Tourist as a Metaphor of the social world [J]. Trowbridge: Cromwell press. 2001: P 12 - 16.

6. Hood Christopher (1998), The Art of the state: cultwer Bhetoric and Public Marlagement Oxford: (larement Press. P3)

7. Inskeep Edward. Tourismplanning: Anintegrated and sustainable Development Approach, Van Nostrandrein hoid. Newyork 1992.

8. Jan - Erik Lane (2003). New Public Management, Londsn:

Rout Led ge, P. 3.

9. Jan – Erik Lane (2003). New Public Management, Londsn: Rout Led ge, P. 3.

10. J. Adel Br? oa, B. Junquera "Managerial environmental awareness and cooperation with public governments in Spanish industrial companies "[J] Technovation 22 (2002) 445 452. Accountability, open University Press, P. 50.

11. Jan – Frik Lane (2003). New Public Management, London: Rout Led ge P3.

12. Lester M. salamon & Helmut K. Anheier, The Emerging Non – Profit. Sectorian Oierview. Manchester Vniv. Press. 1995. P14 –15.

13. Lester M. salamon & Helmut k. Anheier, The Emerging Non – Profit. Sectorian Oierview. Manchester: Manchester Vniv. Press. 1995. P14 – 15.

14. (Volunlcary Organizations)(注) Wolfenden Committee, the Future of Voluntary Organizations, London; Croom Helm, 1978.

15. Madrigal, Robert, Resident's Perceptions And The Role Of Government, ANNALS OF TOURISM RESEARCH, [J]. 1995. 22/1. 86 – 102.

16. McKercher, Bob; Ritchie, Megan. "The Third Tier Of Public Sector Tourism: A Profile Of Local Government Tourism Officers In Australia" JOURNAL OF TRAVEL RESEARCH, [J]. 1997. 36/1. 66 –72.

17. Max Weber ; The theory of social and economic organization, translated by A. M. Henderson and Talcott Parsons ; edited with an introduction by Talcott Parsons. [monograph]. London : Collier – Macmillan Ltd. ; New York : Free Press, 1964.

18. Michela Arnaboldi, Giovanni Azzone, Alberto Savoldelli " Managing a public sector project: the case of theItalian Treasury Ministry" [J] International Journal of Project Management 22 (2004) 213 223.

19. Mark Halla, Robin Holtb, David Purchasea "Project sponsors under New Public Management: lessons from the frontline" [J] International Journal of Project Management 21 (2003) 495 502.

20. Nash D. Anthropology of tourism [M]. Kidlingdom: Pergamon press. 2001: 1-2.

21. Owen E. Hughes Public Management and Administration (second Edition) st Martin's press inc. 1998. P5.

22. R hodes, R. A. W (1999). Understanding Governance: Policy networks, Governance, Reflexivity and. Reports: US Policy For The Future Of Tourism, TOURISM MANAGEMENT [J]. 1993. 14/5. 396-400.

23. R hodes, R. A. W (1999), Understanding Governance: Policy networks, Governance, Reflexivity and Accountability, open university press. P50.

24. W. F. Brubaker, "Free ride, Free rerelation or goldon rule", Journal of law and Economics, 18 (April): 147-161, 1975.

二、中文

1. 安瑞娟：《中国非政府组织发展中现存问题的分析》，载《哈尔滨商业大学学报》（社科版）2004 年。

2. 保继刚：《发展中国家旅游规划管理》，中国旅游出版社，2003 年版。

3. 北京行政学院公共管理研究部：《服务型政府——公共管理论评》，中央编译出版社，2005 年版。

4．北京市政府体改办：《北京旅游业改革路还有多长》，载《首都经济杂志》2001 年第 12 期。

5．蔡家成：《我国旅游业管理体制建设的基本思想》，载《人文杂志》2001 年第 3 期。

6．常土言：《中国政府改革——走向责任政府》，载《中国评论》2003 年第 10 期。

7．车亮：《旅游景区经营权出让年限的深层思考》，载《旅游管理》2003 年第 2 期。

8．陈振明：《公共管理——一种不同于传统行政管理的研究途径》，中国人民大学出版社，2003 年版。

9．陈振明：《公共管理学原理》，中国人民大学出版社，2003 年版。

10．陈振明：《公共管理学》，中国人民大学出版社，2003 年版。

11．陈凌芹：《绩效管理》，中国纺织出版社，2004 年版。

12．陈昆玉等：《我国旅行社组织变革分析的新范式——企业流程再造的应用》，载《旅游管理》2003 年第 3 期。

13．陈福义：《中国旅游资源学》，中国旅游出版社，2003 年版。

14．陈庆云：《强化公共管理理念，推进公共管理社会化》，载《中国行政管理》2001 年第 12 期。

15．陈国新：《党在民族地区执政能力建设的特殊任务》，载《大理学报》2005 年第 4 期。

16．成志刚：《非营利组织管理研究》，湖南人民出版社，2005 年版。

17．程祥国：《国际新公共管理浪潮与行政改革》，人民出版社，2005 年版。

18．成思危：《中国事业单位改革——模式选择与分类引导》，民主与建设出版社，2000 年版。

19. 迟福林：《2005 中国改革评估报告》，外文出版社，2005 年版。

20. 迟福林：《门槛——政府转型与改革攻坚》，中国经济出版社，2005 年版。

21. 褚张莉：《转型时期我国第三部门的兴起及其社会功能》，载《社会科学》（上海）2000 年第 9 期。

22. 戴斌：《中国国有饭店：市场化进程的战略调整》，载《旅游管理》2003 年第 6 期。

23. 邓祝仁：《“东亚模式”和政府主导型旅游发展战略》，载《桂林旅游高等专科学校学报》2000 年第 2 期。

24. 丁元竹：《非政府公共部门与公共服务》，中国经济出版社，2005 年版。

25. 董进云、魏天顺：《云南旅游业迅速成为支柱产业》，载《经济日报》1995 年 11 月 30 日。

26. 董克用：《公共治理与制度创新》，中国人民大学出版社，2004 年版。

27. 董冲：《从美国产业投资基金看中国旅游发展基金市场化》（上、下），载《旅游管理》2005 年第 4 期。

28. 方盛举：《论民族自治地方政府行政理念的创新》，载《中共云南省委党校学报》2004 年第 5 期。

29. 盖玉妍：《中小型旅行社生存发展的关键》，载《旅游管理》2003 年第 4 期。

30. 盖玉妍等：《培育核心能力——中小旅行社生存与发展的关键》，载《旅游管理》2003 年第 4 期。

31. 高维忠：《论我国旅行社企业国际化经营中的政府作用》，载《旅游管理》2003 年第 3 期。

32. 葛全胜：《新世纪我国旅游业发展新因素与新格局》，

载《旅游管理》2005 年第 1 期。

33．万鹏飞：《地方政府改革：一种全球性的透视》，载《公共管理评论》第一卷，清华大学出版社，2004 年版。

34．郭来喜、刘锋：《中国旅游创新体系研究》，载《海峡两岸跨世纪地理学术研讨会论文集》1999 年。

35．郭伟：《旅游地复合系统开发运行协调机制研究》，载《旅游管理》2003 年第 6 期。

36．郭小聪：《发展中国非营利组织的依据、困境与对策》，载《“21 世纪的公共管理：机遇与挑战”国际学术研讨会文集》，第 355 – 356 页。

37．郭华：《我国民营旅游企业发展现状及其战略对策》，载《经济问题探索》2005 年第 4 期。

38．郭华：《我国旅游上市公司多元化经营战略的选择》，载《旅游管理》2003 年第 6 期。

39．国家教育行政学院编著：《建设中国特色公共服务型政府》，中央文献出版社，2005 年版。

40．国家行政学院电子政务研究中心编著：《电子政务理论与实践》，党建读物出版社，2003 年版。

41．国家行政学院电子政务研究中心编著 ：《电子政务案例分析》，党建读物出版社，2003 年版。

42．国家旅游局：《2004 年关于西藏旅游发展情况的调查报告》2004 年 9 月。

43．国家旅游局赴藏调研考察团：《关于西藏旅游业发展情况的调查报告》，载《中国旅游报》2005 年 4 月 21 日。

44．国务院新闻办公室 2005 年 2 月 28 日发表《中国民族区域自治》白皮书，国家民委副主任吴仕民介绍该白皮书。

45．郝索：《论我国旅游产业的市场化发展与政府行为》，载《旅游学刊》2001 年第 2 期。

46. 何云峰：《当前我国非政府组织发展面临的主要问题》，载《上海师范大学学报》（哲社版）2004 年第 4 期。

47. 侯志强：《旅游资源开发与保护的均衡选择和制度创新》，载《旅游管理》2003 年第 3 期。

48. 胡为雄：《非政府组织：一种新的上层建筑形式》，载《现代哲学》2002 年第 2 期。

49. 胡仙芝：《“全国政务公开理论与实践”研讨会综述》，载《中国行政管理》2000 年第 12 期。

50. 黄秋昊：《试论旅游资源开发中的政府管理》，载《旅游管理》2003 年第 5 期。

51. 黄健荣：《公共管理新论》，社会科学文献出版社，2005 年版。

52. 黄健荣、梁莹：《建构问责政府：我国政府创新必由之路》，载《社会科学》2004 年第 9 期。

53. 黄达强、许文惠：《行政学课程辅导材料》，载《中国行政管理》1987 年第 11 期。

54. 郝索：《关于我国旅游产业组织结构的思考》，载《旅游管理》2005 年第 3 期。

55. 胡锦涛：《在中央民族工作会议暨国务院第四次全国民族团结进步表彰大会上的讲话》，载《人民日报》2005 年 5 月 28 日。

56. 侯卫真：《电子政务的建设与发展》，中国人民大学出版社，2006 年版。

57. 贾生华、邬爱其：《制度变迁与中国旅游产业的成长阶段和发展对策》，载《旅游学刊》2002 年第 4 期。

58. 贾凌民：《21 世纪的公共管理：政府管理理念转变与创新》，载《中国行政管理》2004 年第 6 期。

59. 蒋莎：《发展旅游业：政府缺位、错位与到位》，载

《旅游管理》2005 年第 8 期。

60. 金碚：《从现代企业制度在内的逻辑认识政企关系》，载《上海证券报》1997 年 11 月 4 日。

61. 景普秋：《中国旅游业结构特征与调整方向》，载《旅游管理》2003 年第 2 期。

62. 景云祥：《负责政府及其公务员职责》，载《学习与探索》2004 年第 1 期。

63. 雷德、袁珈玲：《广西旅游业实施政府主导战略对策探析》，载《广西旅游在线》2005 年 4 月 25 日。

64. 李鹏：《新公共管理及应用》，社会科学文献出版社，2004 年版。

65. 李玉新：《旅游集团化经营的优势分析和实现模式的探讨》，载《旅游管理》2003 年第 3 期。

66. 李玉新：《旅游业集团化经营的优势分析和实现模式的探讨》，载《旅游管理》2003 年第 3 期。

67. 李春林：《中国民族自治地方行政管理》，内蒙古人民出版社，2004 年版。

68. 李德洙：《牢牢把握民族工作的时代主题》，载《学习时报》2004 年 3 月 15 日。

69. 李宝元：《现代公共人力资源开发与管理通论》，经济科学出版社，2003 年版。

70. 李扬：《社会转型时期非营利组织的作用及健康发展的条件》，载《湖北社会科学》2003 年第 5 期。

71. 李云娅：《中国旅游业管理与国际接轨之我见》，载《旅游管理》2003 年第 5 期。

72. 黎洁：《旅游企业经营战略管理》，中国旅游出版社，2001 年版。

73. 梁留科：《现代旅游产业发展中政府角色定位研究》，

载《西北农业科技大学学报》2005 年第 4 期。

74．林渊：《电子政府与信息服务职能》，载《行政论坛》2002 年第 5 期。

75．刘熙瑞：《中国公共管理》，中共中央党校出版社，2004 年版。

76．刘玉浦：《公共管理与社会发展》，中央编译出版社，2005 年版。

77．刘玉浦：《公共管理与和谐社会》，中央编译出版社，2005 年版。

78．刘靖华：《中国政府管理创新——总论》，中国社会科学出版社，2004 年版。

79．刘靖华：《中国政府管理创新——管理卷》，中国社会科学出版社，2004 年版。

80．刘锋：《中国西部旅游发展战略研究》，中国旅游出版社，2001 年版。

81．刘锋：《新时期旅游开发创新思考》，中国旅游资源网。

82．刘锋：《关于玉溪旅游业发展的几点思考》，在玉溪旅游发展研讨会的发言稿，1999 年。

83．刘纬华：《关于社区参与旅游发展与若干理论》，载《旅游学刊》2000 年 15 卷 1 期。

84．刘振礼：《旅游对接待地的社会影响及对策》，载《旅游学刊》1992 年第 3 期。

85．刘俊月：《现阶段中国非政府组织发展中的政府角色研究》，载《柳州工学院学报》2004 年第 1 期。

86．菱叶：《旅游市场——谁主沉浮》，载《旅游管理》2003 年第 1 期。

87．柳华平：《中国政府与国有企业关系的重构》，西南财经大学出版社，2005 年版。

88. 罗豪才：《行政法与依法行政》，载《国家行政学院学报》2000 年第 1 期。

89. 罗爱东：《西双版纳野绿孔雀野群数量及分布现状调查》，载《生态学杂志》1998 年第 5 期。

90. 陆大道：《谈西部大开发》，载《地理知识》2000 年第 5 期。

91. 马国贤：《政府绩效管理》，复旦大学出版社，2005 年版。

92. 毛寿龙：《中国政府治道变革的又一重大进展》，人民网 2004 年 9 月 21 日。

93. ［美］约朝·克莱顿·托马斯著：《公共决策中的公民参与：公共管理者的新技能与新策略》，中国人民大学出版社，2005 年版。

94. ［美］詹姆斯·W. 费斯勒、唐纳德·F. 凯特尔著：《行政过程的政治——公共行政学新论》第二版，中国人民大学出版社，2002 年版。

95. ［美］B. 盖伊·彼得斯著：《政府未来的治理模式》，中国人民大学出版社，2001 年版。

96. J. S. 密尔：《政治经济学原理及其若干对社会哲学的应用》，世界书局，1936 年版。

97. ［美］理查德·A. 马斯格雷夫：《财政制度》，上海人民出版社，1996 年版。

98. ［美］迈克尔·麦金尼斯主编：《多中心体制与地方公共经济》，上海三联书店，2000 年版。

99. ［美］哈维·S. 罗森：《财政学》，中国人民大学出版社，2000 年版。

100. 《努力建设社会主义新西藏——中共西藏自治区党委书记杨传堂答本报记者问》，北京《学习时报》2005 年 8 月 8 日。

101．欧阳雄飞：《行政管理学基础知识》，载《中国行政管理》1988 年第 6 期。

102．欧黎明：《地方政府在政企关系中的角色定位》，载《云南行政学院学报》2000 年第 3 期。

103．浦再明：《政企关系引论——政企分离及其深层问题研究》，载《战略与管理》2001 年第 5 期。

104．任进：《中国非政府公共组织的若干法律问题》，载《国家行政学院学报》2000 年第 5 期。

105．任进：《“社会管理和公共服务改革”理论研讨会综述》载《中国行政管理》2004 年第 10 期。

106．沈亚平：《社会转型与行政发展》，南开大学出版社，2005 年版。

107．史振厚：《试论发展农村非政府组织的必要性》，载《农村经济》2005 年第 2 期。

108．宋锦洲：《公共政策、概念、模型与应用》，东华大学出版社，2005 年版。

109．宋振春：《现代旅游管理学》，青岛出版社，2001 年版。

110．孙宝文：《促进我国旅游业发展的税收对策研究》，载《旅游管理》2005 年第 4 期。

111．孙钢：《WTO 有关知识以及入世对旅游业有关影响》，载《旅游调研》2002 年第 2 期。

112．唐洪广等：《中国旅游发展笔谈》，载《旅游学刊》2002 年第 5 期。

113．唐洪广等：《中国旅游行业协会发展的思考》，载《旅游管理》2003 年第 3 期。

114．陶学荣：《公共行政管理学导论》，清华大学出版社，2005 年版。

115. 陶文昭：《电子政府研究》，商务印务馆，2005 年版。

116. 陶学荣：《论公共服务型政府建设途径》，载《甘肃社会科学》2005 年第 3 期。

117. 褚添有：《公共服务绩效管理的保障及克服》，载《理论与改革》2004 年第 6 期。

118. 田孝蓉：《旅游经济学》，郑州大学出版社，2002 年第 8 期。

119. 田世政：《论中国旅游行业管理制度的改革》，载《旅游管理》2003 年第 6 期。

120. 铁木尔·达瓦买提：《解决中国民族问题的成功之路》，载《人民日报》2001 年 6 月 29 日。

121. 滕玉成：《公共部门人力资源管理》，中国人民大学出版社，2003 年版。

122. 王乐夫：《公共管理研究》，中国社会科学出版社，2005 年版。

123. 王名等：《中国社团改革：从政府选择到社会选择》，社会科学文献出版社，2001 年版。

124. 王宏伟、兰丕武著：《行政制度创新与行政改革》，中国商业出版社，2004 年版。

125. 王文长：《西部特色经济开发》，民族出版社，2000 年版。

126. 王行宇：《我国实现责任政府的理念转变与制度保证》，载《云南社会科学》2004 年第 1 期。

127. 王郅强：《坚持科学发展观，强化社会管理和公共服务职能——中国行政管理学会 2004 年年会暨“政府社会管理和公共服务改革”理论研讨会综述》，载《中国行政理论》2004 年第 10 期。

128. 魏小安：《旅游发展与管理》，旅游教育出版社，1996

年版。

129. 魏敏：《旅游企业改革实施 MBO 的探讨》，载《旅游管理》2005 年第 6 期。

130. 吴大华：《西部大开发的法律保障》，民族出版社，2001 年版。

131. 吴锦良：《政府改革与第三部门发展》，中国社会科学出版社，2001 年版。

132. 吴爱明：《公共管理——理论与实践》，山西人民出版社，2004 年版。

133. 吴玉树：《云南可持续发展生态学问题》，载《生态学杂志》1997 年第 6 期。

134. 吴东民：《我国事业单位非营利组织化改革的冷思考》，载《中国行政管理》2005 年第 4 期。

135. 吴殿廷等：《西部旅游开发战略模式的探讨》，载《旅游管理》2003 年第 3 期。

136. 西藏社会科学院：《2004 年中国西藏发展报告》，西藏人民出版社，2004 年版。

137. 西藏社会科学院：《2005 年中国西藏发展报告》，西藏人民出版社，2005 年版。

138. 肖传红、王代远：《关于西藏自治区旅游业发展情况及对策调研报告》。

139. 谢明：《公共政策导论》，中国人民大学出版社，2002 年版。

140. 谢蕾：《西方非营利组织理论研究的新进展》，载《国家行政学院学报》2002 年第 1 期。

141. 新疆新丝路网，政论专栏民族政策（多篇）。

142. 徐红星：《旅游业中的二元结构及公共政策研究》，载《旅游管理》2004 年第 2 期。

143. 徐惠茹:《中国非政府组织在政府职能转变过程中的角度定位》，载《学习与探索》2005 年第 2 期。

144. 许秋红:《我国旅游企业战略联盟初探》，载《旅游管理》2003 年第 6 期。

145. 杨清震:《西部大开发与民族地区经济发展》，民族出版社，2004 年版。

146. 杨卫泽:《政府公共管理理论与实践——来自苏州的报告》，东南大学出版社，2005 年版。

147. 杨福泉:《2004—2005 年云南旅游发展报告》，云南大学出版社，2005 年版。

148. 杨振之:《论我国旅游业结构的优化调整》，载《旅游管理》2003 年第 1 期。

149. 尹向阳:《构建服务型政府的实践与启示》，载《云南行政学院学报 2005 年第 1 期。

150. ［英］史蒂芬·佩吉、保罗·布伦特:《现代旅游管理导论》，电子工业出版社，2004 年版。

151. 云南省人民政府研究室:《2005 年云南年鉴》，云南年鉴社，2005 年版。

152. 云南省人民政府研究室:《2004 年云南年鉴》，云南年鉴社，2004 年版。

153. 云南省人民政府研究室:《2000 年云南年鉴》，云南年鉴杂志社，2000 年版。

154. 云南省统计局:《云南统计年鉴 2002 年》（总第 18 期），中国统计出版社，2002 年版。

155. 云南统计局:《云南统计年鉴 2000 年》（总第 16 期），中国统计出版社，2000 年版。

156. 云南经济年鉴编辑部:《1998 年云南经济年鉴》，德宏民族出版社，1998 年版。

157. 云南省统计局:《2004年云南统计年鉴》，中国统计出版社，2004年版。

158. 余敏江:《我国县级政府管理机制创新析论》，载《重庆社会科学》2004年第1期。

159. 袁文平:《西部大开发中地方政府职能研究》，西南财经大学出版社，2004年版。

160. 张志坚:《中国行政管理体制与机构改革》，中国大百科全书出版社，1994年版。

161. 张辉:《转型时期中国旅游产业环境、制度与模式研究》，旅游教育出版社，2005年版。

162. 张辉:《转型时期的中国旅游业》，载《旅游管理》2003年第4期。

163. 张俐俐:《旅游行政管理学》（上、下册），高等教育出版社，2002年版。

164. 张俐俐:《三种旅游行政管理组织构建模式比较研究》，载《旅游管理》2003年第5期。

165. 张庆云:《关于行政管理研究的综合评述》，载《中国行政管理》2000年第7期。

166. 张成福:《公共行政管理主义：反思与批判》，载《中国人民大学学报》2001年第1期。

167. 张成福:《责任政府论》，载《中国人民大学学报》2000年第2期。

168. 张青国:《论当代我国民间组织的现状与发展》，载《兰州学刊》2005年第4期。

169. 张小劲:《非政府组织研究：一个正在兴起的热门课题》，载《宁波党校学报》2002年。

170. 张晓明:《我国旅行社绩效评价方法探索》，载《旅游管理》2003年第3期。

171．张卓元：《试探社会主义市场经济的特点与规律》，载《宏观经济研究》2004 年第 7 期。

172．张丽英：《民族经济与社会发展》，载《中南财经大学经济学院学报》2000 年第 7 期。

173．赵涛：《云南旅游业：宽松和现实与不宽松的实现——问题与对策》，载《旅游管理》2001 年第 5 期。

174．郑年胜：《迈向行政管理现代化——顺德县行政体制改革实践》，广东人民出版社，2002 年版。

175．中国（海南）改革发展研究院：《政府转型——中国改革下一步》，中国经济出版社，2004 年版。

176．中华人民共和国国家旅游局：《2005 年中国旅游年鉴》，中国旅游年鉴编辑部，2005 年。

177．中华人民共和国国家旅游局：《2005 年中国旅游统计年鉴》（副本），中国旅游出版社，2005 年版。

178．中华人民共和国国家旅游局：《2002 年中国旅游年鉴》，中国旅游出版社，2002 年版。

179．中共中央党校网，温家宝：《在省部级主要干部树立和落实科学发展观专题研究班结业式上的讲话》2004 年 2 月 21 日。

180．钟新民、况既明：《旅游管理体制改革的探讨及其实践》，载《旅游学刊》2000 年第 2 期。

181．钟海生：《旅游业的两种发展观和政策影响》，载《旅游学刊》1999 年第 1 期。

182．周鑫：《转型时期中国社会分工与社会政策的走向》，载《学术探索》2004 年第 12 期。

183．朱小平：《关于非营利组织管理研究与事业单位的异同》，载《财会月刊》1997 年第 3 期。

后　记

本研究是国家民委资助的课题（项目编号：05ZY06），此资助使本研究得以完成，谨此致谢。

由于教学和科研工作的繁忙，加之行政工作的琐碎，总是感觉没有足够的时间让自己静下心来把研究做得让自己满意。但是，在恩师荣仕星教授的悉心指导和帮助下，我终于顺利地完成了《中国少数民族地区旅游公共管理研究》课题的写作工作，并将研究中的部分内容撰写三篇文章在学术刊物上发表。

每当想起恩师为我修改稿子的身影以及在我田野调查的过程中给予指导和帮助，还有在工作和生活上给我的关心和照顾，我都会感动不已。我时常感到自己是一个幸运儿，能够遇到良师益友和热情的人们。在过去的几年中，不仅时时有恩师的教导及关心和照顾，我还得到了专家、同事、友人及各方善良人们的理解和支持。感谢北京大学环境学院城市和区域规划系主任、中国知名城市规划专家吕斌教授、环境学院韩光辉教授、公共管理专家——我校管理学院的李俊清院长、科研处宋才发处长等专家提出宝贵的意见。感谢青觉院长、苍铭主任、朴花顺等各位老师对我的帮助和支持。

在我到云南省大理白族自治州、丽江市调查期间，得到该州、市一些领导和朋友们的大力支持和帮助，如老朋友张睿，我的老师张金鹏教授，马介军处长，陈继阳博士，老同学陈彤、孙灿，无论何时何地，他们都会给我以最热情真诚的帮助和支持，对他们的感谢是不能用言语来表达的。

衷心感谢我的父母、亲人、朋友和所有帮助过我的人们，没有你们，这本书是不可能完成的。

本研究成果的出版，得到中央民族大学出版社领导及本书责任编辑的大力帮助，在此致谢。

本人才疏学浅，对本书中有不当及错误之处，恳请批评、指正。

张　瑛